中国国家文化安全概论

胡惠林　金　山◎主编

清华大学出版社
北京

内 容 简 介

本书以习近平总体国家安全观为指导，以《中华人民共和国国家安全法》和其他相关法律为准绳，以中国国家文化安全为对象，立足中国国家文化安全实际，对中国国家文化安全工作中的一系列理论、政策和实践问题进行了比较全面系统的阐述。本书分为上下两篇。上篇共八章，包括中国国家文化安全的性质与特征，国家文化安全的指导思想、基本原则与主要目标，国家文化安全的历史、环境与风险，国家文化主权、文化利益与国家主流意识形态，文化自信、文化认同和文化软实力，生活方式、核心价值观与传统文化，文化发展、文化改革与文化强国，文化交流、文明互鉴与全球共同安全。下篇共六章，包括网络文化安全、校园文化安全、国家语言文字安全、文化市场安全、文化遗产安全、国家文化安全法制保障。

本书可用作普通高等院校国家安全学教材和干部培训教材，亦可供社会大众阅读，旨在普及国家文化安全相关知识，回答社会大众关注的国家文化安全问题。

图书在版编目（CIP）数据

中国国家文化安全概论 / 胡惠林，金山主编. —北京：清华大学出版社，2023.10
ISBN 978-7-302-64295-4

Ⅰ．①中… Ⅱ．①胡… ②金… Ⅲ．①文化—国家安全—研究—中国 Ⅳ．①G12

中国国家版本馆 CIP 数据核字（2023）第 131559 号

责任编辑：杜春杰
封面设计：刘　超
版式设计：文森时代
责任校对：马军令
责任印制：宋　林

出版发行：清华大学出版社
　　　　网　　　址：https://www.tup.com.cn，https://www.wqxuetang.com
　　　　地　　　址：北京清华大学学研大厦 A 座　　　　邮　　编：100084
　　　　社　总　机：010-83470000　　　　　　　　　　邮　　购：010-62786544
　　　　投稿与读者服务：010-62776969，c-service@tup.tsinghua.edu.cn
　　　　质量反馈：010-62772015，zhiliang@tup.tsinghua.edu.cn
印　装　者：北京嘉实印刷有限公司
经　　销：全国新华书店
开　　本：185mm×260mm　　　印　　张：18.25　　　字　　数：444 千字
版　　次：2023 年 11 月第 1 版　　　　　　印　　次：2023 年 11 月第 1 次印刷
定　　价：69.80 元

产品编号：098088-01

导　　论

为万世开太平，为天下谋大同

"为天地立心，为生民立命，为往圣继绝学，为万世开太平。"①这是北宋大学者张载面对往圣绝学千年失传、国家社会百年动荡，情不自禁地发出的呐喊，真可谓横尽虚空、竖尽来劫，将理想、实践融为一体，使自信、自觉溢于笔端，虽以宋儒理学复兴立足，无意中却道尽千百年来中国读书人的理想——修身、齐家、治国、平天下②。

所谓"立心"也者，天地本无心，唯人有心，即生之为人能够秉具博爱济众的仁者之心和廓然大众的圣人之心，若世上人人怀有此心，则天地间仁圣充盈。故有人总结道："学者之事，莫要于识仁求仁，好仁恶不仁，能如此，乃是为天地立心。"

所谓"立命"也者，是谓孟子"殀寿不贰，修身以俟之，所以立命也"（《孟子·尽心章句上》）。"命"是一种客观必然，无处不在，"君子行法，以俟命而已矣"（《孟子·尽心章句下》），立命就是为了"正命"，人处其中只能顺受其正。"命"也是一种主观选择，"仁之于父子也，义之于君臣也，礼之于宾主也，知之于贤者也，圣人之于天道也，命也，有性焉，君子不谓命也"，③此"命"意味着对道德规范的选择和认同。为生民立命，意味着对百姓进行道德教化。

所谓"继绝学"，宋代理学家们是这样认为的，儒学道统自尧、舜、禹、汤、周文王，至于孔子、孟子，孟子没，其道不传，及至于宋儒兴起，才又倡明千载不传之学。宋儒们高唱"为往圣继绝学"，表明了两点：一是道统正，即他们的学问均来自于"往圣"；二是水平高，即他们所掌握的学术都是"绝学"，绝世之学，为一切学术之最高点。

所谓"为万世开太平"，则表达了儒家的一种永恒政治理想，即不管何朝何代，都要发扬光大儒学，以儒学开创太平盛世、天下大同局面。

立心、立命、继绝学、开太平，这"横渠四句"的精髓是中国古代读书人对天地、百姓、学问、国家的责任感和使命感的真实体现，也是中国历代读书人爱国、为国、护国的一种朴素的自觉和醒悟。

为什么要为天地立心？就是在天、地、人这"三才"中，要以人为中心，确立"仁"这样一种主流意识形态，只有这样才能达到人与人、人与天地万物和谐共生的理想状态。

为什么要为生民立命？就是要通过弘扬儒学，使人们认识到自己的"本分""身份""命

---

① 出自张载《横渠语录》。

② 《礼记·大学》："古之欲明明德于天下者，先治其国。欲治其国者，先齐其家。欲齐其家者，先修其身。欲修其身者，先正其心。欲正其心者，先诚其意。欲诚其意者，先致其知。致知在格物。物格而后知至，知至而后意诚，意诚而后心正，心正而后身修，身修而后家齐，家齐而后国治，国治而后天下平。"

③ 《孟子·尽心章句下》。

运"，通过道德教化，使人们做到"安身立命""安分守己"，从而实现所谓"正命"，即强调要对生民百姓进行道义上的教化。

为什么要为往圣继绝学？就是要通过现在坚持不懈的努力，使前代圣贤的宝贵思想能够在当代发出耀眼的光芒，发挥经世济民的作用并代代传承，而不是使其成为断绝于世的"绝学"。

为什么要为万世开太平？就是要通过鼓励历朝历代读书人，去读书、修身、齐家，从而治国、平天下，要能够"出世""入世"，把所掌握的学问应用于当前，能够为国家谋发展、为人民造幸福、为世界促大同，从而实现人生最大价值。

"横渠四句"既标示了读书人的奋斗方向，也彰显了读书人顶天立地的一种文化自信，即敢于从"往圣"那里继承"绝学"，做到真理在手，所以才能够为天地立心、为生民立命，开创太平盛世局面。

转眼又是千年。千年后的今天，人们会发现，当前我们倡导维护国家文化安全的任务和内容与千年之前张载"横渠四句"倡导的理想与目标实在是"一脉相承"。

新时代，我们同样需要"为天地立心"。国家文化安全的核心和灵魂是意识形态安全。建立具有强大凝聚力和引领力的社会主义意识形态，仍然是当前和今后一个时期我们思想文化建设的头等目标，中国特色社会主义意识形态的主流地位必须得到时时维护，其主导作用必须得到大力彰显。

新时代，我们同样需要"为生民立命"。不同时代有不同的主流价值观。中国特色社会主义亦须有与之相适应的价值观来做支撑。从国家、社会、个人三个层面来弘扬和践行社会主义核心价值观，进而提高整个社会的道德水准，仍是当前我们大力推动思想道德教育的目标和途径。

新时代，我们同样需要"为往圣继绝学"。中华文明5000余年绵延不绝，主要有赖于历代读书人把往圣绝学发扬光大，推动中华文明主轴前行不止，同时兼收并蓄外来文化。中国特色社会主义坚持马克思主义在意识形态领域的指导地位，在强调与中国具体实际相结合的同时，也强调要与中国优秀传统文化相结合，"两个结合"体现的正是此意。

新时代，我们同样需要"为万世开太平"。全面建成小康社会，仅仅是实现了第一个百年奋斗目标，全面建成社会主义现代化强国、实现第二个百年奋斗目标才刚刚起步，"中国式现代化"将全面推进中华民族伟大复兴。"中国式现代化"也是物质文明和精神文明相协调的现代化，是人与自然和谐共生的现代化，是走和平发展道路的现代化。"中国式现代化"离不开文化繁荣、发展、安全，更离不开文化自信、自觉、自强，而文化自信是更基础、更广泛、更深厚的自信，具有更基本、更深沉、更持久的力量。

时代的变迁赋予了"横渠四句"新的不同内涵。当代读书人面临的任务与千年前相比又有了新的大不同，"当前我国国家安全内涵和外延比历史上任何时候都要丰富，时空领域比历史上任何时候都要宽广，内外因素比历史上任何时候都要复杂"，[①]中国国家文化安全同样如此。

"为天地立心"，这里的"立心"已经不再是简单地在全社会大力倡导或恢复"仁"的思想，在中国这块土地上要立的"心"是中国特色社会主义的"心"，即始终坚持马克思主

---

① 习近平. 坚持总体国家安全观，走中国特色国家安全道路[M]//习近平谈治国理政. 北京：外文出版社，2014：200-201.

义指导地位不动摇，由此而延伸的是高举马克思主义旗帜，坚持中国特色社会主义道路、理论、制度不动摇，坚持不懈地推进马克思主义中国化、时代化、大众化，坚持用习近平新时代中国特色社会主义思想这一当代中国马克思主义、二十一世纪马克思主义武装全党、教育人民、指导实践。

"为生民立命"，这里的"立命"已经不再简单地概括为对人民群众进行思想道德教育。在全社会弘扬和践行社会主义核心价值观，推进社会主义精神文明建设，无论是对青少年加强人生观世界观教育、"扣好人生的第一粒扣子"，抑或对网民进行教育、"网络不是法外之地"、增强网络正能量，还是对各族人民群众进行思想政治教育、增强"五个认同"、铸牢中华民族共同体意识，"立命"的内涵、外延已经极为丰富和广阔，内外因素也极为复杂和尖锐。但与千年之前更为不同的是，如今的中国已经是人民当家作主的社会主义国家，各方面工作均要坚持"以人民为中心"的理念，国家安全要"以人民安全为宗旨"，人民的意志得到前所未有的尊重和体现，人民的利益得到前所未有的重视和保护，人民的言行享有前所未有的自由和保障。人民群众既是文化的消费者、受益者，也是文化的建设者、创造者、参与者，人民群众在文化建设中的主体地位必须得到全面确立和深刻体现。多年来的民主培育实践使得"为生民立命"兼具了两重含义：一方面要坚持教育群众、提高群众，即对人民群众进行思想道德教育，培育共同的价值观，提高道德水平；另一方面要坚持以人民为中心，一切为了人民，要从群众中来、到群众中去，各项工作要体现人民意志、维护人民权益、对人民负责、受人民监督。这既是中国特色社会主义的本质特征，也是中国特色社会主义的制度优势。

"为往圣继绝学"，这里的"往圣"已经不再简单地局限于宋儒眼中的那些"圣人"，也包括宋以来的思想家、先行者、领头人等，不仅有中国的，也有外国的，如马克思、恩格斯等；这里的"绝学"已经不再单指孔孟之道等儒学，而是包括中国几千年来对当今推动社会主义建设有用的一切学术思想、优秀传统文化以及人类文明史上那些具有借鉴意义的各类思想理论成果。从学术意义上看，"为往圣继绝学"的学习对象、学术范畴、时空领域比中国历史上任何时候都要宽广、开放、包容，古今中外，只要是圣贤，概莫能外，都在可学范围之内。而从实践意义上看，"为往圣继绝学"的方法路径、立场观点、价值取向又比中国历史上任何时候都要复杂、讲究、严厉。同样是继承马克思主义，苏联、东欧与中国的方式方法、实践路径不一样，结果也大不同；同样是在中国建设社会主义，毛泽东和邓小平的使命任务不一样，实现路径、目标不一样，获得的阶段性成果也大不一样。马克思主义虽然"行"，但是如何继承很关键，继承不好也"不行"。所以，中国特色社会主义建设强调要坚持以马克思主义为指导，同时也特别强调要坚持与中国国情的具体实际相结合、与中国优秀传统文化相结合，"两个结合"就是中国为什么能够使马克思主义"行"，成功继承"往圣""绝学"的关键。

"为万世开太平"，这里的"万世"已经不再单指中国这一方天地，而是包括世界上其他各国在内的广阔天下；国家也并非单指中国，而是包括世界上其他各类国家在内；时间也并非单指当前时代，也包括今后若干时期。"万世"所指时空领域已非同日而语，"为万世开太平"的要求自然已非当初那么简单。科技的进步、社会的发展使世界变得如此之小，中国的和平崛起使得自己与世界的联系又如此紧密，以至于中国不能离开世界而独善其身，中国的安全与世界的安全紧密相连、命运与共，今日中国的读书人欲为今日之中国开太平，首先必须为今日之世界开太平。"无产阶级只有解放全人类，才能最后解放无产阶级自己。"《共产党宣言》规定了无产阶级及其政党的初心使命和崇高而远大的目标。

当今世界，中美博弈进入战略相持阶段，两种价值观、两条发展道路、两类不同社会制度之间的竞争犹如深水静流。美西方所谓"普世价值"为何没有带来普遍的地区和平、世界和平？美国对中东地区的民主改造运动——"阿拉伯之春"缘何走向失败？"天鹅绒革命""郁金香革命""玫瑰花革命"等"颜色革命"为何最终只给世界和地区普遍带来动荡和冲突？美国缘何要将中国定义为"优先且唯一"的主要战略竞争对手？为何只有 200 多年建国历史的美国要与有着 5000 余年悠久历史的中国开展所谓"文明冲突"和"战略竞争"？中国为何要倡导人类命运共同体的理念、倡导人类共同价值、倡导全球共同安全？为何要倡导不同文明之间要对话、交流、互鉴？中国领导人为何说 "地球足够大，容得下中、美两个大国"[1]？世人忽然发现，"己所不欲，勿施于人"[2]"协和万邦""天下大同"等中国"往圣"的"绝学"在当今百年未有之大变局下、为今世开太平中却独占鳌头，大放异彩。

文化是一个国家和民族的灵魂。文化安全是国家安全之基。没有文化安全就没有国家安全。文化安全对国家安全的影响是基础性、战略性、根本性的。"一个政权的瓦解往往是从思想领域开始的。思想防线被攻破了，其他防线就很难守住。"[3]搞乱一个国家，往往从意识形态入手，不断进行文化渗透，最终颠覆政权。这是一个万古颠扑不破的真理。即使是超级大国苏联，也难逃被渗透、颠覆的命运。

纵观今日世界局势之复杂、矛盾之尖锐、冲突之惨烈，又焉非文化之故使然？俄乌冲突愈演愈烈。昔日自家兄弟，今日同室操戈。在美西方长期演变、渗透和挑拨下，第聂伯河两岸不断扩大的民族、宗教和价值观对立终于撕裂了乌克兰东西两岸民众之间的文化认同、民族认同和国家认同，文化的毁灭性力量之大由此可见一斑。而"AUKUS"澳英美联盟、"五眼联盟"（美英加澳新五个英语国家组成的情报共享联盟）等联盟机制的成立与运作，共同的母语以及在此基础上形成的文化渊源在其中的黏合作用是显而易见的。不同文化之间相互交流、交融、交锋，对国际关系和国际形势的影响是深层次的，有时甚至是决定性的。西方有学者将这种影响悲观地概括成"文明冲突论"，认为这种不同文明之间的冲突是必然的、不可避免的；而东方古今圣人却早有名言在前，"各美其美，美人之美，美美与共，天下大同"[4]，不同文明之间是可以交流互鉴共存的。追求"天下大同"是中华民族

---

① 2014 年 11 月习近平在与美国总统奥巴马会晤时，首次提出"太平洋足够大，容得下中美两国发展"的重要观点。后来在中美两国元首多次会晤中，习近平主席一再强调这一观点。2021 年 11 月 16 日上午，在同美国总统拜登举行视频会晤时，习近平提出"地球足够大，容得下中美各自和共同发展"的观点；2022 年 11 月 14 日下午，国家主席习近平在印度尼西亚巴厘岛同美国总统拜登举行会晤时，再一次更加深入地阐释："宽广的地球完全容得下中美各自发展、共同繁荣。"（综合新华社报道）

② 《论语·颜渊篇》："仲弓问仁。子曰：'出门如见大宾，使民如承大祭。己所不欲，勿施于人。在邦无怨，在家无怨。'"

③ 中共中央文献研究室编. 习近平关于社会主义文化建设论述摘编[M]. 北京：中央文献出版社，2017：21.

④ 这是费孝通在 1990 年他的 80 岁生日聚会上第一次表述出来的。1993 年 9 月，费孝通写下"各美其美，美人之美，美美与共，天下大同"，提出了认识和处理不同文明之间关系的一种理想以及实现这一理想的手段，这是基于中华文明内在精神的话语表达，折射出中国人一以贯之的整体思维方式。

数千年以来对安宁美好生活向往理想境界的集中表达。①它书写了数千年中华文明关于天下平安的东方叙事。东西方不同的文化观、文明观，对世界前途的影响也截然不同。"冲突论"带来的是"文明优越论""文明灭绝论"，是丛林法则，是零和游戏，是冷战思维，落后的文明、野蛮的文明面临被灭亡的局面；"文明互鉴论"则认为"文化存在多样性"，"不同文明之间是平等的，没有先进落后之分"，只有推动不同文明互鉴，才能促进人类共同进步。由此可见，不要说为"万世"开太平，哪怕是为"今世"开太平，为天地立什么样的"心"，为生民立什么样的"命"，甚至要继承哪些"往圣"的"绝学"，都在为天下谋大同，都显得非同小可、异常关键。

古云"说易行难"。今日中国的国家文化安全贯穿古今、联通中外、事关全局、事关全人类，内涵、外延极其丰富、宽广，运行机制异常复杂、多变，与国家政治、经济、科技、社会、军事等各重点领域安全的相互影响、相互作用极为紧密，既关系当前中国的国家安全、社会稳定、经济发展、科技进步等各项事业稳步推进，又关系中国第二个百年计划的全面实施，关系中华民族伟大复兴中国梦的顺利实现，意义重大、影响深远。唯其重要，我们才勇于对其深入探索；唯其复杂，我们才不惧于"浅尝辄言"。"文化安全"作为一个特别的概念和任务，从 2004 年被明确提出以来，经过近 20 年的发展与实践，已经得到广泛认可，特别是党的十八大以来，在总体国家安全观指导下，中国国家文化安全的理论与实践得到了极大的丰富和发展，对促进国家安全发挥了重要作用。2021 年，包括国家文化安全在内的"国家安全学"被国务院学位办和教育部列为国家一级学科，正式纳入我国普通高等学校学科建设和人才培养序列。国家文化安全学科建设、教材建设、课程建设和人才培养，迫在眉睫。正是在此背景下，我们抱着学习的态度、研究的精神，不揣浅陋，组织撰写了《中国国家文化安全概论》，对中国国家文化安全的概念、性质、原则、目标、历史、风险等进行了初步概括和探索研究，对与文化安全相关的内容，如文化主权、文化自信、文化认同、文化发展、文化改革、文化交流等，进行了梳理分析，对文化安全的重点领域，如网络文化、校园文化、通用语言文字、文化市场、文化遗产、法制保障等进行了重点探讨，力图通过对中国国家文化安全理论与实践的梳理和总结，初步建立中国国家文化安全理论框架，为当今的中国读书人维护中国国家文化安全提供一点理论支撑，为建构中国自主的国家文化安全知识体系提供一个可供批评、探讨和借鉴的对象。

"周虽旧邦，其命维新"②，短短八个字，为周朝"立心""立命"，绵延 800 年国运。中国往圣先贤的智慧至今仍在启发着我们、激励着我们、引导着我们。维护和塑造中国国家文化安全，无论时空怎么转移、条件怎样改变、情况多么复杂，关键仍然在于：

"为天地立心，为生民立命，为往圣继绝学，为万世开太平"——为天下谋大同。

金　山

2022 年 10 月

---

① 《礼记·礼运》："大道之行也，天下为公。选贤与能，讲信修睦，故人不独亲其亲，不独子其子，使老有所终，壮有所用，幼有所长，矜寡孤独废疾者，皆有所养。男有分，女有归。货，恶其弃于地也，不必藏于己；力，恶其不出于身也，不必为己。是故谋闭而不兴，盗窃乱贼而不作，故外户而不闭，是谓大同。"

② 《诗经·大雅·文王》："文王在上，于昭于天。周虽旧邦，其命维新。"

目　录

上　篇

下　　篇

中国国家文化安全概论

上篇

第一章

中国国家文化安全的性质与特征

国家文化安全的性质与对象范围是一个国家制定国家文化安全政策的重要理论与实践前提，是国家安全需求在国家文化安全领域的集中反映，体现和反映了一个国家的根本安全意志和价值追求。任何一个国家的国家文化安全政策都是其国家性质在文化安全领域的反映，因此任何一个国家的文化安全性质都是由国家性质决定的，国家文化安全的对象范围也是根据一个国家对于国家文化安全的认识来划分的。没有对国家文化安全性质的准确把握与定义，就不可能有适合于国家文化安全需求的国家文化安全理论、政策与制度，这是人们认识、了解与把握中国国家文化安全性质及其对象范围的理论基础。

中国国家文化安全是中国国家安全在文化领域的反映，是国家安全的重要组成部分，也是当今世界最重要的国家文化安全体系的组成部分，对于全球安全运动与发展有着重大而深刻的影响，是全球安全运动最重要的国家文化安全运动形态。了解、掌握中国国家文化安全的性质和意义是中国国家文化安全研究的首要问题。

第一节　国家文化安全的含义、性质与意义

国家文化安全是现代人类社会存在与演化的一种基本运动形态。它是国家安全的重要组成部分，与国家安全的其他组成部分——国家政治安全、国家经济安全、国家社会安全、国家军事安全等共同构成了现代世界体系中的国家运动形态与机制。深刻认识和把握国家文化安全的基本性质与意义是深刻了解和认识这一机制在国家安全运动中的全部价值和意义的重要途径。

一、文化安全的概念与含义

国家文化安全是由国家、文化和安全这三个不同领域的词语组成的一个集合概念，是由这三个词语构成的不同要素的相互影响和演化而最终形成的一个专有名词、一个特殊的

概念，专门用来指称"国家文化安全"这一人类社会发展中存在的普遍现象。其中，文化安全是核心，国家则用来指称文化安全的属性。

1. 安全与文化安全

安全是相对于危险而言的。危险的一定是不安全的，没有危险就是安全的，这是人们对于"安全"的一般认识和一般经验。因此，安全既是对客观存在状况的评价，也是对主观感受的描述，是主观安全感知与客观安全实际相统一的概念。人们本能地追求安定，追求安居乐业。构成危险的有危害和威胁，即危害和威胁都会造成不安全。对一个生命主体是如此，对一个家庭、社会和国家也是如此。对任何一个家庭来说，生命和财产安全具有第一位的意义，因此在发生天灾（如地震）和人祸（重大公共事件）的时候，保障人民的生命财产安全往往是一个负责任的国家的第一要务。从这个意义上说，安全又是一种由社会和国家提供的公共产品。中国政府面对新冠疫情突袭所采取的以人民安全为宗旨的政策措施，体现的就是一种作为国家安全主体的责任担当。生命和财产是人身安全、家庭安全最主要的构成内容。对于一个国家来说，国民和国土就是这个国家的生命和财产。国家安全首要的就是要保障国土安全和国民安全，即领土安全和人民安全。而要实现和保障国土和国民安全，国家要拥有一种能力，即能够捍卫领土主权和保护人民安全的能力，这种能力是一个国家及其人民得以可持续生存与发展的重要保障。

文化反映了人的生存方式，包括生活方式和价值观两个方面。在日常生活中，人们往往只是把生命财产的存在形式理解为生物性的和物质性的。在现实生活中，人不仅是生物性的存在，还是社会性的文化存在，这是人之所以为人的根本性的生命存在方式和价值。因此，人的生命存在不只是生物性的存在，还是更重要的社会性的存在，是生物性和社会性相统一的生命有机体，核心就是人的精神生命的存在。人之所以区别于其他一切生物，就在于人是一种具有社会精神性的生命存在。精神性与物质性统一于人的社会性、民族性等。因此，人的生命财产还应该包括人的精神生命财产，如知识产权和非物质文化遗产权等。人的精神生命财产作为人的生命财产的一个重要组成部分，和最后起决定性作用的生命财产，与一般意义上的人的生命财产共同构成了人的生命财产的全部内涵。因此，人的生命财产安全也就同时包括人的精神生命财产安全。这就是为什么所有物质性和非物质性文化遗产对于人和人类社会都十分重要。对于一个国家来说，这种精神生命财产包括国家的历史、文化和文明。

在当代中国，建设平安中国是国家安全建设的头等大事。"平安是老百姓解决温饱后的第一需求，是极重要的民生，也是最基本的发展环境。"[①]对于普通老百姓而言，"平安"就是指安宁的生活、安全的环境、安定的社会，意味着内心充满安全感。随着我国社会主要矛盾发生历史性变化，人民群众对平安的需要越来越表现出多样化、多层次、多方面的特征。平安已经从传统意义上的生命财产安全上升到安业、安居、安康、安心等各个方面。从国家常态化开展扫黑除恶斗争，防范和打击新型网络犯罪、跨国犯罪以及黄赌毒、盗抢骗等严重影响人民群众安全感的违法犯罪行为到依法开展网络安全监管，开展"净网""护苗"专项行动，切实保障未成年人和个人信息数据安全，平安中国建设惠及人民群众生活的方方面面，让老百姓在拥有"富起来"的获得感、幸福感的同时，还获得了安全感。在

---

① 2014年10月28日，习近平在北京人民大会堂会见全国公安机关爱民模范集体代表和爱民模范时发表的重要讲话。

总体性意义上，这种安全感就是人民的文化福祉、人民的文化权益；在国家意义上，这种安全感就是国家文化利益，首先是国家重大文化利益。国家主权神圣不可侵犯包括国家文化主权神圣不可侵犯。国家文化利益，尤其是国家重大文化利益是国家文化主权的重要内容和表现形态，共同构成了平安中国和人民生命财产的全部安全内容。

文化属于上层建筑，是对一个国家和民族生存方式和精神生活的集中体现。由于所有的安全都是相对存在的，即世界上不存在没有危险和威胁的绝对安全，因此文化安全和作为国家的文化安全就是指一个国家的文化主权、人民文化福祉和国家其他重大文化利益相对处于没有危险和不受内外威胁的状态以及推动文化持续发展的能力。在现代国家体系中，文化安全关系国家稳定、民族团结、生活方式、核心价值观和文化传承，既是国家安全的重要内容，也是维护和实现国家安全的重要保障。安全是人类最基本的需求之一，为生存需求的实现提供保障，因此文化安全直接关系着人的整体需求的实现。这是关于文化安全的最一般的含义。

2. 文化安全的形成与发生

文化安全是对人与社会一切矛盾和冲突精神关系的反映，是人类文明演化与社会发展的内生机制。它是在人与自然和社会演进的精神关系矛盾运动中形成和发生的。文化是人类在生命形态进化过程中形成的一种有机体。它是人类社会之所以是人类社会最重要的社会生物学形态。人类通过文化——精神心理系统把自己从动物界分离出来，区别于其他一切动物，通过建构社会把自己同自然界区别开来。但是，数亿年的进化与演化历程，尤其是在这个过程中与自然界和其他动物所经历的冲突过程，作为某种具有记忆性的基因而成为生命有机体的一部分，即永远的进化构成了人类的生成基因组。其中，特别是关于恐惧和死亡的经验，永远地建立了人类与自然之间的安全关系。人类所有关于恐惧和死亡威胁的认知都是建立在对自然力的认识这一基础上的。这是人与自然安全关系的起源，也是人类安全感、安全需求和安全概念的起源。

物质生存的竞争必然导致和上升到精神层面的竞争。人与自然安全关系的矛盾运动和冲突，在人类进入社会发展阶段后，必然转化和上升为人与社会安全关系的矛盾运动与冲突。当在精神层面上不能形成有效的竞争能力，即形成精神心理认同，便不能有效地形成物质生存上的竞争力的时候，精神心理层面上的竞争就成为物质生存上的竞争在精神心理上的反映，从而形成一种精神文化。这种文化首先是作为一种以共同物质生活为基础的观念形态出现的，而后才作为一种制度出现，即通过建立一种具有约束力和规范性的精神行为体系来提供物质生存竞争力。这就是价值观认同和制度认同。物质变精神、精神变物质，于是，物质生存竞争便上升到精神心理和精神意识、精神观念上的竞争，物质层面上的冲突便由此而上升到了精神层面上的冲突。冲突必然形成和导致对安全的威胁或危害，构成生存危险，安全问题也随之丰富、扩大、转换、升级，精神文化安全问题便由此而产生。这一竞争性过程随着物质生产力的发展而呈现出螺旋式上升的过程，最终形成与一定的物质生产力和物质生产关系相适应的精神生产力和精神生产关系，以及由这种精神生产关系形成的基于生存（安全）与发展（可持续安全）竞争的矛盾运动与冲突并反作用于物质生存的竞争。这就是文化安全作为人类社会矛盾运动内生机制的系统性形成。

根据马克思对人类社会发展规律的研究，人类只有首先解决了衣食住行的需求，才能从事艺术、科学、宗教等活动。文化作为一个整体系统，包括生活方式和价值观念两个方面，是二者的有机统一。人类的生活方式决定了人类的社会意识存在，人类的意识存在又反作用于人类的生活方式，由此推动了人类社会的进步与发展。因此，当精神独立于物质存在又反作用于物质存在的时候，物质也就具有精神的特征，即文明性。人类的生存方式和生活方式同时也是人类精神存在和精神生活方式的重要表现形式和形态，也就都具有精神性了。也许正是在这个意义上，生存方式和价值观作为一个民族和国家文化的实践方式和表征的时候，就具有了国家安全和国家文化安全价值，是一个国家文化安全的重要组成部分。这就是美国历届政府在《美国国家安全战略报告》中阐述美国国家安全时特别强调和突出美国人的生活方式和价值观对于美国国家安全的重要性的根本原因。其实，不仅美国的国家安全战略如此，其他任何一个主权国家的国家安全和文化安全也是如此。而这正是马克思主义历史唯物主义国家安全理论的真理性之所在："物质生活的生产方式制约着整个社会生活、政治生活和精神生活的过程。不是人们的意识决定人们的存在，相反，是人们的社会存在决定人们的意识。"①这是生存方式和生活方式与人们的价值观之间最一般的关系。但是，反映人们的社会存在的价值观一旦形成，便会对人们的生活本身产生极大的反作用，当这种反作用形成之后，就不是人们的物质生活制约着人们的精神生活，而是人们的精神生活对人们的物质生活产生巨大的制约性作用，从而使得人们的物质生活具有了精神生活性，具有了价值。而正是在这样的意义上，文化安全、价值观安全作为精神安全的表现形态，对人们的整体物质生活的生产方式的安全性问题产生形式各样的挑战性和风险性，进而从物质生活的根基上动摇人们生存与生活的安全系统，直接威胁和危害人们生存的全部价值。

3. 文化安全意识：忧患意识

文化安全是一个主、客观统一体。文化安全意识是文化安全主观方面的重要内容，忧患意识是它的核心特征。生存和发展危机生成关于安全的忧患意识。早在两千多年前，中国古代先哲就在前人关于生命安全经验的基础上总结、归纳并提出了"是故，君子安而不忘危，存而不忘亡，治而不忘乱；是以，身安而国家可保也"②"生于忧患，死于安乐"③"居安思危。思则有备，有备无患"④等一系列重要概念和命题，形成了中华民族传承至今的关于国家安全的忧患意识。它是后来一切关于国家安全理论研究与思想的起源。忧患意识是一种立足但又超越现实状况，对可能发生的危机进行预判和防范的生活态度与精神养成，因而是一种自我精神警示，具有文化安全意义。孔子关于国家治理的学说，即"兴观群怨说"⑤"子闻韶乐而三月不知肉味论"⑥和"亡国之音论"等是中国古代最早、最成体系的国家文化安全理论。宋朝赵普的所谓"半部《论语》治天下"揭示了《论语》的真正功能和孔子儒学的本质：治理天下。后来的以"修齐治平"格言建立起来的家国情怀和关于个人、家庭与国家安全的关系都是建立在这个基础上的。"危惧故得平安，慢易则必倾覆，《易》

---

① 中共中央马克思格斯列宁斯大林著作编译局. 马克思恩格斯选集：第2卷[M]. 北京：人民出版社，1995：32.

② 《易传·系辞下传》。

③ 《孟子·告子下》。

④ 《左传·襄公十一年》。

⑤ 《论语·阳货篇》："诗，可以兴，可以观，可以群，可以怨。"

⑥ 《论语·述而篇》："子在齐闻韶，三月不知肉味，曰：'不图为乐之至于斯也。'"

之道也。"①常怀忧患意识可使人励精图治，丝毫不敢懈怠，从而形成一种内生动力。这种动力不只是一种具有消极被动性的防御或者抵御，还包含着积极主动性进取和创造性建构，通过主动作为把安全隐患消灭在萌芽状态，防患于未然。这是一种安全防卫能力提高的自然历史过程，同时也是文化创新和文化安全能力提高的过程。几千年来，忧患意识深深融入中华民族的血脉，成为中华民族优秀传统文化数千年来生生不息并不断创新发展的内生文化动力，成为当代中国国家文化安全理论的重要来源和组成部分之一。

文化安全的矛盾运动与冲突性质构成了文化发展进步的价值取向，因而是度量文化和文明进步的重要尺度。迄今为止，人类社会沉淀下来的所有人类文化遗产都是文化安全运动演化的积极成果，都是人类对同自然与社会矛盾斗争经验的总结结果。它们是文化竞争与文化选择的结果，成为人类文明进一步演化进步的"人类传世基因"。文化遗产、国家文化遗产、世界文化遗产和人类文化遗产就是在这样的基础上建立起来的，是人类文明为自身建立起来的文化安全体系。这是人们认识文化安全的一个基本原理。没有文化安全和关于文化安全的意识，就没有人类文明社会的进步。这种文化安全意识就是一种共同且可持续发展的科学竞争意识，同时也是一种不断进化的文化发展与安全意识。维护和捍卫文化多样性、文明多样性就是维护文化和文明生长所必不可少的生命内生动力机制，就是维护文化安全，确保人类文明社会发展和人类文明可持续发展所不可缺少的张力。也正是在这样的意义上，习近平在阐述总体国家安全观时特别指出："增强忧患意识，做到居安思危，是我们治党治国必须始终坚持的一个重大原则。"②中国共产党由弱到强、从一个胜利走向又一个胜利，皆由"丝毫不敢有所懈怠"的忧患意识促成。中国共产党百年历史上著名的"甲申对""窑洞对""赶考对"就是忧患意识的结晶。

 典型案例

"甲申对""窑洞对""赶考对"

"甲申对"是指抗日战争时期毛泽东同志与郭沫若的笔谈。1944年3月，郭沫若撰写的阐释明朝和大顺政权灭亡教训的文章《甲申三百年祭》在重庆《新华日报》发表。在延安的毛泽东同志看后表示赞赏，告诫全党同志要引为鉴戒，不要重犯胜利时骄傲的错误。同年11月，毛泽东同志致信郭沫若："你的《甲申三百年祭》，我们把它当作整风文件看待""你看到了什么错误缺点，希望随时示知"。

"窑洞对"是指毛泽东同志与民主人士黄炎培的一次著名会谈。1945年7月，黄炎培来到延安有感而发，希望中国共产党找出一条新路，跳出历史周期率的支配。毛泽东同志说："我们已经找到新路，我们能跳出这周期率。这条新路，就是民主。只有让人民来监督政府，政府才不敢松懈。只有人人起来负责，才不会人亡政息。"

"赶考对"是指毛泽东同志与周恩来同志进北平前的一段对话。1949年3月23日，

---

① 《周易本义·系辞下传》。

② 习近平主持召开中央国家安全委员会第一次会议强调坚持总体国家安全观　走中国特色国家安全道路[N]. 人民日报，2014-04-16.

中共中央从西柏坡起程前往北平时，毛泽东同志说："今天是进京的日子，进京赶考去。"周恩来同志笑着回答："我们应当都能考试及格，不要退回来。"毛泽东同志说："退回来就失败了。我们决不当李自成，我们都希望考个好成绩。"

资料来源：百年大党面对面·遍数风流还看今朝：新时代的中国共产党是什么、要干什么？[N]．人民日报，2022-06-08.

二、国家文化安全的本质

国家文化安全是人类社会进化发展到以国家作为文明形态和文明载体阶段之后产生和形成的国家进化与进步的文化生态机制。

国家是因人们的集体安全需求而出现的。它既是阶级和阶级斗争的产物，也是人类社会集体安全需求的产物。国家是一个社会的组织形态。在阶级社会，国家是一个阶级统治另一个阶级的机器。它起源于私有制，是人类社会经由家庭、村落、都邑和氏族社会发展起来的人类社会最高组织形式。[①]它是一定社会的人们依据最大多数人的共同利益而组织起来的权力机构，用来协调和配置社会资源，以实现有效的公共管理。诚如世界银行在《2011年世界发展报告：冲突、安全与发展》中提出的："维护集体安全的努力一直是人类历史的核心：从最久远的年代开始，人类安全靠的是合作这种认知就始终是村落社会、城市和民族国家形成的促成因素。"[②]

1. 国家与人的集体安全

国家是人类社会创造的一种集体安全保障机制。国家是私有制的产物，而私有制是竞争性的，是对生产资料的竞争。当以有限的个人能力无法获得全部生活资料的时候，通过集体的方式获得必需的生活资料也就成为人们出于本能的集体主义表现。通过集体行为达到保障自身生存安全的目的，这是一种集体安全机制。由于对物质生产资料的占有形式影响和决定了一个社会的生产关系和社会性质，决定了社会精神生产资料的占有形式，影响和决定了整个上层建筑的占有形式，于是对物质生产资料的占有形式必然扩大和上升到对精神生产资料的占有形式，物质领域里的安全问题也就扩大到精神领域，形成精神领域里的安全问题：占有与被占有、威胁与被威胁、剥夺与被剥夺。

国家自形成的那一天起，就是一个安全保障机制。所谓"治而不忘乱"，就是中国古代社会对国家安全的一种认识。它是由"安而不忘危"发展而来的。但是，当国家进入国家时代，也就是说当人类社会经过了"酋邦"社会或"古国"社会而进入"国家"发展阶段，国家与国家之间的竞争就超越了人类社会建立在生存基础上的安全需求和安全观，而上升到以国家形式为主要安全存在和安全实现方式的时代之后，国家便成为"安""危"的主体和来源。国家成为其国土和国民安全利益的代表。国家作为人类社会为了实现有效的治理和有效的安全而建立起来的一种集体安全形式和集体安全保障机制，也就历史性地成为人类文明社会创建的安全形态。当没有国家这种集体安全保障机制便无法有效维护一定土地空间范围内的人的安全保障利益的时候，建立这样一种集体安全保障机制也就成为人类社

---

① 恩格斯. 家庭、私有制和国家的起源[M]. 单行本. 北京：人民出版社，1999.
② 世界银行. 2011年世界发展报告：冲突、安全与发展[M]. 胡光宇，赵冰，译. 北京：清华大学出版社，2012：1.

会安全事业的必然选择和国家发展的基本规律。

2. 国家与价值观认同

集体安全意识和观念产生与形成于人们的生产过程。所谓的价值观念就是在这个过程中逐步形成的。这就是对于同类的身份认同。建筑在同类认同的基础上，为了协调集体行为的一致性以实现获取生活资料效益最大化，把在下意识行为中建立起来的默契上升为有意识的、自觉的行为规范的时候，一种价值观念认同也就出现和形成了。这是一种以共同的物质利益为目的而形成的以共同精神心理为基础的文化认同。正是这种建筑于共同生活和生产行为基础上的文化认同建构了彼此之间的文化身份，即关于家庭、家族和族群、种族的身份划分与确认。国家就是在这个过程中形成和建构起来的。埃尔曼·塞维斯在《国家与文明的起源——文化演进的过程》中通过"酋邦"这一概念，清晰地解释了人类社会从原始共产主义社会向国家演进的文明起源和文化过程。[①]

国家是由不同的人们以共同的生活方式和价值观为基础而组成的命运共同体。同一国家的人们以共同的生活方式和以这种生活方式为基础而建立起来的价值观为身份认同，并且以此把自己与其他国家的人区分开，从而使国家形成自己的可识别的文化独特性，自立于世界民族之林和现代世界体系。一种文化独特性和身份的可识别性是不同国家存在的具有自然法性质的合法性依据。一个国家的一切生活方式和价值观形式都是这种合法性赖以建筑的基础并且深刻地反映这种合法性。因此，这种合法性神圣不可侵犯，并且以此构筑一国国家安全和文化安全的全部合法性基础。对这一合法性基础的任何威胁或可能带来的危险都会生成和构成一个国家的国家文化安全问题。这是由文化安全和国家安全之间的内在联系决定的，而不是由哪一种外在的力量任意建构的；相反，任何外在力量对这种内部联系的挑战都会造成国家文化安全危机，甚至引发地区安全危机乃至国际安全危机。2015年8—9月爆发的欧洲移民潮就是一个由国家文化安全危机引发大规模国家安全危机，进而造成危机外溢，形成地区和国际安全危机的典型事件。

3. 国家与国家文化安全

国家文化安全由国家来定义。在当今世界，只要国家仍然是一个具体而固定的社会存在的代表，国家安全和国家文化安全就是由国家来定义的，其他安全问题和安全属性离开了国家这个迄今为止人类社会存在的最高级形态，也都无法得到合理的解释与解决。离开了国家这个行为主体，现今人类社会的一切安全问题都无法获得妥善的解决。虽然非国家行为体在解决当今人类社会面临的安全问题方面发挥着日益重要的作用，但是只要人类社会依然是由国家组成的，国家就是解决一切人类安全问题的决定性主体。因为在今天的国家体系条件下，每一个人都是属于一定国家的具体的人，都有国籍，都受到国家的保护。而恰恰因为人都是属于一定的文化的，都有文化认同，都通过文化认同确立自己的身份归属，所以每一个人都是"文化人"。正因如此，国家在建构或解构文化安全的过程中具有其他一切非国家力量不可取代的作用。

文化冲突造成了文化安全问题。文化冲突常常是促进和推动文化融合的机制，而文化交流与融合是一种更好地获得文化安全和提高实现文化安全的能力的过程。

---

① 塞维斯. 国家与文明的起源：文化演进的过程[M]. 龚辛，郭璐莎，陈力子，译. 上海：上海古籍出版社，2019.

三、国家文化安全的规律

国家文化安全是人类社会发展到 20 世纪才逐渐被作为国家安全和国家安全战略提出来的，它是人类对一种现代社会国家安全运动与发展规律的发现。当人类把国家文化安全上升到国家治理的高度，它便成为研究现代国家运动的重要对象与范畴。国家是人类社会创建的一种集体安全形态与安全机构，对外防御敌人入侵、捍卫国家安全，对内依法实行统治与控制、维护政权安全和国民安全。它由一整套国家安全治理机器组成，包括政治、经济、军事、文化等，行使国家职能。

1. 国家与利益、命运共同体

国家是一个利益、命运共同体。国家既是命运共同体，也是利益共同体。命运共同体是由共同的利益构成的。资源的稀缺性始终是对人类生存安全的主要威胁之一，因此控制资源和争夺资源也就自然地成为维护与捍卫人类生存安全的主要生态机制。当国家为维护本国国民安全利益、确保自身生存安全而展开资源控制与扩大资源来源的时候，国家间的争夺便成为国家间竞争和战争的主要手段和主要形式，从而陷入霍布斯所谓的"所有人反对所有人"的国家安全困境——这也是西方现实主义国家安全理论的主要来源。西方社会二元对立的国家安全观念以及二战后形成的"冷战"和"冷战思维"在很大程度上就是以霍布斯的国家安全理论为基础的。虽然，霍布斯的国家安全理论是以欧洲国家形成与发展的安全经验为基础，以欧洲国家安全史为依据的，但是这一理论确实在某些方面解释了国家安全起源和形成的某些特征，以及在现代国际社会和国家体系，尤其是在国家安全体系运动中的某些规律性，对于我们认识国家安全的起源及其在现代国际社会和现代国家安全运动中的特质，具有不可忽视的、关于国家安全的思想史价值。

2. 国家与文化认同

以共同价值观为核心的文化认同是国家作为安全命运共同体的根基。由于国家是由共同的生存方式和价值观建立起来的命运共同体，价值观作为人们的生存方式和生活方式的观念形态与认同系统，在维系国家认同中具有特别重要的集体安全价值。从某种意义上说，每一个国家都是由一种人们共同的文化价值观形成与建构起来的集体安全体系。这种文化认同具有阻止社会涣散和建构国家的普遍凝聚力的作用，一旦这种凝聚力被解构、分化、瓦解了，国家作为一种命运共同体也就分裂了。导致苏联解体和东欧一些国家分裂重组为两个或几个国家的一个重要原因就是失去了国家认同的共同价值基础。正是在这个意义上，以共同的价值观为基础，尤其是以核心价值观为基础的国家文化安全在整个国家安全运动中具有特别重要的维护国家统一的国家安全价值。以价值观为核心的文化认同在维护国家安全方面具有不可或缺的重要保障作用，因此从价值观基础上，尤其是从核心价值观基础上，分化、动摇、瓦解一个国家的社会稳定和国家安全也就成为当今世界以美国为首的西方国家利益集团对他国实施"和平演变"和"颜色革命"的突破口，并由此建构了在现代世界体系下国家文化安全运动的根本属性和重要特征。国家文化安全也正是在这个意义上成为国家安全的重要组成部分和维护国家安全的重要保障。从这个意义上说，文化认同和价值观作为一种文化的存在方式和表现形态，具有防御性和安全保障特质，从而也使国家文化安全竞争与博弈集中在文化认同和价值观上，即文化认同与价值观成为国家文化安全竞争与博弈的核心。

3. 国家文化安全与人类和平发展

追求和平发展是国家文化安全的根本价值目标。安全还包括安宁、安定、安居乐业等含义。对于人类社会和世界发展来说，安宁、安定和安居乐业就意味着和平、没有战争，远离战争的威胁和危害。这就是国际安全和人类共同体安全。在文化的意义上，就是人类文明安全，是具有普遍意义的安全。因此，安全不仅包含"危险"与"威胁、危害"的意义项，还包括"安宁""安定""安居"的意义项。这是我们认识国家文化安全最基本、也是最重要的历史唯物主义辩证法和系统观念。

《中华人民共和国国家安全法》（以下简称《国家安全法》）第二条规定："国家安全是指国家政权、主权、统一和领土完整、人民福祉、经济社会可持续发展和国家其他重大利益相对处于没有危险和不受内外威胁的状态，以及保障持续安全状态的能力。"[①]"没有危险和不受内外威胁的状态，以及保障持续安全状态的能力"既界定了"国家安全"的内涵，也规定了国家安全的标准以及关于和平发展的价值尺度，即什么才叫和平。数千年来中华民族追求与倡导的"相安无事"，"非攻"与"兼爱"，"天下大同"；每个国家的人民按照自己的意愿选择适合自己的生活、生产方式和发展道路，且不受任何外来力量的干扰、威胁和危害；人们按照自己的文化选择自己的生活方式、价值观和发展道路发展自己、满足自己且不受任何外来干涉，尊重文化多样性和文明的互相欣赏、借鉴，这就是和平。

没有危险和不受威胁是一种目标状况，也就是说，有了危险和受到威胁就是不安全的。确保没有危险和不受威胁需要拥有保障持续安全的能力。虽然从理论上讲，安全是相对的，不安全是绝对的。但是，对世界上所有爱好和平、追求和平的人们来说，安全是最基本的需求，也是最崇高的美好理想，是一切美好生活的标志。世界上不存在绝对的安全，安全与否在很大程度上由抗击和抵御威胁和危险的能力决定，抗击与抵御的能力越强，则越安全；反之亦然。就像一个人的身体健康程度取决于抗击和抵御各种病毒危害的抵抗力和免疫力的强弱。然而，只要客观存在各种潜在的安全风险，就可能面临危险或遭遇威胁。要确保没有危险和不受威胁，就必须具有能够消除危险和抵御威胁的能力，这也是实现和保障和平的能力。人、社会、国家的这种能力是在这三者发展的共同作用下建立和塑造起来的。

从这样的意义出发，所谓国家文化安全，就是指国家追求与保障实现自身和平、安宁、安康的一种人类文明状态。当我们把发展看作为了实现一种更高意义上的生存需要、不发展就不能继续生存的时候，任何对发展的威胁或面对的危险都成为国家文化安全问题。也就是说，我们所指称的国家文化安全是人类文明共同体追求和平发展、具有普遍安全意义的人类文明安全的实现方式和实现机制。国家文化安全是人类普遍安全的前提和基础。没有国家文化安全，就没有普遍意义上的人类文明安全，就没有人类文明共同体安全。国家的生命基础是文化。文化是国家的灵魂，没有了文化，就无所谓国家。国家因文化而建构，没有文化，有了国家也会灭亡；有了文化，国家灭亡或没有国家也可以重建或创建。文化安全事关人类文明安全全部基因的活性程度和可再生程度。

---

① 《中华人民共和国国家安全法》（2015年7月1日第十二届全国人民代表大会常务委员会第十五次会议通过）。

第二节 中国国家文化安全的性质及对象范围

国家文化安全是一个历史范畴和国别概念。每一个国家的国家安全都是一般国家安全整体中的个别对象，是对国家所处历史环境和时代安全状况的特殊反映。中国国家文化安全是全球文化安全体系的重要组成部分，是人类安全演变发展的东方文明形态。它不仅是中华文明安全历史发展演变的产物，也是它和人类安全关系，特别是和现代世界安全关系发展的产物。当代中国国家文化安全既是中国和现代世界文化安全关系发展的体现，也是当代中国社会主义发展安全道路选择文化发展的历史性结果。中国国家文化安全以它不同于其他国家文化安全的本质属性和特征与其他国家文化安全相区别并确立自身在全球安全格局和文化安全格局中的身份和地位，参与世界文化安全事务和全球文化安全治理。深入研究中国国家文化安全是中国国家安全学和国家文化安全学学科建设的重要课题，同时也是认识、了解和把握中国国家文化安全运动基本特征与规律的必要基础。

一、中国国家文化安全的性质特征

国家特性与国家属性决定国家文化安全的性质。中国国家文化安全的性质是由当代中国的国家特性和国家属性共同决定的。国家文化安全既有普遍性，又有特殊性。不同国家的国家文化安全性质是由不同国家的执政党的政党性质和国家性质决定的。中国国家文化安全的性质是由中国共产党的性质、宗旨和当代中国的社会主义国家性质决定的。中国特色社会主义最本质的特征是中国共产党领导，中国特色社会主义制度的最大优势是中国共产党领导，党是最高政治领导力量。这是认识和把握中国国家文化安全性质的根本前提和基础。

1. 国家文化安全的定义与内涵

定义是对事物普遍性的归纳，性质是对事物特殊性的揭示。定义权是一种话语权，往往给定了定义提出者的解释权。任何一个国家的国家文化安全性质都是由国家安全性质的普遍性和国家安全的特殊性共同决定的，是二者的有机统一。国家文化安全是国家安全的重要组成部分，是一个国家的国家安全在文化领域的延伸与表现，因此国家文化安全的内涵是对国家安全本质的认识与揭示，与国家安全的本质相一致。正是基于这一基本原理，根据《国家安全法》第二条关于国家安全的定义："国家安全是指国家政权、主权、统一和领土完整、人民福祉、经济社会可持续发展和国家其他重大利益相对处于没有危险和不受内外威胁的状态，以及保障持续安全状态的能力。"中国国家文化安全的定义与内涵就是：国家文化安全就是指一个国家文化主权、人民文化福祉和国家其他重大文化利益相对处于没有危险和不受内外威胁的状态，以及具备保障和塑造国家安全，推动文化持续发展的能力。这个定义和关于国家文化安全内涵的规定反映了我国国家安全和国家文化安全在本质上的一致性，是对国家安全和国家文化安全本质属性同一性的揭示。

2. 国家属性与国家文化安全的性质

不同的国家有着不同的国家属性，即便是国家属性相同的国家，由于国家特性的历史性和民族性差异，也会呈现出国家文化的差异性。不同的国家属性决定着不同国家的文化安全性质，制约着不同国家文化安全发展道路的选择与理论方针政策的制定。所有关于国家安全和国家文化安全的具体内容都充分体现了一个国家建立在此基础上的国家安全和国家文化安全的特性、属性和利益。从理论上讲，没有一个国家是不捍卫自身国家主权的。同样的道理，没有一个国家不捍卫在本国国家主权基础上建立起来的、确定自身一切合法性身份的、以自己的生活方式和价值观为核心的国家文化主权。

在现代世界体系中，国家都是通过国家政权形式行使国家主权和安全职能的，因此国家政权在全部国家安全体系中占有核心地位。同时，由于一个国家的国家政权是由一定的政治组织和政党集团以执政党的身份组建的，而所有的政治组织和政党集团都有自己的以核心价值观为基础的政治信仰和政治主张并力求以自己的政治信仰和政治主张统治国家，一个国家对国家主权和国家安全的价值认识与法律规定就是由这样的政治组织和政治集团决定的。因此，它们所选择的国家的社会制度和发展道路就决定了国家的属性。政治组织和政党集团的政治信仰和政治主张的性质，可通过法律程序变成国家意志，定义国家性质和改变国家性质。文化无论是作为它的核心价值观的表现还是政治制度架构的重要组成部分，无不体现了这种本质属性。国家政权的变动往往会导致一个国家主权地位、统一状况和领土完整的变动并由此导致这个国家的人民享有的各种生活与生存合法权益的变动，以及经济社会的发展和国家其他所有利益的变动。文化作为国家的上层建筑也必然同时随之发生变动。在这里，国家政权性质的变动，尤其是作为执政党的政治组织和政治集团的根本性质的变动，不仅将从根本上改变国家的性质，即属性，也将同时改变由国家性质定义的全部国家主权和国家安全内容，包括国家文化安全内容。当今世界占主导地位的是资本主义和社会主义两大价值观和制度体系，因此当今世界主要国家属性就是资本主义和社会主义。

3. 中国国家文化安全的性质

中国国家文化安全的性质是由近代以来中国国家安全史的发展逐步定义的。1840年鸦片战争，西方帝国主义列强通过鸦片贸易和坚船利炮打开了中国的大门之后，迫使清王朝签署了一系列丧权辱国的条约，不仅要割地赔款，还要允许列强在中国建立租界并在租界内享有治外法权，不受中国主权管辖，这不仅导致中国国家主权严重沦丧，而且导致中华大地民不聊生，五千年中华文化惨遭践踏，中华民族自尊遭到空前伤害，沦为半殖民地半封建社会，国家安全和国家文化安全严重不保。迈入20世纪之际，中国国家安全危急到了极点，人民生存危难到了极点，民族存亡危险到了极点。中国国民党统治下的中华民国没有从根本上改变中国的国家属性，摆脱国家的不安全状况。正是在民族与国家存亡危在旦夕的时刻，为拯救民族、国家和人民于水火，中国共产党用马克思列宁主义武装自己，勇敢地、义无反顾地承担起空前的拯救国家安全的民族使命，并通过28年艰苦卓绝、前赴后继的民族解放斗争和人民革命斗争，推翻了压在中国人民头上的三座大山，建立了中华人民共和国。毛泽东向世界、向整个人类文明庄严宣告："占人类总数四分之一的中国人从此站立起来了！"①这宣告了鸦片战争以来中国不安全的旧时代的结束，宣告了中华民族一个崭新的追求国家安全、民族平等的伟大时代的到来！国家属性的根本改变使中华民族迎来了五千年中华民族发展史上的新国家安全时代！

1949 年 10 月，中华人民共和国刚一成立便立即向全世界宣布：废除自鸦片战争以来，历届中国政府同外国政府签署的一切不平等条约，收回国家主权；废除帝国主义在华一切文化特权，在收回国家主权的同时，收回国家文化主权。新中国由此而开始进入现代以来的国家安全和国家文化安全建设新纪元。通过对资本主义工商业的社会主义改造，1956 年，中国宣布废除私有制，实行以公有制为主体的社会主义制度，建设社会主义文化，开始全面建设社会主义现代化国家并将其写进中华人民共和国第一部宪法。建设社会主义国家，最终实现共产主义，这是由中国共产党作为新中国国家政权执政者和组织者的政治信仰、政治主张决定的，是中国共产党的以马克思主义为核心价值观的政治信仰和政治主张，是把马克思主义的基本原理同中国革命的具体实践相结合，领导中国人民通过数十年艰苦卓绝的革命斗争取得的历史性成果。为人民谋福祉、为民族谋复兴建构了中国共产党的初心使命，也决定了新中国"人民共和国"的本质属性。中华人民共和国的成立和中国共产党执政的政权性质彻底改变了旧中国的国家属性，也彻底改变了中国国家安全属性以及由这一国家属性而决定的全部国家安全内容。

《国家安全法》第一章"总则"第一条开宗明义，指出了制定《国家安全法》的目的和依据："为了维护国家安全，保卫人民民主专政的政权和中国特色社会主义制度，保护人民的根本利益，保障改革开放和社会主义现代化建设的顺利进行，实现中华民族伟大复兴，根据宪法，制定本法。"《宪法》是认识和掌握中国国家安全本质属性的法律依据，对国家文化安全的本质属性和内涵做出了合法性解释："中华人民共和国是工人阶级领导的、以工农联盟为基础的人民民主专政的社会主义国家。社会主义制度是中华人民共和国的根本制度。中国共产党领导是中国特色社会主义最本质的特征。禁止任何组织或者个人破坏社会主义制度。中华人民共和国的一切权力属于人民。人民行使国家权力的机关是全国人民代表大会和地方各级人民代表大会。人民依照法律规定，通过各种途径和形式，管理国家事务，管理经济和文化事业，管理社会事务。"人民民主专政、社会主义制度和中国共产党领导这三大核心要件构成了当代中国最本质的国家属性并使之同中国历史上一切政权形态与国家属性相区别，也因此构成了当代中国国家文化的本质属性并使之同一切其他国家文化相区别。必须且只有从这三个最基本的国家属性出发，才能确立当代中国国家安全的全部合法性。这是认识和掌握中国国家文化安全一切理论、政策与战略，树立国家文化安全观和履行国家文化安全权利和义务的根本依据和出发点。"发展中国特色社会主义文化，就是以马克思主义为指导，坚守中华文化立场，立足当代中国现实，结合当今时代条件，发展面向现代化、面向世界、面向未来的，民族的科学的大众的社会主义文化，推动社会主义精神文明和物质文明协调发展。"②这就是当代中国国家文化的本质属性，正是这一本质属性决定了中国国家文化安全的性质特征，所有关于中国国家安全和中国国家文化安全的本

① 中共中央文献研究室编. 中国人民站起来了[M]//建国以来毛泽东文稿：第 1 册. 北京：中央文献出版社，1987：6.
② 习近平. 决胜全面建成小康社会 夺取新时代中国特色社会主义伟大胜利——在中国共产党第十九次全国代表大会上的报告[N]. 人民日报，2017-10-28（2）.

质属性都是建筑在这个基础之上并服务、服从于这一基础的。维护和捍卫中国特色社会主义文化决定了中国国家文化安全的全部使命责任，定义了中国国家文化安全的全部本质属性，也是中国文化安全立法工作的法律依据。"中国特色社会主义道路是实现社会主义现代化、创造人民美好生活的必由之路，中国特色社会主义理论体系是指导党和人民实现中华民族伟大复兴的正确理论，中国特色社会主义制度是当代中国发展进步的根本制度保障，中国特色社会主义文化是激励全党全国各族人民奋勇前进的强大精神力量。"①

二、中国国家文化安全的特殊性：与政治安全、意识形态安全的关系

每个国家都有立足于本国国家文化安全国情实际的特殊性。中国国家文化安全的特殊性集中体现在与政治安全和意识形态安全的关系上。国家文化安全既是国家政治安全和意识形态安全在文化领域里的反映，同时又给予政治安全和意识形态安全以重大影响。

1. 国家文化安全与政治安全的关系

文化安全与政治安全的关系是国家文化安全运动与发展中最基本的安全关系，也是影响国家安全发展最重要的安全理论与安全政策和战略问题之一。维护国家文化安全需要处理好国家文化安全和政治安全的关系。没有政治安全就没有国家文化主权安全，没有文化安全，国家政治安全就失去精神文化保障。保障政治安全是文化安全的使命和责任。在中国，政治安全是攸关党和国家安危的头等大事，只有从维护政治安全的高度认识和规划国家文化安全工作，才能实现党的长期执政、国家长治久安、人民安居乐业。党的长期执政、国家长治久安、人民安居乐业都包含深刻的文化内容。

政治安全决定文化安全。"政治安全，主要是指一个国家由政权、政治制度和意识形态为要素组成的政治体系，相对处于没有危险和不受威胁的状态，以及面对风险和挑战时能够及时有效防范、应对，从而确保国家良好政治秩序的能力。政治安全是我国国家安全的根本，核心是政权安全和制度安全，最根本的就是维护中国共产党的领导和执政地位、维护中国特色社会主义制度。"②中华人民共和国自诞生的那一天起，就是中国政治的集中体现和象征，它标志着中国从此获得了独立自主、由中国人民自己决定自己的前途与命运的主权。这是当代中国政治安全的集中体现。维护和捍卫这一主权是当代中国最核心的国家安全利益。这一政治是通过中国共产党的执政以及由此而建立起来的人民民主专政的社会主义制度建立起来的，因此中国共产党的政权安全和中国的社会主义制度安全就成了中国国家政治安全的两个组成部分。也就是说，没有中国共产党的政权安全和人民民主专政的社会主义制度安全，中国的国家主权安全就将处于没有制度安全保障的危险之中，中国共产党的政权安全、社会主义制度安全和国家主权安全共同构成了当代中国的政治安全。正是在这个意义上，在当代中国，政治安全攸关党和国家的生死存亡。政治安全是国家的"心脏"，它的状况与性质决定了一个国家和国家机器其他各个方面和各个领域的安全状况和安全行为。没有政治安全，也就没有国家其他各个方面的安全。没有政治安全就没有文化安

---

① 习近平. 决胜全面建成小康社会 夺取新时代中国特色社会主义伟大胜利——在中国共产党第十九次全国代表大会上的报告[N]. 人民日报，2017-10-28（2）.
② 本书编写组. 国家安全知识百问[M]. 北京：人民出版社，2020：41.

全，这是文化安全与政治安全最一般的安全关系，构成了中国国家文化安全的特殊性。

因此，《国家安全法》第十五条明确规定："国家坚持中国共产党的领导，维护中国特色社会主义制度，发展社会主义民主政治，健全社会主义法治，强化权力运行制约和监督机制，保障人民当家做主的各项权利。国家防范、制止和依法惩治任何叛国、分裂国家、煽动叛乱、颠覆或者煽动颠覆人民民主专政政权的行为；防范、制止和依法惩治窃取、泄露国家秘密等危害国家安全的行为；防范、制止和依法惩治境外势力的渗透、破坏、颠覆、分裂活动。"以上内容划定了国家安全发展的政治底线，任何文化行为和内容都不能逾越，也不可挑战这一国家安全底线，因而划定了国家文化安全的内容。这是我国文化安全与政治安全最根本的安全关系。

文化既是政治、经济在观念领域里的反映，又反作用于政治和经济。这是文化与政治关系的最一般原理，也是文化安全与政治安全一般关系的原理。"当前，各种敌对势力一直企图在我国制造'颜色革命'，妄图颠覆中国共产党领导和我国社会主义制度。这是我国政权安全面临的现实危险。他们选中的一个突破口就是意识形态领域，企图把人们的思想搞乱，然后浑水摸鱼、乱中取胜。新形势下，意识形态领域斗争复杂尖锐。历史和现实都警示我们，思想舆论阵地一旦被突破，其他防线就很难守得住。在意识形态领域斗争上，我们没有任何妥协、退让的余地，必须取得全胜。"①这是深刻总结新中国成立以来特别是在改革开放以来国家政治安全发展过程中，重建国家意识形态体系和价值观体系的历史经验得出来的重要结论。政权安全是政治安全的核心，意识形态是文化的核心。通过意识形态，即通过文化对我国制造"颜色革命"，是我国面临的最严重的政治安全挑战。什么样的文化价值观塑造什么样的国家政治安全。苏联解体就是文化安全塑造国家政治安全最为惨痛的社会主义教训。在这里，作为文化的核心领域的意识形态能否守得住将直接影响和决定中国政治安全以及国家安全的成败。文化安全在这里具有全部的国家政治安全的战略保障意义。

2. 国家文化安全与意识形态安全的关系

意识形态安全是国家安全的重要组成部分，是我国国家安全和国家文化安全最重要的内容之一。"我国正处在大发展大变革大调整时期，国际国内形势的深刻变化使我国意识形态领域面临着空前复杂的情况，各种思想文化相互激荡，不同文明交流交融交锋更加频繁，进一步凸显了思想文化力量在综合国力竞争中的战略地位。在这样的情况下，如何提高整合社会思想文化和价值观念的能力，扩大主流价值观念的影响力，掌握价值观念领域的主动权、主导权、话语权，是我们必须解决好的重大课题。"②这是我国在相当长时期内国家意识形态安全建设的一个战略任务。正确认识和科学把握我国文化安全和意识形态安全的关系是正确认识和处理构建中国特色国家安全体系中的文化安全与意识形态安全关系的重要内容。

习近平指出："意识形态工作是党的一项极端重要的工作，是为国家立心、为民族立魂的工作。""做好意识形态工作，事关党的前途命运，事关国家长治久安，事关民族凝聚力

---

① 中共中央文献研究室编. 坚持军报姓党坚持强军为本坚持创新为要，为实现中国梦强军梦提供有力思想舆论支持（2015 年 12 月 25 日）[M]//习近平关于社会主义文化建设论述摘编. 北京：中央文献出版社，2017：37.

② 中共中央文献研究室编. 在十八届中央政治局第十三次集体学习时的讲话（2014 年 2 月 24 日）[M]//习近平关于社会主义文化建设论述摘编. 北京：中央文献出版社，2017：107.

和向心力。"① "意识形态关乎旗帜、关乎道路、关乎国家政治安全。"② 在总结国际历史经验教训的基础上，习近平特别强调了意识形态风险失控的重大危害性："一个政权的瓦解往往是从思想领域开始的，政治动荡、政权更迭可能在一夜之间发生，但思想演化是个长期过程。思想防线被攻破了，其他防线就很难守住"。③ 他极为沉痛地指出："苏联为什么解体？苏共为什么垮台？一个重要原因就是意识形态领域的斗争十分激烈，全面否定苏联历史、苏共历史，否定列宁，否定斯大林，搞历史虚无主义，思想搞乱了，各级党组织几乎没任何作用了，军队都不在党的领导之下了。最后，苏联共产党偌大一个党就作鸟兽散了，苏联偌大一个社会主义国家就分崩离析了。这是前车之鉴啊！"④ 思想意识形态是文化的灵魂。习近平的这些重要论述不仅深刻阐明了意识形态对于一个政党和国家安全的极端重要性，而且深刻揭示了作为观念形态的文化意识形态安全在整个当代中国国家安全中所具有的特别重要的战略安全意义。

文化安全是意识形态安全实现的载体形态和存在方式。文化和意识形态是一个问题的两面。文化是意识形态的载体形态，意识形态是文化的价值观内容。意识形态是发展变化的，文化的价值内涵和内容随着意识形态的发展变化而发展变化。意识形态属性是影响和决定文化属性的重要变量。不同的国家在不同的历史发展阶段，执政主体的不同影响和决定了不同国家和政权主体的性质，也影响和决定了不同历史阶段、历史时期、不同国家的意识形态。从这个意义上说，不仅文化安全的性质是随着国家安全性质的发展变化而发展变化的，一个国家的意识形态安全也是随着国家安全和国家文化安全的发展变化而发展变化的。文化安全与意识形态安全在国家安全意义上都是维护和塑造国家安全的重要保障力量，同时又在维护国家安全上有着不同的分工。

意识形态是一种观念形态的文化。文化是一个体系，既包括人的物质生活方式，也包括人的精神生活方式。意识形态作为一种精神体系和精神系统，既深刻地反映在人的价值观层面上，也反映在人的生活方式层面上，而生活方式又是人们认知经验的行为表现。人们的存在决定人们的社会意识，这是人的意识形态的来源，而一定的社会意识形态又反作用于人们的社会生活方式，由此而形成了生活方式的意识形态性和意识形态的生活方式性。意识形态集中表现和凝集为价值观并通过价值观影响人们的行为而标志自己的存在。于是，当意识形态具体表现为价值观和价值观念体系的时候，价值观和价值观念体系就具有塑造和改造人们生活方式的功能。在这里，意识形态就具有了安全的意义。也就是说，一种意识形态作为价值观念的体系构成，能否为一种生活方式提供长久的安全支持和安全保障就成为意识形态是否安全的重要标准。而也正因为意识形态对于人们的社会生活具有安全保障的意义，所以把意识形态作为突破口，对一个国家的意识形态进行分化瓦解和渗透颠覆，也就自然地成为国家安全博弈的重要领域和重要手段。争夺意识形态主导权，自然地、历史地成为维护和捍卫国家安全和国家文化安全的核心任务。

意识形态安全决定文化安全的发展走向和实现程度。党的十九大报告指出："意识形态

---

① 习近平. 在全国宣传工作会议上的讲话（2013年8月19日）[M]//论党的宣传思想工作. 北京：中央文献出版社，2020：8.

② 习近平. 意识形态关乎旗帜关乎道路关乎国家政治安全[M]//论党的宣传思想工作. 北京：中央文献出版社，2020：9-10.

③ 同①：9.

④ 习近平在新进中央委员会的委员、候补委员学习贯彻党的十八大精神研讨班上的讲话[EB/OL].（2013-01-05）. http://china. chinadaily.cn/cn/2016-10/20/content_27123201.htm.

决定文化前进方向和发展道路。"这是定义文化安全与意识形态安全关系的根本原则。不同的国家有不同的文化，每个国家的文化都是由这个国家的文化传统、历史发展和基于一定思想理论的核心价值观所指导的。在中国，坚持以什么思想理论为指导是文化建设的首要问题，关系到政党的性质、国家的方向，关系到民族的命脉、人心的凝聚。对马克思主义的坚定信仰决定了共产党的性质和宗旨、目标和方向、政策和主张，也成为一代代共产党人的政治灵魂、精神支柱和最鲜明的身份标识。正是这一身份标识，鲜明地塑造了当代中国的国家形象和精神标识，建构与决定了当代中国一切政治、经济、社会、文化行为的马克思主义性。

在现代国家体系中，文化是一个包括新闻出版、广播、电影电视表演艺术和互联网在内的庞大的精神产品生产体系。所有这些文化产品的生产工具和传播手段可以为任何阶级、任何国家和任何意识形态的生产与传播所用。掌握和利用这些文化生产工具和传播手段，开展对他国的舆论战、信息战、文化冷战等是 20 世纪以来世界意识形态斗争最显著的特征。作为一种手段和工具，文化是服从与服务于一定历史时期、一定国家、一定国家利益的。要使文化产品的生产和传播朝着有利于本国最根本国家利益的方向发展，就必须把本国的政治、经济、社会、文化乃至地缘政治主张全部贯彻到所有的文化产品的生产和传播之中，以实现国家安全利益的最大化。因此，什么样的意识形态便决定了什么样的文化具有什么样的性质，决定了一个国家的文化发展方向和发展道路。这是国家文化发展的一个普遍规律，是不以人的意志为转移的意识形态决定文化前进方向和发展道路的客观规律。利用这一规律对我国实施意识形态渗透与颠覆是我国国家文化安全和意识形态安全长期面临的挑战。

价值观是意识形态构成的核心要素。价值观在一定社会的文化中是起"中轴作用"的，影响和决定了整个文化系统的生命运动。没有了价值观，文化也就不存在了。因此，文化的影响力首先就是价值观的影响力。正因为文化的影响力取决于价值观的影响力，对价值观的争夺也就成为对整个文化争夺的核心。正是在这个意义上，世界上各种文化之争，本质上就是价值观之争，也是人心之争、意识形态之争。正所谓"一时之强弱在力，千古之胜负在理"，价值观作为意识形态最集中、最本质的体现，直接影响和决定了文化的存在与发展。正是由于价值观在整个文化系统中具有"中轴作用"，因此对于价值观的争夺也就成为文化争夺的关键。在这里，价值观安全即意识形态安全直接地影响和决定了文化安全的前途命运与发展走向。苏联的解体就是一个教训。

历史经验表明，国家动荡、政权更迭往往始于思想领域的混乱、指导思想的动摇。苏联解体、东欧剧变以及一些国家发生的"颜色革命"就是前车之鉴。"我国文化建设的长期实践表明，对马克思主义指导地位坚持得好、把握得牢，就能形成文化繁荣兴盛的生动局面，推动党和人民事业发展；坚持得不好，发生动摇和偏差，就必然造成思想文化上的混乱，给党和人民事业带来损害。现在，我国文化领域正在发生广泛而深刻的变革，社会文化生态更加复杂，马克思主义、非马克思主义甚至反马克思主义的思想观点同时存在，先进的和落后的相互交织，积极的和消极的相互影响，民族的和外来的相互碰撞，坚持以马克思主义统领多样化文化发展的重要性日益突出。新的时代条件下，坚持马克思主义在意识形态领域指导地位的根本制度，就是要坚定文化自信、增强文化自觉，牢牢把握社会主义先进文化前进方向，紧紧围绕举旗帜、聚民心、育新人、兴文化、展形象的使命任务，大力发展面向现代化、面向世界、面向未来的，民族的科学的大众的社会主义文化，更好构筑中国精神、中国价值、中国力量。"①政治上的坚定源于理论上的清醒，只有高度自觉、始终不渝坚持以马克思主义为指导，才能保证道路不偏向、江山不变色，保证国本永固、事业常青。因此，在中国，坚持马克思主义在意识形态领域指导地位的根本制度是坚持社会主义文化正确发展方向和发展道路、实现国家长治久安的必然要求。

3. 国家文化安全与政治安全、意识形态安全的联动性

"安全问题同政治、经济、文化、民族、宗教等问题紧密相关，非传统安全威胁和传统安全威胁相互交织。一个看似单纯的安全问题，往往并不能简单对待，否则就可能陷入头痛医头、脚痛医脚的困境。恐怖主义就是典型的例子，其滋生蔓延受经济发展、地缘政治、宗教文化等多种复杂因素影响，单纯靠一种手段无法从根本上解决问题。"②这既是当今世界国家安全运动的基本规律，也构成了中国国家文化安全性质的特殊性。文化和政治密不可分。文化安全、政治安全和意识形态安全有时相辅相成，有时则发生激烈的矛盾与冲突，其间夹杂的民族和宗教问题，学术、艺术、自由等概念和问题永无止境地缠绕文化、政治和意识形态，三者之间的国家安全关系，成为国家文化安全中最复杂、最重要的安全关系之一。以网络文化为代表的非传统文化安全威胁是当今人类社会面临的最突出的共同文化安全问题，深刻影响着人类的安全进程与走向。"三股势力"不断地对我国边疆民族地区进行宗教极端主义意识形态渗透是造成中国国家文化安全与政治安全、意识形态安全联动性最突出的现象和因素。

文化是政治的一种权力形态，即所谓的"软实力"。国家政治安全以政权安全、制度安全和意识形态安全为核心。政治安全和制度安全的性质决定了文化安全和意识形态安全的性质。没有政治安全和制度安全提供的政治和制度保障，文化安全和意识形态安全不仅无法得到应有的保障，而且文化的生存与发展也将失去方向。正是在这个意义上，一个国家的政治和制度属性决定了一个国家的文化和意识形态属性，一个国家的文化安全既是对这个国家政治安全与制度安全的反映，同时也反作用于这个国家的政治安全和制度安全，为其提供思想文化和价值观保障。

三、中国国家文化安全的对象范围

国家安全和国家文化安全都是不断发展变化的对象领域。"当前我国国家安全内涵和外延比历史上任何时候都要丰富，时空领域比历史上任何时候都要宽广，内外因素比历史上任何时候都要复杂……"③这既是当前中国国家安全的环境特征，同时也是国家文化安全所处的环境形势特征。正是这样的特征决定了中国国家文化安全内涵与外延的构成性。

1. 中国国家文化安全对象范围的构成

中国国家文化安全的对象范围主要包括两个层面上的意义：一是由中国国家文化的本

---

① 黄坤明. 坚持马克思主义在意识形态领域指导地位的根本制度[N]. 人民日报，2019-11-20.
② 坚持合作创新法治共赢　携手开展全球安全治理——习近平在国际刑警组织第八十六届全体大会开幕式上的主旨演讲（2017年9月26日）[N]. 人民日报，2017-09-27.
③ 习近平. 坚持总体国家安全观走中国特色国家安全道路[M]//习近平谈治国理政. 北京：外文出版社，2014：200.

质特征构成的在核心内容意义上的对象范围；二是由中国国家文化在制度意义上构成的对象范围。二者共同构成了中国国家文化安全的对象范围。

党的十九大报告指出："中国特色社会主义文化，源自于中华民族五千多年文明历史所孕育的中华优秀传统文化，熔铸于党领导人民在革命、建设、改革中创造的革命文化和社会主义先进文化，植根于中国特色社会主义伟大实践。"[①]中华优秀传统文化、革命文化和社会主义先进文化既是中国特色社会主义文化的三大来源，也是中国特色社会主义文化的三大组成部分。这三大内容属于国家文化主权的范畴，构成了中国国家文化安全对象范围的核心部分。

以这三大核心部分为依据，在这三大核心部分基础上建立起来的国家安全主体根据《宪法》和法律依法行使国家文化主权的领域和行使效力的范围构成了中国国家文化安全在制度层面上的对象范围和领域，包括哲学社会科学、文化艺术、思想宣传、教育、新闻出版、广播电视、电影、表演艺术、视觉艺术、互联网等所有属于国家文化主权范畴的文化领域。这一领域既可以按照国际通行的行业来划分，也可以按照学科和学术等思想意识形态来划分。

前者（本质特征层面）反映了中国国家文化安全对象领域的特殊性，后者（制度意义层面）体现了中国国家文化安全在制度架构层面上的普遍性。两个方面共同构成了中国国家文化安全对象范围和体系结构。

文化成长系统中，每一个方面和每一个领域都以一定的文化主体、主干为基础，按照自己的发展形态、发展形式和发展模样发展，宛如一棵参天大树是由树干、许多树枝和树叶构成的，树枝和树叶使大树获取自己生长所必不可少的阳光雨露。同理，所有的以载体形态呈现出来的文化外延都是文化生命整体富有生命力的重要组成部分，它是让一棵大树获得成长养分的重要生态机制。就像一棵大树没有树枝和树叶的光合作用就不能获得供生命成长的营养一样，文化如果没有相应的表达形式和载体工具，就无法建立与人类社会的价值联系，也就无法获得文化发展所必不可少的来自人类社会自身的需求。因此，一个国家的国家文化安全不仅取决于国家的内涵式成长，而且需要国家的外延式繁荣发展。没有发达的国家文化载体体系，即没有发达的现代文化生产和文化思想意识形态体系，没有成熟和完善的现代文化市场体系，就没有国家文化安全应有的文化生存与发展必不可少的生态构成体系。从这个意义上说，国家文化安全的外延就是指所有的文化生产、表达和载体系统。这既是国家文化权力和意识形态机器的重要组成部分，又是国家文化传承与发展的文明最重要的呈现体系。由于任何一个文化载体系统的安全程度都会影响到国家文化安全的系统性和整体性安全程度。因此，对文化载体系统和载体机制的国家安全掌控也就自然地成为国家文化安全的重要内容。

2. 中国国家文化安全的内涵发展与对象范围扩大

国家文化安全的范围随着不同时空条件下人们互动历史的拓展而不断扩大。在这一历史进程中，国家的政治文化进程发挥了重要作用。当代中国国家文化安全的内涵与外延就是随着中国特色社会主义事业不断发展深化进程推动的深刻的社会文化变革而不断发展变

[①] 习近平. 决胜全面建成小康社会　夺取新时代中国特色社会主义伟大胜利——在中国共产党第十九次全国代表大会上的报告[N]. 人民日报，2017-10-28（2）.

化的。新中国的成立奠定和塑造了当代中国国家文化安全的社会主义本质属性并确立了对外反对帝国主义和一切反动派、对内为广大人民群众提供基本文化权益和文化安全服务的对象范围，同时以此为基础实现了社会主义革命和社会主义建设，奠定了当代中国的国家文化安全法理基础；改革开放后，根据变化了的国内外安全环境和形势，中国在实行经济领域的改革开放的同时，实行文化领域里的改革开放，以加入世界贸易组织（WTO）的制度性形式重建了中国与世界的国家文化安全关系，不再以社会制度和意识形态处理国际文化安全关系，从而在重返世界文化市场体系的同时，极大地丰富、扩大了中国国家文化安全的领域，在融入现代世界体系的同时，丰富、提高了中国国家文化安全的国际竞争力，丰富、充实了中国综合国力的内容；进入新时代，当代中国遭遇世界百年未有之大变局和中华民族伟大复兴的大局双重挑战和机遇，对发展与安全同时提出了更高的要求。正是在这一国际国内形势双重挑战所提出来的中国国家安全战略更新的历史条件下，中国提出了总体国家安全观，提出了"一带一路"倡议，构建人类命运共同体，向世界发出了"全球安全倡议"。所有这些都是前所未有的，不仅深刻地丰富、扩大了中国国家安全的内涵与外延，而且为中国国家文化安全的内涵与外延赋予了前所未有的历史内容和历史内涵，使之不仅是中国化的，而且具有全球安全、进而具有全球文化安全的意义。中国国家文化安全体系从新中国成立之初的"一边倒"走向构建人类命运共同体的全方位、多元化全球安全，这是一个具有人类文明安全史意义的发展和变化。在现代世界体系下，任何一个国家都是国际安全体系的组成部分，因此现代国际安全体系的任何变动都会引发一个国家安全环境的更大变动，同时国家的这种变动又反作用于国际安全体系和结构的变动，如此循环往复，构成国家安全的矛盾运动。在这里，国际安全环境和国际文化安全环境的变化是影响和导致一个国家文化安全内涵和外延变化的最重要的变量。正是这一变量推动了新中国成立以来中国国家文化安全内涵与外延的发展与扩大。

以美苏争霸为核心的"冷战"直接影响和导致了新中国成立后国家文化安全内涵与外延的发展变化。"冷战""全球化""逆全球化"是20世纪50年代至21世纪20年代国际安全和国际文化安全运动发展呈现出来的三大发展阶段和发展形态。这三大发展阶段和发展形态在塑造世界文化安全格局的同时，也不断地对当代中国的国家文化安全内涵的发展与外延扩张造成深刻影响，是当代中国国家文化安全运动变化最根本的变量，在改变中国国家文化安全发展的外部环境和条件的同时，也深刻地影响了中国内部国家文化安全发展环境的变化和体系性塑造。新中国70年发展史反映了当代中国国家文化安全内涵与外延不断丰富、扩大的历史以及国家文化安全体系和结构不断现代化的历史。

国家安全是一个体系，包括政治、经济、社会、文化、军事、生态等各方面、各领域，具有不可分割的系统性特征，诚如一棵参天大树。真正决定这棵参天大树长成什么形状的是这棵树的本质属性。年轮完整地记录了一棵树在生长过程中接触的全部生态信息，包括气候变化、曾经遭遇的自然灾害等。年轮的生长过程就如同文化积累和积淀的过程。年轮的多少记录了树的年龄，即树龄。而文化发展的历史纪年构成了不同的文化。以技术工具为代表的不同的物质文明的发展则记录了文化载体、文化工具的生成，即文化外延的伸展与扩张。而所谓的文化遗产就是人类社会对过去年代人类创造的文化遗存、文化遗物的集合性表述。诚如一棵大树的年轮一样，人们可以通过对文化遗产的分析研究，了解人类发展的成长足迹以及他们与整个历史环境的关系。它是一个国家和民族文化自信、历史自信的来源和根据。在这里，当原有的文化生产手段和文化生产工具即文化生产力不足以满足文化生产关系发展需求的时候，通过和借助于技术手段丰富、发展文化生产和文化表达工具，打破旧有的文化生产力垄断格局，塑造新的文化载体和文化产品形态也就自然地成为新生的文化生产力创造性诞生和涌现的必然逻辑。这是一个不同文化生产主体不断地争取文化自主权的过程。正是在这个过程中，国家文化安全的对象范围随之扩大。工业文明时期出现的电影、电视，信息文明时代诞生的互联网，借助于互联网和数字技术发展出来的网络文化以及 VR、AR 等人工智能和数字文化产品都是在国家文化安全内涵的扩张中生成的，构成了国家文化安全的重要外延系统。

四、国家文化安全内涵与外延变化的互动性和联动性

国家文化安全的内涵与外延是一个不断地产生成长性变动的整体系统。国家文化安全的内涵随国家本质属性的变化而变化。不仅不同的国家关于文化安全的定义是不一样的，即便是同一个国家，在不同的历史时期和不同的历史条件下，由于国家属性的差异，在相似的关于国家文化安全的定义下，文化安全的具体内容也存在着很大的不同，有时甚至有本质的差异。这种差异是由一个国家在不同历史时期的不同政权属性和社会制度决定的。同一个国家，一个时期实行的是资本主义制度，另一个时期实行的是社会主义制度，并且这两个时期由两个具有完全不同性质的执政党执政，那么，这两个具有完全不同性质的政权国家对于文化安全的定义是不一样的。无产阶级与资产阶级是两个具有本质属性差异的对立的阶级，不同的阶级属性有着不同的阶级利益，形成了不同属性的文化，而代表不同阶级利益的政党在获得了一个国家的政权，行使执政权力的时候，一定是从维护本阶级的利益出发，按照本阶级的价值观和意识形态统治与治理国家的。因而，关于国家文化安全的定义和内涵就必然打上其所代表的阶级文化利益的深刻烙印并且通过一系列关于国家文化安全的政策、制度和法令深刻而具体地表现出来。当一个阶级推翻另一个阶级，掌握了国家的统治权和治理权之后，废除原有的代表先前阶级利益的文化政策、制度和法律，重新定义国家文化安全，重塑国家文化安全内涵，以代表和反映新的执政者所代表的阶级的根本文化利益也就成为历史的必然选择。

这样的国家文化安全内涵的历史性变动，必然同时要求和推动所有的国家文化安全外延，即要求和推动文化表达和生产的对象领域同时进行这样的根本性变动，以适应和符合新的统治阶级对于文化的要求。1949 年以前中国的国家文化安全内涵和文化生产与表达的对象领域是由代表大地主和大资产阶级利益的国民党定义的，反映和表现的是大地主和大资产阶级的根本文化利益；1949 年以后，中国的国家文化安全是由代表无产阶级和最广大人民群众根本利益的中国共产党定义的，反映和代表的是无产阶级和最广大人民群众的根本文化利益，因此明确要求文化艺术为最广大的人民群众服务，首先为工农兵服务的方针，维护和捍卫以工农联盟为基础的人民民主专政为核心内容的国家文化主权成为新中国国家文化安全的根本目标对象。

随着互联网和数字技术更深入地介入人们的社会生活，数字化生存不仅改变了人们的物质生活方式，也改变了人们的精神生活方式。人们关于数字化生存和数据化观念的接受与养成，深刻地影响、重塑、丰富和扩大了人们的文化安全范畴，这种范畴的扩大也导致

国家文化安全的外延和对象范围发生了在某种程度上具有颠覆性意义的重大变化。这种变化同时对国家文化安全的内涵予以深刻的影响，由此而产生的各种社会思潮以及由此而出现的数据安全问题，正在生成一种全新的国家文化安全环境和非传统安全意识形态，挑战并影响着国家文化安全和意识形态安全的发展形态与发展走向。这种具有发展性的国家文化安全内涵与外延的互动演变趋势将长久地影响和改变中国国家文化安全内涵与外延的发展。中国国家文化安全的内涵与外延将在这个进程中被重构，并将重构中国国家文化安全的整体性和系统性。

作为文化发展的载体系统，文化外延有着自身的生长规律与生长需求。竞争性与扩张性始终是文化外延变动的突出规律。在文化内涵不变的条件下，文化外延是可以随着文化内涵的生长需求而不断地往外扩展的。当不发展文化表达的载体系统和文化生产力现代化能力便不能有效地维护和实现国家文化主权、人民文化福祉和国家其他重大文化利益的时候，扩大外延和丰富内涵将同时成为国家文化安全内涵与外延变动的运动形式与运动形态，推动国家文化安全内涵与外延的相互促进与发展。

外延作为文化的载体系统，对内涵具有强烈的反作用，尤其是当外延具有掌控舆论导向和制造舆论的功能，成为政权稳定和国家治理中重要的国家安全工具的时候，通过掌握文化的载体系统进而实现颠覆政权和改变国家性质，便成为维护或危害现代国家安全的重要手段。社会主义国家苏联在政权解体及其国家属性发生改变的过程中，媒体犹如压垮骆驼的最后一棵稻草，颠覆了苏联的共产党执政地位，改变了其社会主义制度和国家性质。苏联的国家文化安全性质也随着国家属性和国家安全属性的改变而改变。这是一个通过外因而使内因发生根本性变化的典型国家文化安全案例。苏联部长会议主席雷日科夫在他的《大国悲剧》中对此有着极为深刻的描述与历史性总结："凡是要夺取一个政权，必先造成舆论。"同样，凡是要颠覆一个政权，必先夺取舆论。"灭人之国，必先去其史。隳人之枋，败人之纲纪，必先去其史。绝人之材，湮塞人之教，必先去其史。"[①]这就是国家文化安全内涵与外延变动的辩证关系。也正是在这个意义上，文化安全对于维护国家安全具有不可或缺的保障作用。

第三节　国家文化安全在国家安全中的地位、作用及其主要任务

国家文化安全是一个历史性概念，它在国家安全中的地位、作用及其主要任务在不同的国家和不同的历史条件下是不一样的，随着历史和国家属性的变化而不断变化。对于国家文化安全在国家安全中的地位和作用的发现，以及对国家文化安全任务的规定，也是随着人们对国家安全性质认识的深化而不断发展深化的。因此，对这一问题的研究，也将随着人们认识的深化、研究成果的丰富而不断丰富、发展。这是认识当今中国国家文化安全在国家安全中的地位、作用及其主要任务的前提。中国国家文化安全是一个总体性国家安全系统，广泛涉及总体国家安全观论述的所有国家安全领域和方面。只有从总体国家安全

---

① 龚自珍《定庵别集·续集》《古史钩沉论二》。

观和中国国家安全构成的总体性出发，才能认识国家文化安全在总体国家安全中的地位、作用及其主要任务。

一、国家文化安全在国家安全中的地位

文化是一个国家和民族的灵魂，是国家和民族文化认同的精神纽带，是国家生存发展的前提、人民幸福安康的基础、中国特色社会主义事业的重要保障。在任何一个时代的文化都是这个时代的民族和国家精神的集中体现的时候，这个时代的文化就是这个时代的民族和国家精神的文化，是民族文化和国家文化的标志与象征。维护国家文化安全是弘扬中华民族精神、坚守中华文化立场、坚持社会主义核心价值观和理想信念追求的保障，是协调推进"四个全面"战略布局和"五位一体"总体布局的重要支撑，是构建中国特色国家安全体系的重要内容，是建设社会主义文化强国的重要基础。

文化安全是国家安全的重要保障。国家安全是一个包括国民经济和社会发展各方面、各领域的生命系统。虽然每一个方面和每一个领域都有自己的安全定义和安全内容，然而，没有一个领域的国家安全处理方法以及安全制度与思想理论观念的建立不以这个国家关于安全的价值观念为指导。美国有美国的国家安全观念，俄罗斯有俄罗斯的国家安全政策，东方有东方文明关于安全的认知与经验，西方有西方文明关于安全的认知与经验，不仅表现在整体性上，而且表现在具体的国家安全领域。国与国之间在国家安全理论与政策上存在的差异（有些甚至是根本对立的差异），根本上就是基于本国国家安全利益而形成的文化价值观体系的差异。没有一个国家不是从本国的核心价值观，也就是文化立场出发，来制定本国的国家安全战略和国家文化安全战略，维护本国国家安全利益，为本国国家安全提供道德保障的。习近平说："文化是民族生存和发展的重要力量。人类社会每一次跃进，人类文明每一次升华，无不伴随着文化的历史性进步。中华民族有着五千多年的文明史，近代以前中国一直是世界强国之一。在几千年的历史流变中，中华民族从来不是一帆风顺的，遇到了无数艰难困苦，但我们都挺过来、走过来了，其中一个很重要的原因就是世世代代的中华儿女培育和发展了独具特色、博大精深的中华文化，为中华民族克服困难、生生不息提供了强大精神支撑。"①其所揭示的就是文化安全的普遍意义及其与中华民族、中国国家安全关系的具体而特殊的意义。

"古往今来，中华民族之所以在世界有地位、有影响，不是靠穷兵黩武，不是靠对外扩张，而是靠中华文化的强大感召力和吸引力。我们的先人早就认识到'远人不服，则修文德以来之'的道理。阐释中华民族禀赋、中华民族特点、中华民族精神，以德服人、以文化人是其中很重要的一个方面。"②"面对社会思想观念和价值取向日趋活跃、主流和非主流同时并存、社会思潮纷纭激荡的新形势，如何巩固马克思主义在意识形态领域的指导地位，培育和践行社会主义核心价值观，巩固全党全国各族人民团结奋斗的共同思想基础，迫切需要哲学社会科学更好发挥作用。面对我国经济发展进入新常态、国际发展环境深刻变化的新形势，如何贯彻落实新发展理念、加快转变经济发展方式、提高发展质量和效益，

---

① 习近平. 在文艺工作座谈会上的讲话（2014年10月15日）[M]//论党的宣传思想工作. 北京：中央文献出版社，2020：239.
② 同①：240.

如何更好保障和改善民生、促进社会公平正义，迫切需要哲学社会科学更好发挥作用。面对改革进入攻坚期和深水区、各种深层次矛盾和问题不断呈现、各类风险和挑战不断增多的新形势，如何提高改革决策水平、推进国家治理体系和治理能力现代化，迫切需要哲学社会科学更好发挥作用。面对世界范围内各种思想文化交流交融交锋的新形势，如何加快建设社会主义文化强国、增强文化软实力、提高我国在国际上的话语权，迫切需要哲学社会科学更好发挥作用。面对全面从严治党进入重要阶段、党面临的风险和考验集中显现的新形势，如何不断提高党的领导水平和执政水平、增强拒腐防变和抵御风险能力，使党始终成为中国特色社会主义事业的坚强领导核心，迫切需要哲学社会科学更好发挥作用。"①

文艺是最重要的文化表现形态之一，具有强大的武器性。在战争中，它既是打击敌人、瓦解敌人斗志的有力武器，也是团结民众、鼓舞民众、唤起民众保卫家园和国家最有效的精神动员力量。因此，自古以来，无论中外，文艺力量往往都是维护国家安全的重要力量之一。通过和借助文艺影响战争进程，制造有利于自己的战争环境，引导战争的发展方向，一直都是军事战争的重要手段之一。1935年，随着电影《风云儿女》在全国的上映，一首《义勇军进行曲》的"起来！不愿做奴隶的人们！把我们的血肉，筑成我们新的长城！"唤醒了中华民族的优秀儿女，他们走上抗日的战场，汇成了人民战争的汪洋大海，吞没了日本帝国主义。"长城"是中华民族御敌于国门之外、捍卫国家安全的精神象征。这就是文化的力量！文化是一个国家和一个民族的灵魂，而音乐作为这种灵魂的存在方式和表达方式，是最能够体现这个国家和民族的灵魂的！《义勇军进行曲》诞生于中华民族的抗日烽火之中，作为电影《风云儿女》的主题歌，它集中地反映和表现了在那个年代中华儿女为抵御外侮，英勇地走上抗日战场的伟大壮举。"义勇"是中华儿女的精神品格，是中华民族的灵魂表达。在需要鼓舞、动员、号召的时候，文化以它坚强而又充满韧性的、渗透于人的灵魂的力量，迅速地动员起中华民族，赋予中华民族现代精神的灵魂的力量。正是这样的力量，使得一个国家和民族在近代以来屡遭帝国主义列强欺侮之后，在中华民族到了最危险的时候，奋然而起、万众一心，冒着敌人的炮火前进！最终赢得了近代以来中华民族历史上最伟大的、空前的民族胜利，一洗百年耻辱！并因此而形成了史无前例的"抗战文艺"。这是为了国家和民族安全的文艺，是国家安全文艺，包括国家安全电影、国家安全音乐、国家安全戏剧、安全小说和国家安全诗歌等。正是在这个意义上，文艺具有武器性，是维护和实现国家安全的重要手段。而且，也正是因为文艺的这一功能与特征，使文化具有了武器性。这就是文化被称为软实力的重要原因。文化软实力成为现代国家安全战略体系中不可或缺的重要国家安全能力。②

"靡靡之音"自古以来在中国就被称为"亡国之音"，是文化不安全的一种表征。面对新形势下出现的一些否定新中国的历史虚无主义和"娱乐至死"的文化危机现象，习近平在看望参加全国政协十三届二次会议的文化艺术界、社会科学界委员时的讲话不无沉重地告诫大家："共和国是红色的，不能淡化这个颜色。无数的先烈鲜血染红了我们的旗帜，我们不建设好他们所盼望向往、为之奋斗、为之牺牲的共和国，是绝对不行的。不能被轻歌

① 习近平在哲学社会科学工作座谈会上的讲话（2016年5月17日）[N]. 人民日报，2016-05-17.
② 这一历史现象不仅发生在中国，也发生在第二次世界大战之中的苏联卫国战争中，其中具有广泛影响的就是苏联作曲家肖斯塔科维奇创作的作品——《C大调第七交响曲》（又名《列宁格勒交响曲》），它也是一个呼吁国家安全的伟大作品。

曼舞所误，不能'隔江犹唱后庭花'。"[①]他引用唐朝诗人杜牧的千古名句"商女不知亡国恨，隔江犹唱《后庭花》"[②]来警示人们，足见文化安全在国家安全中的重要性非同一般。正是在这个意义上，文化安全具有作为国家安全重要保障体系的地位和作用。

二、国家文化安全在国家安全中的作用

地位决定作用，作用体现价值。国家安全是一个系统整体，由各个不同的方面共同组成。这些不同的方面承担对于总体的不同责任，发挥不同的作用，共同推进国家安全总体的系统运动和科学发展。国家文化安全是国家安全的重要组成部分且服务和服从于国家安全，它随国家安全的战略需求而不断地调整自身的内容与形式。中国国家文化安全在国家总体安全系统中起"保障"作用的安全功能定位，深刻阐明和揭示了中国国家文化安全在总体国家安全中的作用。

1. 文化安全是统筹推进国家安全总体布局、走中国特色国家安全发展道路的重要内容

统筹推进"五位一体"总体布局、协调推进"四个全面"战略布局是进入新时代后中国特色社会主义建设的重大国家战略部署，是构成新时代中国特色社会主义国家安全战略的重要组成部分和国家安全战略力量的发展方向。这是以习近平同志为核心的党中央统筹把握中华民族伟大复兴战略全局和世界百年未有之大变局，在中国特色社会主义的整体部署上，从发展了的国情和发展了的国家战略需求出发，创造性提出的统筹推进"两个布局"，丰富和发展了我国改革开放和社会主义现代化建设的顶层设计，具有重大的现实意义和深远的历史意义。

"五位一体"总体布局是指"经济建设、政治建设、文化建设、社会建设、生态文明建设"，经济建设是根本、政治建设是保障、文化建设是灵魂、社会建设是条件、生态文明建设是基础；"四个全面"战略布局是指"全面建成小康社会、全面深化改革、全面依法治国、全面从严治党"。"协调推进'四个全面'战略布局，是党的十八大以来党中央从实现'两个一百年'奋斗目标、实现中华民族伟大复兴的中国梦的战略高度，统筹国内国际两个大局，把握我国发展新特征确定的治国理政新方略，是新的时代条件下推进改革开放和社会主义现代化建设、坚持和发展中国特色社会主义的战略抉择。"[③]这一战略布局是中国在全面进入新发展阶段后确立起来的国家发展大战略，是随着对新时代中国特色社会主义认识的不断深化而逐步被提出来的，本身就是一个思想认识和理论的升华过程，具有鲜明的新时代精神文化特征，同时也是新时代国家文化安全建设的一个重要时代特征。这是为推动新时代中国特色社会主义建设与发展事业，为实现中华民族伟大复兴，而制定的一项中长期发展战略和百年大计。这一前所未有的国家安全大战略，具有跨世纪的建构性，集中体

---

① 习近平在看望参加全国政协十三届二次会议的文化艺术界、社会科学界委员时的讲话，转引自："娓娓道来，品读今年以来习近平引用的那些诗词典故"（三），2019 年 5 月 24 日，来源：人民网：http://dangshi.people.com.cn/n1/2019/0403/c85037-31010716.

② 唐·杜牧《泊秦淮》："烟笼寒水月笼沙，夜泊秦淮近酒家。商女不知亡国恨，隔江犹唱《后庭花》。"

③ 习近平关于《关于新形势下党内政治生活的若干准则》和《中国共产党党内监督条例》的说明[N]. 人民日报，2016-11-3（2）.

现了中华民族伟大复兴的总体战略观和总体国家安全观的有机统一。

"四个全面"和"五位一体"是一个有机的整体。"四个全面"是战略目标,"五位一体"是实现这一战略目标的根本路径,二者缺一不可,共同构成建设社会主义现代化强国的国家安全战略发展的总体布局。文化是"两个布局"的重要内容和组成部分。文化建设是灵魂,就是要用先进的价值观武装人民,为其他"四个建设"提供强大的精神动力和智力支持,营造丰富多彩的新生活、新文化环境。精神动力主要是指价值观层面,文化安全在其中起到了精神支撑作用。一个文化不安全的国家难以进行伟大目标的建设,因为任何伟大奋斗目标的实现都需要文化来凝聚、提供力量。这是一个全新的战略规划和战略布局,面临着许多前所未有的、具有新的历史特点的伟大斗争,需要文化的各个方面,尤其是作为观念形态的文化为"四个全面"和"五位一体"提供全面的思想理论成果,为各个领域的重大战略决策部署提供科学的理论根据。在这个过程中,任何可能给国家文化建设与发展造成不良影响或者威胁和危害国家文化安全健康发展的意识形态都可能使中华民族伟大复兴事业走上歪路、邪路,甚至使这一中华民族的世纪大计毁于一旦。戈尔巴乔夫对苏联实行的基于"新思维"的改革和苏联解体后俄罗斯实施的"休克疗法"所导致的俄罗斯的巨大、灾难性失败就是源于国家文化安全的丧失,由于被各种各样的脱离苏联和俄罗斯国情实际的思想理论和意识形态所左右,最终葬送了苏维埃历时半个多世纪建立起来的人类历史上第一个社会主义国家。俄罗斯在这个过程中担负着实现国家和民族复兴的历史责任,并为此制定了一系列实现俄罗斯民族复兴的国家文化安全战略文件。

文化的建设与发展是国家的建设与发展的重要组成部分,对于整个国家的建设与发展事业具有重要的智力支撑作用。国家文化安全状况影响着对于协调推进"四个全面"战略布局和"五位一体"总体布局的支撑程度。一个国家的文化如果不能为国家和民族事业的发展提供必不可少的知识和智力支撑,将严重迟滞国家和民族事业的发展。不仅如此,如果一个国家在文化建设与发展尤其是在文化价值观念和意识形态根本导向上遭到外来价值观念和意识形态的误导,甚至会严重干扰其国民经济和社会发展方向的正确性。

舆论是一种重要的文化形态,具有动员社会民众、左右影响社会情绪和社会思潮发展走向的功能,具有强大的解构或建构社会发展精神价值取向的双重作用,历来是影响社会发展的重要力量之一。习近平指出:"好的舆论可以成为发展的'推进器'、民意的'晴雨表'、社会的'黏合剂'、道德的'风向标',不好的舆论可以成为民众的'迷魂汤'、社会的'分离器'、杀人的'软刀子'、动乱的'催化剂'。"这一观点深刻地揭示了舆论作为一种重要国家力量在国家整体发展战略中的重要战略地位。因此,面对复杂严峻的发展形势和各种阻击我国发展战略的挑战,习近平明确指出:"营造良好舆论环境,是治国理政、定国安邦的大事。新形势下,我们党要带领人民有效推进'五位一体'总体布局和'四个全面'战略布局,带领人民实现'两个一百年'奋斗目标、实现中华民族伟大复兴的中国梦,必须引导好人民思想,而要引导好人民思想就要引导好社会舆论。"①从国家整体发展战略全局和实现"两个一百年"奋斗目标的高度,深刻地阐明了文化安全在协调推进我国国家战略方面的重要支撑价值。在这里,正确的舆论导向是党和人民之福,错误的舆论导向是

---

① 中共中央文献研究室编. 在党的新闻舆论工作座谈会上的讲话(2016 年 2 月 19 日)[M]//习近平关于社会主义文化建设论述摘编. 北京:中央文献出版社,2017:39.

党和人民之祸。舆论工作"事关旗帜和道路，事关贯彻落实党的理论和路线方针政策，事关顺利推进党和国家各项事业，事关全党全国各族人民凝聚力和向心力，事关党和国家前途命运"。[①]没有正确的舆论导向，没有舆论安全，就没有"四个全面"战略布局和"五位一体"总体布局的全面顺利落实，就没有中华民族伟大复兴中国梦的实现。因此，必须把文化建设放在全局工作的突出位置，更加自觉地用文化引领风尚、教育人民、服务社会、推动文化安全发展。

2. 文化安全是构建国家安全新发展格局的重要支点

文化安全在总体国家安全运动中具有能够撬动战略性结构的杠杆作用。中国国家安全发展正在从传统国家安全向传统与非传统国家安全同步发展、交叉发展、叠加发展转变，世界百年未有之大变局与中华民族伟大复兴战略全局正在推动中国总体国家安全形态与格局朝着构建国家安全新格局发展。构建国家安全新发展格局必然同时提出对构建国家文化安全新发展格局的新要求，以满足和适应与构建国家安全新发展格局相对应的新需求。进一步发展壮大文化产业，强化文化赋能，充分发挥文化在激活发展动能、提升发展品质、促进经济结构优化升级中的作用是贯彻发展安全理念、构建新发展格局、推动传统国家安全与非传统国家安全发展不可或缺的国家安全支点。我国社会主要矛盾的历史性变化提出了满足人民日益增长的美好生活需要、促进人的全面发展的新需求，在满足人民群众的获得感、幸福感的同时，还要给人民群众提供安全感。其中，文化安全是重要因素。扩大优质文化供给，让人民享有更加充实、更为丰富、更高质量的精神文化生活，全面贯彻以人民安全为宗旨，也就历史性地成为中国国家安全的文化安全在构建国家安全新格局中必不可少的内容。迎接新一轮科技革命浪潮，推动发展质量变革、效率变革、动力变革，文化是重要领域，必须加快推进文化和科技深度融合，更好地以先进适用技术建设社会主义先进文化，重塑文化生产传播方式，抢占文化创新发展的制高点。

3. 文化安全是应对世界百年未有之大变局和实现中华民族伟大复兴所面临各种风险、挑战的文化软实力

"世界百年未有之大变局加速演进，世界进入新的动荡变革期，迫切需要回答好'世界怎么了''人类向何处去'的时代之题。"[②]长期的疫情危机使得欧美国家的民粹主义与极端民族主义泛滥。大数据推送造成的"信息茧房"加剧了网络用户的政治极化与群体同质化，又变相地对民粹主义进程推波助澜，形成了一浪高过一浪的排外主义声势。民粹主义是一种文化思潮，对传统的全球政治、国家治理与人类文化交流和文明互动构成了严重威胁。在激烈的冲突碰撞中，人类在呼唤、寻找和创造着世界文明新形态下的理论支持与思想共识。实现中华民族伟大复兴的前进道路上，各种风险、挑战层出不穷，不确定性进一步增大。文化是重要的力量源泉，面对国家安全发展遭遇的世纪挑战，在错综复杂的国际环境中化解新矛盾、迎接新挑战、形成新优势，需要文化安全发挥重要软实力的作用，高扬思想旗帜、强化价值引领、激发奋斗精神，建设中华民族共有精神家园，推进文化铸魂，增

---

① 中共中央文献研究室编. 在党的新闻舆论工作座谈会上的讲话（2016 年 2 月 19 日）[M]//习近平关于社会主义文化建设论述摘编. 北京：中央文献出版社，2017：38.

② 习近平在中国人民大学考察时强调坚持党的领导传承红色基因扎根中国大地走出一条建设中国特色世界一流大学新路[N]. 人民日报，2022-04-26（1）.

强全民族的凝聚力、向心力、创造力；增强国家文化安全战略定力和战略自信，为推动构建人类命运共同体提供持久而深厚的精神动力；在实践创造中进行文化创造，在历史进步中实现文化进步，为全面建设社会主义现代化国家提供思想保证、舆论支持、精神动力和文化条件。

4. 文化安全是建设社会主义现代化强国的重要基础

"一个国家、一个民族的强盛，总是以文化兴盛为支撑的，中华民族伟大复兴需要以中华文化发展繁荣为条件。"[①]建设社会主义现代化强国是新中国成立以来，几代中国共产党人坚持不懈的战略目标。早在新中国成立之初，毛泽东就向人们宣告："随着经济建设的高潮的到来，不可避免地将要出现一个文化建设的高潮。中国人被认为不文明的时代已经过去了，我们将以一个具有高度文化的民族出现于世界。"[②]为此目标，几代中国共产党人进行了持续不断的、艰苦卓绝的探索创新，不断地为实现这一伟大目标创造政治、经济、社会、文化条件，不断地进行社会主义革命和建设各个方面的改革创新，为建设和实现社会主义现代化强国提供了一系列具有中国特色社会主义的思想理论成果，建立了具有中国特色的社会主义文化制度及其文化体系。为建设社会主义文化强国，新中国在维护国家安全的过程中，为建立与国家主权独立相一致的独立自主的国家文化安全制度体系，领导全国人民收回国家文化教育主权，荡涤旧中国留下来的污泥浊水，普及国民教育，取得了基本扫除文盲、初步建立起覆盖全社会的公共文化服务体系、社会主义文化制度等一系列成就，为建设社会主义提供了与社会主义制度相适应的文化安全环境和基础。

建设社会主义现代化强国是一个比建成社会主义小康社会更加伟大、更加艰巨的伟大工程，需要文化为这个伟大工程提供所需要的更加强大的精神文明基础。文化安全就是这个根本性基础。正如物质隐患会让一幢高楼大厦发生楼倒人亡的安全危机事件一样，文化隐患也会让社会主义的高楼大厦归于"千里之堤，溃于蚁穴"的悲剧。苏联的解体有许多原因，正如已有的所有分析研究所指出的，对社会主义和共产主义理想信念的丧失，放弃对社会主义伟大事业的崇高追求，放弃社会主义制度和共产党在思想文化领域里的马克思主义的指导地位，转而接受西方资本主义民主自由的思想意识形态是导致和造成苏联70年的社会主义事业毁于一旦的最重要的原因之一。国家文化安全直接影响和决定了一个国家的前途和命运。苏联是人类历史上建立起来的第一个社会主义国家，曾经是社会主义的灯塔。十月革命一声炮响，给中国送来了马克思列宁主义。中国共产党和新中国就是以苏联为榜样成立和建立起来的。

社会主义是一种社会制度，更是一种全新的精神文化体系。这是一种完全不同于资本主义文明的精神文化体系。它是从资本主义文明体系中诞生的，是对资本主义社会制度价值观的否定。社会主义按照马克思主义所创立的科学社会主义理论建设与发展自己，最终要为人类社会和人的全面发展创造出一种完全不同于资本主义社会制度的人类文明新形态。建设社会主义文化强国是从文化方面提出了建设社会主义现代化强国的文化目标，这就构成了它与资本主义在整个文明领域里的全面冲突，从而构成了社会主义社会长期的安全矛盾、安全竞争与安全冲突。正是这样的两种不同思想、两种不同社会和两种不同道路

① 中共中央文献研究室编. 在山东考察时的讲话[M]//习近平关于社会主义文化建设论述. 北京：中央文献出版社，2017：3-4.
② 中共中央文献研究室编. 中国人民站起来了[M]//建国以来毛泽东文稿：第1册. 北京：中央文献出版社，1987：7.

之间所蕴含的、关于人类根本利益分配之间不可调和的矛盾冲突决定和影响了社会主义和资本主义全部矛盾和冲突之间的安全性质。正是这样的安全性质规定和决定了资本主义对社会主义永远的安全威胁。当这种安全威胁呈现在文化领域里的时候，文化安全的实现性程度就将直接或间接地影响整个社会主义建设目标实现的可能性。而通过和借助于文化的特性进行对社会主义的渗透干涉，利用文化的意识形态功能对社会主义进行意识形态颠覆，直接威胁和危害社会主义国家经济建设，也就成为资本主义国家对一个社会主义国家进行全面文化侵略、文化殖民和文化颠覆的政策与战略。正是在这个意义上，国家文化安全对于我国建设社会主义现代化强国这一伟大目标的实现来说是根本性战略基础。没有这个根本性战略基础，就无法实现建设社会主义现代化强国这一中华民族复兴的伟大目标。文化是一个国家和民族的灵魂，是建设社会主义现代化强国的精神根基。一旦这一根基动摇了，那么中国的社会主义现代化强国事业必将地动山摇。

物质贫穷不是社会主义，同样，精神贫穷也不是社会主义。社会主义现代化强国是一个物质文明和精神文明高度发达的文明体系。"中国特色社会主义是物质文明和精神文明全面发展的社会主义。一个没有精神力量的民族难以自立自强，一项没有文化支撑的事业难以持续长久。"[1]

三、文化安全在维护国家安全中的主要任务

文化安全在维护国家安全中的主要任务是什么？根据对文化安全在国家安全中的功能定位，《国家安全法》规定："国家坚持社会主义先进文化前进方向，继承和弘扬中华民族优秀传统文化，培育和践行社会主义核心价值观，防范和抵制不良文化的影响，掌握意识形态领域主导权，增强文化整体实力和竞争力。"这一具有法律约束力的关于国家文化安全任务的规定包括以下四个方面的核心内容。

1. 坚持社会主义先进文化前进方向

这是中国作为社会主义国家的本质属性对国家文化本质属性规定和要求的反映，是对中国国家文化安全本质属性的规定，即社会主义国家文化安全发展道路。社会主义是人类社会发展到工业社会的资本主义文明之后追求的人类文明社会的新发展方向。马克思主义把它从空想变成了科学；列宁领导的十月革命把它从革命的理论转变为革命的实践，缔造了人类历史上第一个社会主义国家，创建了苏维埃社会主义国家。以毛泽东为核心的中国共产党人把马克思列宁主义基本原理运用于中国革命的具体实践，取得了中国新民主主义革命的胜利，在中国开创社会主义事业。这是开天辟地的大事变。社会主义无论是作为革命的理论还是作为革命的实践，都代表了人类社会先进文化的前进方向。中国自鸦片战争以来的民族革命和民族解放的发展历史已经证明，只有社会主义这个方向，而不是别的其他什么主义的方向，才能救中国。这个方向早已在毛泽东的《新民主主义论》中被揭示出来并得到阐明了。只有社会主义才能救中国！这是被中国20世纪的历史证明了的真理。坚持这个真理，也就自然地成为中国一切发展道路必然的、合乎逻辑的历史选择。而这恰

---

① 中共中央文献研究室编. 在同各界优秀青年代表座谈时的讲话（2013年5月4日）[M]//十八大以来重要文献选编（上）. 北京：中央文献出版社，2014：280.

恰是中国近代以来得以长治久安的根本保证。中国国家文化安全发展没有理由不坚持这个方向。

2. 继承和弘扬中华民族优秀传统文化

今天的中国是历史的中国的发展，是中国国家特性在当代中国的发展。前述规定在揭示了当代中国国家文化安全性质和构成的第一个方面，即首要方面之后，揭示了中国国家文化安全的另外两大组成部分：中华优秀传统文化、中国共产党和中国人民在民族解放斗争中创造的革命文化。这个文化是包括了自 1840 年鸦片战争以来中华民族为实现中华民族伟大复兴而创造的文化，即在人民英雄纪念碑碑文中所陈述与概括的人民文化。这是中国历史自信和文化自信的来源，揭示了当代中国国家文化安全任务的历史联系与历史关系，阐明了中国国家文化安全对待中华优秀传统文化和革命文化的立场态度和继承原则，从而赋予了中国国家文化安全任务的历史性。"以古为镜，可以知兴替。""以史为鉴"，既是马克思主义历史唯物主义在中国国家文化安全任务中的反映，同时也是对人类文明对于文化遗产态度的普遍遵循；既具有中国特性与中国属性，又具有人类文明和人类文化遗产安全的普遍性。它揭示了在中国国家文化安全特殊性中的普遍性，个别性中的一般文化安全意义。

3. 培育和践行社会主义核心价值观，防范和抵制不良文化的影响，掌握意识形态领域主导权

社会主义文化是代表人类发展方向的先进文化。社会主义核心价值观是社会主义本质属性在价值观领域的反映和要求。不同的国家和社会制度有不同的核心价值观，不同的价值观不仅反映了不同国家和社会制度条件下人们对世界的认知与理解，而且反映了他们对世界的态度、立场与世界观以及他们对同属一个地球的不同价值观之间关系的处理方式。在任何一个国家的国家安全和国家文化安全中，核心价值观和对核心价值观的维护都是这个国家国家安全和国家文化安全的核心内容和要求。其中，既有人类追求和平幸福生活的相似性与共同性，也有只适合于本国、本民族人民生活方式与习俗的特殊性。即便在同一个国家，也会留下一些陈规陋习或不良文化。所有与社会主义核心价值观相抵触的文化都属于不良文化。价值观念和社会主义核心价值观都属于意识形态范畴。要防范和抵制不良文化的影响，牢牢掌握意识形态领域主导权。

4. 增强文化整体实力和竞争力

这是一个同时包括文化软实力和文化硬实力两个方面的综合文化国力建设的目标任务。维护国家安全，既要运用策略，又要较量实力。国家文化安全是指一个国家的综合文化力量形态。这一力量的强弱直接影响一个国家文化安全实现的水平高低。在文化整体实力和竞争力方面总体处于"西强我弱"状况是近代以来形成的我国基本文化国情，这是导致和形成中国国家文化安全问题的重要原因。中国国家文化安全面临的风险和危机大多来源于这一相对落后状况。改变这一总体实力不强的相对落后状况是由中国作为一个世界性大国所承担的使命和责任决定的，也是由中国总体国家安全战略需求决定的。落后就要挨打，政治、经济上是如此，文化上也是如此。要彻底改变中国有理说不出、传不开的局面，赢得与中国作为世界第二大经济体相一致和相匹配的国家文化安全实力和竞争力优势，就必须增强国家文化整体实力和竞争力。这是一个包括文学艺术创作、哲学社会科学研究、

文化产业发展与公共文化服务建设在内的综合性国家文化安全力量体系。这是一项长期而艰巨的任务，将随着中国国家文化安全国情总体状况的发展变化而不断发展变化，直至中华民族伟大复兴历史使命的实现，因而也是中国国家文化安全研究的重要变量。

以上四大任务实际上提出了如何实现文化安全为国家安全提供保障的四大体系和四大根本战略路径。中国国家文化安全工作和战略将全部围绕这四大体系展开。国家文化安全是一个涉及历史、现实与未来的多维系统，既面临现实国家文化安全问题的挑战，又被过去和未来的国家文化安全所缠绕，由此构成了国家文化安全问题时空构成的复杂性。今天中国的国家文化安全诚如习近平所说，时空范围比历史上任何时候都更加复杂。正是这种复杂性构成了中国国家文化安全的复杂性以及对中国国家文化安全的全部挑战性。

本章小结

国家文化安全的性质及其对象范围是一个国家制定国家文化安全政策的重要理论与实践前提，是国家安全需求在国家文化安全领域的集中反映，体现和反映了一个国家的根本安全意志和价值追求。一个国家的国家文化安全是国家文化安全一般性与个别性的统一，有着不同的国家文化内涵与外延。中国特色社会主义国家文化安全是由中国国家的历史特性和现实属性决定的。中国共产党的领导是中国特色社会主义最本质的特征，中华优秀传统文化、革命文化和社会主义先进文化是中国特色社会主义文化的三大来源和组成部分，构成了中国国家文化安全的本质特征与对象范围，决定了国家文化安全在总体国家安全中的地位、作用和任务。这是认识、了解和把握中国国家文化安全的基本理论基础，也是构建中国自主的国家文化安全知识体系的出发点。

思考题

1. 怎样理解和认识国家文化安全的内涵与外延？
2. 怎样理解和把握国家文化安全的性质？
3. 我国国家文化安全的性质特征是什么？
4. 文化安全在国家安全中的地位作用是什么？
5. 文化安全在国家安全中的主要任务是什么？

第二章

国家文化安全的指导思想、基本原则与主要目标

根据中国国家文化安全的实际国情，确定国家文化安全的指导思想、基本原则和主要目标是当代中国国家文化安全运动的基本规律，也是构建中国特色国家文化安全发展道路的基本特征。指导思想、基本原则与主要目标是中国特色社会主义国家文化安全的三大基本要素。

坚持党对国家安全工作的绝对领导；坚持中国特色国家安全道路，贯彻总体国家安全观，坚持政治安全、人民安全、国家利益至上的有机统一；坚持以人民安全为宗旨，始终把人民作为国家安全的基础性力量；坚持统筹发展和安全，坚持发展和安全并重，实现高质量发展和高水平安全的良性互动；坚持把政治安全放在首要位置，维护政权安全和制度安全；坚持统筹推进各领域安全，统筹应对传统安全和非传统安全，发挥国家安全工作协调机制作用；坚持把防范化解国家安全风险摆在突出位置，提高风险预见、预判能力；坚持推进国际共同安全，共同构建普遍安全的人类命运共同体；坚持推进国家安全体系和能力现代化，不断增强塑造国家安全态势的能力；坚持加强国家安全干部队伍建设：这十个方面的内容既是新时代中国国家安全工作的指导思想、基本原则，也是新时代中国国家文化安全工作的指导思想、基本原则和工作目标的集中概括和体现。

第一节　国家文化安全的指导思想

确立党和国家事业发展和一切工作的指导思想是当代中国社会主义革命和建设不断取得胜利、克服困难的根本保证，也是中国革命和建设事业的一条基本经验。国家文化安全指导思想是党和国家一切工作指导思想的重要组成部分，是中国共产党在长期的社会主义革命和建设的国家文化安全实践中，坚持和推进国家文化安全工作现代化的重要经验的总结和体系化、系统化。总的国家文化安全指导思想和根据不同领域不同对象而确立的具体国家文化安全工作的指导思想共同构成了中国特色国家文化安全事业的指导思想体系。

一、以总体国家安全观为指导

总体国家安全观是当今中国一切安全工作的根本指导思想。总体国家安全观是习近平从我国国家安全所处的历史方位和国内外安全实际情况出发提出来的，用以指导新时代中国国家安全工作的、带有体系性特征的国家安全理论；是运用马克思主义立场观点和方法，把马克思主义国家安全基本原理同当代中国国家安全具体实际相结合，用以解决中国国家安全问题的、当代中国的马克思主义国家安全理论；是指导中国特色社会主义国家安全理论建设与实践发展的根本指导思想；是建构中国特色社会主义国家文化安全发展道路的指南；是《国家安全法》规定的我国一切国家安全工作的根本法律准则。

1. 总体国家安全观的总体框架、核心内容与主要特征

2014 年 4 月 15 日，习近平在中央国家安全委员会第一次全体会议上第一次提出并阐述了总体国家安全观的总体框架和核心内容："当前我国国家安全内涵和外延比历史上任何时候都要丰富，时空领域比历史上任何时候都要宽广，内外因素比历史上任何时候都要复杂，必须坚持总体国家安全观，以人民安全为宗旨，以政治安全为根本，以经济安全为基础，以军事、文化、社会安全为保障，以促进国际安全为依托，走出一条中国特色国家安全道路。贯彻落实总体国家安全观，必须既重视外部安全，又重视内部安全，对内求发展、求变革、求稳定、建设平安中国，对外求和平、求合作、求共赢、建设和谐世界；既重视国土安全，又重视国民安全，坚持以民为本、以人为本，坚持国家安全一切为了人民、一切依靠人民，真正夯实国家安全的群众基础；既重视传统安全，又重视非传统安全，构建集政治安全、国土安全、军事安全、经济安全、文化安全、社会安全、科技安全、信息安全、生态安全、资源安全、核安全等于一体的国家安全体系；既重视发展问题，又重视安全问题，发展是安全的基础，安全是发展的条件，富国才能强兵，强兵才能卫国；既重视自身安全，又重视共同安全，打造命运共同体，推动各方朝着互利互惠、共同安全的目标相向而行。"[①]

这一关于我国国家安全的纲领性论述比较系统、全面、提纲挈领式地回答了以下三个问题。

（1）为什么要提出总体国家安全观？总体国家安全观是在"我国国家安全内涵和外延比历史上任何时候都要丰富，时空领域比历史上任何时候都要宽广，内外因素比历史上任何时候都要复杂"的历史条件下提出来的。

（2）什么是总体国家安全观？或者说，总体国家安全观的主要内容是什么？总体国家安全观就是"以人民安全为宗旨，以政治安全为根本，以经济安全为基础，以军事、文化、社会安全为保障，以促进国际安全为依托，走出一条中国特色国家安全道路"的思想理论体系。

（3）怎样贯彻执行总体国家安全观？"贯彻落实总体国家安全观，必须既重视外部安全，又重视内部安全，对内求发展、求变革、求稳定、建设平安中国，对外求和平、求合作、求共赢、建设和谐世界；既重视国土安全，又重视国民安全，坚持以民为本、以人为

---

① 习近平. 坚持总体国家安全观，走中国特色国家安全道路[M]//习近平谈治国理政. 北京：外文出版社，2014：200.

本，坚持国家安全一切为了人民、一切依靠人民，真正夯实国家安全的群众基础；既重视传统安全，又重视非传统安全，构建集政治安全、国土安全、军事安全、经济安全、文化安全、社会安全、科技安全、信息安全、生态安全、资源安全、核安全等于一体的国家安全体系；既重视发展问题，又重视安全问题，发展是安全的基础，安全是发展的条件，富国才能强兵，强兵才能卫国；既重视自身安全，又重视共同安全，打造命运共同体，推动各方朝着互利互惠、共同安全的目标相向而行。"

总体国家安全观是一个"为什么""是什么"和"怎样做"的完整的关于中国国家安全工作与事业建设发展的理论架构，具有鲜明而强烈的逻辑性、理论性、体系性和纲领性特征，在中国国家安全思想史上是第一次。它是在总结当代中国国家安全发展史和中国共产党关于国家安全的深刻理解与认识，领导中国人民从事当代中国国家安全伟大事业的实践基础上，立足于当今世界正在发生的全球安全情势和格局的深刻变化提出来的，具有总结和揭示国内外两个方面国家安全发展历史思想史的特征。

2015年7月1日第十二届全国人民代表大会常务委员会第十五次会议通过了《中华人民共和国国家安全法》，"总体国家安全观"被写进《国家安全法》第三条："国家安全工作应当坚持总体国家安全观"，成为国家安全指导思想。2017年10月召开的中国共产党第十九次全国代表大会将"坚持总体国家安全观"纳入新时代坚持和发展中国特色社会主义的基本方略并写入《中国共产党章程》，从而使得总体国家安全观成为中国共产党历史上第一个被确立为包括国家文化安全在内的国家安全工作指导思想的重大战略思想，与《国家安全法》一道成为中国国家文化安全工作的根本依据和准绳。总体国家安全观的提出不仅在中国国家安全发展思想史上具有重要的历史地位，而且在世界国家安全学说思想发展史上占有重要地位。它将与其他具有重要学术影响的国家安全思想、理论、学说一同被载入人类文明安全史册。

2. 总体国家安全观是一个关于国家安全的系统的思想理论体系

指导思想是一个政党和国家在一定的历史条件下，从一定的国情出发，根据本国的发展战略目标和任务提出来的，旨在完成和实现这一战略目标和任务的根本价值原则和思想体系，因其对国家发展战略全局具有指导作用，故把具有这一性质的思想理论称为指导思想。指导思想既有总的全局性指导思想，也有针对不同对象、解决不同问题的局部领域的指导思想；既包括政治、经济指导思想，也包括社会文化指导思想，还包括国防和国家安全指导思想。国家文化安全指导思想是指对于解决全局性、系统性、战略性国家文化安全问题具有根本性指导作用的思想理论体系。它往往由总的国家安全理论和关于实现国家安全目标的战略、策略、方针、政策等共同组成，因而是一个有着严密的逻辑架构的思想理论体系。

判断一个理论思想主张是否能够在一个时期内指导国家一切事业、一切工作的一个关键标准就是：这一理论思想主张是否深刻地揭示了一个时期国家发展的主要矛盾和主要矛盾的主要方面，是否揭示了事物发展的历史规律，是否满足和适应了国家与人民对发展利益的需求。毛泽东思想、邓小平理论、"三个代表"重要思想、科学发展观之所以成为我国各个不同历史时期各项事业发展的指导思想，符合上述标准是其中最重要的原因，也是它们的共同思想特征。同时，也正因为它们具有这样的思想理论特征，因而被写入我国《宪法》和《中国共产党章程》，成为长期指导我国社会主义事业的思想理论。总体国家安全观作为习近平新时代中国特色社会主义思想的重要组成部分，也具有这样鲜明的特征，也是总体国家安全观的价值所在。也正是在这样的意义上，坚持总体国家安全观被写进了《国家安全法》，具有国家法律的刚性约束力。

总体国家安全观是中国建构的具有中国自主知识体系特征的国家安全理论、学说和思想。它不是一般意义上的关于某个问题或某种对象的看法、观点和见解，而是一个关于国家安全的系统性思想理论体系。它是在深刻分析和总结当代中国国家安全理论与实践的基础上，把马克思主义国家安全理论与中国具体国家安全实践相结合形成的中国化马克思主义国家安全理论。既重视外部安全，又重视内部安全；既重视国土安全，又重视国民安全；既重视传统安全，又重视非传统安全；既重视发展问题，又重视安全问题；既重视自身国家安全，又重视人类共同安全，从而使总体国家安全观具有一种系统、整体、立体的充满辩证法的显著特征，这就超越了以西方为代表的传统国家安全理论以局部——国家间冲突为对象的国家安全理论的局限，从系统整体上建立起了每一个局部安全之间的联系和关系，进而提出了一个从"总体"思维出发观察和思考国家安全的世界观和方法论，具有思想理论体系建构所需要的学理性和原理性特征。从这一世界观和方法论出发，任何领域里的国家安全问题都可能触发文化安全问题，具有某种意义上的国家文化安全性，与国家文化安全相关联；同理，任何国家文化安全问题都可能与其他领域里的国家安全问题相关联，触发其他领域里的国家安全问题。因而，解决包括文化安全在内的任何领域里的国家安全问题，都应该从这一系统总体的思维出发，运用系统论的方法予以解决。而文化安全也只有从总体国家安全的世界观和方法论出发，才能科学地定义自己的全部性质和意义。正是在这样的意义上，总体国家安全观具有一般科学理论所具备的普遍真理应当拥有的作为科学分析工具的特性，是当代中国提出来的具有科学意义和普遍分析价值的国家安全理论。

由于一切思想理论都属于作为观念形态的文化的范畴，因此从这个意义上说，总体国家安全观也是一种总体国家文化安全观，一种观察和思考国家文化安全的价值观、世界观和方法论。由于这种关于国家安全的价值观是立足于中国国家安全实践和人类安全发展的实践，观察、思考国家安全的思想理论成果，有着鲜明的中国特色和马克思主义烙印，因而是一种全新的、具有新时代全部特征的马克思主义国家文化安全理论。从这一理论出发，处理国家文化安全与国家安全和其他领域国家安全的关系，建构新时代中国国家文化安全理论。坚持以总体国家安全观指导国家文化安全工作，沿着中国特色国家文化安全道路发展前进是中国国家文化安全的根本方针政策和根本原则。

3. 总体国家安全观对文化安全的职能定位：以军事、文化、社会安全为保障

文化安全是总体国家安全观的重要组成部分。"以军事、文化、社会安全为保障"把文化安全与军事安全、社会安全并列，在国家安全中赋予文化安全与军事安全和社会安全同等重要的"保障"地位，以界定文化和文化安全在整个中国国家安全战略体系中的职能性质，这在当代中国国家安全政策和国家文化安全理论与政策发展史中是前所未有的。它不仅具有特别重要的国家文化安全理论学说史价值，而且具有特别重要的文化和文艺学思想理论意义，解决了长期以来一直想解决而没有解决好的、争论不休的中国文化艺术事业建设、发展与安全中的文化、文艺和政治、意识形态安全关系的理论与政策问题。

这是一种关于文化和文化安全重要性认识的前所未有的阐述，是关于文化安全之于国家安全全部重要性的重大价值发现。文化不再仅仅是一般学理意义上的文化，也不是工具书里定义的文化，而是具有保障国家安全作用的文化，其功能与军事相同，具有国家安全性。这就把文化从"综合国力"和"文化软实力"的描述性层面上升到了国家安全价值本质揭示的层面，把作为一个民族和国家的"灵魂"的文化落实到了文化安全和国家安全关系的实处，从而清晰地定义和定位了文化安全、文化安全工作、文化安全事业在总体国家安全中的位置和作用。文化安全具有和军事安全硬实力同样重要的不可替代的国家软实力的重要战略价值，从而为进入新时代之后，面对世界百年未有之大变局和中华民族伟大复兴战略全局两个大局的中国特色社会主义文化事业的建设与发展明确了全新的职能、功能、定位："以人民安全为宗旨，以政治安全为根本，以经济安全为基础"是总体国家安全观的核心，也是文化发挥"保障"功能的核心对象和关键职能。这是全面规定和决定文化安全本质属性实现的关键。离开了核心和对核心安全的保障，文化和文化安全也就失去了安全性和国家安全价值。正是在这个意义上，总体国家安全观在赋予文化和文化安全全新职能的同时，也重新定义了文化在当代中国国家生活中的价值，从而为建设社会主义文化强国、维护和塑造国家文化安全指明了方向。建设社会主义文化强国的所有文化工作、文化思想理论建设、文化政策与战略谋划都要围绕这个战略原点开展工作，都要站在这个战略支点上开辟，为维护国家安全，为实现中华民族的伟大复兴，塑造和提供它们所需要的一切战略保障。这就是总体国家安全观对于中国国家文化安全在思想理论上的重要指导，它为中国国家文化安全政策与战略的制定提供了理论依据。

二、以人民安全为宗旨

"以人民安全为宗旨"是中国国家文化安全工作的准则。人民安全是中国国家安全的核心，也是中国国家安全本质属性的体现。没有人民的安全就没有国家的安全，维护人民的安全就是维护最根本、最本质的国家安全。2014 年，习近平在提出总体国家安全观和阐述怎样坚持总体国家安全观时特别强调"以人民安全为宗旨"的中国国家安全总的指导思想，把"人民安全"作为国家安全工作的宗旨，置于政治安全、经济安全、军事安全、文化安全、社会安全等国家安全一切领域和所有要素之前，首先回答和解决了中国国家安全为什么人的问题。这既是对国家安全属性的本质体现和要求，也规定了中国国家安全的全部目标和任务。

中国共产党政党属性的人民性和中华人民共和国国家属性的人民性决定了中国整体国家安全的人民性。国土安全与国民安全是国家安全的重要组成部分。国民总是存在和生活在一定国土之上并以一定的国土为存在依据。国土对于国民来说就是最根本的安全保障，没有了国土，也就没有了国民。这是历史的，又是现实的，是历史与现实的有机统一。国土是国民生存之本，国土安全影响和决定了国民安全，国土沦丧一定导致民不聊生。国土与国民是国家安全之本。国土是国家安全的物质载体，国民是国家安全的精神载体。国土安全与国民安全分别作为国家安全的物质性和精神性的两面。从这个意义上说，人民不仅是一个社会学、政治学概念，也是文化的概念。"既重视国土安全，又重视国民安全，坚持以民为本、以人为本，坚持国家安全一切为了人民、一切依靠人民，真正夯实国家安全的群众基础。"最终实现国土安全的是人民，从而把国土安全最终集中统一到人民安全的意义上，人民才是维护国土安全的根本力量，人民安全才是国土安全的真正体现。这体现了国土安全与国民安全的历史辩证关系及其与文化安全的辩证关系。

江山就是人民，人民就是江山，没有人民就没有江山。国之大者，文化江山。人民是历史的创造者，是文化的创造者，是决定国家前途命运的根本力量。人民是中国共产党执政的最深厚基础和最大底气。为人民谋幸福、为民族谋复兴，这既是中国共产党领导现代化建设的出发点和落脚点，也是新发展理念的"根"和"魂"。只有坚持以人民为中心的国家文化安全发展思想，坚持发展为了人民、发展依靠人民、发展成果由人民共享，才会有正确的文化发展观和文化的现代化观。以人民安全为国家安全最高价值取向的"人民安全观"深刻地反映了马克思主义群众观和中国共产党的群众观点，是中国共产党"全心全意为人民服务"宗旨在国家安全领域的贯彻，是新时代中国特色社会主义思想"以人民为中心"理念在国家安全领域的反映。

以人民文化安全为宗旨是以人民安全为宗旨的必然要求。文化为人民服务、为社会主义服务是以人民安全为宗旨在文化领域里的根本体现。只有做到文化为人民服务、为社会主义服务，才能在文化的政治安全上保障人民文化安全，使人民在文化上拥有获得感、满足感以及安全感。"娱乐至死"是一种文化不安全的表现，它在导致人民失去文化安全感的同时，也可能使不良文化产品成为危害人民精神、生命健康的"毒品"。早在延安文艺座谈会上，毛泽东就曾一针见血地指出："内容愈反动的作品而又愈带艺术性，就愈能毒害人民，就愈应该排斥。"①哪些作品需要营养维护？如何分清毒害人民的作品？这就要求建立起关于"什么是文化安全"和"怎样实现人民文化安全"的文化安全价值标准。立足于"为人民服务、为工农兵服务"这个根本前提，毛泽东在系统地提出文艺为什么人和如何为的问题上就已经提出了"以人民的文化安全为宗旨"的重要命题："为什么人的问题，是一个根本的问题，原则的问题""这个根本问题不解决，其他许多问题也就不易解决"。②这不仅仅是文学艺术问题，从今天来看也是国家安全和如何维护和实现国家文化安全的根本问题、原则问题。

为了谁的安全？怎样实现安全和实现什么样的安全？对于处在世界百年未有之大变局和中华民族伟大复兴的历史机遇期、多重安全风险叠加期，毛泽东提出的问题和命题依然具有极其重要的现实指导意义。"以人民安全为宗旨"是对毛泽东《在延安文艺座谈会上的讲话》中关于"文艺为什么人的问题"在国家安全意义上的历史性呼应和创新与发展，从而构成了当代中国国家安全和国家文化安全的核心内容、核心精神。这一核心要义赋予习近平总体国家安全观和中国国家文化安全的根本属性。正是在这个意义上，毛泽东《在延安文艺座谈会上的讲话》和习近平《在文艺工作座谈会上的讲话》具有特别重要的文化安全意义，是两篇关于"以人民安全为宗旨"和"以人民的文化安全为宗旨"的历史性国家文化安全文献，对于研究中国共产党"以人民安全为宗旨"的国家安全思想的形成与发展具有极高的文献资料学价值。

人民安全包括人民的政治安全、经济安全、文化安全、社会安全、生态安全等各个领

---

① 毛泽东. 在延安文艺座谈会上的讲话[M]//毛泽东著作选读：下. 北京：人民出版社，1986：547.
② 毛泽东. 在延安文艺座谈会上的讲话[M]//毛泽东著作选读：下. 北京：人民出版社，1986：634-635.

域、各个方面的安全。人民文化安全是人民安全在精神文化安全领域的集中体现。这是一种包括生活方式和价值观两个方面的系统安全和整体安全。"以人民安全为宗旨"包括一切领域里的人民安全利益。2016年4月15日首个"全民国家安全教育日"到来之际，习近平指出："要坚持国家安全一切为了人民、一切依靠人民，动员全党全社会共同努力，汇聚起维护国家安全的强大力量，夯实国家安全的社会基础，防范化解各类安全风险，不断提高人民群众的安全感、幸福感。"①这里，从"防范化解各类安全风险"的现实人民安全问题出发，提出"不断提高人民群众的安全感、幸福感"这一具体的国家和人民安全的要求，把"以人民安全为宗旨"落实到"不断提高人民群众的安全感、幸福感"上，这就使得"以人民安全为宗旨"具有鲜明的实践性品格。

"民以食为天"是中国传统社会关于粮食与人民安全关系的最高表达。在中国普通老百姓的观念中，没有比"天"更大的事情了。"民以食为天"就是中华民族最古老的人的生存安全观。在今天，当文化——作为精神食粮的文化在物质文明和精神文明发展中具有同等重要地位的时候，"民以食为天"中的"食"就不再仅仅指物质意义上的粮食，也包括精神意义上的食粮，赋予"民以食为天"以崭新而丰富的时代精神文化内涵，确保千家万户文化口粮的"绝对安全"。向人民群众提供健康的精神食粮如同在物质领域里向人民提供食品安全一样，是国家文化安全的根本发展目标。从这个意义上说，如同必须保障口粮的"绝对安全"一样，②必须保障精神食粮的"绝对安全"。尤其是对事关中华民族前途与命运的下一代的健康安全成长而言，精神食粮安全与物质粮食安全具有同等重要的国家安全战略价值。这是确保人民群众文化安全感的根本保障。文化安全感是保障人民群众根本文化权益的重要体现，也是人民群众根本文化权益的重要内容。切实维护和保障人民群众的根本文化权益，把实现人民对美好生活的向往作为国家文化安全工作的奋斗目标，把党的群众路线贯彻到全部治国理政活动之中是坚持"以人民安全为宗旨"的根本体现。

人民是历史的创造者，是决定党和国家前途命运的根本力量。"以人民安全为宗旨"还包括国家安全一切依靠人民的内容。"坚持国家安全一切为了人民、一切依靠人民，真正夯实国家安全的群众基础"③，人民是最终实现国家安全的基础性力量，"以人民安全为宗旨"就是维护国家安全的最根本的基础性力量。坚持"以人民安全为宗旨"，国家安全一切为了人民、一切依靠人民，充分发挥广大人民群众的积极性、主动性、创造性，切实维护广大人民群众的安全权益，始终把人民作为国家安全的基础性力量，汇聚起维护国家安全的强大力量，这是中国共产党从中国历史特别是鸦片战争后整个中国的历史发展中总结出来的历史经验和国家安全理论，是中国国家安全的核心价值观。

三、以政治安全为根本

"以政治安全为根本"是中国国家文化安全事业的另一重要指导思想。"政治安全涉及

① 习近平在首个全民国家安全教育日之际做出重要指示强调 汇聚起维护国家安全强大力量 不断提高人民群众安全感幸福感[N]. 人民日报，2016-04-15.
② 王立彬. 绝对安全：习近平总书记的"口粮观"[N]. 新华每日电讯，2021-10-17.
③ 习近平主持召开中央国家安全委员会第一次会议强调坚持总体国家安全观 走中国特色国家安全道路[N]. 人民日报，2014-04-16.

国家主权、政权、制度和意识形态的稳固，是一个国家最根本的需求，是国家赖以生存和发展的基础条件。政治安全不仅关系到国家的长治久安，更与民族复兴和人民福祉休戚相关。政治安全对其他领域国家安全起决定性作用，为其他领域国家安全提供政权保证和制度保证。没有政治安全的保障，其他领域国家安全就无从谈起。只有从维护政治安全的高度谋划和推进其他领域安全，才能更好地保障国家利益，实现党的长期执政、国家长治久安和人民安居乐业。"①无论是作为观念形态的文化还是作为制度形态的文化，都是政治、经济在文化领域里的反映，同时，文化又给予政治和经济巨大的反作用。这是文化和政治、经济最一般的关系，也是马克思主义关于文化和政治、经济关系最一般的原理。因此，作为一定观念形态的文化是受政治、经济影响并取决于一定的政治、经济的，是为一定的政治、经济服务的。

文化安全作为国家安全在文化领域里的延伸，是一种重要的国家制度形态和国家安全的重要组成部分。文化制度是一个国家政权建设和国家制度的重要内容，它服务和服从于国家政权制度规定下的文化建设与文化发展目标，是国家政治安全在文化制度上的重要组成部分，因而是国家政治安全的重要内容和实现方式与实现途径之一。由于国家政治安全的核心是政权安全和制度安全，因此维护政权安全和制度安全并为其维护提供保障也就成为文化安全的重要内容和政权安全的必然要求。

习近平指出，政治安全的核心是政权安全和制度安全，最根本的就是维护中国共产党的领导和执政地位、维护中国特色社会主义制度。中国共产党的领导和执政地位、中国特色社会主义制度是当代中国政治的集中体现，是当代中国政治的根本，决定了中国的国家本质属性。正是这一国家政治的根本属性决定了中国政治安全的核心内容。维护中国共产党的领导和执政地位、维护中国特色社会主义制度安全自然地成为中国政治安全的核心。在当代中国，没有了国家政治安全和以维护中国共产党的领导和执政地位、维护中国特色社会主义制度为核心的政治安全，就没有中国其他各个方面和各个领域的安全，就没有中国的国家文化安全。因此，"以政治安全为根本"不仅是实现国家安全、维护国家安全和塑造国家安全的根本，也是实现国家文化安全、维护国家文化安全和塑造国家文化安全的根本，决定了中国特色国家文化安全发展道路和建设目标。

坚持把政治安全放在首要位置，这是实现和履行文化保障国家安全职能的法律要求，决定了中国国家文化安全的全部使命特征。离开了这一使命特征，中国特色社会主义文化就不是中国社会主义的，而是其他什么国家和主义的文化与文化安全。政治安全涉及国家主权、政权、制度和意识形态的稳固，是一个国家最根本的安全需求，是一切国家生存和发展的基础。政治安全是"心脏"。没有政治安全就没有文化安全。保障政治安全是文化安全的使命和责任。政治安全是攸关党和国家安危的头等大事。在当代中国，只有从维护国家政治安全的高度谋划和推进文化安全工作，才能确保中国特色社会主义文化发展的正确方向，才能确保党对文化工作和社会主义文化事业的正确领导，才能确保实现党在文化领域里的长期执政、国家长治久安、人民安居乐业。

维护国家政治安全，最重要的就是维护意识形态安全，维护中国《宪法》确立的国家政治制度，增强全国人民共同的中国特色社会主义核心价值观。坚定中国特色社会主义文

---

① 本书编写组. 国家安全知识百问[M]. 北京：人民出版社，2020：43.

化发展的根本政治方向，坚持党对文化工作的政治领导，夯实文化建设与发展的政治根基，涵养文化政治生态，防范文化政治风险，永葆文化为人民服务、为社会主义服务的政治本色，提高维护和塑造国家安全和文化安全的能力，为中华民族伟大复兴事业不断发展壮大、从胜利走向胜利提供重要的文化安全保证。习近平强调："政治方向是党生存发展第一位的问题，事关党的前途命运和事业兴衰成败。我们所要坚守的政治方向，就是共产主义远大理想和中国特色社会主义共同理想、'两个一百年'奋斗目标，就是党的基本理论、基本路线、基本方略。加强党的政治建设就是要发挥政治指南针作用，引导全党坚定理想信念、坚定'四个自信'，把全党智慧和力量凝聚到新时代坚持和发展中国特色社会主义伟大事业中来；就是要推动全党把坚持正确政治方向贯彻到谋划重大战略、制定重大政策、部署重大任务、推进重大工作的实践中去，经常对表对标，及时校准偏差，坚决纠正偏离和违背党的政治方向的行为，确保党和国家各项事业始终沿着正确政治方向发展；就是要把各级党组织建设成为坚守正确政治方向的坚强战斗堡垒，教育广大党员、干部坚定不移沿着正确政治方向前进。"[①]这是对党的政治建设的要求，也是对文化安全"以政治安全为根本"的国家安全要求。

四、坚持政治安全、人民安全和国家利益有机统一

"坚持政治安全、人民安全和国家利益有机统一"是中国国家安全的一条重要原则，贯穿于国家安全工作的全过程和一切领域。这一原则既是对中国国家安全实际的反映，也是对中国国家安全工作性质的揭示和宣示。

国家文化安全是国家政治安全、人民安全和国家利益的有机统一体。在我国，人民安全、政治安全与国家利益具有内在一致性。国家安全以人民安全为宗旨，以政治安全为根本，以国家利益至上为准则，实现人民安居乐业、党的长期执政、国家长治久安。这是正确处理国家政治安全和人民安全与国家利益安全之间相互关系的科学定位，也是中国共产党的性质、中华人民共和国的国家性质在国家安全工作性质上的集中体现。它既是中国国家安全工作中的总体要求，也是对文化安全工作的总体要求。中国共产党始终把为中国人民谋幸福、为中华民族谋复兴作为初心和使命，以人民安全为宗旨，把保持社会平安稳定、人民文化安全感的获得作为治国理政的重大任务；政治安全涉及国家主权、政权、制度和意识形态的稳固，是一个国家最根本的需求，是一切国家生存和发展的基础条件。一个国家对外不能独立自主、内部政治动荡，就不可能维护自身利益，就不可能实现长远发展。所有这些，都会在文化的建设与发展中生动地表现出来。

由于文化具有意识形态性，和人们的日常生活有着非常密切的联系，它也常常被人们作为表达自身政治观点、关切社会、追求自身利益的重要工具和手段。各种不同的人群会利用文化潜移默化地影响人和感染人，造成舆论分化的特点，影响文化价值的正当性生产、传播与发挥。其中，既有个人利益，也有社会利益，更有国家利益。文化利益是所有这些

---

① 习近平在中共中央政治局第六次集体学习时强调把党的政治建设作为党的根本性建设，为党不断从胜利走向胜利提供重要保证[N]. 人民日报，2018-07-01.

利益的综合形态。政治安全的核心是政权安全和制度安全。中国是中国共产党领导的社会主义国家，维护政治安全的根本就是维护中国共产党的领导和执政地位、维护中国特色社会主义制度，其中就包括维护中国共产党的执政理念、维护社会主义文化制度与社会主义核心价值观。政治安全是中国国家安全的最高体现。没有中国的国家政治安全，就没有中国其他各个方面的国家安全。政治上是如此，文化上也是如此。因此，维护政治安全是全国各族人民包括文化在内的根本利益所在，只有坚定不移地维护政治安全，才能更好地保障国家根本文化利益。在文化领域，要坚定维护国家政权安全、制度安全和意识形态安全，严密防范和坚决打击各种文化和意识形态渗透颠覆破坏活动。

"以人民安全为宗旨，以政治安全为根本""以军事、文化、社会安全为保障"不仅清晰地界定了文化安全与人民安全和政治安全的关系，而且明确界定了文化安全的性质与责任——维护人民的根本安全利益和维护国家政治安全的根本利益，这既是总体国家安全观的内在规定，也为走出一条中国特色国家文化安全道路明确了方向。

人民立场是当代中国的根本政治立场和文化立场。人民是中国共产党执政的最大底气，是维护和实现政治安全的根本保障。人民是一切文化创造的源泉。一切依靠人民是中国共产党创造历史伟业的力量之源。始终坚持"以人民为中心""以人民安全为宗旨"的文化建设与发展方针，着力解决人民群众反映强烈的安全问题，夯实国家安全的群众基础；坚持"一切为了人民、一切依靠人民、一切利益由人民共享"的文化保障原则；坚持安全发展这一国家文化安全新发展理念，自觉把促进文化安全发展放到维护最广大人民的根本利益中来认识，在谋划和推进发展的同时，主动预见和预判各种文化风险、挑战，不断增强文化发展的安全性；从人民群众反映最强烈的文化安全问题入手，高度重视并切实解决安全发展面临的一些突出文化矛盾和问题，不断提高文化安全发展水平。

国家利益至上是实现人民安全和政治安全的要求和原则，三者是不可分割的。国家利益集中体现在人民安全和国家政治安全。每个国家都有自己的文化发展权益，同时各国都应该在更加广阔的层面上考虑自身利益，不能以损害其他国家的利益为代价，应该尊重彼此的核心利益和重大关切。要把国家利益作为制定国家安全战略的出发点，更坚决有效地维护好、捍卫好国家文化利益，尤其是核心文化利益。坚持社会主义文化发展道路是当代中国正当的文化发展权益，中华优秀历史文化传统、中国人民在人民解放斗争和民族独立斗争中建立起来的革命文化和社会主义核心价值观是中国最重要的核心文化利益。它包括国家文化形象、民族文化尊严和人民文化自信，以及对中国特色社会主义文化制度和以马克思主义为指导的国家意识形态根本制度的维护。决不牺牲国家核心文化利益去换取以美国为代表的西方国家利益集团对中国文化发展的"松绑"。中国人民不信邪也不怕邪，不惹事也不怕事，任何外国不要指望我们会拿自己的核心利益做交易，不要指望我们会吞下损害我国主权、安全、发展利益的苦果。这既是中国在处理与外国关系时的政治立场，也是中国在处理与外国关系时的文化立场。政治安全和人民安全最终都将在国家利益和国家文化利益安全中得到集中体现。如果说"以总体国家安全观为指导""以人民安全为宗旨""以政治安全为根本"主要表现为处理国内文化安全的话，那么"坚持政治安全、人民安全和国家利益有机统一"更多地表现为处理国外文化安全。

第二节　国家文化安全发展目标

目标是人类社会一切发展行为有目的的价值追求。目标具有价值动员性，一个人、一个社会、一个国家在实现和完成了现阶段任务目标之后，可以迅速地通过确立一个未来的发展目标最大程度地凝聚人心和力量，为实现下一个目标而奋斗。目标是一种前瞻性的塑造国家安全的力量。美国、俄罗斯、英国、法国等世界主要大国的历届政府在不同时期制定的国家安全战略就是对国家安全未来发展目标的一种规定和阐释。一个国家通过向世界宣示自己的安全发展目标，可以在全球安全事务和大国以及地区国家安全竞争中起到先发制人和先声夺人的作用，从而在国家安全舆论战略上占领制高点。政治安全、经济安全、社会安全发展是如此，文化安全发展也是如此。不同的国家在不同的历史发展阶段，根据自身的国家安全利益选择和调整国家文化安全目标，无不是根据变化了的国内外环境和条件而做出的安全战略调整的结果。准确把握我国国家安全所处的历史方位和面临的形势、任务是切实做好国家文化安全工作，维护国家文化主权、安全和发展利益必要准备功课，也就自然地成为制定我国国家文化安全发展目标的重要依据。

一、国家安全所处的历史方位决定我国国家文化安全发展目标

历史方位是确定目标的坐标系统。它是由一个国家社会生产发展的历史性阶段所定义的。根据我国社会主义发展所处的不同历史方位确定国家安全发展目标是我国国家安全事业发展的特征，也是划分我国国家文化安全发展不同阶段的依据。

新中国成立之初，百废待兴，进行社会主义革命、为建设社会主义国家奠定良好的发展基础是当时我国国家安全和国家文化安全最重要的发展目标。

对社会主义发展阶段的认识是确定国家发展目标的根本依据。党的十三大报告对什么是社会主义初级阶段进行了明确的阐述，指出我国社会主义的初级阶段"不是泛指任何国家进入社会主义都会经历的起始阶段，而是特指我国在生产力落后、商品经济不发达条件下建设社会主义必然要经历的特定阶段。我国从五十年代生产资料私有制的社会主义改造基本完成，到社会主义现代化的基本实现，至少需要上百年时间，都属于社会主义初级阶段。这个阶段，既不同于社会主义经济基础尚未奠定的过渡时期，又不同于已经实现社会主义现代化的阶段"。[①]

党的十五大报告再次对社会主义初级阶段理论进行了系统阐述，指出："我们讲一切从实际出发，最大的实际就是中国现在处于并将长时期处于社会主义初级阶段。我们讲要搞清楚'什么是社会主义、怎样建设社会主义'，就必须搞清楚什么是初级阶段的社会主义，在初级阶段怎样建设社会主义。"[②]党的十八大报告把社会主义初级阶段作为建设中国特色

[①] 沿着有中国特色的社会主义道路前进——在中国共产党第十三次全国代表大会上的报告[N]. 人民日报，1987-11-04.

[②] 中共中央文献研究室编. 高举邓小平理论伟大旗帜，把建设有中国特色社会主义事业全面推向二十一世纪——在中国共产党第十五次全国代表大会上的报告[M]//十五大以来重要文献选编：上. 北京：人民出版社，2000.

社会主义的总依据。党的十九大报告强调："我国仍处于并将长期处于社会主义初级阶段的基本国情没有变。"①这是对我国所处历史方位的最明确的界定。根据这一界定，我国的社会主义初级阶段已经先后经历了社会主义革命、社会主义建设和改革开放的历史发展阶段。这几个历史发展阶段也是处在社会主义初级阶段的中国文化发展的几个阶段。正是这几个不同的历史发展阶段的任务和发展目标决定了不同发展阶段的国家安全目标和国家文化安全目标。这是制定中国国家一切发展目标的根本出发点和依据。它是中国最基本、最本质的国情。正是这一最基本、最本质的国情决定了中国国家安全的总体发展目标和不同历史阶段的阶段性国家安全与国家文化安全发展目标。

不同历史发展阶段的国家安全目标必然影响和决定国家文化安全运动与发展的目标形式。对不同历史时期国家安全目标的确定，必然影响和决定国家文化安全发展目标的确定。一个国家的根本文化发展目标是服务和服从于一个国家的整体国家安全利益的。一个国家在不同历史时期的不同国家安全利益需求不仅决定了其在不同历史发展阶段的政治、经济和社会发展的安全政策与战略，也决定了其文化安全政策与战略服从、服务于国家根本安全利益。因此，一个国家在不同的历史发展阶段制定和实施的不同文化安全政策与战略都是这个国家在一定历史发展阶段的国家利益安全的必然反映，具有鲜明的历史合法性与合理性。尽管从历史的长时段发展来看，这样一种以一定的历史发展阶段的国家安全需求制定的国家文化安全政策与战略，呈现出某种历史局限性（这种历史局限性是由国家安全的历史局限性决定的），而正是由于存在着历史局限性，当人们不可能超越历史发展阶段而必然受到历史局限性的影响和制约的时候，这种历史局限性必然要以不同的方式呈现出来。而这正是执政党在治国理政过程中不断根据变化的情况调整国家发展目标的重要原因。这是国家文化安全发展的重要规律之一，也就是习近平在省部级主要领导干部学习贯彻党的十九届五中全会精神专题研讨班开班式上发表重要讲话时所特别强调的："正确认识党和人民事业所处的历史方位和发展阶段，是我们党明确阶段性中心任务、制定路线方针政策的根本依据，也是我们党领导革命、建设、改革不断取得胜利的重要经验。"②

恩格斯曾鲜明地指出：社会主义社会不是一种一成不变的东西，而是经常变化和改革的社会，按其经济成熟程度，可以区分为不同的发展阶段。列宁认为，社会主义阶段是一个很长的历史阶段，是一个多级的发展过程。毛泽东指出，同其他社会制度一样，社会主义制度也有一个从不完善到比较完善的发展过程。社会主义在其发展过程中，将经历两个发展阶段，即"不发达的社会主义阶段"和"比较发达的社会主义阶段"。后一阶段可能比前一阶段需要更长的时间。邓小平认为，社会主义初级阶段是一个相当长的历史时期，巩固和发展社会主义制度，还需要一个很长的历史阶段，需要几代人、十几代人，甚至几十代人坚持不懈地努力奋斗。③"初级阶段论"和"历史方位论"的提出极大地发展了马克思主义、毛泽东思想关于社会主义发展阶段的理论，为科学和正确地认识中国社会主义初级阶段时期包括文化安全在内的国家安全理论、政策和战略提供了一个全新的方法论和价值论，同时也为认识未来中国国家文化安全理论、政策和战略提供了一个科学的分析工具。

---

① 习近平. 决胜全面建成小康社会　夺取新时代中国特色社会主义伟大胜利[N]. 人民日报, 2017-10-28.

② 习近平在省部级主要领导干部学习贯彻党的十九届五中全会精神专题研讨班开班式上发表重要讲话[EB/OL]. （2021-01-11）[2023-02-01]. https://www.workercn.cn/c/2021-01-11/6532105.shtml.

③ 姜辉, 林健华. 当代中国历史方位和发展阶段的科学判断及其演进逻辑[J]. 中国社会科学, 2022（1）：13-35+204.

正是在这一基础上，依据马克思主义关于社会主义发展的基本原理，2021 年 1 月 11 日，习近平在省部级主要领导干部学习贯彻党的十九届五中全会精神专题研讨班开班式上的讲话中提出"新发展阶段是社会主义初级阶段中的一个阶段"的重要论断。这一重要论断不仅明确了对新发展阶段与社会主义初级阶段关系的认识，深化了对社会主义初级阶段不断发展变化的认识，揭示了进入新时代后中国发展与历史发展初级阶段的关系，也揭示了进入新时代后中国国家安全进入新发展阶段；不仅是中国社会主义初级阶段国家安全发展的新阶段，也是中国国家文化安全发展进入了一个新发展格局的建构性阶段。"进入新发展阶段明确了我国发展的历史方位，贯彻新发展理念明确了我国现代化建设的指导原则，构建新发展格局明确了我国经济现代化的路径选择。"①中国国家安全的本质属性没有变，但是国家安全的斗争面临着许多新的历史特点。把握住这些新的历史特点，进行国家文化安全的伟大斗争，需要"立足国际秩序大变局来把握规律、立足防范风险的大前提来统筹、立足我国发展重要战略机遇期大背景来谋划"，这是确定当今中国国家文化安全目标的全部立足点和出发点。

二、建设社会主义文化强国

建设社会主义文化强国是中国实现国家文化安全的重要的战略性国家安全目标。弱国无外交，弱国无主权，政治上如此，文化上也是如此。建设社会主义文化强国是建设社会主义现代化强国在文化领域里的必然反映。只有建设社会主义文化强国，才能为中国的现代化强国建设目标提供文化安全的保障。这是中华民族从近代以来百年中国国家安全史和国家文化安全史的经验教训中得出来的结论，是对中国百年国家文化安全史的一个总结。在文化建设上，要坚定文化自信，推动社会主义文化繁荣兴盛，牢牢掌握意识形态工作领导权，培育和践行社会主义核心价值观，加强思想道德建设，繁荣发展社会主义文艺，推动文化事业和文化产业发展。②2017 年 10 月 18 日，习近平在中国共产党第十九次全国代表大会上的报告中第一次提出了中国要全面建设社会主义现代化强国的奋斗目标："坚持和发展中国特色社会主义，总任务是实现社会主义现代化和中华民族伟大复兴，在全面建成小康社会的基础上，分两步走在本世纪中叶建成富强民主文明和谐美丽的社会主义现代化强国。"这一目标回应了中华民族自鸦片战争以来的民族诉求，凝聚着全体中国人民在建设社会主义的道路上初步实现小康社会之后对未来更加伟大的目标的追求，是中国共产党人科学回答"要把中国建设成一个什么样的国家"这一当今时代重大课题的思想智慧和理论精华的集中表达。

建设社会主义文化强国是当代中国社会主义革命和社会主义建设事业的伟大使命，是实现中华民族伟大复兴的崇高目标。早在新中国成立伊始，毛泽东就庄严宣告："随着经济建设的高潮的到来，不可避免地将要出现一个文化建设的高潮。"这个文化建设的高潮就是建设社会主义新文化的高潮，就是实现中华民族伟大复兴的高潮，就是建设社会主义现代化文化强国的高潮。文化是一个国家、一个民族的灵魂。文化兴国运兴，文化强民族强。

---

① 习近平在省部级主要领导干部学习贯彻党的十九届五中全会精神专题研讨班开班式上发表重要讲话[EB/OL]．（2021-01-11）[2023-02-01]．https://www.workercn.cn/c/2021-01-11/6532105.shtml．
② 《中共中央关于认真学习宣传贯彻党的十九大精神的决定》（2017 年 11 月 1 日）。

没有高度的文化自信，没有文化的繁荣兴盛，就没有中华民族伟大复兴。要坚持中国特色社会主义文化发展道路，激发全民族文化创新创造活力，建设社会主义文化强国。这是中国共产党人对文化的认识，也是中国共产党人不忘初心、牢记使命的责任担当的体现。

"中国特色社会主义文化，源自于中华民族五千多年文明历史所孕育的中华优秀传统文化，熔铸于党领导人民在革命、建设、改革中创造的革命文化和社会主义先进文化，植根于中国特色社会主义伟大实践。发展中国特色社会主义文化，就是以马克思主义为指导，坚守中华文化立场，立足当代中国现实，结合当今时代条件，发展面向现代化、面向世界、面向未来的，民族的科学的大众的社会主义文化，推动社会主义精神文明和物质文明协调发展。要坚持为人民服务、为社会主义服务，坚持百花齐放、百家争鸣，坚持创造性转化、创新性发展，不断铸就中华文化新辉煌。"①

历史上，在一段很长的时间内，中国一直是一个文化强国。早在三千多年前，在经历了石器时代、陶器时代和青铜时代之后，华夏大地整体性进入一个前所未有的、对此前所创造的一切器物文明形态加以总结、概括、提炼上升到精神形态、观念形态和制度形态的文明塑造期。这就是春秋战国和秦帝国时期。春秋战国时期以及秦朝是中国文明的根源。百家争鸣为中华民族数千年发展提供了最典型的文明形态，创造了伟大的中华文明成果。它是一种思想体系、价值观体系、语言体系和观察世界、认识世界、表达世界的思维体系和心理结构，为今天正在追求的中华民族、中华文化的伟大复兴提供了一个文明样本。这个文明样本的全部价值就是要求我们也去创造一种能够影响中华民族和人类发展进程的文明体系。这是一个需要文明的照耀而产生了照耀性文明的时代。这个时代后来被西方的学者称为"文明的轴心时代"。儒家、道家、法家、阴阳家、名家、墨家、纵横家、兵家、杂家、农家、街头巷尾讲故事的"小说家"以及《诗经》《楚辞》等为中华文明的腾空出世举行了一个集体性奠基礼。透过"仁爱""无为""法治""非攻""不战而屈人之兵""协和万邦""天下大同"等，诸子百家向世界文明提供了一个完整的关于何为文明的思想体系。所谓百家争鸣，就是争"怎样的文明性思想体系和制度形态才是国家治理、天下治理所需要的"。这是一个文明的辐射性时代，它让中华文明迸发出耀眼光芒，从此照亮和指引中华民族前进发展的方向，建构和塑造了中华民族整体人格的文明性，把中国建构成一个用"天下体系观"塑造的文明型国家。

汉唐时期，中国不仅开辟了联系东西方文明的伟大的丝绸之路，还以自身辉煌灿烂的文化吸引着周边国家纷纷以不同的文化方式不远万里地来到神州大地，自主融入以中原地区为轴心的华夏文明体系。什么是文化强国？国家文化被他国主动吸收、接受、移植、模仿并被他国视为文化发展的榜样的国家就是文化强国。"古往今来，中华民族之所以在世界有地位、有影响，不是靠穷兵黩武，不是靠对外扩张，而是靠中华文化的强大感召力和吸引力。"②文化强国不是通过文化入侵、文化奴役、文化殖民而抢占一种文化支配地位，而是影响他国自主选择获得的结果。这是一种文化辐射和文化漩涡效应。只有拥有强大的文化辐射与吸引能量的国家才是文化强国。正是这样的国家充满了文化自信，正是这样的国

① 习近平. 决胜全面建成小康社会　夺取新时代中国特色社会主义伟大胜利[N]. 人民日报，2017-10-28.
② 中共中央文献研究室编. 在文艺工作座谈会上的讲话[M]//十八大以来重要文献选编：中. 北京：中央文献出版社，2016：119-120.

家拥有自己的国家文化安全。怀远以德。这就是历史上的中国曾经拥有过的文化强国的标志。文化强国一定是在政治、经济、军事等各个方面都强大的文化气象的反映。

但是，近代以后，中国落伍了。1840 年的鸦片战争，帝国主义列强用西方文明的成果打开了中国东方农耕文明的大门，把中国强制性纳入西方工业文明主导的文化体系，对中国进行文化殖民改造。随着政治上的衰弱，中国从一个文化强国衰变成一个文化上的弱国。虽然拥有五千年历史文明，但是面对西方政治入侵而带来的文化入侵、文化危害，中国传统文化显得既无招架之力，也无还手之功，整个国家文化陷入极度危险之地。所谓"亡国灭种"，就成为那个时候全民族的国家文化安全危机。面对一个已经进入工业文明的现代世界体系，文明标准和文化强国的尺度被西方文明改写了。拥有五千年辉煌历史的华夏文明和中华文化面临再次崛起和伟大复兴的前所未有的文化安全难题。正是在这个意义上，建设社会主义文化强国就具有复兴国家文化安全、重建中华民族文化安全体系的国家安全战略意义。

建设社会主义文化强国是一个系统的国家文化安全目标体系。《中共中央关于党的百年奋斗重大成就和历史经验的决议》指出要"牢牢掌握意识形态工作领导权，建设具有强大凝聚力和引领力的社会主义意识形态，建设社会主义文化强国"，凸显了意识形态建设与意识形态安全在建设社会主义文化强国中的极端重要性。没有一个具有强大凝聚力和引领力的社会主义意识形态，就无法建成社会主义文化强国。具有强大凝聚力和引领力的社会主义意识形态不只要体现在党和国家的意识形态宣传教育上，更重要的是要体现在全部哲学社会科学研究、文学艺术创作和整体社会风尚与民族精神情操的价值取向上。这是衡量能否建成中国特色社会文化强国的标准。而这种标准不仅是可量化的，而且在实践中是可检验的。它应该成为其他社会文明体所向往和可复制的。就像中国在改革开放之初同"国际接轨"一样，心向往之[1]，从而实现中华民族伟大的一跃。

2017 年 10 月 25 日，习近平带领十九届中共中央政治局常委同中外记者见面时说："中国共产党是世界上最大的政党。大就要有大的样子。"[2]2020 年 9 月 22 日，习近平在第七十五届联合国大会一般性辩论上发表重要讲话时进一步提出："大国更应该有大的样子，要提供更多全球公共产品，承担大国责任，展现大国担当。"[3]当今世界处于一个大国竞争的时代。中国是一个大国。大要有大的样子，强要有强的标准。大国的文化是什么样子的？强国的文化又是什么样子的？这是当今中国在建设文化强国过程中面临的一个世纪问题，也是一个千年难题。"要提供更多全球公共产品"，要提供能够为全世界所用，造福于人类社会的公共产品。这种公共产品是什么？它有什么特征？这种公共产品就是超越于人类社会现有文明之上的新的人类文明体系。

三、更好地保障人民文化权益

人民是维护和塑造国家文化安全的根本力量，而国家文化安全的实现在很大程度上直

---

① 《史记·孔子世家》："《诗》有之：'高山仰止，景行行止。'虽不能至，然心乡往之。"
② 十九届中共中央政治局常委同中外记者见面 习近平发表重要讲话[N]. 人民日报，2017-10-26.
③ 大国更应该有大的样子[N]. 人民日报，2020-09-23.

接取决于人民群众享有文化权益的程度。一般来说，人民享有文化权益的程度越高，则国家文化安全利益与人民文化权益安全的关联程度越高，则人民群众自觉维护和捍卫国家文化安全的主权意识越强，国家文化安全实现的程度越高；反之亦然。只有把人民的文化权益同国家文化安全牢牢地联系在一起，形成人民和国家文化安全利益命运共同体，才能最大程度地实现国家文化安全。这是中国国家文化安全事业的一项重要原则，也是中国从20世纪以来社会发展和国家安全发展中得出来的基本结论。"人民，只有人民，才是创造世界历史的动力。"①这是中国共产党对人民全部重要性的发现和对历史规律的总结。

国家安全工作归根结底是保障人民利益，要坚持国家安全一切为了人民、一切依靠人民，为群众安居乐业提供充分的保障。这是国家安全工作的宗旨，也是国家文化安全工作的宗旨。《国家安全法》第一条在立法宗旨中明确"保护人民的根本利益"，第十六条规定"国家维护和发展最广大人民的根本利益，保卫人民安全，创造良好生存发展条件和安定工作生活环境，保障公民的生命财产安全和其他合法权益"。文化利益、文化权益是人民权益中最重要的根本利益与合法权益。

人民文化权益是根据《宪法》规定国民普遍享有的各种文化权力和文化权利，是文化权利和文化权力这两个方面的统一。它既是人民政治权益的重要组成部分，也是构成人民政治权益的重要内容。它包括：人民自由平等地参与社会文化活动的生产与创造的权利、人民能够充分公平地享受社会文化成果的权利、人民在文化生产和创造上有展示和发挥个人才能的权利、人民在进行文化生产和创造中所形成和产生的各种内容与形式的文化成果不受损失与侵犯并享有《宪法》和法律保障的权利。人民基本文化权益内涵丰富，无论是文化生产与创造，还是文化消费与享受，都是人民基本文化权益所应触及的界域和所应指向的对象。

人民文化权益是人民在文化领域和文化生活中享有的一种政治权利。"民心是最大的政治""全党必须牢记，为什么人的问题，是检验一个政党、一个政权性质的试金石"，这是习近平对政党和政权性质与人民之间的本质关系的深刻揭示，阐明了中国共产党和中华人民共和国与中国人民之间的本质关系。江山就是人民，人民就是江山，没有人民就没有江山。中国共产党根基在人民、血脉在人民、力量在人民，始终代表最广大人民的根本利益，与人民休戚与共、生死相依，没有任何自己特殊的利益，从来不代表任何利益集团、任何权势团体、任何特权阶层的利益。因此，中国共产党从诞生的那一刻起，就把为千千万万劳苦大众谋利益、谋解放注入自己的精神灵魂，成为中国共产党一切行为的指导思想。正因为如此，中国共产党人从一开始就把自己的前途与命运同劳苦大众的命运联系在一起，并且深知"唤起工农千百万"对于实现中国革命胜利的全部重要性。因此，在拿起枪杆子革命的同时，他们就在广大的劳苦大众中开始了最基本的文化教育工作。在促进劳苦大众思想觉悟、自主掌握命运的过程中，实现自我精神解放，在夺取自身政治权益的同时，夺回属于自己的文化权益。

始终把人民放在心中最高位置，更好地增进人民福祉，推动人的全面发展、社会的全面进步。这是中国共产党在革命和建设的实践中、在推动历史的进步的同时得出的历史性结论。更好地保障人民权益要着眼于满足人民日益增长的美好生活需要，贯彻新发展理念，

---

① 毛泽东. 论联合政府[M]//毛泽东选集：第3卷. 北京：人民出版社，1966：1031.

着力解决发展不平衡不充分的问题，提高发展质量，不断提高人民生活品质、生活品位，让发展成果更多更公平地惠及全体人民，既尽力而为又量力而行，促进社会公平正义。这是中国进入 21 世纪中叶后国家文化安全建设与发展的普遍性特征。文化发展不平衡不充分问题是实现中华民族伟大复兴中最大的国家文化安全问题。这是一个巨大而繁重的国家文化安全建设与发展问题。这个问题不解决或者解决得不好，就难以形成全民族和全体人民的凝聚力，也就难以有效抵御和防范来自外部的国家文化安全风险。社会的公平正义只有在发展的相对平衡和相对充分条件下才能实现人民的安居乐业，让人民在获得幸福感的同时获得安全感。外因通过内因起作用。这是矛盾运动的辩证法，也是近代以来中国落后挨打的国家文化安全运动的辩证法。

因此，实现好、维护好、发展好人民文化权益是推动我国国家文化安全工作的出发点和落脚点。"坚持人民至上""做到文化发展为了人民、依靠人民、成果由人民共享"，将"人民在精神上更加主动""人民思想道德素质、科学文化素质和身心健康素质明显提高""人民精神文化生活日益丰富"等作为目标任务，既充分体现了以人民为中心的文化发展思想，也体现了人民是国家安全的根本力量的国家文化安全塑造思想。不仅如此，"切实维护广大人民群众安全权益，始终把人民作为国家安全的基础性力量，汇聚起维护国家安全的强大力量"①也是更好地保障人民文化权益的重要内容。人民是国家的主人，既享有国家提供一切文化安全保障的权利，也承担履行维护和捍卫国家文化安全的责任和义务。

推动文化发展、建设文化强国，从根本上说是为了更好地满足人民日益增长的精神文化生活需要，不断丰富人民的精神世界，增强人民的精神力量。我国文化需求和文化供给之间还存在结构性矛盾，"缺不缺、够不够"问题总体上得到解决，"好不好、精不精"问题越来越凸显。这对文化事业和文化产业的繁荣发展都提出了新要求，也创造了新空间。文化事业和文化产业是实现和保障人民文化权益的重要载体和实现渠道。在繁荣文化文艺创作生产、提高公共文化服务覆盖面和实效性、推动文化产业高质量发展等方面的同时，提升文化产品和服务的质量水平，增强人民群众的文化获得感、幸福感、参与感，是保障人民文化权益的重要内容，也是保障人民文化权益和尊重人民文化权益的真实体现。

发展文化事业是满足人民精神文化需求、保障人民文化权益的基本途径。党的十八大以来，我国文化建设在正本清源、守正创新中取得历史性成就，发生历史性变革，为新时代坚持和发展中国特色社会主义、开创党和国家事业全新局面提供了强大正能量。要使人民文化权益得到更充分、更切实的保障，需要统筹推进公共文化服务均衡发展。虽然依托数字化技术等手段，我国公共文化服务取得了长足进步，但仍存在覆盖质量不高、服务效能不足、城乡基层短板突出等问题。因此，"着力提升公共文化服务水平，让人民享有更加充实、更为丰富、更高质量的精神文化生活"也就成为保障人民文化权益的重要发展目标。注重促进城乡区域文化协调发展，以推进城乡公共文化服务体系一体建设为抓手，着力提高公共文化服务覆盖面和实效性。只有在补短板、强弱项、固底板、扬优势上下功夫，更好地解决文化领域不平衡不充分的发展问题，才能在保障人民文化权益的基础上更好地维护和塑造国家文化安全。

---

① 习近平在中央政治局第二十六次集体学习时强调　坚持系统思维构建大安全格局　为建设社会主义现代化国家提供坚强保障[N]．人民日报，2020-12-13．

人民文化权益是随着历史的发展和进步而不断丰富、发展的。"与时代同步伐，与人民共命运，关注和回答时代和实践提出的重大课题，是马克思主义永葆生机活力的奥妙所在。我们要以科学的态度对待科学，以真理的精神追求真理，不断赋予马克思主义以新的时代内涵。要紧密联系亿万群众的创造性实践，尊重人民群众的主体地位和首创精神，做出新概括、获得新认识、形成新成果。要坚持问题导向，聚焦我国改革开放和社会主义现代化建设面临的重大现实问题、全局性战略问题、人民群众关心关注的热点难点问题，为解决问题提供新理念、新思路、新办法。"①这是对更好地保障人民文化权益的文化要求与实现路径。

党的十九大把人民的"安全需求"写进了党的政治报告，在分析和揭示"我国社会主要矛盾已经转化为人民日益增长的美好生活需要和不平衡不充分的发展之间的矛盾"这一全新的时代问题的时候，第一次把"安全"这一重要需求同其他各个方面的需求一同作为解决这一主要矛盾的基本途径，指出："人民美好生活需要日益广泛，不仅对物质文化生活提出了更高要求，而且在民主、法治、公平、正义、安全、环境等方面的要求日益增长。"②其中每一项要求都同时包含极为深刻的现代文明含义。这是中国特色社会主义进入新时代这一新文明发展阶段提出来的要求，是中华文明在进入社会主义发展新时代之后合乎中华文明发展逻辑的文明安全要求。所有这些方面的需求构成了一个有机整体，而安全是最根本的需求。没有安全需求的实现，其他方面的需求都无法实现。安全，尤其是文化安全，在人民物质生活需求得到满足之后，作为精神生活的集中体现，也就历史地发展成为人民文化权益实现的根本保障。在满足人民美好生活需要成为党和政府奋斗目标的新时代，满足人民的安全需要就成为美好生活的题中应有之义和我国国家安全工作的根本目的。

"坚持以民为本、以人为本，坚持国家安全一切为了人民、一切依靠人民，夯实国家安全的群众基础。"文化是国家和民族之魂，也是国家文化安全治理之魂。要健全实施保障机制，更好保障人民文化权益，不断激发各类文化主体参与维护和塑造国家文化安全的积极性、主动性、创造性，在不断增进人民文化福祉的过程中，不断增强维护和塑造国家文化安全，为做好党和国家各项工作提供强大的价值引领力、文化凝聚力和精神推动力。毛泽东曾在《读苏联〈政治经济学教科书〉的谈话》中指出："管理国家、管理军队、管理各种企业、管理文化教育的权利，是社会主义制度下劳动者最大的权利，最根本的权利。没有这种权利，劳动者的工作权、休息权、受教育权等等权利，就没有保证。"③这是人民当家做主享有各项权利的体现，包含着极为深刻的维护和实现国家安全的意义。而各项权利的享有，包括各项文化权益的实现和更好保障正是在这个意义上具有特别重要的国家文化安全意义。

四、健全现代文化产业体系和市场体系

文化产业与文化市场是文化产品的生产体系和流通体系，是文化价值生产和传播的主

---

① 习近平在中共中央政治局第五次集体学习时强调深刻感悟和把握马克思主义真理力量　谱写新时代中国特色社会主义新篇章[N]. 人民日报，2018-04-25.

② 习近平. 决胜全面建成小康社会　夺取新时代中国特色社会主义伟大胜利——在中国共产党第十九次全国代表大会上的报告（2017年10月18日）[N]. 人民日报，2017-10-28.

③ 毛泽东. 读苏联《政治经济学教科书》的谈话（节选）[M]//毛泽东文集：第8卷. 北京：人民出版社，1999：129.

要方式，是社会意识形态最主要的表达形态，对社会生活和国家政治的建设与发展具有强烈的塑造与干预作用，自古以来就是国家治理的重要工具和国家文化安全的重要实现方式，也是衡量国家文化安全环境与质量的风向标和晴雨表。

现代文化产业体系和文化市场体系是建设社会主义文化强国的重要实现方式和组成部分。现代文化产业体系和现代文化市场体系都是文化生产力和文化生产关系的重要组成部分，构成了文化生产与文化消费的两端。一方面是关于文化价值观的生产，另一方面是关于文化价值观的消费，二者都是文化价值观的实现方式，拥有对人、社会和世界的解释方式，是文化话语权、文化软实力和文化意识形态最具有战略价值和影响全局的国家文化安全发展与发展安全的能力体系。鉴于文化产品的生产与消费对社会舆论导向具有重大的影响，因此，文化产业与文化市场作为文化生产与文化消费的两端，自古以来就是国家文化安全的重要对象领域。基于各种各样的文化安全需求，对文化生产与文化消费进行的管制与审查、鼓励与支持同时构成了国家文化安全政策与制度的重要内容。

现代文化市场和文化市场体系是现代社会体系、现代生产力体系和现代科学技术体系最重要的呈现形态和呈现领域，建构了一个国家文化安全的现代传播与流通体系。现代社会发展与现代人们的精神生产与精神消费需求的满足，不同于传统社会人们的精神生产与精神消费需求的满足与实现。传统社会的文化生产与文化消费满足是在农耕文明社会以手工业为主要生产方式的基础上形成的传统文化产业和文化市场体系，其生产和传播的是基于农耕文明社会的传统价值观和意识形态，服务的是在此基础上形成的非全球化国家文化安全需求；现代社会的文化生产与文化消费满足，是在工业文明社会以大规模机器复制、数字技术和互联网为主要生产方式的基础上形成的现代文化产业体系和文化市场体系，其生产和传播的是基于工业文明社会的现代价值观和意识形态，服务的是在此基础上形成的全球化条件下的国家文化安全需求。传统和现代两种不同的文化产业体系和文化市场体系建构了两种不同的国家文化安全能力体系，影响和决定了两种不同的国家文化安全能力体系下的国家文化安全状况。

在长期的历史发展进程中，中国一直是一个农业大国，拥有人类文明史上最早的，也是最发达的农耕文明生产体系，形成了独具东方文明特色的中华传统文化的生产体系，并在这个基础上形成了丰富的传统文化产业体系和市场体系。随着1840年鸦片战争的爆发，传统中国社会被纳入现代资本主义的市场体系之后，开始了中国现代文化产业与文化市场的发展历程。落后的社会生产力以及与之相对应的落后的文化生产力，半殖民地半封建社会的国家性质，使得中国在相当长的一段历史时期一直没有形成独立自主、拥有完整国家文化主权的现代文化产业体系和文化市场体系。新中国的成立虽然从根本上为建立和发展现代文化产业体系和文化市场体系创造、准备和奠定了国家根本文化制度，但是，落后的文化生产力与文化生产关系、落后的文化生产力与人民群众日益增长的精神文化消费需求之间的矛盾始终是中国在建设与发展社会主义社会进程中的主要矛盾，正是这一主要矛盾，长期地构成了国家文化安全能力与国家文化安全需求之间的主要矛盾。这一矛盾在改革开放后随着社会文化生产力的不断解放得到了根本性改善，特别是在党的十六大之后，积极发展文化产业、建立健全文化市场在成为国家发展战略之后进一步得到了发展。但是，随着中国加入世界贸易组织（WTO），进一步融入现代世界体系和世界文化市场体系，面临世界文化市场空前激烈的竞争，文化产业与文化市场日益成为国家安全和国家文化安全博弈的战略领域；西方敌对势力通过文化市场准入而进一步对中国进行意识形态渗透，在占领中国文化市场的同时，瓦解中国的国家文化安全能力和能力体系，中国国家文化安全面临这一空前严峻的挑战，现代文化产业和文化市场有效发展不足，不足以适应和满足国家文化安全战略需求，这一短板进一步暴露出来。尤其是在以互联网为代表的数字文化产业体系迅猛发展，"谁控制了互联网，谁就控制了世界"日益成为国家安全的现实挑战的时候，发展以互联网为主要生产方式的现代文化产业和文化市场体系历史性地成为中国国家文化安全发展体系和能力体系建设的战略性刚需。没有现代文化产业体系和文化市场体系，就没有国家文化安全，就没有国家安全。因此，增强文化产业韧性和抗市场冲击能力，筑牢防范系统性意识形态和文化资本风险安全底线，确保文化产业安全、文化市场安全、文化资源安全和重要文化基础设施安全，加强海外文化利益安全保护，建立健全现代文化产业体系和文化市场体系也就历史性地成为中国国家文化安全建设与发展的主要任务和目标。

2020年9月22日，习近平总书记在教育文化卫生体育领域专家代表座谈会上强调，要顺应数字产业化和产业数字化发展趋势，加快发展新型文化业态，改造提升传统文化业态，提高质量效益和核心竞争力。《中华人民共和国国民经济和社会发展第十四个五年规划和2035年远景目标纲要》（以下简称《"十四五"规划纲要》）明确提出："实施文化产业数字化战略，加快发展新型文化企业、文化业态、文化消费模式，壮大数字创意、网络视听、数字出版、数字娱乐、线上演播等产业。"这些都为数字经济时代我国文化产业高质量发展指明了方向。

2022年5月，中共中央办公厅、国务院办公厅印发了《关于推进实施国家文化数字化战略的意见》，明确提出："到'十四五'时期末，基本建成文化数字化基础设施和服务平台，基本完成文化产业数字化布局，公共文化数字化建设跃上新台阶，形成线上线下融合互动、立体覆盖的文化服务供给体系。到2035年，建成物理分布、逻辑关联、快速链接、高效搜索、全面共享、重点集成的国家文化大数据体系，文化数字化生产力快速发展，中华文化全景呈现，中华文化数字化成果全民共享、优秀创新成果享誉海内外。"[①]

第三节　国家文化安全基本原则

每个国家都会制定为实现本国国家文化安全战略目标而必须遵循的基本原则，这些基本原则是在对国家文化安全战略目标以及它所处的国家文化安全的实际情况进行评估的基础上制定的。国家文化安全目标的实现是一项涉及中国国家安全的全局性系统工程。要实现国家文化安全目标，就必须遵循最基本的原则并坚持科学的发展道路。

一、统筹文化发展与安全

统筹发展与安全是新时代中国国家安全事业的一项重要的基本原则。维护国家文化安

---

① 中办国办印发《意见》　推进实施国家文化数字化战略[N]. 人民日报，2022-05-23.

全，需要统筹好文化发展与文化安全的关系。文化安全是文化发展的前提，文化发展是文化安全的保障。坚持统筹文化发展和安全，坚持文化发展和文化安全并重，营造有利于经济社会发展的文化安全环境，在发展中更多地考虑安全因素，努力实现文化发展和安全的动态平衡，实现高质量文化发展和高水平文化安全的良性互动，是统筹文化发展与安全的重要内容。

1. 统筹发展与安全的提出与内涵

"统筹发展和安全，增强忧患意识，做到居安思危，是我们党治国理政的一个重大原则。"①这是习近平在党的十九大报告中提出的关于中国国家安全工作的重大命题。2020年10月，党的十九届五中全会通过《中共中央关于制定国民经济和社会发展第十四个五年规划和二〇三五年远景目标的建议》（以下简称《建议》），首次把"统筹发展和安全"纳入"十四五"时期我国经济社会发展的指导思想，提出要办好发展和安全两件大事并列专章做出战略部署，把安全提升到从未有过的高度，突出了国家安全在党和国家工作大局中的重要地位。习近平在关于《建议》的说明中就为什么要增设专章强调："当前和今后一个时期是我国各类矛盾和风险易发期，各种可以预见和难以预见的风险因素明显增多。我们必须坚持统筹发展和安全，增强机遇意识和风险意识，树立底线思维，把困难估计得更充分一些，把风险思考得更深入一些，注重堵漏洞、强弱项，下好先手棋、打好主动仗，有效防范化解各类风险挑战，确保社会主义现代化事业顺利推进。"②正是基于对我国当前和今后一个时期国家安全形势的分析判断，《建议》设置专章对"统筹发展与安全"做出战略部署。③这一《建议》被写进了2021年3月12日全国人大通过的《中华人民共和国国民经济和社会发展第十四个五年规划和2035年远景目标纲要》并在第十五篇"统筹发展和安全，建设更高水平的平安中国"中提出："坚持总体国家安全观，实施国家安全战略，维护和塑造国家安全，统筹传统安全和非传统安全，把安全发展贯穿国家发展各领域和全过程，防范和化解影响我国现代化进程的各种风险，筑牢国家安全屏障。""统筹发展和安全"正式成为指导我国中长期国家安全工作的方针政策和重大国家安全战略原则。2021年11月11日，党的十九届六中全会通过的《中共中央关于党的百年奋斗重大成就和历史经验的决议》在深刻分析我国面临的国内外国家安全形势时又进一步提出：要"统筹发展和安全，统筹开放和安全，统筹传统安全和非传统安全，统筹自身安全和共同安全，统筹维护国家安全和塑造国家安全"④五大统筹对象，从而形成了一个以"统筹"为核心概念与范畴的、完整的关于我国国家安全事业和国家安全工作的基本政策框架与国家安全统筹理论。这不仅对于统筹我国总体国家安全事业与国家安全工作具有原则性指导意义，也是实现中国国家文化安全发展目标的基本原则和路径，具有鲜明的中国国家安全政策与战略系统思维特色和方法论。

① 习近平. 决胜全面建成小康社会　夺取新时代中国特色社会主义伟大胜利——在中国共产党第十九次全国代表大会上的报告[N]. 人民日报，2017-10-28.
② 习近平. 关于《中共中央关于制定国民经济和社会发展第十四个五年规划和二〇三五年远景目标的建议》的说明（2020年11月4日）.
③ 习近平. 关于《中共中央关于制定国民经济和社会发展第十四个五年规划和二〇三五年远景目标的建议》的说明（2020年11月4日）.
④《中共中央关于党的百年奋斗重大成就和历史经验的决议》（2021年11月11日中国共产党第十九届中央委员会第六次全体会议通过）。

2022年8月，中共中央办公厅、国务院办公厅联合印发的《"十四五"文化发展规划》全面贯彻和体现了这一原则和精神并在"工作原则"中明确要求："坚持统筹兼顾、全面推进。牢固树立系统观念，统筹发展和安全，统筹理论与舆论、文化与文明、内宣与外宣、网上与网下，统筹国内与国际、事业与产业、国有与民营、阵地与市场，促进系统集成、协同高效，实现文化发展质量、结构、规模、速度、效益、安全相统一。"①该规划从我国文化发展战略目标的整体要求和实际情况出发，第一次把"统筹理论与舆论、文化与文明、内宣与外宣、网上与网下，统筹国内与国际、事业与产业、国有与民营、阵地与市场"纳入"统筹发展与安全"范畴，要求"实现文化发展质量、结构、规模、速度、效益、安全相统一"，从而形成了一个关于"统筹文化发展与安全"的政策理论体系，丰富、充实和发展了"统筹发展与安全"的内涵与外延，成为统筹中国文化发展与安全的重要的系统性原则。

2. 我国社会主义文化发展与安全实践历史辩证法的总结和揭示

安全与发展始终是当代中国国家战略的核心问题，始终是当代中国国家安全的主题。新中国成立70多年来的发展基本上就是围绕这一重大国家安全关系问题展开的，当代中国关于社会主义革命和建设、关于改革开放等一系列国家安全战略与政策都是以此为核心、为解决这一核心问题创建的。如何处理发展与安全的关系，始终是当代中国实现国家安全目标必须要解决的原则性问题。当没有安全的国内外环境就无法实现有效的发展的时候，国家安全就成为一切发展的前提。没有安全就没有发展。然而，国家安全本身也需要国家发展的成果提供一种维护、捍卫和保障的力量，当不发展，国家安全就无法得到有效的力量支持与保障的时候，国家安全目标的实现也会落空。在这里，发展与安全是一个问题的两个方面。如何处理好发展与安全问题，这是国家安全运动的辩证法。"统筹发展与安全"是由中国国家安全的复杂性、系统性和联动性决定的。国家安全是一项系统工程，广泛涉及国民经济和社会发展的各个方面和各个领域。这既是一个现实问题，又是一个历史问题；既要处理好现实问题，又要处理好历史问题。由于所有的国家安全问题又是指向未来的问题，因此，要确保未来中国特色社会主义建设的可持续性发展，确保中华民族伟大复兴的历史进程不被打断，要在面对世界百年未有之大变局新冠疫情大流行带来的前所未有的安全挑战时确保中国国家整体利益安全和中华民族整体利益安全，这就需要有一个科学的思维方法和世界观，对这一切做出清醒和清晰的战略判断并在科学分析和判断的基础上，就实现中国国家安全目标的基本原则和基本路径做出决策。"统筹发展与安全"就是在这一基础上做出的科学决策。"坚持统筹发展和安全，坚持发展和安全并重，实现高质量发展和高水平安全的良性互动，既通过发展提升国家安全实力，又深入推进国家安全思路、体制、手段创新，营造有利于经济社会发展的安全环境，在发展中更多考虑安全因素，努力实现发展和安全的动态平衡，全面提高国家安全工作能力和水平。"②这段话从"国家安全实力""安全环境""发展和安全的动态平衡""国家安全工作能力和水平"等方面深刻阐述了坚持"统筹发展与安全"这一重要原则的重大意义。在这里，"高质量发展和高水平安全的良性互动"是一个特别重要的指标性要求。它要求必须从发展了的中国国内外安全环境、条件、

---

① 中共中央办公厅、国务院办公厅印发《"十四五"文化发展规划》[N]. 人民日报，2022-08-17.
② 习近平在中央政治局第二十六次集体学习时强调　坚持系统思维构建大安全格局　为建设社会主义现代化国家提供坚强保障[N]. 人民日报，2020-12-13.

矛盾和问题出发，站在维护和塑造国家安全新格局、大安全格局的新高度，重新统筹谋划中国特色国家发展安全与安全发展之路，重新按照新发展理念推进国家安全思路、体制和手段创新，根据新发展理念和总体国家安全观推进中国国家安全思想、理论、政策创新，建构中国自主的国家安全知识体系，从而在国家安全治理体系和治理能力现代化的高度上"统筹开放和安全、统筹传统安全和非传统安全、统筹自身安全和共同安全、统筹维护国家安全和塑造国家安全"，包括着力解决国家安全工作不平衡不充分的问题，为实现高质量发展和高水平安全的良性互动，创造和提供一个科学而完善的国家安全生态系统。这是一个以"统筹发展和安全"为主线的系统的国家安全战略工程，是指导科学统筹国家安全工作的系统思维和方法论。从这个意义上说，"统筹发展与安全"是实现国家安全目标任务的基本原则与路径。纲举目张，发展与安全统筹好了，其他各个方面的科学统筹也就在其中了。统筹文化发展与安全是这一统筹的重要领域和主要工作之一。

3. 坚持安全发展，实现文化发展与安全的动态平衡和良性互动

国家文化安全是一个复杂的巨型系统，不仅政治、经济、社会深深地嵌入其中，而且其自身的历史、现实与未来也深深地将其缠绕。如何处理中国国家文化安全目标所提出的一系列全局性、系统性、整体性和战略性问题，不仅涉及国家文化安全战略目标的实现，而且关系到文化自身的前途命运与历史走向。统筹发展与安全、统筹国际国内两个大局、统筹传统与非传统安全、统筹维护与塑造等一系列战略举措与要求的提出，为解决这一系列中国国家文化安全发展的全局性、战略性问题规定了基本原则，提出了全新发展理念、发展路径和发展要求。

"把安全发展贯穿国家发展各领域和全过程"是《"十四五"规划纲要》提出的一个关于"统筹发展与安全"的重要的原则性要求。在"统筹发展与安全"中，特别强调"安全发展"这一重要概念和命题。"在发展中更多考虑安全因素"不仅对于科学地认识与把握"统筹发展与安全"的辩证关系具有特别重要的历史与现实意义，而且是帮助人们认识和处理国家文化发展与安全辩证关系、实现文化发展与安全动态平衡的一把钥匙。

文化发展具有安全性，文化安全具有发展性，这是以统筹观认识文化发展与安全属性及其相互关系的辩证法。当不发展就不得安全的时候，文化发展就具有了安全性；同理，当不安全就不得发展的时候，文化安全就具有了发展性。因此，安全发展与发展安全构成文化安全与发展最一般的辩证关系。安全自身也需要发展，这就是安全的可持续发展。而要获得安全的可持续发展，就必须确保不断地增强安全的可持续发展能力，这种能力只能从发展中获得，而不能从安全本身获得。这是由于安全常常具有一种保守性特质。所谓维护，往往是指对既有的安全现状的维护。然而，由于安全通过本身具有的在外部环境的变动下不以人们的意志为转移的竞争性来维护自己的安全性，因此如果一种安全不能保持竞争性，那么它就会在同外部安全的竞争中败下阵来，从而陷入不安全的境地。而要保持竞争性，就必须保持这种竞争性的成长性。这种成长性只有通过发展，特别是可持续性创造性发展才能获得。因此，如果仅仅把安全看作维护这一个维度的话，那么就不能获得可持续安全；而要获得可持续安全，就必须发展自己，尤其是推动那些能够增强自身竞争性的创造性发展。因为只有创造性发展成果，才能积淀为一种安全资源，并由这种安全资源的增长而形成一种安全能力，这种安全能力是安全的实现所需要的能力。这种能力就是安全

发展的能力。这种能力只有在积极的创造性发展中才能获得。因此，"要善于运用发展成果夯实国家安全的实力基础，又要善于塑造有利于政治经济社会发展的安全环境。"①从这个意义上说，中国国家文化安全事业也是需要不断发展、可持续发展的。没有文化发展，就没有文化安全。不进则退，当别人在发展，而你还在原地踏步、停滞不前的时候，实际上，你就已经处在被别人威胁的地位，变得不安全了。经济发展中所谓的"中等收入陷阱"，就是指经济发展上陷入的不安全状态。而之所以会造成这样一种经济发展上的安全困境，就是因为在经济发展上没能跨越这个陷阱，从而陷入经济发展不安全的困境，最终导致国家整体性发展安全问题。经济上是如此，文化上也是如此。虽然文化上还没有类似"中等收入陷阱"的说法，但是经济上的"中等收入陷阱"提出的不发展的安全问题，对于我们认识文化不发展与文化安全和国家安全问题具有重大的理论与实践借鉴意义。这就是文化停滞问题。也就是说，文化方面存在不断超越自身发展局限以获得可持续发展的安全塑造与安全建构问题。

发展必须同时是安全的发展，而不能是不安全的发展。诚如经济发展不能以牺牲资源和环境安全为代价一样，文化发展也不能以牺牲国家根本文化安全利益、牺牲人民群众的文化安全感和人的全面发展为代价而片面地追求文化发展的 GDP 指标。以牺牲国家根本文化安全利益、人民文化福祉和人的全面发展为代价而片面地追求文化发展的 GDP 指标就属于一种不安全的发展。尤其是在涉及中华民族未来，即千家万户的未成年人的安全问题上，更不能以牺牲一代人，甚至几代人为代价而获得文化 GDP 一时的增长。2014 年 10 月 15 日，在文艺工作座谈会上，习近平对一个时期内文艺创作方面"存在着有数量缺质量、有'高原'缺'高峰'的现象，存在着抄袭模仿、千篇一律的问题，存在着机械化生产、快餐式消费的问题"，片面追求繁荣发展，危害文艺健康安全发展的现象给予了严肃的批评："在有些作品中，有的调侃崇高、扭曲经典、颠覆历史，丑化人民群众和英雄人物；有的是非不分、善恶不辨、以丑为美，过度渲染社会阴暗面；有的搜奇猎艳、一味媚俗、低级趣味，把作品当作追逐利益的'摇钱树'，当作感官刺激的'摇头丸'；有的胡编乱写、粗制滥造、牵强附会，制造了一些文化'垃圾'；有的追求奢华、过度包装、炫富摆阔，形式大于内容；还有的热衷于所谓'为艺术而艺术'，只写一己悲欢、杯水风波、脱离大众、脱离现实。"②他严肃指出："凡此种种都警示我们，文艺不能在市场经济大潮中迷失方向，不能在为什么人的问题上发生偏差，否则文艺就没有生命力。"③同时指出："在发展社会主义市场经济的条件下，许多文化产品要通过市场实现价值，当然不能完全不考虑经济效益。然而，同社会效益相比，经济效益是第二位的，当两个效益、两种价值发生矛盾时，经济效益要服从社会效益，市场价值要服从社会价值。文艺不能当市场的奴隶，不要沾满了铜臭气。优秀的文艺作品，最好是既能在思想上、艺术上取得成功，又能在市场上受到欢迎。要坚守文艺的审美理想、保持文艺的独立价值，合理设置反映市场接受程度的发行量、收视率、点击率、票房收入等量化指标，既不能忽视和否定这些指标，又不能把这些指标绝对化，被

① 习近平在十九届中央国家安全委员会第一次会议上的讲话（2018 年 4 月 17 日）.

② 中共中央文献研究室编. 在文艺工作座谈会上的讲话（2014 年 10 月 15 日）[M]//十八大以来重要文献选编：中. 北京：中央文献出版社，2016：124.

③ 同②.

市场牵着鼻子走。"①这是关于如何统筹文化发展与安全和文化安全发展的系统论述，与邓小平关于文艺不能"一切向钱看"②的精神一脉相承。在经济效益和社会效益相冲突的时候，必须坚持社会效益第一、经济效益第二的标准。

4. 始终把国家文化安全置于国内、国际两个大局中把握

怎样统筹？把文化发展与安全置于什么样的战略地位进行统筹？这是提高统筹效率、降低统筹成本中的大问题，既包括对历史经验教训的总结，也包括对国家文化安全这一具体的认知对象的可操作性把握。"认清国家安全形势，维护国家安全，要立足国际秩序大变局来把握规律，立足防范风险的大前提来统筹，立足我国发展重要战略机遇期大背景来谋划。"③这是认识、理解和把握统筹我国发展与安全的重要方针，也是正确处理和科学统筹文化发展与安全的重要方针。三个"立足"为统筹文化发展与安全提供了科学的战略支点和统筹方向，同时为怎样统筹提供了价值观和方法论。

安全是发展的前提，发展是安全的保障，这是两者的辩证统一关系。中华民族要实现伟大复兴，保证国家安全是头等大事。习近平指出："推动创新发展、协调发展、绿色发展、开放发展、共享发展，前提都是国家安全、社会稳定。没有安全和稳定，一切都无从谈起。"④面临我国国家安全内涵和外延比历史上任何时候都要丰富，时空领域比历史上任何时候都要宽广，内外因素比历史上任何时候都要复杂，中华民族伟大复兴与世界百年未有之大变局交织发展，保证国家安全比任何时候都更加重要。发展是解决我国一切问题的基础和关键。"没有经济社会发展，就不可能实现国家长治久安、社会安定有序、人民安居乐业。国家安全是国家生存发展的基本前提，是安邦定国的重要基石。没有国家安全，就不可能实现经济社会可持续发展，已经取得的成果也会失去。事实证明，发展和安全相辅相成、不可偏废，统一于坚持和发展中国特色社会主义的伟大实践。"⑤

文化事业始终是一个国家和民族发展的根本事业，是一个国家和民族事业发展的重要组成部分。它是一个系统，是一个与一个国家的政治、经济、社会、民生发展密切相关的有机生态系统。离开了这个系统，就没有一切文化事业的发展，而一切文化事业的发展也只有在这个系统中才具有价值。从国家发展与安全的战略全局统筹文化发展与安全，坚持科学统筹，始终把国家文化安全置于中国特色社会主义事业全局中来把握，充分调动各方面的积极性，形成维护国家文化安全的合力，坚持走中国特色社会主义文化安全发展道路，这是"统筹发展与安全"原则对中国国家文化安全的要求。

统筹各领域发展与安全是"统筹发展与安全"的重要内容和基本原则，这是一个包括国家文化安全发展在内的国家安全与发展的统筹观。不仅各领域国家安全工作都要贯彻

① 中共中央文献研究室编. 在文艺工作座谈会上的讲话（2014年10月15日）[M]//十八大以来重要文献选编：中. 北京：中央文献出版社，2016：132.

② 邓小平. 党在组织战线和思想战线上的迫切任务：在中国共产党第十二届中央委员会第二次全体会议上的讲话（一九八三年十月十二日）[M]//邓小平文选. 北京：人民出版社，1985.

③ 习近平主持召开国家安全工作座谈会强调 牢固树立认真贯彻总体国家安全观 开创新形势下国家安全工作新局面[N]. 人民日报，2017-02-18.

④ 习近平. 在省部级主要领导干部学习贯彻党的十八届五中全会精神专题研讨班上的讲话（2016年1月18日）[M]//习近平谈治国理政：第2卷. 北京：外文出版社，2017：222.

⑤ 陈文清. 统筹发展和安全，筑牢国家安全屏障[N]. 人民日报，2020-12-31.

"统筹发展与安全"，各领域之间也要贯彻"统筹发展与安全"。文化是国家安全的重点领域。统筹文化发展与安全是总体国家安全工作中"统筹发展与安全"的重要组成部分，也是"统筹发展与安全"这一基本原则在国家文化安全工作中的反映和要求。统筹文化发展与安全是统筹国家发展与安全战略部署在国家文化安全领域里的反映和要求，同时包括统筹文化与其他领域的发展与安全。这是关于新时代处理中国国家文化安全工作和国家文化安全事业发展的辩证关系和系统观念。

文化发展与文化安全是国家发展与安全的重要组成部分和实践方式。没有文化的发展，就不能为国家一切的发展提供智力支持，就不能构筑国家强大的文化软实力，就无法满足人民日益增长的对文化多样化的需求；没有文化安全，任凭各种西方敌对势力侵犯我国文化主权，进行各种以西化、分化、危害我国国家文化安全为目的的意识形态渗透，放任各种形式的历史虚无主义盛行，势必威胁、危害我国社会主义文化事业的健康发展，进而从思想文化精神的根部动摇我国国家安全的基础。因此，没有文化安全就没有国家的政治安全和其他各个方面的发展安全与安全发展。正是在这个意义上，《国家安全法》明确阐明了文化安全在整个国家安全中的战略地位和保障作用。"能否统筹好文化发展和安全，关系国家兴衰、历史走向。纵览中国历代政治得失，封建王朝的衰亡大多与发展和安全摆布失据有关。纵览世界大国兴衰历史，大国兴起时，往往能够较好地统筹发展和安全，而衰落则与没有统筹好发展和安全密切相关。没有发展作为支撑的安全，必然难以长久；没有安全作为保障的发展，必然不可持续。文化发展和安全合则兴、离则弱、悖则亡，这是历史留给我们的深刻启示。"[①]

立足于国家发展与安全的战略全局，科学统筹文化各领域的发展与安全，统筹文化与政治、经济、社会、生态等各个领域、区域和城乡各个地区的发展与安全。城市和乡村是我国统筹文化发展与安全最主要的方面，城乡差距不仅表现在一般意义上的国民经济和社会发展方面，而且表现在文化和教育事业发展方面。区域发展不平衡不充分与人们向往美好生活之间的矛盾是新时代我国社会发展的主要矛盾，其集中体现于区域和城乡的文化发展上，应着力解决国家安全工作不平衡不充分的问题。

首先，统筹各个文化领域发展与安全。中国特色社会主义文化是一个系统，包括思想文化、宣传理论、文化事业、文化产业、文化遗产、对外文化交流和开展国际文化贸易。文化是一个社会精神生产与传播的生态系统，组成这个系统的各个部分、各个领域具有高度的关联性和联动性。其中，既有文化视野安全问题，也有文化产业问题；既有传统文化安全问题，也有非传统文化安全问题；既有内部文化安全问题，也有外部文化安全问题；既有改革发展安全问题，也有改革开放的安全问题。传统文化安全问题和新型文化安全风险相互叠加，境外文化威胁和内部文化风险交织并存，文化安全风险呈现出许多新特点，文化安全重点风险领域集中表现为以互联网为核心的新型文化安全领域。通过和借助于数字文化技术手段，文化安全风险传播更加隐匿、危害更大、安全风险系数更高。因此，应坚持统筹推进各领域文化安全，统筹应对传统文化安全和非传统文化安全，发挥国家文化安全工作协调机制作用，用好国家文化安全政策工具箱。

统筹应对传统安全和非传统安全是统筹发展与安全原则的重要内容之一。应坚持统筹

---

① 陈文清. 统筹发展和安全，筑牢国家安全屏障[N]. 人民日报，2020-12-31.

推进各领域安全，统筹应对传统安全和非传统安全，实现传统国家文化安全与非传统国家文化安全的辩证统一。传统国家文化安全是指以国家为主体维护国家免于威胁甚至危险，确保国家政治、经济、社会和意识形态安全，尤其强调国家文化主权和国家文化防卫安全。非传统国家文化安全则主要反映在国家文化安全中的"非国家主体性安全"，主要是指传统国家文化安全之外的非国家甚至是非人为的国家文化安全。这一类国家文化安全既与传统国家文化安全相联系，又常常与普通民众的生命财产安全和社会生活安宁密切相关。以环境气候、网络安全、极端恐怖主义、意识形态为代表的非传统国家文化安全问题正日益引发世界各国和人民的广泛关注，业已成为深刻影响中国国家文化安全的新型国家文化安全问题。这一类国家文化安全问题具有复杂性、联动性特征，牵一发而动全身。传统国家文化安全问题和非传统国家文化安全问题往往互相交织，只有采用不同的文化政策工具才能将其有效解决。"涉疆"问题和香港"修例风波"所反映出来的正是这一类新型国家文化安全问题。

维护国家文化安全，需要处理好国家文化安全与传统文化领域和新型文化领域等其他文化安全的关系。在我国，除了上述国家文化安全，还有公共文化设施安全、文化产业安全、文化遗产安全、教育安全、国家语言文字安全、文化科技安全、网络文化安全、海外文化利益安全等，这些都是文化大领域，其中既有国家文化安全政策与法律层面上的统筹协调创新，也有制度层面上的分工协作。因此，坚持统筹发展和安全、坚持发展和安全并重、实现高质量发展和高水平安全的良性互动，就需要将所有这些传统的和新型的国家文化安全领域都纳入新时代中国国家文化安全事业的范畴，深入推进国家文化安全思路、体制、手段创新，推进发展和安全深度融合，努力实现文化高质量发展和高水平安全良性互动。既不因一时的发展利益而忽视乃至牺牲国家整体文化安全利益，也不因重视安全而影响文化的高水平发展，努力实现文化发展和文化安全的动态平衡，全面提高国家文化安全工作能力和水平。这是统筹发展与安全原则对中国国家文化安全实践的科学要求。

二、坚持维护和塑造国家文化安全相统一

1. 维护和塑造原则的提出与意义

维护与塑造国家文化安全是新时代中国特色国家文化安全事业又一重要的国家文化安全原则。

2018年4月17日，习近平在十九届中央国家安全委员会第一次会议上提出："坚持维护和塑造国家安全，塑造是更高层次更具前瞻性的维护，要发挥负责任大国作用，同世界各国一道，推动构建人类命运共同体。"[①]后又进一步提出"要积极塑造外部安全环境，加强安全领域合作，引导国际社会共同维护国际安全"。这既是对国家安全"塑造"命题的提出，也是对"塑造国家安全"意义的阐发，即：什么是塑造？塑造什么？塑造，就是塑造有利于中国和平发展的"外部安全环境"，从而有利于塑造"同世界各国一道，推动构建人

---

① 习近平在十九届中央国家安全委员会第一次会议上强调　全面贯彻落实总体国家安全观　开创新时代国家安全工作新局面[N].人民日报，2018-04-18.

类命运共同体"；既是对推动和平的国际安全环境的塑造，也是对塑造的终极目标的追求。这是一个安全发展过程与目标的有机统一，是一种具有高度人类安全美学意义的前瞻性阐述和揭示，是一种包含深刻的对人类共同价值理想追求的崇高哲学境界。这是一个"负责任大国"对国际安全、对人类命运共同体安全的文化情怀、文明情怀。这种情怀充满了激情与诗意，因而是对中国国家文化安全所要达到和实现的最高境界的真善美的追求，一种全息的中国国家文化安全与世界文化安全共享和平发展的场景图。

所谓塑造，对于国家文化安全而言，就是在推动构建人类命运共同体基础上的维护国家文化安全。也就是说，没有人类命运共同体的安全，就没有中国国家安全的完全实现和真正维护。国家安全是如此，国家文化安全也是如此，这就为中国国家文化安全的维护与实现提出了一个如何维护和怎样才能实现维护的国家文化安全战略路径价值取向和战略选择问题。这是一种大安全观、全球文化安全观。

2. 维护和塑造国家文化安全的辩证关系及其价值

国家文化安全不是一个单纯的维护、捍卫的问题，也不是一个简单的防御问题，而是一个维护和塑造相统一的问题。维护是对历史和现实国家安全利益的一种立场和态度，它是一种关于安全实现的保障，没有维护就没有安全。但是，国家安全和国家文化安全是一个随着历史的演进而不断发展的对象和概念。它需要随着历史的进步而不断进步、随着文明的发展而不断发展，这就需要塑造，即在历史的进步中不断地创造历史，在历史的文明进步中不断推进文明的进步，在积淀和积累中改变自我和人类历史的面貌，在改造世界的过程中改造和重新塑造自我。

塑造是更重要、更具前瞻性维护的问题，是维护与塑造有机统一、有机结合的系统整体。没有塑造，维护就失去了可持续的生命力；没有维护，塑造就失去了目标和方向。目标和方向是随着历史的进步而不断增长、不断提高、不断累积的，因而是不断丰富、不断产生超越前人的文明性属性与特征的。只有在文明的意义上不断地实现对前人和历史的超越，维护才能拥有比以往更加强大的力量，这种力量是增值性的。中华文明、中华文化、中华民族之所以数千年绵延不断，就是因为在历史的发展过程中不断地通过自己的创造性文化贡献增加、增强中华文明和中华文化的内容和内涵，不断地在每一个历史进步中获得发展和进步。从先秦到明、清的两千多年的发展历程中，虽然中华民族屡遭劫难，但是，每一次都能凤凰涅槃、浴火重生，获得新的文明进步的伟大收获，维护中华民族的安全，其重要原因就是在历史的发展进程中，不断地塑造中华文明和中华文化的历史新形态和文化新精神，从而在不断地塑造中实现了维护中华文明安全、中华文化安全和中华民族安全，并且在这个伟大的历史进程中塑造了现代国家形态。

塑造是一个不断提高国家文化免疫力的过程。一个国家、一个民族就像一个人，要抵御病毒的侵害，就需要有一个强健的体魄，要有对于病毒的免疫力和抵抗力。没有免疫力和抵抗力，哪怕再强健的身体也经不起病毒的反复侵害。历史上有不少盛极一时的大国、强国轰然倒塌，其中一个最重要的原因就是失去了使文化不断更新生长的能力，从而在遭遇内外各种"病毒"侵害的情况下，失去了抵抗力和自我修复能力，最终导致灭亡。一个国家和一个民族要使自己长盛不衰，就需要不断地增强自己对"病毒"的抵抗力和免疫力，而这种对于"病毒"的抵抗力和免疫力只有通过不断地增强自身的内在"抗病毒"能力才能实现，反映和表现在国家文化安全的维护上，就是一个民族和国家要不断发展和创造精神文化。在国家文化安全的意义上，塑造就是一个民族和国家不断增强自身文化抵抗力和免疫力的过程，这同时也是一个不断通过塑造自身来吸引他者、感染他者和塑造他者的过程。一个国家和民族要有前瞻性眼光和前瞻性思维，做到未雨绸缪、居安思危。只有常怀忧患意识的国家和民族，才能不断地在文明的进步中发展文明、在历史的进步中推动历史的进步。不进则退、勿坐吃山空，这是中华文明智慧留给当代中国最为宝贵的国家文化安全的精神遗产。

3. 中国特色社会主义文化安全在维护和塑造相统一中实现

社会主义不是百毒不侵之躯。它是在资本主义的土壤里产生出来的，是人类历史上全新的文明形态，带有不可避免的"先天性不足"。相较于资本主义文明发展史乃至整个人类文明发展史而言，社会主义只是一个很短的历史阶段，故要求它像资本主义文明那样成熟是不现实的。苏联的解体是这种不成熟和其"先天性不足"的一个例证。苏联在建设与发展社会主义的过程中也曾经赋予社会主义以全新的文明内涵，使之成为一个时期人类社会追求的新文明的未来榜样，向世界展现了社会主义的样子。这是因为苏联在建设社会主义过程中曾经有过塑造，曾经为人类文明发展提供新东西。然而，后来这种塑造停止了，社会主义也因为塑造的停止而在苏联衰亡了。这是中国在建设有自己特色的社会主义事业过程中值得吸取的人类文明衰亡史的文化教训。

中国的社会主义是以苏联为榜样建立起来的，但是，中国的社会主义与苏联的社会主义有一个很大的不同，即：中国的社会主义是在半殖民地半封建的基础上建立起来的，故它除了带有社会主义的"先天性不足"，还带有半殖民地半封建的"先天性不足"。在这两个"先天性不足"的基础上，如果不走中国特色的社会主义发展道路，不去塑造中国自己的社会主义道路，就不可能有中国特色社会主义事业的成功。"苏联走过的弯路，你还想走？"毛泽东的社会主义道路之问提出了社会主义文明发展史上的世纪之问、文明之问、发展道路的安全之问！这是在苏联已经暴露出来的社会主义发展道路安全塑造出现问题的基础上提出来的。中国应当走自己的社会主义发展道路。这是一个塑造性命题、创造性命题。这就是毛泽东提出的把马克思主义基本原理同中国革命与建设第二次结合，同时提出了中国社会主义制度、社会主义社会的塑造命题。而在全面开始建设社会主义之后，中国就一直在沿着毛泽东提出来的"走自己的路"探索前进，塑造属于中国自己的、符合中国国情、满足中国自身发展需要的社会主义发展道路，并且在这个过程中不断丰富、充实和发展社会主义的内容和内涵，创造性地通过中国式现代化道路塑造了一种全新的社会主义文明形态，这就是中国特色社会主义。这是一个包括政治、经济、社会、文化、国内、国际的整体性安全塑造问题，而文化的塑造和文化安全的塑造能否为总体国家安全提供塑造所需要的智力支持将在很大程度上直接影响总体国家安全的塑造效能和安全保障性。

正是在这个总体塑造的历史进程中，中国前瞻性地预见并克服了不断出现的发展的安全问题和安全的发展问题，甚至还为此走了不少弯路，付出了不小的安全代价。然而，也正是因为在这不断的历史进步中遭遇并克服了前所未有的困难，中国共产党才带领中国人民在苏联式社会主义社会解体之后，找到了一条社会主义文明复兴之路，重新以中国特色现代化道路的伟大实践赋予和塑造了社会主义的崭新内涵。没有中国特色现代化道路的伟大实践，就没有社会主义文明在当今世界的地位。从这个意义上说，正是由于塑造、前瞻性塑造，中国不仅探索出了一条属于自己的社会主义发展道路，而且维护了社会主义文明的合理性和正当性，维护了社会主义文明应有的价值尊严和信仰，维护了社会主义和社会主义文化的安全。中国在构建人类命运共同体视野中提出来的一系列重大命题都是在这个基础上提出来的事关中国特色社会主义事业前途与命运的重大课题。无产阶级只有解放全人类，才能最后解放无产阶级自己。中国特色社会主义以自己全新的创造性实践赋予了《共产党宣言》全新的人类安全和人类文明安全的意义。这就是塑造，人类文明安全塑造。没有中国特色社会主义的成功塑造，就没有对社会主义事业的成功维护，就没有这样的前瞻性塑造。正是这样的塑造，推动了人类文明事业朝着和平、安全的方向发展。从这样一个历史现场来认识国家文化安全问题上的统筹维护和塑造安全，正确把握"塑造是更具前瞻性的维护"的深刻内涵就具有特别重大的全球安全战略价值。没有塑造，没有创造性的、富有前瞻性的塑造，只单纯地维护、消极地维护，最终一定达不到维护的目的。社会主义事业是如此，中国特色国家文化安全事业也是如此。

维护国家安全和塑造国家安全是统一的，塑造是更高层次、更具前瞻性的维护。随着我国日益走近世界舞台中央，我们要在变局中把握规律、在乱局中趋利避害、在斗争中争取主动，切实维护我国主权、安全、发展利益。塑造国家安全，不是要走国强必霸之路，而是坚定不移地走和平发展道路，目的是实现中华民族伟大复兴；不是对现有国际秩序推倒重来、另起炉灶，而是在维护以《联合国宪章》宗旨和原则为核心的国际秩序的基础上，与世界各国一起与时俱进地完善全球治理体制机制；不是要零和博弈，而是要合作共赢、互惠互利，坚持多边主义和国际关系民主化，推动构建人类命运共同体。任何国家都没有包揽国际事务、主宰他国命运、垄断发展优势的权力，更不能在世界上搞霸权、霸凌、霸道。面对前进道路上的各种风险、挑战，我们应以坚强的决心、坚定的意志、坚实的国力为依托，统筹运用维护国家安全和塑造国家安全"两手"，不断增强塑造国家安全态势的能力。①

三、坚持党对国家文化安全工作的领导

1. "坚持党对国家安全工作的领导，是做好国家安全工作的根本原则"②

党政军民学，东西南北中，党是领导一切的。习近平指出："党的领导必须是全面的、系统的、整体的，必须体现到经济建设、政治建设、文化建设、社会建设、生态文明建设和国防军队、祖国统一、外交工作、党的建设等各方面。哪个领域、哪个方面、哪个环节缺失了弱化了，都会削弱党的力量，损害党和国家事业。"③只有坚定不移坚持党的全面领导，维护党中央权威和集中统一领导，才能协调各方面资源，集中力量办大事，使国家安全工作与中国特色社会主义事业的其他方面相互配合，营造有利于国家安全建设的良好社会环境，更好地解决国家安全遇到的一系列新问题、新挑战。

坚持党对国家文化安全工作的绝对领导是中国特色社会主义制度的必然政治要求，是

① 陈文清. 统筹发展和安全，筑牢国家安全屏障[N]. 人民日报，2020-12-31.

② 习近平主持召开国家安全工作座谈会强调　牢固树立认真贯彻总体国家安全观　开创新形势下国家安全工作新局面[N]. 人民日报，2017-02-18.

③ 习近平. 毫不动摇坚持和加强党的全面领导[J]. 求是，2021（18）.

维护国家安全和社会安定的根本政治保证，关乎国家长治久安，关乎民族复兴历史伟业，关乎社会主义前途命运。党的领导是中国特色社会主义最本质的特征。历史和现实都证明，没有中国共产党就没有新中国，就没有中华民族伟大复兴。中国国情是中国一切事业发展和工作的基础。"中国最大的国情就是中国共产党的领导。"①中国共产党领导是中国特色社会主义最本质的特征，也是中国特色社会主义制度的最大优势。党是中国当代最高政治领导力量。"坚持和加强党的全面领导，关系党和国家前途命运，我们的全部事业都建立在这个基础之上，都根植于这个最本质特征和最大优势。"②这是中国共产党与中国特色社会主义最根本、最本质的的内在关系，正是这样的关系，决定了中国共产党对当代中国国家文化安全事业领导的全部合法性与合理性。

坚持党对国家文化安全工作的领导关系社会主义文化的前途命运。中国共产党要巩固执政地位，要团结带领人民坚持和发展中国特色社会主义，保证国家安全是头等大事。政治安全是我国国家安全的根本，核心是政权安全和制度安全，最根本的就是维护中国共产党的领导和执政地位、维护中国特色社会主义制度。长期以来，各种敌对势力从来没有停止过对我国实施西化分化战略，他们企图通过"颜色革命"颠覆中国共产党的领导和我国社会主义制度，这是我国国家安全尤其是政治安全面临的现实威胁。而这种威胁在很大程度上是通过和借助于对文化安全的威胁渗透来进行的。因此，文化安全要为国家安全，尤其是政治安全提供保障，就要牢牢地把中国特色社会主义文化建设置于中国共产党的领导之下。只有坚持党对国家文化安全工作的绝对领导，统筹国际、国内两个大局，才能避免国家被颠覆的危险、中国特色社会主义发展进程被打断的危险，确保红色江山永不变色。

2. "坚持党的领导"是近代中国在百年奋斗历程中形成的国家安全规律，是中华民族近百年来之所以能够成功实现从站起来到强起来的根本原因，也是中华民族实现伟大复兴的根本保证

近代中国一百多年来的国家安全和民族安全发展历史已经证明，在中国，没有任何其他政治力量能够取代中国共产党。没有共产党就没有新中国，没有中国共产党就没有中华民族的伟大复兴、中华人民共和国的长治久安和人民的幸福安康。这是 1840 年以来中华民族从民族解放事业中得出来的历史性文化结论。这既是一个文明性结论，是中国向人类社会贡献新文明形态的结论，也是中国国家文化安全的结论。没有中国共产党，就没有中国国家文化安全，就没有中国国家安全！

中国共产党是一个在国家和民族危亡之际诞生的政党，是一个用马克思主义理论武装起来的无产阶级政党。政党的先进性源于政党理念的先进性、政党文化的先进性、政党所代表的社会生产力的先进性，正是这些先进性使得中国共产党从诞生的那一刻起就具有了代表中华民族的先进性和代表中华文化的先进性以及由这些方面的先进性所建构起来的现代文明性。从中国共产党横空出世那一刻起，中国历史发展的面貌就发生了深刻的变化。在那之前，中国社会进入近代以后所有的社会变革之所以会失败，包括由孙中山领导的推翻中国数千年封建帝制的辛亥革命之所以会失败，就在于领导中国社会变革的所有政党都缺乏这样的先进性。落后的精神理念和价值信仰不可能孕育和建立起先进的文化思想，不可

---

① 习近平. 中国共产党领导是中国特色社会主义最本质的特征[J]. 求是，2020（14）.
② 习近平. 毫不动摇坚持和加强党的全面领导[J]. 求是，2021（18）.

能改造和塑造一个国家和民族的先进灵魂。而这恰恰是毛泽东在《新民主主义论》一文中所论述的新民主主义文化能取代旧民主主义文化在中国赢得成功的根本原因。中国人民最终推翻三座大山，赢得民族解放战争和人民革命的胜利，就是中国共产党把马克思主义的基本原理同中国革命的具体实践相结合所形成和创造的以毛泽东思想为标志的新民主主义文化的创造性结果。没有毛泽东思想这一中国近代以来中国共产党所创造的指导中国民族解放和人民革命的全新的中国的马克思主义，就没有中国革命的胜利，就没有新中国，这丝毫没有夸张，而是被历史证明了的真理。回顾百年来的中国革命和建设历史可以看到，什么时候坚持党的全面领导，党和人民事业就健康发展；什么时候弱化甚至放弃党的全面领导，党和人民事业就受到挫折甚至失败。政治上是如此，文化上也是如此。

3. 坚持党对国家文化安全工作的绝对领导是更好地解决国家文化安全重大问题的根本政治要求，是确保国家文化安全工作正确方向的根本保证

国家文化安全事业是中国特色社会主义事业和国家安全事业的重要组成部分，是事关党和国家前途与命运的大事。坚持党对国家文化安全事业的领导是坚持党对国家安全工作领导的必然要求和必然体现。国家文化安全事业广泛涉及中国特色社会主义事业和中国国家安全事业的各个方面、各个领域，需要统筹国家各个方面的资源配置与国家安全政策分配。它既涉及传统国家文化安全，又涉及非传统国家文化安全；既涉及当代文化安全，又涉及历史文化安全；既涉及文化事业安全，又涉及文化产业安全；既涉及现实文化安全，又涉及虚拟文化安全；既涉及国家文化发展安全，又涉及国家文化安全发展；既涉及国内文化安全，又涉及与中国国家安全命运相关的国际和全球文化安全；等等。国家安全的关联性使得国家文化安全与国家安全的其他各个方面、各个领域的国家安全有着不可分割的联系。这是一个庞大的国家文化安全系统，需要有统筹国家文化安全战略全局的能力。在当代中国，只有中国共产党拥有并具有这种能力，其他的人、政治力量和政治集团都不具有这种能力。中国共产党在当代中国的执政地位和执政能力决定了只有中国共产党而不是由其他政党来领导中国的国家文化安全事业。

中国国家文化安全涉及国家意识形态、社会主义文化发展方向和社会主义核心价值观。在世界面临百年未有之大变局和中华民族伟大复兴战略全局的条件下，中国国家文化安全工作呈现全方位、多领域协同发展的鲜明特点，存在各类风险和不稳定因素，涉及国家文化安全治理体系的方方面面，触发点较多、敏感度较高、关联性较强。历史经验表明，不论是以国家文化主权为核心的传统国家文化安全，还是以网络文化安全为核心的非传统国家文化安全；无论是以市场经济形态出现的文化产业安全，还是以政府主导形态出现的公共文化事业安全；无论是文化内政，还是文化外交，政治、经济、社会、生态、国防等在各个方面对国家文化安全保障提出的新要求在中国特色国家文化安全现代体系中都占有重要地位。"要旗帜鲜明坚持正确的政治方向、舆论导向、价值取向"[①]是党对国家文化安全和意识形态安全工作的根本要求，事关国家主权安全、意识形态安全和核心价值观安全。因此，做好新的历史条件下的中国国家文化安全工作，必须坚持中国共产党对国家文化安全工作的领导，始终把国家文化安全置于中国特色社会主义事业和国家安全事业全局中把

[①] 习近平在中共中央政治局第十二次集体学习时强调　推动媒体融合向纵深发展　巩固全党全国人民共同思想基础[N]. 人民日报，2019-01-26.

握，统筹发展和安全、统筹开放和安全、统筹传统安全和非传统安全、统筹自身安全和共同安全、统筹维护国家安全和塑造国家安全，只有这样才能在坚持和维护国家文化安全的核心利益中实现维护和塑造、建设和发展中国特色国家文化安全事业，走出一条中国特色国家文化安全道路。

党的领导是党和国家的根本、命脉所在，是全国各族人民的利益、命运所系。历史和现实都告诉我们，只有毫不动摇地坚持和加强党的全面领导，充分发挥党总揽全局、协调各方的领导核心作用，不断增强党对国家文化安全事业的政治领导力、思想引领力、群众组织力、社会号召力，形成强大的国家文化安全合力，才能从容应对国家文化安全各种复杂局面和风险、挑战，在维护国家文化安全利益中塑造中国国家文化安全。

四、加强国家文化安全能力建设

加强国家文化安全能力建设是中国国家文化安全事业建设的又一重要原则，它是加强国家安全能力建设在国家文化安全工作中的要求和反映。国家文化安全能力是国家文化安全的重要组成部分，是国家文化安全最终能否实现的关键保障。一个缺乏国家文化安全能力的国家是不可能为国家安全提供保障的，也不可能实现自身的安全发展。因此，能力建设最终具有国家文化主权意义，是国家文化主权全部价值的集中体现。无论是维护国内文化安全，还是维护海外国家文化利益安全，都取决于这个国家维护国家文化安全的能力。近代以来，北洋政府统治下的丧权辱国首先是因为国力羸弱。文化是综合国力的重要组成部分，国力羸弱一定包括文化能力的不足和文化自信心的缺失。

坚持推进国家文化安全体系和能力现代化，坚持以改革创新为动力，加强法治思维，构建系统完备、科学规范、运行有效的国家文化安全制度体系，提高运用科学技术维护国家文化安全的能力，不断增强塑造国家文化安全态势的能力，是加强国家文化安全能力建设的总要求。态势是事物发展具有某种趋势性的运动特征，指向一种战略主体可控性的发展结果。这是一种极端重要的战略掌控能力与战略情势塑造能力，谁能够塑造这种能力，谁就能够掌握事物发展全局的战略主动权。由于文化安全在当今世界发展和人类文明进步事业中占据越来越重要的地位，越来越成为全球文化安全竞争的战略重点，主动塑造国际文化安全态势已经成为美国和西方国家集团利用传统文化安全优势主导国际文化安全发展走向、巩固文化霸权地位、继续实施文化霸权主义的重要战略。不断增强塑造中国国家文化安全态势的能力是根据中国国家安全环境已经发生深刻变化的情势提出来的国家文化安全能力建设的战略要求。这一要求具有全局指导性。如何在深刻变化了的、复杂的国际安全环境下不断增强国家文化安全态势的塑造能力在很大程度上将影响和决定在未来的全球文化安全战略博弈中中国国家文化安全所处的位置和在全球文化安全事务中拥有的"桃李不言，下自成蹊"的塑造力。这是一种大音希声、大象无形的文化态势塑造能力。

全面提升国家文化安全能力是一项系统工程，既表现为外在的态势塑造能力，也表现为内在的战略定力的修为能力。战略定力是一种更强大的主动掌控战略全局的心理构造能力。要积极营造良好的外部环境，坚持文化独立自主，在国家核心利益、民族尊严问题上决不退让，坚决维护国家主权、安全、发展利益，没有文化上的战略定力，就难以给全民族以历史自信、文化自信和国家文化安全感。在这里，建设一支坚强的国家文化安全干部队伍和加强全民国家文化安全意识教育具有特别重要的国家文化安全能力塑造意义。它是增强国家文化安全能力建设的上下两个方面，也是自觉推进文化发展和安全深度融合不可或缺的机制和条件。因此，在国家文化安全能力建设上，必须"更加注重协同高效，更加注重法治思维，更加注重科技赋能，更加注重基层基础。要坚持以政治建设为统领，打造坚强的国家安全干部队伍。要加强国家安全意识教育，自觉推进发展和安全深度融合"。[①]

培育国家文化软实力，构建具有鲜明中国特色的战略传播体系，着力提高国际传播影响力、中华文化感召力、中国形象亲和力、中国话语说服力、国际舆论引导力；加快构建中国话语和中国叙事体系，用中国理论阐释中国实践，用中国实践升华中国理论，打造融通中外的新概念、新范畴、新表述，更加充分、更加鲜明地展现中国故事及其背后的思想力量和精神力量；等等。所有这些构成了加强中国国家文化安全能力建设完整的规划路线和要求体系。

 ## 本章小结

国家文化安全指导思想、基本原则和发展目标是中国国家文化安全的核心内容和重要组成部分，集中体现和反映了中国特色社会主义国家文化安全的本质和特征，是准确把握新时代中国特色社会主义国家文化安全的关键。中国国家文化安全指导思想的三项重要内容、四项基本原则和发展目标构成了中国特色国家文化安全事业的核心。中国国家文化安全指导思想、基本原则和发展目标是在总结中国共产党领导中国人民维护和捍卫中国国家文化主权和利益，带领中国人民进行社会革命建设和改革开放的国家文化安全实践的历史经验基础上提出来的，是中国共产党领导当代中国国家文化安全事业的思想结晶，建立了中国特色国家文化安全理论、政策和战略体系的核心架构。

 ## 思考题

1．我国国家文化安全指导思想的具体内容是什么？

2．我国国家文化安全工作的主要原则有哪些？

3．为什么要坚持党对国家文化安全工作的绝对领导？

4．怎样认识和理解"统筹发展与安全"在国家文化安全工作中的重要意义？

5．在中国国家文化安全工作中，为什么要坚持维护和塑造国家文化安全相统一的原则？

---

① 中共中央政治局 2021 年 11 月 18 日召开会议，审议《国家安全战略（2021—2025 年）》《军队功勋荣誉表彰条例》和《国家科技咨询委员会 2021 年咨询报告》。中共中央总书记习近平主持会议。

第三章

国家文化安全的历史、环境与风险

国家文化安全与国家安全的其他方面一样，其具体问题的表征以及形势与任务都会随着历史方位的变化而不同。要了解中国国家文化安全的基本情况，有必要从历史的维度追溯和梳理国家文化安全的发展演变脉络，从文化方位的维度分析国家文化安全的所处环境，从威胁来源的维度分析国家文化安全的风险所在。

第一节　国家文化安全历史

追溯国家文化安全的历史，首先要揭示国家文化安全产生的根本原因和原初状态，然后根据国家文化安全所处历史方位的阶段性发展，梳理国家文化安全形势与任务变化的线索，进而总结国家文化安全历史发展的基本规律。

一、民族国家的形成与国家文化安全问题的产生

国家文化安全的主体是国家，这里的国家不仅仅是阶级统治的工具，更应该着眼于国际关系语境中民族国家的含义，因为近现代国际社会形成的以及由此呈现出的国家间利益矛盾是国家文化安全问题产生的重要原因。

1. 民族国家的产生及含义

西方国际关系理论把"威斯特伐利亚体系"的形成作为民族国家产生的开端，在现象上这也的确与国际社会形成的历史进程大致吻合，但这一话语框架显然有鲜明的西方中心主义特征，有必要从唯物史观的角度出发加以匡正。马克思主义国家观认为，"国家是阶级矛盾不可调和的产物"[①]，是阶级统治的工具，这是关于国家本质最为深刻的揭示。国家产生以后，随着人类文明的发展，国家的具体形式往往以不同民族聚居为基础而呈现为多样

---

① 列宁. 列宁选集：第 3 卷[M]. 北京：人民出版社，2012：112.

化的国家利益集团。特别是"资产阶级，由于开拓了世界市场，使一切国家的生产和消费都成为世界性的了……过去那种地方的和民族的自给自足和闭关自守状态，被各民族的各方面的互相往来和各方面的互相依赖所代替了。物质的生产是如此，精神的生产也是如此。"[1]随着由生产和消费的世界性奠定的、建立在不同利益集团基础之上的不同国家和民族的交往深入发展，不同的国家和民族在交往互动中由于利益差异而强化了自我认同和他者差异，越发世界性的同时越发民族性，这种对立统一和双向建构是现代民族国家和国际社会形成的重要动因。

民族国家是国际社会和国际关系的构成主体，是一个独立自主的经济、政治、社会和文化活动实体，也是一个相对独立的利益共同体，多个民族共有一个这样的实体是民族国家的重要特征。一般认为，人口、领土和主权政府是构成现代民族国家的基本要件，主权是分析民族国家问题的核心范畴。

2. 国际社会的基本特征

民族国家的形成和国际社会的产生是同一个问题的两个方面。国际社会就是以民族国家以及由民族国家间互动派生出来的其他组织形式和跨国活动单元构成的人类活动有机整体。国际社会具有以下三个基本特征。

第一，国家利益至上。民族国家是国际社会的基本单元，国际社会的构成及特征从根本上都是围绕民族国家而呈现的。国际社会的一项重要功能就是促进国家利益最大化，尽管这一过程中不同国家间存在着利益的消长，也存在着为求取共同利益而做出的国家利益部分让渡，但国家利益至上的基本原则没有改变。在国际社会中，民族国家的一切行为无不与其利益有关。

第二，无政府社会。无政府性是现代国际社会的重要特征。国家主权是构成独立民族国家的必要条件，民族国家具有针对国内一切事务的最高和排他的决定权。这意味着国际社会中不存在一个凌驾于民族国家之上的权力结构，国际社会中的一切交往互动规则都基于自愿和认同，因此国际社会是一个"无政府社会"，这也决定了国家间的平等协商成为解决国际争端的基本原则，也充分说明习近平提出的"和平、发展、公平、正义、民主、自由"作为全人类共同价值的重要性。

第三，动态性。国际社会的构成、机制、格局与秩序都不是一成不变的，在不同的历史时期具有不同的表现。例如，"凡尔赛体系""雅尔塔体系"、冷战结束后的世界多极化趋势以及当今世界经历百年未有之大变局都是不同历史时期国际社会的不同表征。这说明在国际社会中，国际机制和国际秩序是动态发展的，不合理的国际社会需要改造，根据时代需要共建人类命运共同体应该成为国际社会的发展方向。

3. 国家间文化利益矛盾与国家文化安全

一切安全都是利益安全，国家文化安全的实质就是国家文化利益安全。现代国际社会由具有利益差异的不同国家构成，国家间利益矛盾是威胁国家安全的根本原因。国家利益具有丰富的层次性，国家文化利益与国家政治合法性、民族认同和精神支撑密切相关，是国家命脉所在。不同国家在政治制度、历史文化传统、价值观和生活方式等方面有所不同，

---

[1] 马克思，恩格斯. 马克思恩格斯文集：第2卷[M]. 北京：人民出版社，2009：35.

表现为世界文化的多样性，但是正如国际社会中不同国家物质利益存在着消长特点而蕴含矛盾、冲突，精神和文化利益同样存在着矛盾、冲突。特别是在存在着霸权主义、强权政治和文化扩张的国际环境下，霸权国家的文化利益扩张就成为国家文化安全问题的总根源。因此，解决国家文化安全问题应该从民族国家的性质、国际社会的特征入手，分析国家间的文化利益矛盾，特别是要揭示霸权国家的文化扩张构成的文化安全威胁，进而合理应对。

二、民主革命时期的国际文化格局与中国国家文化安全问题

对国家文化安全问题要追根溯源，才能抓住根本、有的放矢。1840年是中国融入近现代国际社会的开端，也是中国作为近现代意义的民族国家成为国际社会一员的起点，中华民族也从几千年来自在的存在而发展成自觉的存在，梁启超正是在这个意义上提出了"中华民族"概念①。中华民族是一个具有五千余年优秀文化传统的民族，为人类文明进步做出过不可磨灭的贡献，而近代以来，中华民族遭受了前所未有的劫难，国家蒙辱、人民蒙难、文明蒙尘。中国的国家文化安全问题就是源于这样一个内忧外患和民族危亡的历史大背景，因此应该从民主革命的整体视野认识中国国家文化安全历史。

1. 民主革命时期国际文化格局的基本特征

国家间文化利益矛盾，特别是霸权国家的文化扩张，是国家文化安全问题的总根源，因此分析国际文化格局的基本状况是解答国家文化安全问题的必要前提。从旧民主主义革命兴起到新民主主义革命胜利，在长达一个世纪的中华民族奋斗历程中，国际文化格局虽风云变幻，但以下三个基本特征贯穿始终。

第一，西方文化强势扩张。资本主义生产方式的全球扩张发端于欧洲，"资产阶级，由于一切生产工具的迅速改进，由于交通的极其便利，把一切民族甚至最野蛮的民族都卷到文明中来了"，"不断扩大产品销路的需要，驱使资产阶级奔走于全球各地。它必须到处落户，到处开发，到处建立联系。"②生产方式的全球复制必然伴随文化植入，西方文化以资本为载体迅速在全球扩张。

第二，马克思主义广泛传播。1848年马克思和恩格斯发表《共产党宣言》，随着资本主义生产方式的全球扩张，国际共产主义运动逐渐兴起。俄国十月革命后，马克思主义更加广泛传播，特别是对当时像中国这样半殖民地半封建社会的国家影响深远。

第三，殖民地与半殖民地的文化觉醒。西方殖民主义扩张不仅是物质资源的掠夺，也是文化植入和文化侵略，枪炮、资本、传教士三位一体，枪炮可以"亡国"，传教士才能"灭种"。殖民统治也激发了殖民地半殖民地人民的觉醒和反抗，特别是二战后民族独立运动兴起，在更深层次上也是一波文化觉醒的浪潮。

2. 民主革命时期中国国家文化安全的多样问题与不变主题

中国国家文化安全问题产生于西方坚船利炮侵略下的民族危亡之中，西方的扩张是生产方式、政治制度和文化价值的全面扩张。中国面临的文化危机已经超出了文化范畴，是整个国家制度和文明模式的全面危机，不仅有外患还有内忧，这就决定了中国国家文化安

---

① 梁启超. 梁启超全集：第2册[M]. 北京：北京出版社，1999：560-561.
② 马克思，恩格斯. 马克思恩格斯文集：第2卷[M]. 北京：人民出版社，2009：35.

全问题必须纳入民主革命的话语框架才能找到答案。

旧民主主义革命时期，中国国家文化安全问题主要围绕以下三个方面呈现：第一，华夷之辨。近代中国的文化危机既由西方文化扩张导致，也与清政府的腐朽统治相关，这激发了中国历史上传统的华夷之辨问题，从辛亥革命"驱除鞑虏、恢复中华"的口号到"五族共和"及"中华民族"概念的提出，都是对文化危机的回应。第二，中西之争。在坚船利炮的包裹下，西方文化强势扩张，中国文化面临变革甚至重建，西强中弱的情况下，是全盘西化还是中体西用，抑或西体中用，这个问题从太平天国、洋务运动到戊戌维新都力图破解。第三，古今之议。西方文化的扩张把中华文化纳入现代性话语框架，这对中华文化传统提出了根本性挑战，中国面临深刻的文化危机。新文化运动从传统与现代、先进与落后的叙事角度重释华夷、中西问题，探索文化传统的超越、转换和革新。

新民主主义革命时期，代表着先进文化前进方向的中国工人阶级和中国共产党走向政治舞台中央，与旧民主主义革命时期抽象和剥离地认识文化危机不同，中国共产党以马克思主义为指导，从生产方式变革的高度深刻地揭示了中国社会的性质，明确提出反对帝国主义、封建主义和官僚资本主义的任务，把文化危机问题纳为社会革命问题的组成部分，超越了华夷、中西、古今的话语框架，在争取民族独立、国家富强和人民解放的革命斗争中建设民族的、科学的、大众的新文化。新民主主义革命的胜利为中华民族伟大复兴创造了根本的社会条件，也从根本上解决了近代以来中国的文化危机，中国国家文化安全状况获得根本改善。

民主革命时期，中国文化安全在不同阶段有不同的问题，这既是历史条件的变化所致，也是对问题认识的深化使然，是主观认识与客观条件互动的表现，但是国家文化安全问题的实质与主题始终未变，那就是在中华文明蒙尘的文化危机中如何通过文化变革实现文化复兴。

三、新中国成立以来国家文化安全的形势变化与任务转变

新中国成立后，中国国家文化安全问题的性质发生了根本性改变。民主革命时期，中国国家文化安全面临的是根脉延续的存亡危机，是生存性安全问题；而新的历史条件下中国国家文化安全问题是发展性安全问题。因此，有必要根据不同的发展阶段梳理总结国家文化安全的形势变化和任务转变。

1. 社会主义革命和建设时期的国家文化安全形势与任务

社会主义革命和建设时期，国家面临的主要任务是：实现从新民主主义到社会主义的转变，进行社会主义革命，推进社会主义建设，为实现中华民族伟大复兴奠定根本的政治前提和制度基础。这反映在国家文化安全问题上，就意味着必须奠定马克思主义在意识形态领域的指导地位，建设社会主义新文化。

社会主义革命和建设时期，在东、西方两大阵营冷战的大背景下，国际文化环境呈现出社会主义和资本主义两大文化体系、两种意识形态对立和斗争的格局，即使是中苏关系恶化条件下出现社会主义阵营的"大论战"，其实质仍然没有跳出社会主义与资本主义两分的意识形态斗争。而国内的文化环境则经历了新中国成立初期的多元并存、新旧混杂和社

会主义文化取得主流地位并走向追求极端纯净这两个阶段。国际、国内文化环境都有一个共同的国家文化安全主题，即社会主义与资本主义两大意识形态的斗争。

这一时期国家文化安全的任务与国内文化环境的两个阶段相互对应而有所不同。在新中国成立初期，为了巩固新生的人民政权和实现从新民主主义向社会主义的过渡，国家文化安全的主要任务就是彻底改造旧文化，建立与社会主义发展相适应的社会主义新文化。通过对旧教育、旧知识分子、旧戏剧、旧习俗的改造，肃清封建的、买办的、法西斯主义的思想，发展"为人民服务"的思想，提高人们的思想认识，使社会主义新文化得到快速发展，以至于毛泽东感概道："总算有了自己的东西。"①在社会主义建设时期，基于"阶级斗争在一定范围内仍然存在"的判断，加上国际文化环境影响，继续破旧立新、开展"斗私批修"，社会主义意识形态地位得到巩固，国家文化安全状况明显改善，但是"文化大革命"时期出现了文化领域斗争扩大化问题，实际上造成了新的国家文化安全问题。

2. 改革开放和社会主义现代化建设时期的国家文化安全形势与任务

改革开放是一场革命，它源于国际环境下和平与发展这一时代主题的驱使，更是国内对社会主义道路进行探索的必然。改革开放和社会主义现代化建设新时期，国家面临的主要任务是：继续探索中国建设社会主义的正确道路，解放和发展社会生产力，使人民摆脱贫困，尽快富裕起来，为实现中华民族伟大复兴提供充满新的活力的体制保证和快速发展的物质条件。这反映在国家文化安全问题上，就意味着必须坚持马克思主义在意识形态领域的指导地位，在建设物质文明的同时，加强社会主义精神文明建设，发展、繁荣社会主义文化。

改革开放和社会主义现代化建设时期，和平与发展成为时代主题，国家间竞争更多地通过经济、科技和综合国力体现出来，国际意识形态斗争和文化竞争也是围绕综合国力竞争，借助文化产品、学术思想等载体潜移默化地展开的。随着经济全球化的深入发展，美国和西方文化借此推动新一波的文化扩张，而国内文化安全形势主要受两个因素的影响：一是存在着一种错误思想倾向，即用改革开放的成就否定新中国成立后三十年间对社会主义道路的探索，进而否定四项基本原则；二是市场经济和社会转型对文化价值体系的冲击。国际、国内形势互动形成较为复杂的国家文化安全形势。

国家文化安全形势的变化必然要求对任务做出转换和调整。这一时期，国家文化安全任务针对不同阶段的不同问题主要包括以下四个方面：一是坚持四项基本原则，旗帜鲜明地反对资产阶级自由化；二是加强社会主义精神文明建设，积极开展"四有新人"教育和"五讲四美三热爱"等活动，弘扬中华民族文化精神和倡导积极、健康的大众文化生活；三是批判形形色色的错误思潮，巩固马克思主义在意识形态领域的指导地位；四是大力发展文化产业和文化事业，推动社会主义文化大发展、大繁荣，增强国家文化软实力。

3. 中国特色社会主义新时代的国家文化安全的形势与任务

党的十八大以来，中国特色社会主义进入新时代。国家面临的主要任务是：实现第一个百年奋斗目标，开启实现第二个百年奋斗目标的新征程，朝着实现中华民族伟大复兴的宏伟目标继续前进。这反映在国家文化安全问题上，就意味着要坚持马克思主义在意识形

---

① 欧阳雪梅. 中华人民共和国文化史（1949—2019 年）[M]. 2 版，北京：当代中国出版社，2019：100.

态领域指导地位的根本制度，增强社会主义意识形态的凝聚力、引领力，建设社会主义文化强国。

中国特色社会主义进入新时代，世界正经历百年未有之大变局，国际格局和秩序面临深刻调整，国际力量对比呈现新的态势，"西降东升"趋势日益明显，西方中心主义的文化扩张势头逐渐衰减，同时，美国和西方强化了对中国的遏制，国际舆论斗争和意识形态较量愈加复杂。国内文化安全形势主要有四个特点：一是网络与数字技术给国家文化安全带来新的考验；二是社会思潮和公共舆论日益复杂；三是文化生活的丰富多彩也暗藏一些不良文化因素；四是优秀传统文化弘扬和文化遗产保护任务艰巨。国家文化安全形势总体上在非传统安全意义上更加突出。

针对新形势部署新任务，新时代的国家文化安全总体任务是以习近平新时代中国特色社会主义思想为指导，贯彻落实总体国家安全观，牢牢掌握意识形态领域主导权，坚持社会主义先进文化前进方向，传承和弘扬中华民族优秀传统文化，培育和践行社会主义核心价值观，防范和抵制不良文化的影响，增强文化整体实力和竞争力。具体措施包括加强理想信念教育、增强文化自觉和文化自信、构建中国话语、净化网络空间以及在国际上倡导以文明交流超越文明隔阂、以文明互鉴超越文明冲突、以文明共存超越文明优越等。

第二节　国家文化安全环境

分析国家文化安全问题不仅要从时间维度追溯历史演变，还应该从空间维度考察当下国家文化安全所处的环境与方位。文化本身不是一成不变的，文化的发展也不是孤立发生的，国家文化动态变化情况依托于自身文化特质、取决于社会历史条件、受制于国际文化环境。国家文化安全问题从本质上是文化动态变化过程中的风险性问题，相应地，中国国家文化安全面临的动态变化环境因素主要有以下三个。

一、中华民族多元一体格局下的民族文化整合

在国家文化安全的话语框架中，文化认同、民族认同、国家认同是三位一体、紧密联系的概念，这里的民族所指的实际上是国族的含义，与国民相通，中华民族概念正是在这个意义上表达的。国家文化利益不是抽象的存在，国家文化利益的主体是国家，国家的主体是国民，维系国民的纽带是文化。中华民族多元一体，民族文化的整合是呈现这一特征的重要基础，也是分析中国国家文化安全问题发生发展的一条基准线。

1. 中华民族的形成

中华民族有着五千多年的文明史，中华民族共同体在历史长河中逐渐形成和发展，但是"中华民族"这一概念是在近代才出现的。中华民族作为自在的民族实体古已有之，但作为自觉的民族实体是在近现代国际体系形成过程中与外国列强互动而逐渐明确的。因此，正确认识中华民族的含义，既要了解中华民族几千年来不同族群融合的历史进程，更要知

道五十六个民族在近代以来共同经历的苦难与辉煌——共同进行反帝反封建的革命斗争，共同建立新中国以及共同建设社会主义现代化，中华民族伟大复兴的中国梦是五十六个民族共同的奋斗目标。

中华民族的形成和发展是一部充满互动和融合、从多元到一体的历史，没有历史上的多次民族大互动、大迁徙、大融合，中华民族就不可能形成。早在先秦时期，各民族在往来到中原融合形成华夏族；秦汉时期，各民族交往、交流、交融进一步发展；魏晋南北朝至隋唐时期，实现了民族大交融；辽宋金元至明清时期，各民族交往、交流、交融进一步加深，多元一体的民族格局渐趋稳定；鸦片战争至抗日战争时期，中华民族从自在走向自觉；中华人民共和国成立以来，中华民族大团结局面日益巩固。

中华民族大融合过程中，各族群血缘混合、文化交融、相互建构、动态变化，"多元"逐渐凝聚成"一体"，通过互动、互补、包容、整合而形成礼仪习俗、文化价值文明共同体，疆域人口、国家制度政治共同体，人文传统、宗法体系历史共同体，自在的中华民族共同体逐渐形成。近代以来，五十六个民族共同经历外来的侵略，共同的民族危机激发了中华民族整体的觉醒，形成了自觉的中华民族共同体。习近平强调要"筑牢中华民族共同体意识"，这是中国国家文化安全的重要基线。

2. 多元一体是中华民族构成的基本特征

习近平指出："我国五十六个民族都是中华民族大家庭的平等一员，共同构成了你中有我、我中有你、谁也离不开谁的中华民族命运共同体"[1]"必须高举中华民族大团结旗帜，促进各民族在中华民族大家庭中像石榴籽一样紧紧抱在一起。"[2]费孝通提出的"中华民族多元一体格局"[3]实际上就是这种"石榴籽"关系。

"六合同风，九州共贯。"我国是统一的多民族国家，中华民族多元一体是我国的一个显著特征。回望历史长河，我国的辽阔疆域是各民族共同建构的，我国的悠久历史是各民族共同书写的，我国的灿烂文化是各民族共同创造的，我国的伟大精神是各民族共同培育的。中华民族由五十六个民族构成，却不能简单地理解为将五十六个民族加在一起，五十六个民族已结合成相互依存的、统一而不能分割的整体，所有归属在这个民族实体里的成分都已具有高一层次的中华民族认同意识，即各族群共休戚、共存亡、共荣辱、共命运的感情和道义。[4]可见，中华民族多元一体综合了局部与整体两个层次上的民族含义。

3. 民族文化整合的意义与原则

文化认同是民族认同的基础，促进各民族达成中华文化认同是筑牢中华民族共同体意识的重要保证，中华民族多元一体格局决定了中华文化认同的关键是实现民族文化整合，民族文化整合的情况与国家文化安全密切相关。

民族文化整合的关键是处理好各民族文化的多元与中华文化一体的关系。文化"多元"是指各民族各有其起源、形成、发展的历史，文化存在差异，呈现出多样性的特点。各民

---

① 中华民族一家亲　同心共筑中国梦. 人民日报[N]. 2015-10-01（1）.

② 以铸牢中华民族共同体意识为主线推动新时代党的民族工作高质量发展. 人民日报[N]. 2021-8-29（1）.

③ 费孝通. 中华民族的多元一体格局[J]. 北京大学学报：哲学社会科学版，1989，4：3-21.

④ 费孝通. 简述我的民族研究经历和思考[J]. 北京大学学报：哲学社会科学版，1997，2：5-13+159.

族特殊的地域文化在中华文化的发展过程中扮演着极为重要的角色，多样化、差异化的各民族文化为中华文化提供了多姿多彩的精神源泉，共同熔铸成中华文化。文化的"一体"是指中华文化在漫长的历史进程中，各民族文化相互交往、交流、交融而形成的相互关联、相互补充、相互依存的关系，体现了中华文化的整体性、共同性和一致性。多元组成一体，一体包含多元，多元是要素和动力，一体是主线和方向，两者辩证统一。中华民族文化多元一体的格局和特色成为维系全体中国人的精神纽带，中华文化是各民族共有的精神家园。文化整合不是弥合差异，也不是消除多元，而是求取最大公约数、画出最大同心圆，是以社会主义核心价值观引领各民族文化发展，促进多元民族文化在中华文化整体层次上的共同繁荣。

二、社会主义现代化进程中的文化变革

唯物史观认为，社会存在决定社会意识，文化的状况归根到底取决于经济社会形态，社会变革必然推动文化变革，中国国家文化安全问题必须置于社会主义现代化的大背景下才能准确把握。

1. 社会主义现代化推动了中国历史上最深刻的变革

新中国成立以来，社会主义现代化进程推动了中国社会的三次重要变革，这不仅是生产力的大发展，也是中国社会的全面文明进步。

第一次变革是从新中国成立到改革开放前夕，中国共产党领导人民完成社会主义革命，消灭一切剥削制度，实现了中华民族有史以来最广泛而深刻的社会变革。第二次变革是改革开放和社会主义现代化建设时期，我国实现了从生产力相对落后的状况到经济总量跃居世界第二位的历史性突破，实现了人民生活从温饱不足到总体小康、奔向全面小康的历史性跨越，推进了中华民族从站起来到富起来的伟大飞跃。改革开放是中华民族发展史上的一次伟大革命。第三次变革是党的十八大以来，全面建成小康社会目标如期实现，党和国家事业取得历史性成就、发生历史性变革，中华民族迎来了从站起来、富起来到强起来的伟大飞跃。这三次重大社会变革开创了人类文明新形态，深刻地改变了中国人民的前途、命运，也深刻地影响了中国人民的精神特质、文化心态和思想意识，中华文化在社会主义现代化的熔炉中进行着创造性转化和创新性发展，中国文化正处在深刻变革中。文化变革是阵痛也是新生，是机遇也是挑战，中国文化经历的这一变革过程是分析国家文化安全问题的重要背景。

2. 中国文化变革的实质是文化的社会主义现代化

中国的社会主义现代化脱胎于半殖民地半封建社会，经历了新中国成立以来的三次历史性飞跃，经济社会形态发生了质的改变，中国社会历史发展到一个新的阶段，进入中国特色社会主义新时代。中国文化的变革和整个社会变革的进程一样，它不是无源之水，更不是简单移植，而是以既有的中国实际为前提。中国文化最大的实际就是具有五千余年优秀文化传统，有着深厚的民族文化根基，但同时这套文化价值体系本身已经不能适应近现代世界历史发展和中国社会进步的需要，这种文化自身变革的需求使代表着人类先进文化

前进方向的马克思主义文化体系在中国表现出强大的生命力。习近平指出,文化建设要"不忘本来、吸收外来、面向未来",①中国特色社会主义进入新时代以来,以马克思主义为指导,坚持社会主义的文化方向,传承和弘扬中华优秀传统文化,吸收人类先进文明成果,中国文化变革推进了自身的社会主义现代化,文化自信大大增强。但是,现代化不是轻轻松松、敲锣打鼓就能实现的,离现代化的目标越近,越要居安思危,文化的社会主义现代化同样面临这样的问题,这是思考国家文化安全问题不可缺少的参照系。

3. 中国文化变革的任务是建设中国特色社会主义文化

经历中国共产党领导中国人民的百年奋斗,中国国家文化安全的环境条件发生了根本性变化,随着中国特色社会主义进入新时代,中国特色社会主义文化体系已经形成。习近平在党的十九大报告中指出:"中国特色社会主义文化,源自于中华民族五千多年文明历史所孕育的中华优秀传统文化,熔铸于党领导人民在革命、建设、改革中创造的革命文化和社会主义先进文化,植根于中国特色社会主义伟大实践。"②这是对中国特色社会主义文化历史渊源、发展规律的深刻把握。

一定的文化是一定社会的政治和经济在观念形态上的反映。文化作为一定社会形态的思想上层建筑,必然为一定的经济基础和社会制度服务。坚定文化自信,牢牢掌握意识形态工作领导权,培育和践行社会主义核心价值观,推动社会主义文化繁荣兴盛,这是新时代中国文化变革与发展的方向。推动社会主义文化繁荣兴盛的战略部署还体现了强烈的现实关怀,是对新时代中国社会主要矛盾的积极回应。人民群众对于美好生活的需要与不平衡不充分的发展之间的矛盾在文化领域具体体现为,人民群众对于美好精神文化生活的需要与不平衡不充分的文化事业和产业发展之间的矛盾。推动社会主义文化繁荣兴盛就是着力于从文化领域解决这一主要矛盾。建设中国特色社会主义文化、推动社会主义文化繁荣兴盛是中国国家文化利益之所在,当然也是中国国家文化安全问题关切之所在。

三、世界百年未有之大变局背景下的多元文化激荡

世界百年未有之大变局是中国国家文化安全所处的最重大的国家文化安全环境,深刻影响着中国国家文化安全运动发展的走向。在传统安全视野中,国家间文化利益矛盾是国家文化安全问题产生的根本原因,由于文化本身的开放性特征,这一原因同样会作用于非传统安全意义上的国家文化安全,因此国际文化环境是分析国家文化安全问题必不可少的参照系。考察国际文化环境需要厘清基本的国际文化关系,从百年未有之大变局高度揭示世界多元文化激荡的现实背景。

1. 世界文化体系的基本构成

自现代意义的民族国家和国际体系形成以来,世界文化格局与秩序风云激荡、波谲云

---

① 习近平. 决胜全面建成小康社会 夺取新时代中国特色社会主义伟大胜利——在中国共产党第十九次全国代表大会上的报告[M]. 北京:人民出版社,2017:23-41.
② 同①.

诡，但是世界文化体系中的三大基本文化关系没有发生根本性改变，具体的文化交融与冲突、此消与彼长总体上主要围绕这三大基本文化关系展开。

一是社会主义文化体系与资本主义文化体系。文化在精神层面上的含义是对一定经济基础与政治制度的反映，价值观与意识形态是文化的核心内容，以此为标准划分，世界文化体系中最典型的有两大类型：社会主义文化体系和资本主义文化体系。资本主义文化以寻求资本扩张与利润最大化为价值导向，是反映资本主义本质属性的文化，它既由资本主义以私有制为基础的生产关系和政治制度所决定，又反过来为这些制度辩护和服务。而社会主义文化是建立在以公有制为主体的生产关系和政治制度之上，以社会公平和人的自由而全面发展为价值取向的文化，代表着先进文化的前进方向。

二是东方文化体系和西方文化体系。东方文化与西方文化既有地域含义，更是文化差异。所谓西方文化，一般是指发源于古希腊、古罗马时期，受中世纪的基督教传统影响，再造于文艺复兴和宗教改革时期，经启蒙运动而最终确立，近几百年来兴盛于西欧、北美的文化传统。东方文化体系主要分布于整个亚洲和非洲北部的国家和地区，并不具有统一文化特质，因区别于西方而被称为东方。它主要包括三大文化圈，即大中华文化圈、印度文化圈、阿拉伯伊斯兰文化圈。

三是民族性文化体系与世界性文化体系。民族性文化体系是指各民族在特定的生态背景和历史人文环境下所形成的各具特色的文化，表现为文化的多样性。世界性文化是指被世界各民族和国家所普遍接受和认同的文化，表现为各民族文化中的普遍性和共同性。

这三大基本文化体系交互作用构成现代国际文化体系的基本图景，中国作为社会主义国家、东方文化的典型、从民族性走向世界性的发展中国家，处于这三大文化体系交互作用的交叉点上，故国家文化安全面临更加复杂的局面。

2. 世界百年未有之大变局的含义及文化影响

世界正经历百年未有之大变局，这是习近平对当今世界大调整、大变革、大发展总体特征的精练概括。环顾全球，中国作为世界第二大经济体持续稳定发展对世界经济总体发展具有举足轻重的影响；英美作为经济全球化的源头却在逆全球化；美国社会和国家战略频频颠覆传统的"政治正确"；欧洲一体化进程一路坎坷，右翼政治和民粹主义抬头；西方自工业化以来开创的文明模式面临空前危机；俄乌冲突撬动地缘政治格局，国际安全不确定性因素增加。同时，全球性贫富分化、恐怖主义、文化冲突、难民危机、地区热点、气候变化等问题愈加凸显，再加上新冠病毒疫情风险，人类该向何处去？历史走到一个关键节点。

总体上看，我国发展环境面临深刻、复杂的变化，当前和今后一个时期，我国发展仍然处于重要战略机遇期，但机遇和挑战都有新的发展变化。百年未有之大变局是全方位的，世界文化体系和文化格局也在经历一场变革，主要表现在以下四个方面：一是世界文化格局呈现"西降东升"的趋势，西方文化霸权自身面临危机；二是文化与经济、政治日益交融，国家文化安全往往与经济安全、政治安全等问题联动叠加；三是随着国际力量对比的变化，国家间文化竞争日趋激烈；四是新技术革命和数字化生存催生世界文化发展新特征。

3. 世界多元文化激荡与构建国际文化新秩序

世界文化的多样性决定了不同文化体系之间必然存在交流与交融的互动，但是国家间文化利益矛盾也会导致这种互动变为冲突与交锋。世界百年未有之大变局不仅没有改变文化间这两种互动同时存在的局面，相反表现得更加分明。

随着世界文化多样性蓬勃发展，虽然世界三大基本文化关系没有发生根本性变化，但是具体的文化格局更加复杂多样。联合国教科文组织国际专家小组将当代世界文化划分为八个文化圈：一是欧洲文化圈，二是北美洲文化圈，三是拉丁美洲与加勒比地区文化圈，四是阿拉伯文化圈，五是非洲文化圈，六是俄罗斯和东欧文化圈，七是印度和南亚文化圈，八是中国和东亚文化圈。[①]每个文化圈中还有更加复杂多样的文化单元，世界文化的多样性迫切需要不同文化间平等交流、相互促进。国家间虽存在利益差异，但不是必然地表现为利益冲突。文化更是这样，文化竞争也不该是零和博弈，而应是竞争中交流互鉴、共同发展。但是，长期以来，西方国家的文化扩张加剧了国家间的文化矛盾和不同文化间的冲突与交锋，世界文化格局呈现"西降东升"的趋势使西方文化霸权面临危机，但这种危机在短期内并没有改变西方文化总体上的优势，反而激发了西方国家更加激烈的文化扩张。

百年未有之大变局一方面激化了西方文化的扩张，另一方面更加强化了文明交流互鉴和构建国际文化新秩序的需求。面对世界多元文化激荡的复杂局面，习近平提出了"以文明交流超越文明隔阂，以文明互鉴超越文明冲突，以文明共存超越文明优越"的主张，这为构建国际文化新秩序提出了中国方案。应对中国国家文化安全问题应该有世界视野，统筹国内安全和国际安全，积极推动建立国际文化新秩序。

第三节　国家文化安全风险

分析、预判和鉴别风险是国家文化安全战略实施的关键环节。所谓国家文化安全风险，就是可能给国家文化利益带来损害的因素和潜在威胁。国家文化利益可以从政权国家、民族国家、社会国家三个层次把握，因此分析国家文化安全风险，也可以相应地从意识形态安全、民族文化安全、公共文化安全三个方面展开。

一、意识形态安全风险

列宁指出："国家是阶级统治的机关。"[②]政权是国家的核心要素，国家利益首先是政权利益。中国是人民民主专政的社会主义国家，国家机器同样具有专政的职能，维护中国共产党领导的人民政权是国家核心利益，而意识形态是"软国家机器"，相应地，国家核心文化利益就是坚持马克思主义在意识形态领域指导地位的根本制度。意识形态安全是国家文化安全的首要问题，当前形形色色、复杂多样的社会思潮蕴藏着意识形态安全风险。

1. 意识形态安全的含义

作为政权的国家，其文化利益表现在与这种政权相对应的文化形态也就是意识形态上。

---

① 拉兹洛. 多种文化的星球：联合国教科文组织国际专家小组的报告[M]. 戴侃，辛未，译. 北京：社会科学文献出版社，2001.
② 列宁. 列宁选集：第3卷[M]. 北京：人民出版社，2012：114.

通常把国家政权称作国家机器，政府、法庭、军队、警察以及各职能部门称为"硬国家机器"，建立在硬国家机器基础之上并同时为其服务的意识形态可以称为"软国家机器"。就像计算机具有软件、硬件，软件的使用为计算机的正常运行提供必不可少的条件一样，意识形态也是国家机器的重要组成部分。意识形态由硬国家机器产生出来并为硬国家机器服务，为政权提供合法性、合理性支持。仅仅依靠枪杆子不能维护政权的稳定，而要依托于民心。所谓民心，就是政治认同，其核心就是意识形态，民心所向就是意识形态所指。因此，主流意识形态受到挑战、面临威胁，国家机器就难以正常运转。作为"软国家机器"的意识形态利益的维护就表现为意识形态的安全问题。

2. 意识形态安全是国家文化安全的核心

意识形态是政权合法性的文化基础，而主导意识形态地位的巩固是国家文化政权的主要体现，意识形态与国家政权结合在一起，靠国家政权来维护与传播，同时也为国家政权提供"合法性"的文化保障。国民的意识形态认同直接关系到政权的巩固和稳定，缺少意识形态认同就意味着政权丧失其"合法性"，意识形态的危机必然导致政权危机，因此意识形态扩张的最终指向是一国政权以及该政权保护下的特定利益。这就是在整个资本主义文化总体占优势的世界文化体系当中，作为社会主义的中国特别强调意识形态安全重要性的根源所在。

习近平指出："一个政权的瓦解往往是从思想领域开始的，政治动荡、政权更迭可能在一夜之间发生，但思想演化是个长期过程。思想防线被攻破了，其他防线就很难守住。我们必须把意识形态工作的领导权、管理权、话语权牢牢掌握在手中，任何时候都不能旁落，否则就要犯无可挽回的历史性错误。"[①]因此，意识形态安全是国家文化安全的核心问题。

3. 社会思潮复杂性蕴藏意识形态安全风险

文化形态是多元多样的，一定社会的文化构成必然存在引领整个文化体系健康发展的主流文化，其中主流意识形态居于核心地位。意识形态安全风险最突出的表现往往为意识形态系统中形形色色的复杂社会思潮对主流意识形态指导地位的威胁。习近平指出："我国正处在大发展大变革大调整时期，国际国内形势的深刻变化使我国意识形态领域面临着空前复杂的情况，各种思想文化相互激荡，不同文明交流交融交锋更加频繁，进一步凸显了思想文化力量在综合国力竞争中的战略地位，文化安全成为国家安全的重要领域。"[②]

改革开放是一场革命，需要在思想上冲破禁锢，让多样的思想文化相互启发、相互借鉴，进而激发政治、经济、文化等各个方面事业发展的活力。在这个过程中，难免会产生一些不良社会思潮。例如，不加区分的自由思想导致资产阶级自由化思潮一度泛滥，在批判封建主义的过程中产生脱离唯物史观的历史虚无主义思潮，在追求个性解放的过程中引发极端个人主义等不良观念，在承认物质利益的第一性时却陷入拜金主义观念等。国际环境中，"西方敌对势力一直把我国的发展壮大视为对西方价值观和制度、模式的威胁，一刻也没有停止对我国进行意识形态渗透"。[③]"国内外各种敌对势力，总是企图让我们党改旗

---

① 中共中央党史和文献研究院编. 习近平关于防范风险挑战、应对突发事件论述摘编[M]. 北京：中央文献出版社，2020：36.
② 同①：37.
③ 同①：41.

易帜、改名换姓，其要害就是企图让我们丢掉对马克思主义的信仰，丢掉对社会主义、共产主义的信念。而我们有些人甚至党内有的同志却没有看清这里面暗藏的玄机，认为西方'普世价值'经过了几百年，为什么不能认同？西方一些政治话语为什么不能借用？接受了我们也不会有什么大的损失，为什么非要拧着来？有的人奉西方理论、西方话语为金科玉律，不知不觉成了西方资本主义意识形态的吹鼓手。"①受西方影响的错误思潮复杂多样，主要有新自由主义、民主社会主义、普世价值、宪政民主等。在国际、国内各种因素的作用下，形形色色的错误思潮侵蚀着社会主义意识形态的健康发展，给国家意识形态安全带来风险、挑战。

 典型案例

历史虚无主义思潮造成的意识形态安全风险

1. 历史虚无主义的表现

近些年在我国蔓延的历史虚无主义作为一种政治思潮，主要是指以"回归真实""重释历史"等为托词，对中国人民革命的历史，特别是中国共产党领导的反帝反封建的新民主主义革命、社会主义革命和建设以及改革开放的历史加以歪曲、抹黑和否定，以历史叙事为载体散播社会主义"失败论"、马克思主义"过时论"、共产主义"渺茫论"。

2. 历史虚无主义的实质

历史虚无主义是以唯心主义历史观为哲学基础，适应国内、外敌对势力反对共产党、反对社会主义的政治需要而泛起的一股政治思潮。20 世纪 80 年代欧美史学界出现一股否定革命、鼓吹改良的思潮。这股思潮既否定英国资产阶级革命和法国资产阶级革命，更攻击十月社会主义革命的必然性和正义性，炒作十月革命是职业革命家精心策划的阴谋，犯了"原罪"，并认为这才是苏东社会主义模式失败的根源。这种思潮在东欧剧变、苏联解体过程中起到了攻心战的作用。我国出现的历史虚无主义思潮正是在这一背景下蔓延的。

3. 历史虚无主义的危害

历史虚无主义从历史领域入手，妄图借否定历史而否定现实，铲除社会主义制度的历史依据，否定共产党执政的历史必然性和合法地位，以实现取消马克思主义指导地位、推翻社会主义制度的目的。历史虚无主义是从根本上动摇社会主义中国的立国之本和强国之路。历史虚无主义思潮攻击的主要方向就是竭力贬损和否定革命，诋毁和嘲弄中国人民争取民族独立和人民解放而进行的反帝反封建斗争，诋毁和否定我国社会发展的社会主义取向。而新中国的诞生和社会主义制度的确立正是中国共产党领导的人民革命的产物，如果人民革命这个前提被否定了，社会主义制度也就失掉了存在的基础。

资料链接：梁柱. 历史虚无主义思潮的泛起、特点及其主要表现[J]. 马克思主义研究，2013（10）：120-128.

李慎明，陈文骅，吴恩远，等. 历史虚无主义与苏联解体[J]. 世界社会主义研究，2022（01）：54-74.

---

① 中共中央党史和文献研究院编. 习近平关于防范风险挑战、应对突发事件论述摘编[M]. 北京：中央文献出版社，2020：53.

阅读链接：《求是》杂志评论员文章：旗帜鲜明反对历史虚无主义

二、民族文化安全风险

现代民族国家的民族认同、文化认同和国家认同是三位一体的，民族共同体的认同是民族国家的基石，而民族文化则是维系民族共同体的血脉和纽带。民族文化安全与国家命脉密切相关。中国的民族文化安全风险错综复杂，但主要来自西方文化扩张。

1. 民族文化安全的含义

民族文化是国民凝聚力的深厚来源，是民族国家完整性和统一性的文化基础。民族文化及其认同是国家认同的基础以及维系民族和国家的重要纽带，也是民族国家的"合法性"来源。文化意义上的民族身份构成一个民族的精神世界和行为规范，一个民族正向的身份感能产生强大的心理力量，给个体带来安全感、自豪感、独立意识和自我尊重。因此，如果民族文化受到挑战或者质疑，则民族认同的范畴就会出现危机，随之而来的民族凝聚力的涣散不仅是一个民族衰微败落的征兆，而且"孕育"着国家危机。所以，国际文化体系中民族文化的霸权解构的是一个民族独立自主发展所不可缺少的民族国家的"合法性"，在这种冲突中损害的是民族国家利益。民族文化安全的含义主要是指向民族国家认同的文化基础是否受到威胁和动摇，而不能狭隘地理解为民族文化的纯洁性，狭隘的所谓纯洁性是文化系统故步自封、创新力萎缩的征兆。

2. 民族文化安全的意义

文化认同、民族认同和国家认同是国家核心利益所在，其中文化认同最为深厚持久，支撑着民族认同和国家认同。如果民族文化发展的独立性、自主性受到挑战，那么民族认同、国家认同就会面临危机，可以设想，一个国家如果丧失了民族认同、国家认同，那这个国家也就不复存在了。国家间冲突非常尖锐的时候往往要摧毁对方作为一个独立国家的存在，这一方面针对国家政权，另一方面就是针对民族文化认同。历史上的国家间战争都会伴随文化植入，都德的《最后一课》反映的就是这样一种情况。十四年抗日战争中绵延不绝的文化血脉、《论持久战》的战略智慧、《义勇军进行曲》和《黄河大合唱》的呐喊凝聚了中华民族的文化认同，铸造了中华民族精神，这是中华民族不可战胜的重要原因。习近平指出："文化是一个国家、一个民族的灵魂。历史和现实都表明，一个抛弃了或者背叛了自己历史文化的民族，不仅不可能发展起来，而且很可能上演一幕幕历史悲剧。"[①]中华民族之所以历经五千余年依然能保持生机与活力，团结奋进在历史长河中始终是各民族共同尊崇的主流精神，关键就在于中国文化和中华文明的连续性和一贯性。因此，民族文化

---

① 中共中央文献研究室编. 习近平谈治国理政：第 2 卷[M]. 北京：外文出版社，2017：349.

安全是民族国家的命脉，有民族文化安全的保障，国家将战而不败，没有民族文化安全，国家将不战而败。

3. 西方文化扩张带来的民族文化安全风险

当今世界正经历百年未有之大变局，国际局势风云变幻，总体上看，和平与发展的时代主题没有改变。国际文化关系错综复杂、多元文化交互激荡、文化竞争日趋激烈，国际文化格局虽然呈现"西降东升"的趋势，但是美国和西方文化的比较优势仍然存在，它们为挽回颓势反而更加强化了对中国的文化扩张，意在遏制中国的崛起。在威胁我国民族文化安全的众多因素中，美国和西方文化扩张是主要风险因素，这种扩张最突出的表现是以文化产品和舆论传播为载体。

在公正合理的国际文化秩序中，正常的文化贸易和舆论传播都能促进共同的文化繁荣和信息共享，但是当今国际文化秩序存在着文化传播的技术性资源分布不均衡、文化信息流量与流向不对称、文化传播为政治服务、文化信息的内容存在偏见等情况，强势文化的扩张和霸权不可避免。

西方资本主义文化的扩张，"实质就是消费主义文化的张扬，而这样一种文化，会使所有的文化体验都卷入商品化的漩涡"。① "经济性和娱乐性是美国大众文化最基本的两个特征。"②当今西方和美国的文化扩张既有商业活动追求经济效益的利润驱动，又有一种强势文化企图称霸全球的文化野心。值得注意的是，西方和美国的文化产品在改变人们生活的同时，也吞噬着他国的本土文化，潜移默化地影响着他国人民的思维习惯。将文化产品"武器化"、将文化生活"政治化"，运用文化产品作为价值观载体干扰、侵蚀他国民众的思想和文化生活，进而解构其民族文化认同、威胁他国文化安全，这是西方国家文化扩张的重要手段。特别是针对中国，借助文化传播宣扬西方文化的普世性，质疑中国的历史文化传统，诱导中国的民族文化"断根忘祖"，进而抽掉中华民族的历史感情和文化根基。长期以来，中国是西方敌对势力进行文化渗透的重点，"舆论战"是西方的惯用伎俩。正如习近平指出："由于西方长期掌握着'文化霸权'、进行宣传鼓动，当代中国价值观念存在太多被扭曲的解释、被屏蔽的真相、被颠倒的事实。"③特别是最近几年，美国借新冠病毒疫情、人权等话题对中国发动新一轮舆论攻势，对华文化渗透和抹黑越来越严重，对中国历史、中国政治、中国英雄等进行各种抹黑，试图瓦解中国人民的民族认同和历史认同。西方文化扩张威胁到了中国人的文化认同与文化自信，给民族文化安全带来风险。

三、公共文化安全风险

在"社会国家"视域下，国家文化利益体现在丰富多彩的公共文化生活之中，文化生活的多样化也伴随着"多向化"，背离健康文化生活方向的文化生活样态构成了公共文化安全风险。

---

① 汤林森. 文化帝国主义[M]. 上海：上海人民出版社，1996：6.
② 王晓德. 美国大众文化的全球扩张及其实质[J]. 世界经济与政治，2004（04）：27-31+5.
③ 建设社会主义文化强国　着力提高国家文化软实力[N]. 人民日报，2014-01-01（1）.

1. 公共文化安全的含义

国家文化体系中有一个方面与我们的日常生活特别贴近，但又不直接表现为意识形态和民族文化，那就是人民大众纷繁复杂、丰富多彩的公共文化生活。一个人的健康除了包括生理健康、心理健康，还应当包括精神文化的健康，同样地，一个民族不仅有疆土、人口、经济实力、军事实力这些硬指标、硬实力，还有意识形态、民族文化这些支撑国家机器运转和民族统一的文化成分，同时还应当包括全民族的精神生活状况和精神文化风貌，这部分就属于公共文化范畴。公共文化是一切文化形式体现其目的与功能的最终载体。既不违背主导意识形态导向和民族文化认同，又体现真善美价值的公共文化实践，是一个国家文化软实力的直接体现，而违背主导意识形态导向和民族文化认同，甚至走向真善美反面的消极、低俗、腐朽的不良文化会在深层次上消解国家文化利益，造成公共文化安全问题，因此公共文化安全的实质是人民大众的"精神食品"安全。

2. 公共文化安全的意义

对于中国来说，富民强国、全面小康、民族复兴等绝不仅仅是物质形态的国家目标，还具有深厚的文化内涵。国民积极、健康、向上的公共文化生活不仅是国家发展的文化动力，更是国家发展的目的意义所在。公共文化生活是国家文化安全治理的"最后一公里"，它潜移默化地影响和改变着人们的世界观、价值观和日常生活体验，还通过丰富多彩的文化活动培养和塑造人民大众的文明礼貌、人文素养、审美情趣、意志品质、信心能力、社会心态等，中华民族文化精神的塑造最终也是渗透在人民大众丰富多彩的文化实践活动之中的。如果一个国家公共文化生活病态萎靡、不良文化泛滥，那么整个民族的精神风貌将会变得消极、颓废；而在国际竞争中，国家间矛盾达到尖锐状态的时候所面临的文化冲突不仅表现在意识形态领域的摧毁、民族文化的挑战，甚至包括公共文化生活的污染。维护公共文化安全就是要反对不良文化，保障人民大众拥有丰富和健康的文化生活，激发人民大众为实现中华民族伟大复兴中国梦而奋斗的精神力量，积累社会主义现代化的精神财富。

3. 文化生活多样性滋生公共文化安全风险

与意识形态和民族文化所具有的鲜明的价值指向不同，公共文化是国民文化生活与文化实践活动的综合体现，多元化和多样性是其主要的特征。文化生活的多元与多样是一柄双刃剑：一方面能够激发文化创新创造的活力，使文化生活丰富多彩、繁荣兴盛，但另一方面，各种形形色色的文化样态也会泥沙俱下，滋生不良文化而带来公共文化安全风险。这些不良文化风险因素一般具有歪曲、虚假、恶搞等"假"的特征，暴力、血腥、恐怖等"恶"的特征以及色情、低俗、消极等"丑"的特征，主要通过三种途径形成公共文化安全威胁：一是广播、影视、图书出版等文化产品良莠不齐，一些文化产品受到市场等因素的影响，片面追求经济效益而丧失了文化产品的积极社会功能，成为受污染的精神食粮；二是公共文化活动存在监管盲点、黄赌毒暗流涌动、"三俗"现象比较普遍；三是网络空间里的一些不良文化和有害信息大行其道，网络社会弥散着各种瘴气和戾气，"饭圈""人肉"、抢流量等现象败坏网络社会风气。

有研究表明，近十年是中国文化产业大发展的十年，大众文化生活越来越丰富，但公共文化安全风险却在增大。①这说明，公共文化生活领域主要通过文化产业量的增长和大众文化生活的丰富体现发展水平，然而这种量的增长并不会同时自动增进公共文化安全，相反还会导致杂草丛生、鱼龙混杂，使公共文化安全风险增加。这警示着我们，发展文化产业和文化事业不仅要从量上丰富人民大众精神文化生活，还要统筹文化发展和文化安全，从公共文化安全的高度保障精神文化的健康发展。

 本章小结

国家文化安全的历史、环境与风险是评估国家文化安全总体状况的三个基本维度。正确认识中国的国家文化安全历史，关键在于以近现代以来的世界历史进程和中国整体社会变革为参照系，从民主革命时期和新中国成立为以来两个大的阶段梳理中国文化安全的历史变迁，揭示中国共产党领导中国人民经过百年奋斗根本性改善国家文化安全状况的历史事实。国家文化安全环境应从时空交错的历史方位角度，分别围绕从"我是谁"——中华文化多元一体、"到哪里去"——文化的社会主义现代化、"面临什么"——世界百年未有之大变局下的文化激荡三个方面深入分析。当前国家文化安全的风险复杂多变，但是根本性风险体现在以下三个方面，即社会思潮复杂性蕴藏意识形态安全风险，西方文化扩张性引发民族文化安全风险，文化生活多样性滋生公共文化安全风险。

思考题

1. 近现代以来，中国国家文化安全在不同历史时期各有什么不同特点？
2. 从机遇和挑战两个方面分析中国国家文化安全所处的环境。
3. 结合现实，分析中国国家文化安全风险主要体现在哪些方面。

---

① 韩源，刘家豪，苏茂林. 中国国家文化安全形势评估——基于 PSR 和 FAHP 的实证研究[J]. 社会科学，2021，（10）：15-27.

第四章

国家文化主权、文化利益与国家主流意识形态

国家安全是一个国家生存与发展的基本前提和基础，维护国家安全就是维护国家的根本利益。国家文化安全是国家安全体系和结构中重要的组成部分，客观上讲，国家文化安全意味着国家、民族自身的文化基因、文化传统、文化发展等既有的文化价值免受外来文化的威胁，主观上则意味着没有对自身文化遭遇外来威胁时的恐惧，是一种文化自信的深度表达。国家文化安全直接关系国家发展的共同思想基础和精神动力。国家文化安全是一个系统的概念范畴，其核心为国家文化主权安全，直接体现为国家文化利益安全，其本质为国家主流意识形态安全。

第一节　国家文化主权

国家文化主权是在全球化深度演进过程中，随着文化霸权及文化扩张问题的出现而形成和发展起来的概念，是国家主权斗争在文化领域的体现。捍卫国家文化主权是保障国家文化安全的前提和基础。

一、国家文化主权的特征及内容

主权是现代民族国家至高无上的权力，是现代民族国家作为政治实体的合法性存在与合理性发展的前提和基础，也是现代民族国家追求的最基础、最根本的政治权益。随着现代民族国家及国际社会的发展，国家主权的内涵与外延也在不断地丰富和发展。在相当长的一段历史时期内，无论是被宗教统治日久的欧洲，还是被欧洲殖民日久的亚非拉，对于国家主权的追求都以民族独立和民族解放为核心诉求。在实现了基本的政治自治的基础上，国家主权的诉求才开始向经济主权、文化主权等方面转变。

国家文化主权是以文化为主体的权力，是国家主权在文化维度的延伸，也是文化建设在国家意志上的体现，其本质是一个国家对于自身文化的选择、发展拥有自主决策的权力，是确认国家身份、建构国家认同的根本性前提。"西方国家在冷战之后加强了运用文化力量来制约和影响世界事务和发展中国家的内部发展过程，如人权概念成为西方国家影响其他国家内部政治过程的主要的文化因素"[①]，形成了文化霸权战略。在此过程中，发展中国家遭遇到了来自西方发达国家的文化压力，不管是生活方式还是价值观念，都给发展中国家造成了冲击，"这种趋势使文化更直接地与主权联结起来，发展中国家捍卫自己的文化就是捍卫主权"，文化主权成为国际关系中"主权斗争新的矛盾点"。[②] 这种新的主权斗争的实质则是对引领世界文明进程、建构世界文明秩序、塑造世界文明格局的文化主导权的争夺。

1. 国家文化主权的特征

1）独立性

国家文化主权的独立性指的是一个国家的文化呈现形态、文化存续状态及文化发展势态传承了本民族、本国家固有的文化基因，沿袭了从古至今的文化传统。这种独立性能够确保本国文化在经历了时空变迁之后的延续与稳定，更是确保本国文化具有内生一致性的重要前提和基础。捍卫国家文化主权的独立性是国家对于自身文化主体性确认的必然要求，也是国家文化的现实根基。

2）自主性

国家文化主权的自主性指的是一个国家对自身文化发展的方向、方针、方略和方法均具有自主决策、自主选择的权力，有免于遭受外来文化威胁和侵略的能力，且这种自主权不以牺牲其他任何方面的利益为代价。任何国家不能通过直接或间接的方式影响他国文化的自主性发展。捍卫国家文化主权的自主性体现了"主权神圣不可侵犯"这一国际主张的内在逻辑。

3）平等性

国家文化主权的平等性指的是不同国家在国际交往中具有平等的文化权力，各个国家的文化传统、文化发展、文化制度、文化传播等行为具有平等的地位，不存在文化的优、劣之分，从根本上尊重文化多样性，反对大国文化霸权。

2. 国家文化主权的内容

1）政治主权

文化和政治密不可分，"一定的文化（当作观念形态的文化）是一定社会的政治和经济的反映，又给予伟大影响和作用于一定的政治和经济；而经济是基础，政治则是经济的集中的表现。这是我们对文化和政治、经济的关系及政治和经济的关系的基本观点。那么，一定形态的政治和经济是首先决定那一定形态的文化的；然后，那一定形态的文化又才给予影响和作用于一定形态的政治和经济。"[③]换句话说，一个国家的政治形态决定了该国文化的性质和走向，政治主权则成为国家文化主权的核心内容。

"政治安全，主要是指一个国家由政权、政治制度和意识形态为要素组成的政治体系，相对处于没有危险和不受威胁的状态，以及面对风险和挑战时能够及时有效防范、应对，从而确保国家良好政治秩序的能力。政治安全是我国国家安全的根本，核心是政权安全和制度

---

① 王沪宁. 文化扩张与文化主权：对主权观念的挑战[J]. 复旦学报（社会科学版），1994（03）：9-15.
② 同①.
③ 毛泽东. 新民主主义论[M]//毛泽东著作选读：上册. 北京：人民出版社，1986：350.

安全，最根本的就是维护中国共产党的领导和执政地位、维护中国特色社会主义制度。"①

2）制度主权

制度是文化的外在表现形式和实现方式，制度主权是一国人民根据本国历史、文化传统及发展实际进行自主选择社会制度的权利，关系到国家文化的本质属性和前进方向，具有独立自主、不可侵犯的特性。同时，制度主权在国际社会应当得到普遍认可和广泛接受。制度主权是否安全直接关系到国家文化的性质是否改变、国家发展的思想根基是否稳固。

"中国实行工人阶级领导的、以工农联盟为基础的人民民主专政的国体，实行人民代表大会制度的政体，实行中国共产党领导的多党合作和政治协商制度，实行民族区域自治制度，实行基层群众自治制度，具有鲜明的中国特色。这样一套制度安排，能够有效保证人民享有更加广泛、更加充实的权利和自由，保证人民广泛参加国家治理和社会治理；能够有效调节国家政治关系，发展充满活力的政党关系、民族关系、宗教关系、阶层关系、海内外同胞关系，增强民族凝聚力，形成安定团结的政治局面；能够集中力量办大事，有效促进社会生产力解放和发展，促进现代化建设各项事业，促进人民生活质量和水平不断提高；能够有效维护国家独立自主，有力维护国家主权、安全、发展利益，维护中国人民和中华民族的福祉。"②

3）意识形态主权

意识形态是对一定社会、经济基础的观念反映，也是维护国家政治制度的思想工具。"意识形态决定文化前进方向和发展道路"，③其最核心、最直观的表现形式是价值观。价值观是不同地域、不同民族的人们在认识自然、改造自然的过程中形成的关于是非曲直的判断标准，受历史、地理、社会环境条件的影响和限制。因此，一个国家、一个民族的价值观一定要和该国的历史文化传统相契合，与该国的发展实际相契合。"价值观念在一定社会的文化中是起中轴作用的，文化的影响力首先是价值观念的影响力。世界上各种文化之争，本质上就是价值观念之争，也是人心之争、意识形态之争，正所谓'一时之强弱在力，千古之胜负在理'。"④因此，一个国家能否根据自身传统和发展实际独立自主地选择意识形态构成了国家文化主权的重要内容。

二、国家文化主权面临的问题与挑战

世界正处于百年未有之大变局，我国日益走近世界舞台的中心，国内外环境都发生了深刻的变化，"当前和今后一个时期，我国发展进入各种风险挑战不断积累甚至集中显露的时期"⑤，国家文化主权也面临着严峻的问题与挑战，主要体现在如下几个方面。

---

① 本书编写组．国家安全知识百问[M]．北京：人民出版社，2020：41．

② 习近平在庆祝全国人民代表大会成立六十周年大会上的讲话[EB/OL]．（2014-09-05）[2022-05-30]．www.npc.gov.cn/npc/c30834/201909/c57c2c03a64a471388bfa30c548c2568.shtml．

③ 习近平．决胜全面建成小康社会，夺取新时代中国特色社会主义伟大胜利——在中国共产党第十九次全国代表大会上的报告[EB/OL]．（2017-10-18）[2022-10-13]．www.xinhuanet.com/politics/19cpcnc/2017-10/27/c_1121867529.htm．

④ 习近平在十八届中央政治局第十二次集体学习时的讲话[EB/OL]．（2013-12-30）[2022-10-13]．http://jhsjk.people.cn/article/30457713．

⑤ 习近平．发扬斗争精神，增强斗争本领[EB/OL]．（2019-09-03）[2022-10-13]．http://jhsjk.people.cn/article/31334649．

1. 各种敌对势力颠覆破坏的企图持续

"各种敌对势力一直企图在我国制造'颜色革命',妄图颠覆中国共产党领导和我国社会主义制度,这是我国政权安全面临的现实危险。"①"政治制度对一个国家长治久安具有十分重要的意义。西方国家策划'颜色革命',往往从所针对的国家的政治制度特别是政党制度开始发难,大造舆论,大肆渲染,把不同于他们的政治制度和政党制度打入另类,煽动民众搞街头政治。当今世界,意识形态领域看不见硝烟的战争无处不在,政治领域没有枪炮的较量一直未停。"②

冷战结束后,以美国为首的西方国家宣扬"人权高于主权"的观念,对中国的人权状况进行无端指责,要求中国按照西方的标准改善人权状况,企图以人权为杠杆,干涉中国的内政。"西方的一些国家拿什么人权、什么社会主义制度不合理不合法等做幌子,实际上是要损害我们的国权。"③事实上,"国权比人权重要得多。贫弱国家、第三世界国家的国权经常被他们侵犯。他们那一套人权、自由、民主,是维护恃强凌弱的强国、富国的利益,维护霸权主义者、强权主义者利益的。"④国家文化主权是西方国家在后冷战时期推行霸权主义和强权政治的又一重要领域,他们企图通过侵犯或削弱他国的文化主权来进行文化霸权的统治,通过在全世界推行美式民主和所谓的"普世价值"来主导世界人民的思想,从而达到在根本上控制世界的目的。事实上,所谓的"普世价值"也不过是西方国家的一块遮羞布,"他们的真实目的就是要同我们争夺阵地、争夺人心、争夺群众,最终推翻中国共产党领导和我国社会主义制度。如果听任这些言论大行其道,指鹿为马,三人成虎,势必搞乱党心民心,危及党的领导和社会主义国家政权安全。"⑤

2. 意识形态工作面临的内外环境更趋复杂

"我国正处在大发展大变革大调整时期,国际国内形势的深刻变化使我国意识形态领域面临着空前复杂的情况,各种思想文化相互激荡,不同文明交流交融交锋更加频繁。"⑥历史虚无主义、西方宪政民主等错误思潮伺机冒头,企图挑战马克思主义的指导地位,争夺意识形态话语权。"境外敌对势力加大渗透和西化力度,境内一些组织和个人不断变换手法,制造思想混乱,与我争夺人心。一些单位和党政干部政治敏感性、责任感不强,在重大意识形态问题上含含糊糊、遮遮掩掩,助长了错误思潮的扩散。"⑦

随着社会主义市场经济的发展,社会生产力得到了极大的解放和发展,但市场本身存在的逐利性等特点也逐渐渗透到人们的精神生活中。享乐主义、拜金主义、唯利是图等错误思想对社会主义核心价值观也造成了一定的冲击。

与此同时,随着科技的发展,互联网正以前所未有的速度和力度深刻影响着人们的生产和生活方式。媒体格局和舆论生态发生了深刻的变化,互联网在日益成为公共话语平台、文化传播平台的同时,其双刃性也体现了出来。境内外各种敌对势力利用互联网的开放性

---

① 中共中央党史和文献研究院编. 习近平关于防范风险挑战、应对突发事件论述摘编[M]. 北京:中央文献出版社,2020:42.
② 同①:30-31.
③ 邓小平. 国家的主权和安全要始终放在第一位[M]//邓小平文选:第3卷. 北京:人民出版社,2001:348.
④ 邓小平. 坚持社会主义,防止和平演变[M]//邓小平文选:第3卷. 北京:人民出版社,2001:345.
⑤ 中共中央文献研究室编. 习近平关于社会主义文化建设论述摘编[M]. 北京:中央文献出版社,2017:27.
⑥ 同①:37.
⑦ 同①:38.

和隐匿性以及舆情传播的裂变性来散布有害言论、传播错误思想、制造负面舆情，千方百计利用具体热点、难点问题进行炒作，煽动民众情绪，企图进行政治攻击。"互联网已经成为舆论斗争的主战场""西方反华势力一直妄图利用互联网'扳倒中国'""在互联网这个战场上，我们能否顶得住、打得赢，直接关系我国意识形态安全和政权安全"[1]。

三、国家文化主权的维护

在中华民族伟大复兴的时代背景下，国家文化主权的维护是迫切而必要的。

1. 坚持和完善党的领导

"中国特色社会主义最本质的特征是中国共产党领导，中国特色社会主义制度的最大优势是中国共产党领导……坚持和完善党的领导，是党和国家的根本所在、命脉所在，是全国各族人民的利益所在、幸福所在。"[2]"我国宪法以根本法的形式反映了党带领人民进行革命、建设、改革取得的成果，反映了在历史和人民选择中形成的党的领导地位。"[3]"中国是一个大国，决不能在根本性问题上出现颠覆性错误，一旦出现就无法挽回、无法弥补。"[4]坚持和完善党的领导是维护国家文化主权的关键所在。

2. 坚持以人民为中心的工作导向

江山就是人民，人民就是江山，"民心是最大的政治"[5]，民心向背决定了一个政党、一个政权的兴衰，衡量着一种政治的受认同程度。中国共产党的根本宗旨是全心全意为人民服务，人民是决定党和国家前途命运的根本力量。党的十九大做出了新时代我国社会主要矛盾发生变化的重要论断，明确提出人民对安全的要求日益增长，维护国家安全是全国各族人民的根本利益所在。因此，"维护塑造国家文化安全，必须坚持以人民为中心的工作导向，统一思想，凝聚力量，切实保障人民文化权益，更好满足人民精神文化生活新期待。"[6]

3. 培育和践行社会主义核心价值观，防范和抵御不良文化的影响，牢牢掌握意识形态工作领导权

价值观是文化的核心，核心价值观是凝聚全社会意志、共识、力量和精神的纽带。社会主义核心价值观是中华优秀传统文化在当代的创造性转化和创新性发展，具有强烈的时代性和革命性，凝结着全体人民共同的价值追求，是社会主义意识形态的本质体现，是国家层面所有价值观的统率。培育和弘扬社会主义核心价值观是有效整合全国上下集体共识、维系社会良性运转的推动力。我国有着长达五千余年的悠久历史和灿烂文明，能够历经时空变幻依然绵延不绝的一个重要原因是"我们民族有一脉相承的精神追求、精神特质、精神脉络"[7]，这便构成了社会主义核心价值观的精神内核，同时也使其成为社会发展过程中

① 中共中央文献研究室编. 习近平关于社会主义文化建设论述摘编[M]. 北京：中央文献出版社，2017：28-29.

② 中共中央党史和文献研究院编. 习近平关于总体国家安全观论述摘编[M]. 北京：中央文献出版社，2018：36.

③ 同②：25.

④ 中共中央党史和文献研究院编. 习近平关于防范风险挑战、应对突发事件论述摘编[M]. 北京：中央文献出版社，2020：31.

⑤ 习近平. 坚持全面从严治党依规治党　创新体制机制强化党内监督[EB/OL]. (2016-1-12) [2022-10-14]. http://jhsjk.people.cn/article/28044084.

⑥ 本书编写组. 国家安全知识百问[M]. 北京：人民出版社，2020：9.

⑦ 同①：119.

合乎理性的、有普遍意义的价值体系。

"面对改革发展稳定复杂局面和社会思想意识多元多样、媒体格局深刻变化，在集中精力进行建设的同时，一刻也不能放松和削弱意识形态工作，必须把意识形态工作的领导权、管理权、话语权牢牢掌握在手中，任何时候都不能旁落，否则就要犯无可挽回的历史性错误。"[①]

4. 坚持社会主义先进文化方向

中国共产党领导人民在革命、建设、改革过程中创造了生机勃勃的社会主义先进文化，这是马克思主义基本原理同中国具体实际相结合、同中华优秀传统文化相结合，面向现代化、面向世界、面向未来的先进文化，是马克思主义中国化、时代化的智慧结晶，更是激励广大中国人民自强不息、奋勇向前的强大精神动力。坚持社会主义先进文化方向是中国特色社会主义建设的根本方向引领和强大思想基础。

第二节　国家文化利益

国家文化安全工作的根本使命是维护国家文化利益，国家文化利益至上是国家文化安全的准则。国家文化利益是制定国家文化安全战略的出发点和落脚点，决定了国家文化安全的目标及实现方式。如果没有清晰的国家文化利益概念，国家文化安全便会失去作用方向和主要衡量标准，做好国家文化安全工作是维护国家文化利益的重要途径。

一、国家文化利益的内涵

国家利益是随着近代主权国家的诞生和发展而出现的政治命题，是主权国家所有政治活动的要义和诉求，也是国际关系互动中最重要的因素。国家利益一般是指所有能够确保国家生存和发展的物质及精神保障条件的集成，是一个随着国家发展所面临的内、外部环境的变化而动态调整的意义内容系统，是由政治、经济、文化等不同领域、不同维度的多种利益共同组成的集合整体。国家利益是一个具有双重指向的概念，既是维护国家发展的，又是国家发展维护的；既是逐步实现的过程，又是已经达成的目标。

1. 国家文化利益是国家利益格局的重要组成部分

马克思认为，"人们奋斗所争取的一切，都同他们的利益有关"[②]，个人如此，国家亦然。对于国家利益的判断，既受到客观外部环境的影响，也受到主观认知的影响。因此，国家在不同历史时期和不同历史条件下会对国家利益做出不同的判断并对国家利益结构进行优先等级的排序。影响国家利益判断的首要依据是国际环境[③]，这是由国家利益的本质属性决定的。国家利益是在国际关系互动中产生的相对概念，也必然受到国际环境的影响。

---

① 中共中央文献研究室编. 习近平关于社会主义文化建设论述摘编[M]. 北京：中央文献出版社，2017：34.

② 马克思. 第六届莱茵省议会的辩论（第一篇论文）[M]//马克思恩格斯全集（第一卷）. 北京：人民出版社，1979：82.

③ 阎学通. 中国国家利益分析[M]. 天津：天津人民出版社，1996：45.

国际社会的军事、经济、科技、文化发展状况都是直接影响国家利益判断的因素。

2011年9月6日，国务院发表《中国的和平发展》白皮书，明确提出了中国的国家核心利益"国家主权，国家安全，领土完整，国家统一，中国宪法确立的国家政治制度和社会大局稳定，经济社会可持续发展的基本保障"，同时也明确表示"中国把中国人民的利益同世界各国人民的共同利益结合起来，扩大同各方利益的汇合点，同各国各地区建立并发展不同领域不同层次的利益共同体，推动实现全人类共同利益，共享人类文明进步成果"。①

"国家利益的基本次序是民族生存、政治承认、经济收益、主导地位、世界贡献。这五种国家利益的相互关系是一种国家需求由低级向高级的升级表现"，②近代以来，追求民族独立和民族解放是中国最首要的国家利益。随着新中国的成立，民族生存的利益得以实现，接下来就是要使中华人民共和国作为崭新的政治力量在国际社会上得到认可。从日内瓦会议、万隆会议到中国恢复联合国常任理事国席位，再到《中美外交公报》发表，新中国用二十多年实现了政治承认这一国家利益。随后，中国进入改革开放的重要历史时期。2010年，中国的国民生产总值首次超过日本，成为世界第二大经济体，由此也拉开了日益走近世界舞台中央的序幕。如今，中国作为负责任大国正不断地为世界发展贡献自己的力量。2013年，习近平提出"一带一路"倡议，中国高举和平发展的旗帜积极发展与沿线国家的经济合作伙伴关系，共同打造政治互信、经济融合、文化包容的利益共同体、命运共同体和责任共同体。2021年，中国全面消灭绝对贫困，为世界减贫事业做出了彪炳史册的贡献，中国式现代化道路取得了举世瞩目的成就。"中国特色社会主义现代化道路是一条以和平发展途径谋求现代化的道路，从根本上不同于靠殖民掠夺积累现代化基础和靠强权政治搞发展模式、价值观输出的西方现代化道路"③，"中国发展为广大发展中国家走向现代化提供了成功经验、展现了光明前景，是促进世界和平与发展的强大力量，是中华民族对人类文明进步做出的重大贡献。"④当今中国的"国际影响力、感召力、塑造力大幅提高，已经成为全球化的引领者、全球治理体系变革的重要推动者、人类命运共同体的积极倡导者，正在日益走近世界舞台的中央"。⑤与世界分享发展密码、增长逻辑、治理模式，向世界贡献中国式现代化发展道路的文明成果逐渐成为中国作为负责任大国的国家利益，也是中国国家文化利益的内在要求。

2. 国家文化利益的特征

国家文化利益并非简单地作为国家利益在文化领域的延伸与呈现，由于文化本身所具有的价值导向性和思想引领性，不仅使得国家文化利益与国家利益之间存在一种力的交互，更表现为国家文化利益对国家利益结构中其他利益维度的决定和影响。因此，国家文化利益首先具有根本性。

国家文化利益的根本性直接表现在对于国家利益的确认上。"价值、文化和体制深刻地

---

① 国务院新闻办公室. 中国的和平发展白皮书[EB/OL]. （2011-09-06）[2022-05-26]. www.gov.cn/jrzg/2011/09/06/content_1941204.htm.

② 阎学通. 中国国家利益分析[M]. 天津：天津人民出版社，1996：67.

③ 中共中央党校（国家行政学院）. 习近平新时代中国特色社会主义思想基本问题[M]. 北京：人民出版社，中共中央党校出版社，2020：43.

④ 中共中央党史和文献研究院，中央"不忘初心、牢记使命"主题教育领导小组办公室编. 习近平关于"不忘初心、牢记使命"论述摘编[M]. 北京：党建读物出版社，中央文献出版社，2019：242.

⑤ 同③：36.

影响国家如何界定他们的利益。"①不同文化价值导向的国家对于国家利益有着不同的认知，从而会采取截然不同的维护国家利益的举措。"零和博弈"是美国一直奉行的价值主张，"合作共赢"的国际关系不仅不被美国接受，反而被认为是有损美国利益的行为。因此，近年来美国大肆倡导逆全球化，在对外经济政策中呈现出越来越严重的保护主义、单边主义、本土主义倾向，甚至不惜以邻为壑，企图通过构建贸易壁垒来维护国家利益。相反地，在中华文化传统中，"和"是最根本的理念，和平、和睦、和谐为其要旨。长久以来，中华民族与周围邻国以"和"为统率、以"礼"为纽带，追求的是睦邻友好，倡导的是"和而不同""协和万邦"，这一价值主张在当代最直接的体现便是"一带一路"及"人类命运共同体"倡议。

其次，国家文化利益具有稳定性。国家文化利益是民族国家文化价值传统能够实现现代际传承诉求的出发点和落脚点。纵观中国近四十多年的发展轨迹，不断的对外开放直接促成了跨越式飞速发展。从党的十一届三中全会确定对外开放战略伊始，以经济特区率先开放为引领，带动沿海省份的开放，再以沿海省份的开放带动中西部的开放，呈现出梯度开放的态势。在此过程中，中国遭遇了人类历史上最波澜壮阔的全球化浪潮。尤其是在加入WTO后，中国快速成为全球化的参与者和后来居上者。全球化充分激发了中国的比较优势，使其一跃成为全球第二大经济体。2018年，中国举办了世界上第一个以进口为主题的国家级展会——中国国际进口博览会，搭建了与世界分享中国大市场的重要平台。开放的中国与世界共享发展的机遇、共享开放的红利。中国正在用经济发展的纽带将世界有机地联系起来，构建人类命运共同体。"人类命运共同体"是以"天下大同"为追求的中华民族在当代的国家文化利益追求，更是新的历史时期实现国家利益的理念保障。

再次，国家文化利益具有排他性。国家文化利益是国家利益在文化维度的诉求和表达。国家利益具有至高无上性，国家文化利益同样具有不容侵犯的属性。例如，国家文化主权是国家文化独立发展的根本保障，也是国家文化利益的核心，是各主权国家应誓死捍卫的利益，也是国际关系中各主权国家彼此尊重的底线。

最后，国家文化利益具有共享性。随着全球化的深度演进，各主权国家互相交融、互相依赖的程度进一步加深，国家文化利益势必存在一定的重合。"中国把中国人民的利益同世界各国人民的共同利益结合起来，扩大同各方利益的汇合点，同各国各地区建立并发展不同领域不同层次的利益共同体，推动实现全人类共同利益，共享人类文明进步成果。"②例如，"一带一路"倡议所倡导的和平合作、开放包容、互学互鉴、互利共赢的文明理念广泛凝聚了全球共识，已成为沿线各国普遍遵守和共同维护的国家文化利益，全方位推进务实合作，政治互信、经济融合、文化包容的利益共同体、命运共同体和责任共同体正在形成。

3. 中国的国家文化利益与人民的利益具有一致性

中国共产党始终代表最广大人民的根本利益。中国国家文化利益的主体本质上是广大人民，中国国家文化利益始终以人民利益为根本立场。人民群众对于美好生活的向往也会有新的期待，不仅对物质生活有更美好的期待，对于精神文化生活同样有更美好的向往。

---

① 亨廷顿. 文明的冲突与世界秩序的重建[M]. 周琪，等译. 北京：新华出版社，2002：15.
② 国务院新闻办公室. 中国的和平发展白皮书[EB/OL].（2011-09-06）[2022-10-13]. www.gov.cn/jrzg/2011/09/06/content_1941204.htm.

中国共产党始终将带领人民实现共同富裕、实现人的全面发展作为价值追求，不仅要实现物质条件的共同富裕，还要实现精神文化的共同富裕。"人类不仅追求物质条件、经济指标，还要追求'幸福指数'；不仅追求自然生态的和谐，还要追求'精神生态'的和谐；不仅追求效率和公平，还要追求人际关系的和谐与精神生活的充实，追求生命的意义。"①国家文化利益是"人的全面自由发展"的重要保障。

二、国家文化利益安全

按照优先性、根本性和影响力的标准，国家文化利益可以划分为国家文化根本利益、国家核心利益和国家发展利益，三个层次的国家文化利益的安全构成了国家文化利益的整体安全。

1. 维护国家文化主权安全是最根本的国家文化利益安全

国家文化根本利益指的是国家文化生存与发展过程中最具决定意义的要素，在涉及国家文化根本利益的问题上，没有任何妥协和商量的余地。最典型的便是国家文化主权和国家文化制度的安全。如果说国家文化主权的根本价值旨归是实现国家文化利益，那么国家文化利益的最高表现形式就是维护国家文化主权。文化制度是国家在形成、发展过程中基于自身的文化传统、民族特色和发展实际自主做出的选择，符合各自国家发展的需求。国家文化根本利益的安全关系到一个国家能否具有强大的民族向心力和强烈的文化认同感，关系到国家的文化主权能否得到捍卫，是国家文化利益安全最根本的要素。

2. 维护主流价值观安全是最核心的国家文化利益安全

国家文化核心利益指的是不随外部环境变化而变化、不随时代变迁而变迁的文化要素，最典型的是国家核心价值观的安全。价值观是文化最核心也是最直接的体现。中华民族自古便确立了"天人合一"的宇宙观和整体观，这一价值主张深深地影响了传统中国处理国际关系的宗旨和行为。"和而不同""敦亲睦邻"促使着中国以和平的方式进行邦交，"丝绸之路"不仅是一条货物贸易之路，更是一条文化交融之路、和平发展之路；郑和"七下西洋"一直奉行"共享太平之福"的宗旨，在中国与亚非国家之间架起了友谊的桥梁，缔造了世界航海史上唯一的和平舰队，进一步树立了中国的和平友好形象。"己所不欲，勿施于人"是中华民族一贯秉持的互相尊重、互不干涉的外交准则。2021年3月，美国总统拜登签署《重塑美国优势——国家安全战略临时指南》（以下简称《临时指南》），取代了特朗普政府于2017年年底发布的《国家安全战略》。在《临时指南》中，美国政府认为全球安全环境已经发生重大变化，美国主导的国际秩序面临考验，包括美国在内的全球"民主"制度日益遭受围攻，世界力量格局变化产生新的威胁，明确宣称中国是当前有潜力综合利用经济、外交、军事和技术手段"长期挑战"现有国际秩序的唯一竞争对手。面对新的挑战，美国要以新的方式保障美国三项持久的核心利益，即保护美国人民的安全、扩大经济繁荣与发展利益、践行并捍卫作为美国生活方式核心的民主价值观。不难看出，对于自身价值观的维护，也就是美国文化安全，是美国最核心的利益。

---

① 习近平. 之江新语[M]. 杭州：浙江人民出版社，2007：150.

3. 不断提升中华文明影响力和感召力构成国家文化发展利益安全

国家文化发展利益指的是能够确保自身文化传统在不断变化的内、外部环境下依然保持旺盛生命力的要素和能力，一个民族的文明发展程度是其社会整体发展水平的集中体现和社会进步状态的典型标志。

工业文明起源于机器的发明创造和普及应用。因此，在工业文明的发展过程中，对于物质的崇尚成为其显著特征。这种"见物不见人"的文明理念以追求经济的发展和资本的增值为唯一目标，把人作为工业生产资料，将人物化和异化。虽然很多西方国家在工业化的推动下快速实现了现代化，创造了极大丰富的物质文明，作为发展主体的人却陷入了各种困境。百余年的发展过程中，资本主义所到之处，拜金主义、拜物主义大行其道，贫富两极分化严重，各种社会问题层出不穷。如果说工业文明诞生之初以机器的效率横扫世界，那么发展到今天的西方工业文明则面临着单极发展，弊端暴露无遗。现代化发展是人类社会发展的必然趋势，在西方现代化越来越呈现出种种弊端、无法引领世界发展的时候，中国作为有着五千多年绵延不绝文明史的负责任大国，有责任也有能力贡献自己现代化发展道路的经验。中华传统文化理念讲究以人为本，注重对人内心的观照、人与人之间关系的融洽以及人与自然关系的和谐，这与以物为本的西方工业文明有着本质的差异。这一传统文化理念始终指引着中华民族千百年的发展，党的十八大以来，以习近平同志为核心的党中央明确提出的"以人民为中心"的发展思想正是"以人为本"传统思想在当代的集中体现。

英国哲学家罗素说过："中国人摸索出的生活方式已沿袭数千年，若能够被全世界采纳，地球上肯定会比现在有更多的欢乐祥和。然而，欧洲人的人生观却推崇竞争、开发、永无平静、永不知足以及破坏，导向破坏的效率最终只能带来毁灭，而我们的文明正走向这一结局。若不借鉴一向被我们轻视的东方智慧，我们的文明就没有指望了。"[①]

三、国家文化利益的维护

国家文化利益与国家文化安全是辩证统一的关系。国家文化利益最核心的是维护国家文化安全，国家文化安全的实现是国家文化利益的最高表现形式。国家文化利益的实现是国家文化安全的条件和保障，国家文化安全是国家利益实现的基础和目的。维护国家文化利益需要从以下几方面开展工作。

1. 推动中华优秀传统文化的创造性转化和创新性发展

"博大精深的中华优秀传统文化是我们在世界文化激荡中站稳脚跟的根基"[②]"在五千多年文明发展中孕育的中华优秀传统文化，积淀着中华民族最深沉的精神追求，代表着中华民族独特的精神标识，是中华民族生生不息、发展壮大的丰厚滋养，是中国特色社会主义植根的文化沃土，是当代中国发展的突出优势，对延续和发展中华文明、促进人类文明

---

① 罗素. 中国问题[M]. 秦悦，译. 上海：学林出版社，1996：7-8.
② 中共中央党史和文献研究院编. 习近平关于总体国家安全观论述摘编[M]. 北京：中央文献出版社，2018：110.

进步，发挥着重要作用。"①中华文明不间断地绵延数千年，沉淀了丰富的物质及非物质文化，凝结成独特的中华民族文化基因，蕴含着中华民族的价值观念、思想智慧和实践经验。文化基因是连接过去、现在与未来的纽带，需要坚持把马克思主义基本原理同中国具体实际相结合、同中华优秀传统文化相结合，不断推动马克思主义中国化、时代化，推进中华优秀传统文化创造性转化、创新性发展，使其更好地与当代社会发展相适应，更好地发挥文化稳定剂的作用。

创新是推动发展的动力之源。"中华文明延续着我们国家和民族的精神血脉，既需要薪火相传、代代守护，也需要与时俱进、推陈出新。要加强对中华优秀传统文化的挖掘和阐发，使中华民族最基本的文化基因与当代文化相适应、与现代社会相协调，把跨越时空、超越国界、富有永恒魅力、具有当代价值的文化精神弘扬起来。要推动中华文明创造性转化、创新性发展，激活其生命力，让中华文明同各国人民创造的多彩文明一道，为人类提供正确精神指引。"②

2. 推动文化产业高质量发展，加强公共文化服务体系建设

文化产业的本质属性是意识形态性，这是其能够承担维护国家文化利益重任的前提和基础。文化产业发轫于西方社会，在美国体现出强烈的维护国家文化利益的使命。众所周知，以好莱坞为代表的美国文化产业借助世贸组织的平台横扫了世界各地，国际文化贸易不仅使它们在国际市场牟取了高额的经济利润，更重要的是使其能单向地将美式"普世价值观"竭力地向全球推广。

随着中国经济社会的深刻变革、对外开放的日益扩大以及互联网技术和新媒体的快速发展，各种思想文化交流交融交锋更加频繁。我们前所未有地靠近世界舞台中央、接近实现中华民族伟大复兴的目标，生产具有中国特色、中国风格，蕴含中国精神、中国价值的文化产品是我国当下文化产业发展的重中之重。推动文化产业高质量发展是维护国家文化利益的必然选择。

公共文化服务关系到广大人民群众基本文化权益的实现和满足，是保障人们对美好文化生活需求的精神基础，是"以人民为中心"发展理念的文化基石。加强公共文化服务体系建设、扩大公共文化服务供给是提升人民群众文化获得感、幸福感的重要途径，也是凝聚共识、增强民族文化认同的必由之路。

3. 构建中国话语体系，加强国际传播能力

中国特色社会主义建设和发展的实践已经检验和证实了中国特色社会主义道路和制度的优越性，但是，"西强我弱"的国际舆论格局在一定时期内还是很难改变的，这就使得我们依然面对"有理说不出、说了传不开、传开叫不响"的困境，在国际上依然存在"信息流进流出的'逆差'、中国真实形象和西方主观印象的'反差'、软实力和硬实力的'落差'"。"更深层次地看，我们在国际上有理说不清的一个重要原因，是我们的对外传播话语体系没

---

① 中共中央办公厅，国务院办公厅. 关于实施中华优秀传统文化传承发展工程的意见[EB/OL].（2017-01-25）［2022-10-14］. www.gov.cn/zhengce/2017-01/25/content_5163472.htm.

② 习近平在哲学社会科学工作座谈会上的讲话（2016年5月17日）[N]. 人民日报，2016-05-17.

有完全建立起来。"①

"在全面对外开放的条件下做宣传思想工作,一项重要任务是引导人们更加全面客观地认识当代中国、看待外部世界""讲清楚中国特色社会主义植根于中华文化沃土、反映中国人民意愿、适应中国和时代发展进步要求,有着深厚历史渊源和广泛现实基础""对世界形势发展变化,对世界上出现的新事物新情况,对各国出现的新思想新观点新知识,我们要加强宣传报道,以利于积极借鉴人类文明创造的有益成果"②,因此,融通中外是讲好中国故事、加强国际传播的关键。当前世界,多种文明、多元文化、多样思潮在交流交锋中共存,努力寻求中外价值共识、话语共通、情感共鸣的最大公约数。在此基础上,彰显中国道路、中国制度、中国理论、中国文化的独特价值和突出优势,打造融会中外、贯通世界的新概念、新范畴、新表述,"要讲清楚中国是什么样的文明和什么样的国家,讲清楚中国人的宇宙观、天下观、社会观、道德观,展现中华文明的悠久历史和人文底蕴,促使世界读懂中国、读懂中国人民、读懂中国共产党、读懂中华民族"③,让中国主张成为世界宣言,使中国理念化作国际共识,用中国方案绘就全球蓝图。

第三节　国家主流意识形态

意识形态工作是关乎党的前途命运、关乎国家长治久安、关乎民族生死存亡的极端重要的工作。中国当前处在大发展大变革的历史时期,处于百年未有之大变局的国内、外历史环境中,中国的意识形态领域必然面临着异常复杂的挑战,各种思想文化及价值观念在激烈的碰撞中各行其是,意识形态领域的斗争和较量尤其激烈,这就迫切需要建设具有强大凝聚力和引领力的国家主流意识形态。

一、意识形态的内涵

意识形态是与一定社会的物质生产力发展水平相对应的认识、观念、思想的总和,是在经济基础上建构起来的上层建筑并随经济基础的变化而变化。意识形态同一定历史时期内的社会生产力发展水平和交往形式相适应,因而不同的生产力发展水平和交往形式下形成的社会存在不同形式的意识形态。一定社会的意识形态所维护的是产生这一意识形态的阶级的根本利益。换句话说,意识形态是特定阶级维护自身利益的观念集成和思想体系,以维护本阶级的利益为宗旨,统治阶级的意识形态构成了社会的主流意识形态。

意识形态是人们认识世界、改造世界的思想媒介,在社会结构中具有阶级性、系统性、再造性。

---

① 习近平. 论党的宣传思想工作[M]. 北京:中央文献出版社,2020:364.

② 习近平在全国宣传思想工作会议上强调　胸怀大局把握大势着眼大事　努力把宣传思想工作做得更好[EB/OL]. (2013-8-21)[2022-10-14]. https://news.12371.cn/2013/08/21/ARTI1377027196674576.shtml.

③ 习近平. 把中国文明历史研究引向深入　增强历史自觉坚定文化自信[EB/OL]. (2022-7-15) [2022-10-14]. http://jhsjk.people.cn/article/32476865.

意识形态具有阶级性。马克思深刻地指出"统治阶级的思想在每一时代都是占统治地位的思想""是那些使某一个阶级成为统治阶级的关系在观念上的表现，因而这也就是这个阶级的统治的思想""他们调节着自己时代的思想的生产和分配""占统治地位的思想不过是占统治地位的物质关系在观念上的表现，不过是以思想的形式表现出来的占统治地位的物质关系；因而，这就是那些使某一个阶级成为统治阶级的关系在观念上的表现，因而这也就是这个阶级的统治的思想"[①]。这充分表明，统治阶级不仅支配着物质生产资料、调节着物质的生产与分配，也决定着精神生产资料、调节着思想的生产和分配。这就是说不同阶级有和自身阶级属性相契合的意识形态，阶级属性不同，阶级立场和阶级利益就不同，有的甚至恰恰相反。统治阶级的意识形态便是一个社会的主流意识形态，是统治阶级进行阶级统治的思想武器，也是维护统治阶级根本利益的观念基础。无产阶级的阶级利益就是最广大人民最根本、最普遍的利益。

意识形态具有系统性。意识形态是一定社会思想观念、价值主张等上层建筑的综合，是成体系化作用于人的思想、影响人的行为的意义系统。"任何意识形态一经产生，就同现有的观念材料相结合而发展起来，并对这些材料做进一步的加工。"[②]意识形态对现行社会观念进行系统化形态整合，通过对人们世界观、人生观、价值观的系统培育，从而使国家意志、民族信仰、社会价值、时代精神、个人追求有机统一，成为系统规范人们思想图式的观念媒介与精神力量。

意识形态具有再造性。马克思通过对资产阶级意识形态的否定来阐释意识形态的再造性特点，"社会意识形态是理论上再造出现实社会。"[③]意识形态的再造性体现为上层建筑对于经济基础的反作用。统治阶级通过思想观念的生产与分配，用主流意识形态对人们的行为和社会的秩序进行引导、约束和规范，从而达到用共同的价值观念来形成社会共识的目的，实现统治阶级意识形态的阶级统治，进而完成对被统治阶级意志的改造。"理论一经掌握群众，也会变成物质力量。理论只要说服人，就能掌握群众；而理论只要彻底，就能说服人。"[④]这是意识形态具有能动作用的重要前提。

二、国家主流意识形态的作用

任何一个国家和社会都不会仅有一种意识形态，这是因为任何社会内部都存在不同的利益主体和价值主张，也会受到各种各样外部思想的影响和同化。但是，任何一个国家和社会都需要占统治地位的主流意识形态来引导和统领整个社会意识形态的发展，否则国家将如同一盘散沙无法凝聚。国家主流意识形态对于维护国家社会制度的合理性和合法性具有根本性意义。中国的国家主流意识形态是以马克思主义为核心内容和理论指导的社会主义意识形态。

随着改革开放的推进和社会主义市场经济的发展，中国社会正发生深刻的变革，社会

---

① 马克思，恩格斯. 德意志意识形态（节选）[M]//马克思恩格斯选集：第1卷. 北京：人民出版社，1995：98.

② 恩格斯. 路德维希·费尔巴哈和德国古典哲学的终结[M]//马克思恩格斯文集：第4卷. 北京：人民出版社，2009：309.

③ 中共中央文献研究室编. 毛泽东哲学批注集[M]. 北京：中央文献出版社，1988：21.

④ 马克思.《黑格尔法哲学批判》导言[M]//马克思恩格斯选集：第1卷. 北京：人民出版社，1995：9.

生活多样、价值观念多元、社会思潮多变的特征日益凸显，意识形态领域也呈现出复杂的特点。中华民族伟大复兴绝不是轻轻松松、敲锣打鼓就能实现的，越是发展壮大，遇到的挑战和阻力越大。意识形态领域的斗争具有隐蔽性、渐进性和难以度量性。与国土竞争、军事竞争等传统安全不同的是，意识形态的斗争没有明显的疆界，一城一池的得失总是很难及时察觉，一旦察觉，往往为时已晚。"一个政权的瓦解往往是从思想领域开始的，政治动荡、政权更迭可能在一夜之间发生，但思想演化是个长期过程。思想防线被攻破了，其他防线就很难守住。"①中国共产党领导中国革命、建设和改革创造了震古烁今的历史成就，中华民族实现了从站起来、富起来到强起来的伟大历史飞跃。中国的综合国力与日俱增，日益接近世界历史舞台的中央，但西方资本主义仍然是当今世界发展的主导力量，其遏制中国进步、阻碍中国发展的图谋从未停止，国际社会意识形态领域的斗争依然非常激烈，国家主流意识形态依然面临众多风险的冲击。当前，影响比较大的错误思潮主要有历史虚无主义、新自由主义、普世价值、宪政民主等。这就需要发挥主流意识形态对各种社会思潮、社会意识形态的统领和引导作用，通过确立核心价值观、构建信仰体系、强化道德规范尽力使人们在思想层面达成统一的价值取向、形成共同的思想道德基础，消弭分歧和对抗，最大程度地凝聚共识，构建和谐社会。因此，加强国家主流意识形态建设具有至关重要的作用。

三、建设具有强大凝聚力和引领力的国家主流意识形态

意识形态工作是为国家立心、为民族立魂的工作。做好意识形态工作事关党的前途命运、事关国家长治久安、事关民族凝聚力和向心力。国家意识形态安全是国家政权安全的根本保障。马克思说："如果从观念上来考察，那么一定的意识形式（态）的解体足以使整个时代覆灭。"②"意识形态决定文化前进方向和发展道路。必须推进马克思主义中国化时代化大众化，建设具有强大凝聚力和引领力的社会主义意识形态，使全体人民在理想信念、价值理念、道德观念上紧紧团结在一起。"③要建设具有强大凝聚力和引领力的国家主流意识形态，不断巩固全党全国各族人民团结奋斗的共同思想基础。

1. 坚持马克思主义在意识形态领域指导地位的根本制度

巩固马克思主义的指导地位是社会主义意识形态首要的根本任务。中国共产党十九届四中全会审议通过的《中共中央关于坚持和完善中国特色社会主义制度、推进国家治理体系和治理能力现代化若干重大问题的决定》明确提出坚持马克思主义在意识形态领域指导地位的根本制度，这是中国共产党第一次把马克思主义在意识形态领域的指导地位作为一项根本制度明确提出来，集中体现了中国共产党在"领导文化建设长期实践中积累的成功经验和形成的方针原则，充分反映了以习近平同志为核心的党中央对社会主义文化建设规

---

① 求是刊文：政权瓦解往往从思想领域开始[EB/OL]. （2013-09-05）[2023-04-14]. http://news.takungpao.com/opinion/highlights/2013-09/1884524.html.

② 马克思. 政治经济学批判（1857—1858年手稿）[M]//马克思恩格斯文集：第8卷. 北京：人民出版社，2009：170.

③ 习近平. 决胜全面建成小康社会，夺取新时代中国特色社会主义伟大胜利——在中国共产党第十九次全国代表大会上的报告[EB/OL]. （2017-10-18）[2022-10-14]. http://jhsjk.people.cn/article/29613458.

律的认识进入了一个新的境界。"①

马克思主义理论是关于无产阶级和人类解放的科学理论体系，包括马克思主义哲学、政治经济学和科学社会主义三个有机组成部分，是科学的世界观和方法论。马克思主义不仅在理论层面论证了人类社会发展的一般规律，更在实践层面验证了自身的科学性和真理性。马克思主义代表了广大人民群众的根本利益，其在中国意识形态领域的指导地位是百年来历史选择的必然结果。中国共产党自诞生之日起就以马克思主义作为自己的指导思想，在马克思主义的指导下，中国共产党掌握了认识世界、改造世界、改变中国的锐利思想武器，不仅作为近代中国政治舞台上最先进的力量登上历史舞台，更带领广大人民群众先后取得了新民主主义革命、社会主义革命和建设、改革开放和社会主义现代化建设、新时代中国特色社会主义的伟大胜利和巨大成就。当前，世界正经历百年未有之大变局、我国正处在中华民族伟大复兴的关键时期，在这样的历史条件和时代背景下，全国上下统一思想、凝聚共识、坚定信心的任务更加凸显，更需要"坚定主心骨、把准定盘星，牢牢坚持实现共同目标的方向，夯实共同的思想基础，拉紧共同的精神纽带，促进全体人民在思想上精神上紧紧团结在一起，更好汇集起攻坚克难、开拓前行的磅礴伟力"。②"只有始终不渝坚持以马克思主义为指导，才能保证道路不偏向、江山不变色，保证国本永固、事业常青。"③

2. 建设有效支撑社会主义意识形态的哲学社会科学学科体系、学术体系、话语体系

哲学社会科学是人们认识世界、改造世界的重要工具，是推动社会发展和人类进步的重要力量，具有鲜明的意识形态属性。坚持以马克思主义为指导是当代中国哲学社会科学的本质特征，也是它区别于其他哲学社会科学的根本标志。

哲学社会科学的发展水平直接反映了一个国家的知识生产能力、学术原创能力和国际竞争能力。中国哲学社会科学"要把研究回答新时代重大理论和现实问题作为主攻方向，按照立足中国、借鉴国外，挖掘历史、把握当代，关怀人类、面向未来的思路，建设具有中国特色、中国风格、中国气派的哲学社会科学"。④中国特色社会主义建设的丰富实践是中国理论研究的"富矿"，我们要立足中国发展实践，解读中国奇迹背后的道理、学理、哲理，提出中国原创理论，用中国理论解释中国实践、用中国实践升华中国理论，通过构建哲学社会科学自主知识体系，为中国式现代化国家建设提供有力思想和智力支持，为人类文明新形态建设提供理论支撑，充分彰显中国哲学社会科学的生命力和影响力。

3. 增强阵地意识，壮大主流思想舆论，把握舆论战场主动权

阵地即交锋的战场，阵地意识就是要让我们以斗争的姿态和心态对待舆论的争夺。以美国为代表的西方资本主义凭借其在科技、经济及传媒领域的优势，企图主导全球文化话语权，推行"普世价值观"。随着互联网技术的发展，当前的媒体格局及舆论生态发生了深刻的变化，互联网日益成为意识形态斗争的主阵地、主战场、最前沿。"西方反华势力一直妄图利用互联网'扳倒中国'""在互联网这个战场上，我们能否顶得住、打得赢，直接关

① 黄坤明. 坚持马克思主义在意识形态领域指导地位的根本制度[N]. 人民日报，2019-11-20（6）.
② 黄坤明. 坚持马克思主义在意识形态领域指导地位的根本制度[N]. 人民日报，2019-11-20（6）.
③ 中共中央宣传部. 习近平新时代中国特色社会主义思想学习问答[M]. 北京：学习出版社，人民出版社，2021：295.
④ 中共中央宣传部. 习近平新时代中国特色社会主义思想学习纲要[M]. 北京：学习出版社，人民出版社，2019：142.

系我国意识形态安全和政权安全"①。在舆论战场上需要进行理念创新、手段创新的调适，"掌控网络意识形态主导权就是守护国家的主权和政权"，要把互联网这个"最大变量"变成事业发展的"最大增量"，坚持巩固壮大主流思想舆论，弘扬主旋律，传播正能量。

4. 加强学校意识形态教育

"学校是意识形态工作的前沿阵地，可不是一个象牙之塔，也不是一个桃花源。境外一些势力经常在我国高校开展活动，一些境外宗教组织以高校为重点开展渗透活动，还有宗教极端势力对一些高校少数民族学生渗透。"②青少年是国家的希望与未来，是堪当民族复兴重任的一代。在青少年世界观、人生观、价值观形成的关键时期，必须要加强主流意识形态教育。因此，"要开展马克思主义理论教育，用新时代中国特色社会主义思想铸魂育人，引导学生增强中国特色社会主义道路自信、理论自信、制度自信、文化自信，厚植爱国主义情怀，把爱国情、强国志、报国行自觉融入坚持和发展中国特色社会主义、建设社会主义现代化强国、实现中国民族伟大复兴的奋斗之中"。③

5. 加强新时代思想道德建设

意识形态工作在本质上是做人的工作，是在人的思想领域里面搞建设，人民群众是历史的创造者，只有找到人民群众要求的最大公约数，才能真正凝聚共识、凝聚人心。要充分发挥国家主流意识形态在凝聚人心、强化认同上的独特功能，需要通过一整套主流文化生产、生活方式推广、道德规范宣传等方式筑牢广大人民群众的核心价值观共识，使广大人民浸润其中，不断培植共同的精神家园，达到"日用而不自知"的状态。由于意识形态具有对社会的再造功能，主流意识形态不仅可以能动地反映先进的社会经济基础状况，更能通过整合各种感性的、松散的个体意识并将其升华为理性的、凝聚的集体意识，自觉形成与主流意识形态相适应的观念主张和价值体系，从而消弭各种多元价值思潮的张力，维护国家主流意识形态的话语权和领导权。

 **本章小结**

国家文化主权是国家文化安全的核心，具体指一个国家的文化传统、文化选择、文化发展等权力必须得到尊重，神圣不可侵犯，维护国家文化安全的首要任务就是要捍卫国家文化主权的独立性和自主性。

国家文化利益是上升为国家意志的，关系国家文化发展的根本性、全局性问题，是制定国家文化安全战略的出发点和落脚点。没有国家文化利益，国家文化安全就失去了作用的对象；缺少国家文化安全，国家文化利益则丧失了基本的立场。

国家主流意识形态安全是政治安全的重要保障。坚持马克思主义在意识形态领域指导地位的根本制度是坚持社会主义文化正确发展方向和发展道路、实现国家长治久安的必然要求。

① 中共中央文献研究室编. 习近平关于社会主义文化建设论述摘编[M]. 北京：中央文献出版社，2017：28-29.
② 中共中央党史和文献研究院编. 习近平关于防范风险挑战、应对突发事件论述摘编[M]. 北京：中央文献出版社，2020：48.
③ 同②.

 **思考题**

1. 国家文化主权命题出现的历史背景是什么？
2. 如何理解国家文化利益在国家利益中的地位和作用？
3. 国家文化主权、国家文化利益和国家文化安全三者的关系是怎样的？
4. 如何理解建设具有强大凝聚力和引领力的国家主流意识形态的意义？

第五章

文化自信、文化认同和文化软实力

文化自信、文化认同、文化软实力共同构成一个国家的文化国力，是维护和塑造国家文化安全的关键力量。文化国力决定国家文化安全。一个国家、一个民族如果没有独立而自信的精神支撑，没有稳固而坚实的文化认同根基，没有丰盈而强盛的文化软实力，就不可能屹立于世界民族之林，更谈不上成为真正的强国。中国正在经历由大向强的关键时期，实现中华民族伟大复兴已经进入不可逆转的历史进程。能否建成社会主义文化强国？能否实现中华民族伟大复兴中国梦，缔造人类文明更大的进步？文化自信、文化认同与文化软实力，这三个构成文化国力的关键要素将直接决定国家文化安全，影响我们伟大事业的成败以及整个人类命运共同体的未来与发展。

第一节 文 化 自 信

文化自信是国家文化安全的精神基础，事关国运兴衰和民族精神独立。它既是国家文化安全的精神状态与内在表现，也是维护国家文化安全不可或缺的根本力量，更是我们战胜前进道路上一切困难险阻的精神支柱。文化自信是更基础、更广泛、更深厚的自信，是更基本、更深沉、更持久的力量。坚定文化自信就是坚定中国特色社会主义自信，就是坚守中华文化立场、弘扬中国精神，守卫中华民族的独特标识，不断增强精神国力。

一、文化自信的内涵和意义

文化自信是一个政党、民族、国家对自身文化价值的充分肯定，是对自身文化生命力的坚定信念和对自身文化影响力的坚定信心。"坚定文化自信，是事关国运兴衰、事关文化安全、事关民族精神独立性的大问题。"①

---

① 习近平. 在中国文联十大、中国作协九大开幕式上的讲话（2016 年 11 月 30 日）[M]. 北京：人民出版社，2016：6.

1. 文化自信事关国家文化安全

一个国家是文化自信还是文化自卑，直接影响国家文化安全。没有文化自信，国家文化就失去了精神上的安全屏障。

1840 年鸦片战争以后，西方列强的侵略行径使国家蒙辱、人民蒙难、文明蒙尘，中华民族遭受了前所未有的劫难，中华文明遭遇了前所未有的摧残。在这一近代屈辱的历史重创下，国人文化心理严重受挫，文化自卑的乌云笼罩在中华民族上空。这种文化自卑心理使国人对自身文明与历史文化产生不信任，乃至否定，自觉与不自觉地"崇洋媚外"，并在实践中表现为对西方模式的"照搬照抄"。然而，任何脱离了中华文化的"魂"与"根"的"救亡"终究无法从精神和思想上解放中国、解放国人。而今，文化自卑心理仍然存在。"如果'以洋为尊''以洋为美''唯洋是从'，把作品在国外获奖作为最高追求，跟在别人后面亦步亦趋、东施效颦，热衷于'去思想化''去价值化''去历史化''去中国化''去主流化'那一套，绝对是没有前途的！"[①] 精神上的自卑与颓势得不到纠正而任其发展，必将阻碍民族伟大复兴大业，损害国家利益和最广大人民的根本利益。因此，坚定文化自信是维护和塑造国家文化安全、实现中华民族伟大复兴的历史必然。没有文化自信的精神支撑，就没有国家文化安全。

2. 文化自信事关国运兴衰和民族精神独立

文化是一个国家、一个民族的灵魂，文化兴、国运兴，文化强、民族强。一个没有精神力量的民族难以自立自强。历史和现实都表明，"一个抛弃了或者背叛了自己历史文化的民族，不仅不可能发展起来，而且很可能上演一幕幕历史悲剧"。[②] "如果我们的人民不能坚持在我国大地上形成和发展起来的道德价值，而不加区分、盲目地成为西方道德价值的应声虫，那就真正要提出我们的国家和民族会不会失去自己的精神独立性的问题了。如果没有自己的精神独立性，那政治、思想、文化、制度等方面的独立性就会被釜底抽薪。"[③]

人无精神则不立，国无精神则不强。中华民族伟大复兴需要以中华文化发展繁荣为条件，需要以文化自信为精神支柱。"一个民族的复兴需要强大的物质力量，也需要强大的精神力量。没有先进文化的积极引领，没有人民精神世界的极大丰富，没有民族精神力量的不断增强，一个国家、一个民族不可能屹立于世界民族之林。"[④]一个国家、一个民族，只有精神站立起来，坚定文化自信，才能真正挺直脊梁，才能以自尊、自信的姿态与世界交往，才能把握好维护和塑造国家安全的主动权。

3. 中国文化自信的力量之源

文化自信的力量来源于中华文化的强大感召力和创造力，来源于中国特色社会主义伟大实践，它们共同构成了我们之所以应该文化自信的底气和气度，构成了我们维护国家文

---

① 中共中央文献研究室编. 在文艺工作座谈会上的讲话（2014 年 10 月 15 日）[M]//十八大以来重要文献选编：中册. 北京：中央文献出版社，2016：135-136.

② 习近平. 在中国文联十大、中国作协九大开幕式上的讲话（2016 年 11 月 30 日）[M]. 北京：人民出版社，2016：6.

③ 中共中央文献研究室编. 在省部级主要领导干部学习贯彻十八届三中全会精神全面深化改革专题研讨班上的讲话（2014 年 2 月 17 日）[M]//习近平关于社会主义文化建设论述摘编. 北京：中央文献出版社，2017：139.

④ 同①：121.

化安全的根本力量。积淀深厚的中华大地诞生了具有强大感召力和吸引力的中华文化，孕育了我们之所以应该自信的文化基因。古往今来，"在每一个历史时期，中华民族都留下了无数不朽作品。从诗经、楚辞、汉赋，到唐诗、宋词、元曲、明清小说等，共同铸就了灿烂的中国文艺历史星河"①。"中华文化独一无二的理念、智慧、气度、神韵，增添了中国人民和中华民族内心深处的自信和自豪。"② 正是因为有了博大精深的中华文化的强大支撑，中华民族生生不息绵延发展、饱受挫折又不断浴火重生，中华文明因而成为世界上唯一未曾断裂而发展至今的伟大文明。

中国特色社会主义伟大实践延续和提升了我们的文化自信。文化自信的实质是中国特色社会主义自信。中国特色社会主义伟大实践在传承中华文化基因，弘扬中华优秀传统文化，不断推进中华文化新发展、创造中华文化新辉煌的基础上，顺应时代潮流、全面推进物质文明和精神文明的建设与发展，为坚定文化自信、维护国家文化安全提供源源不断的生命力。建党百年以来，中国共产党领导中国人民实现了从站起来、富起来到强起来的伟大飞跃。当西方发达国家深陷金融危机、债务危机、发展陷阱，不可避免地走向衰败的时候，中国的发展道路越来越显示出"风景这边独好"。正如习近平总书记指出的："当今世界，要说哪个政党、哪个国家、哪个民族能够自信的话，那么中国共产党、中华人民共和国、中华民族是最有理由自信的。"③

二、文化自信的本质属性

文化自信是在维护国家文化安全、克服和消除历史虚无主义、建设中国特色社会主义文化强国中提出来的，因而是一个中国特色国家文化安全概念，是新时代中国特色社会主义理论创新的重要成果。党的十八大以来，习近平高度强调文化自信，指出"坚定文化自信，是事关国运兴衰、事关文化安全、事关民族精神独立性的大问题"④。党的十九大将坚定文化自信作为推进国家现代化和民族伟大复兴的伟大力量。文化自信，作为习近平新时代中国特色社会主义思想的重要内容为我们在新形势下维护和塑造国家文化安全提供了行动指南，创造了全新的文化精神状态。

1. 文化自信是维护国家文化安全的根本力量

文化自信是国家文化安全的精神状态与内在表现，更是维护国家文化安全不可或缺的根本力量，是我们战胜前进道路上一切困难险阻的精神支柱。我们的文化自信来源于中华文化的强大感召力和吸引力，来源于中华民族强大的文化创造力和中国特色社会主义伟大实践。它们共同构成了我们之所以拥有文化自信的底气和气度，构成了我们维护国家文化安全的根本力量。

漫长的历史文化积淀是滋养一个国家、一个民族自信的土壤。中华民族素有文化自信

---

① 习近平. 在中国文联十大、中国作协九大开幕式上的讲话（2016 年 11 月 30 日）[M]. 北京：人民出版社，2016：7.

② 同①：4.

③ 习近平在党的十九届六中全会第二次全体会议上的重要讲话（2022 年 1 月 1 日）[EB/OL]. https://baijiahao.baidu.com/s?id=1720745610590638394&wfr=spider&for=pc.

④ 习近平. 在中国文联十大、中国作协九大开幕式上的讲话（2016 年 11 月 30 日）[M]. 北京：人民出版社，2016：6.

的气度，这气度来自五千年中华文明的历史积淀。正如习近平总书记所说："站立在九百六十多万平方公里的广袤土地上，吸吮着中华民族漫长奋斗积累的文化养分，拥有 13 亿中国人民聚合的磅礴之力，我们走自己的路，具有无比广阔的舞台，具有无比深厚的历史底蕴，具有无比强大的前进定力。中国人民应该有这个信心，每一个中国人都应该有这个信心。"[①]积淀深厚的中华大地诞生了具有强大感召力和创造力的中华文化，孕育了我们之所以应该自信的文化基因。"古往今来，中华民族之所以在世界上有地位、有影响，不是靠穷兵黩武，不是靠对外扩张，而是靠中华文化的强大的感召力和吸引力。我们的先人早就认识到'远人不服，则修文德以来之'的道理。"[②]中华文化的博大精深与辉煌成就是我们强大文化创造力和感召力的生动演绎。"在每一个历史时期，中华民族都留下了无数不朽作品。从诗经、楚辞、汉赋，到唐诗、宋词、元曲、明清小说等，共同铸就了灿烂的中国文艺历史星河。中华民族文艺创造力是如此强大、创造的成就是如此辉煌。"[③]"中华文化独一无二的理念、智慧、气度、神韵，增添了中国人民和中华民族内心深处的自信和自豪。"[④]正是因为有了中华文化的有力支撑，中华民族生生不息绵延发展、饱受挫折又不断浴火重生，中华文明因而成为世界上唯一未曾断裂而发展至今的伟大文明。"在几千年的历史流变中，中华民族的发展从来不是一帆风顺的，遇到了无数艰难困苦，但我们都挺过来、走过来了，其中一个很重要的原因就是世世代代的中华儿女培育和发展了独具特色、博大精深的中华文化，为中华民族克服困难、生生不息提供了强大精神支撑。"[⑤]历史和现实都证明，"每到重大历史关头，文化都能感国运之变化、立时代之潮头、发时代之先声，为亿万人民、为伟大祖国鼓与呼。中华文化既坚守本根又不断与时俱进，使中华民族保持了坚定的民族自信和强大的修复能力，培育了共同的情感和价值、共同的理想和精神。"[⑥]中华文化基因正是中华民族、中华文明之所以源远流长的密码，而这也正是我们延续文化自信的气度和坚定文化自信的力量之源。

2. 文化自信的实质是中国特色社会主义自信

中国特色社会主义伟大实践在传承中华文化基因，弘扬中华优秀传统文化，不断推进中华文化新发展、创造中华文化新辉煌的基础上，顺应时代潮流、全面推进物质文明和精神文明的建设与发展，为坚定文化自信、维护国家文化安全提供源源不断的生命力。建党百年以来，中国共产党领导中国人民实现了从站起来、富起来到强起来的伟大飞跃。当西方发达国家深陷金融危机、债务危机、发展陷阱，不可避免地走向衰败的时候，中国的发展道路越来越显示出"风景这边独好"。正如习近平指出的："当今世界，要说哪个政党、哪个国家、哪个民族能够自信的话，那中国共产党、中华人民共和国、中华民族是最有理

---

① 中共中央文献研究室编. 纪念毛泽东同志诞辰一百二十周年座谈会上的讲话（2013 年 12 月 26 日）[M]//十八大以来重要文献选编：上编. 北京：中央文献出版社，2014：699.

② 中共中央文献研究室编. 在文艺工作座谈会上的讲话（2014 年 10 月 15 日）[M]//十八大以来重要文献选编：中编. 北京：中央文献出版社，2016：119-120.

③ 习近平. 在中国文联十大、中国作协九大开幕式上的讲话（2016 年 11 月 30 日）[M]. 北京：人民出版社，2016：7.

④ 同③：4.

⑤ 同②：119.

⑥ 同②：121.

由自信的。"[①] "一个没有精神力量的民族难以自立自强，一项没有文化支撑的事业难以持续长久。"[②] "实现中国梦，是物质文明和精神文明均衡发展、相互促进的结果。没有文明的继承和发展，没有文化的弘扬和繁荣，就没有中国梦的实现。"[③] 中国特色社会主义是物质文明和精神文明全面发展的社会主义，中国特色社会主义伟大实践丰富充实提升了文化自信的内容和力量。"早在革命战争年代，毛泽东同志就多次强调要建设民族的、科学的、大众的中华民族的新文化。1940年，他说：'我们不但要把一个政治上受压迫、经济上受剥削的中国，变为一个政治上自由和经济上繁荣的中国，而且要把一个被旧文化统治因而愚昧落后的中国，变为一个被新文化统治因而文明先进的中国'。"[④] "1979年10月，邓小平同志在中国文学艺术工作者第四次代表大会上发表祝词强调：'我们要在建设高度物质文明的同时，提高全民族的科学文化水平，发展高尚的丰富多彩的文化生活，建设高度的社会主义精神文明。'他还强调：要大力发扬党和人民在长期实践中形成的崇高精神，'大声疾呼和以身作则地把这些精神推广到全体人民、全体青少年中间去，使之成为中华人民共和国的精神文明的主要支柱，为世界上一切要求革命、要求进步的人们所向往，也为世界上许多精神空虚、思想苦闷的人们所羡慕'。"[⑤] 当前，社会上思想活跃、观念碰撞，互联网等新技术、新媒体日新月异，我们要审时度势、因势利导，创新内容和载体，改进方式和方法，使精神文明建设始终充满生机活力。

"经济总量无论是世界第二还是世界第一，未必就能够巩固我们的政权。经济发展了，但精神失落了，那国家能够称为强大吗？"[⑥] "我们始终强调，两个文明都搞好才是中国特色社会主义。邓小平同志早就告诫我们：风气如果坏下去，经济搞成功又有什么意义？会在另一方面变质！"[⑦] "中华民族的先人们早就向往人们的物质生活充实无忧、道德境界充分升华的大同世界。中华文明历来把人的精神生活纳入人生和社会理想之中。所以，实现中国梦，是物质文明和精神文明比翼双飞的发展过程。随着中国经济社会不断发展，中华文明也必将顺应时代发展焕发出更加蓬勃的生命力。"[⑧] 只有站在时代前沿，引领风气之先，精神文明建设、中国特色社会主义伟大实践才能发挥更大的威力，才能更加坚定文化自信，为人民提供更为主动的精神力量，为维护和塑造国家文化安全提供强大的生机与活力。

3. "文化自信"是对新时代国家文化安全使命担当提出来的新思想

文化自信作为一个国家文化安全新概念和新范畴，是中国共产党在深刻总结与研究改革开放以来中国特色社会主义伟大实践的基础上提出来的，是对党领导人民革命、建设、

---

① 习近平. 在党的十九届六中全会第二次全体会议上的重要讲话（2022 年 1 月 1 日）[EB/OL]. https://baijiahao.baidu.com/s?id=1720745610590638394&wfr=spider&for=pc.

② 中共中央文献研究室编. 在同各界优秀青年代表座谈时的讲话（2013 年 5 月 4 日）[M]//十八大以来重要文献选编：上编. 北京：中央文献出版社，2014：280.

③ 习近平在联合国教科文组织总部的演讲（2014 年 3 月 27 日）[N]. 人民日报，2014-03-28.

④ 习近平. 在中国文联十大、中国作协九大开幕式上的讲话（2016 年 11 月 30 日）[M]. 北京：人民出版社，2016：7.

⑤ 同④：3-4.

⑥ 中共中央文献研究室编. 在河南省兰考县委常委扩大会议上的讲话（2014 年 3 月 18 日）[M]//做焦裕禄式的县委书记. 北京：中央文献出版社，2015：35.

⑦ 中共中央文献研究室编. 在文艺工作座谈会上的讲话（2014 年 10 月 15 日）[M]//十八大以来重要文献选编：中编. 北京：中央文献出版社，2016：134.

⑧ 习近平在联合国教科文组织总部的演讲（2014 年 3 月 27 日）[N]. 人民日报，2014-03-28.

改革中创造的伟大实践认识上的一次新飞跃，是对自己所选择的理论、道路、制度的实践价值的重要提炼与创造性归纳，具有鲜明的时代特征与中国特色，是马克思主义中国化的又一次重大理论进步，具有鲜明的原创性。坚定文化自信，就是对党领导人民进行革命、建设、改革中创造的伟大实践的高度自信，这是发展中国马克思主义的实践依据。中国共产党是一个由马克思主义理论武装起来的党。对马克思主义意识形态理论的坚定信仰是我们党把马克思主义同中国具体实践相结合的本质属性与特征，是党的文化自信最重要的来源和政治保障。时代是思想之母、实践是理论之源，中国特色社会主义文化和文化自信是在时代的发展进程中形成的，熔铸于党领导人民所创造的革命文化和社会主义先进文化，植根于中国特色社会主义伟大实践。

4. 文化自信的核心是中国精神

"文化自信"的提出把中国特色社会主义国家文化安全建设推进到一个新的时代——文化自信时代。这个时代是一个需要理论创新而且能够实现理论创新的新时代，习近平新时代中国特色社会主义思想就是这样的理论创新。

"文化自信"思想是"自己时代精神上的精华"，它为维护和塑造中国国家文化安全奠定了强大而扎实的全民族精神心理基础。文化是意义的载体和实践，这是文化区别于物质的基本特征。没有意义，就没有文化。精神，是意义的高度凝练，代表着一种文化的意义取向、价值追求，凝结着该文化的本质属性与根本特征。当代中国的文化自信，说到底，是对中华文化所凝结的中国精神的高度自信。中国精神是中华文化的精髓与精神标识，是我们文化自信的本质属性。坚定文化自信，就是坚守中华文化立场、守护和弘扬中国精神、不断增强精神国力。

"中国精神"就是以爱国主义为核心的民族精神和以改革创新为核心的时代精神。"爱国主义始终是把中华民族坚强团结在一起的精神力量，改革创新始终是鞭策我们在改革开放中与时俱进的精神力量。"[①] 以民族精神与时代精神为内容的中国精神构成了文化自信的精神内核，也定义了文化自信的本质属性。中国精神是凝心聚力的兴国之魂、强国之魂。它是全国各族人民不断增强团结一心的精神纽带、自强不息的精神动力，永远朝气蓬勃地迈向未来的自信气度。中国精神扎根于中华文化土壤，是中华民族赖以长久生存的灵魂。中华文化是在5000多年文明发展中孕育的中华优秀传统文化，在党和人民伟大斗争中孕育的革命文化和社会主义先进文化。它积淀着中华民族最深沉的精神追求，代表着中华民族独特的精神标识。中华优秀传统文化是中华民族的"精神命脉"和"突出优势"，也是我们在世界文化激荡中站稳脚跟的坚实根基。如果抛弃传统、丢掉根本，就等于割断了自己的精神命脉。

社会主义核心价值观是当代中国精神的集中体现，凝结着全体人民共同的价值追求。自觉培育和弘扬社会主义核心价值观，不断夯实国家文化安全的思想道德基础。改革开放以来，我国经济发展得很快，人民生活水平提高得也很快。同时，"我国社会正处在思想大活跃、观念大碰撞、文化大交融的时代，出现了不少问题。其中比较突出的一个问题就是一些人的价值观缺失，观念没有善恶，行为没有底线，什么违反党纪国法的事情都敢干，什

[①] 习近平. 在十二届全国人大一次会议上的讲话（2013年3月17日）[M]//十八大以来重要文献选编: 上编. 北京: 中央文献出版社, 2014: 235.

么缺德的勾当都敢做，没有国家观念、集体观念、家庭观念，不讲对错，不问是非，不知美丑，不辨香臭，浑浑噩噩，穷奢极欲。现在社会上出现的种种问题病根都在这里。这方面的问题如果得不到有效解决，改革开放和社会主义现代化建设就难以顺利推进。"①因此，我们要发挥社会主义核心价值观对国民教育、精神文明创建、精神文化产品创作生产传播的引领作用，把培育和弘扬社会主义核心价值观作为凝魂聚气、强基固本的基础工程，以培养担当民族复兴大任的时代新人为着眼点，强化教育引导、实践养成、制度保障，把社会主义核心价值观融入社会发展各方面，转化为人们的情感认同和行为习惯。

三、文化自信与"四个自信"

道路自信、理论自信、制度自信、文化自信构成了中国国家安全事业中的"四个自信"。"文化自信是更基础、更广泛、更深厚的自信，是更基本、更深沉、更持久的力量。"②文化自信支撑道路自信、理论自信、制度自信，是中国特色社会主义伟大事业的内在动力。"文化自信"的提出标志着我们党对中国特色社会主义认识的深化与进步。党的十八大以来，以习近平总书记为核心的党中央高度重视社会主义文化建设，特别是将中国特色社会主义文化同中国特色社会主义道路、理论、制度一道，作为中国特色社会主义的重要组成部分，进一步丰富和发展了中国特色社会主义内涵，把"三个自信"提升为"四个自信"，这凸显了文化在中国特色社会主义事业全局中的重要地位，彰显了坚定文化自信对实现中华民族伟大复兴、成就中国特色社会主义伟大事业的重大作用。"文化自信"的提出对于巩固全党全国人民团结奋斗的共同思想基础、实现中华民族伟大复兴具有极为深远的意义。

文化自信是中国特色社会主义伟大事业的内在动力。文化的核心和灵魂是价值理念，而发展道路、理论、制度模式则是价值理念的集中体现。在中国特色社会主义伟大事业中，道路是实现途径、理论是行动指南、制度是根本保障、文化是内在动力，统一于中国特色社会主义伟大实践，共同指向实现中华民族伟大复兴③。

文化自信支撑道路自信、理论自信、制度自信。中国特色社会主义这条道路是从五千多年的中华文明的传承中走出来的，具有深厚的历史渊源和广泛的现实基础。"在五千多年文明发展中孕育的中华优秀传统文化，在党和人民伟大斗争中孕育的革命文化和社会主义先进文化，积淀着中华民族最深层的精神追求，代表着中华民族独特的精神标识。"④习近平在党的十九大报告中指出："中国共产党从成立之日起，既是中国先进文化的积极引领者和践行者，又是中华优秀传统文化的忠实传承者和弘扬者。"中国共产党从中华优秀传统文化中汲取滋养，又对中华优秀传统文化的传承和发展产生了巨大影响。一部百年中国共产党党史，就是一部不断弘扬中华优秀传统文化以建设和发展红色革命文化、社会主义先进文化的光辉文化自信发展史。俄国十月革命一声炮响为中国送来了马克思主义。从"星星

① 中共中央文献研究室编. 在文艺工作座谈会上的讲话（2014 年 10 月 15 日）[M]//十八大以来重要文献选编：中编. 北京：中央文献出版社，2016：133-134.
② 书写中华民族几千年历史上最恢宏的史诗——习近平总书记关于党的百年奋斗重大成就和历史经验重要论述综述[N]. 人民日报，2021-11-06.
③ 全国干部培训教材编审指导委员会. 推动社会主义文化繁荣兴盛[M]. 北京：人民出版社，2019：7-8.
④ 习近平. 在庆祝中国共产党成立九十五周年大会上的讲话（2016 年 7 月 1 日）[M]. 北京：人民出版社，2016：13.

之火，可以燎原"到"不到长城非好汉！"中国共产党无论是在新民主主义革命时期，还是在社会主义革命和建设时期、改革开放时期，无论面对怎样的艰难困苦，中国共产党始终坚持革命的理想主义和对共产主义事业的崇高信念，把马克思主义基本原理同中国具体实际相结合，不断推进马克思主义中国化、时代化、大众化，在坚持马克思主义指导地位不动摇的同时，丰富发展了马克思主义，创造性地形成了毛泽东思想、中国特色社会主义理论和习近平新时代中国特色社会主义思想，为中国特色社会主义伟大事业与民族复兴大业提供了思想理论上的科学指导，在推动历史的文化进步的同时，不断增加对于中国特色社会主义事业必胜的信心。这就是文化自信。这种自信既是道路自信，也是理论自信和制度自信。在其他三个自信的背后，是深厚而强大的文化自信。正是这种文化自信，让中国克服在中国特色社会主义伟大事业发展征程中的一切困难和险阻，在坚持社会主义发展道路的同时，不断完善国家治理体系和实现治理能力现代化，巩固发展社会主义制度，不断地在伟大的历史实践中，推进社会主义理论的创造性发展，成为维护、巩固和塑造中国国家文化安全的强大力量和支撑。习近平新时代中国特色社会主义思想是马克思主义中国化的最新成果，是党和人民实践经验和集体智慧的结晶，是国家政治生活和社会生活的根本指针，也是新时代文化建设的根本指针，是新时代文化建设的根本统领。

文化自信支撑道路自信、理论自信、制度自信，它们实际上都是对中国特色社会主义的自信。中国特色社会主义这条道路是从五千多年的中华文明的传承中走出来的，具有深厚的历史渊源和广泛的现实基础。中国共产党带领中国人民，以文化自信为内在动力，用中国特色社会主义伟大实践证明了这条道路的正确性、理论的科学性与制度的优越性。改革开放四十多年来，我国经济社会快速发展，用几十年时间完成了西方发达国家上百年历程，跃升为世界第二大经济体，创造了"当惊世界殊"的奇迹，正迈向实现"共同富裕"的历史新阶段。只有对自己的文化保持坚定的信心，才能获得坚持坚守的从容、鼓起奋发进取的勇气、焕发创新创造的活力。

中国在走近世界舞台中央过程中，面临的各种敌对势力的遏制和渗透的挑战日益凸显，文化安全面临愈加复杂的形势。国际上，意识形态领域的斗争尖锐、复杂。在国内，人民对于美好生活的向往与不平衡不充分的发展之间的矛盾成为社会发展的主要矛盾，西方中心主义论引发多样化社会思潮对马克思主义一元化指导思想的挑战日益凸显、资本的逐利性日益冲击社会主义核心价值观，所有这些客观现实都对新时代中国特色社会主义文化建设提出了更高的要求。要在此背景下，既不走封闭僵化的老路，也不走改旗易帜的邪路，依然坚定地"走自己的路"，我们必须更加自觉地增强文化自信、坚定文化自信，为道路自信、理论自信、制度自信持续不断地注入强劲的内在动力。

第二节　文化认同

文化认同是国家文化安全意识、文化安全认知系统形成与维系必不可缺的支撑性要素。没有文化认同，就不可能形成文化安全意识，无法构成完整的文化安全认知系统。换言之，文化认同是文化安全意识与文化安全认知体系形成的前提和必要条件。从国家文化安全的角度来看，文化认同的目标指向是国家认同。文化认同是国家认同最深厚的基础、最深沉的认同，是国家统一之基、民族团结之根、精神力量之魂。以文化认同为契合点来巩固国家统一团结的认同根基、强化国家认同的文化血脉与情感纽带是铸牢中华民族共同体意识、建设中华民族共同精神家园的必然要求。

一、文化认同与国家文化安全

1. 文化认同的内涵

认同是对生命关系的接受与确定，在人类学意义上，它是对人的类本质一致性的反映。人的类本质，即人的本质。诚如母子关系，儿子对母亲的接受与认可是以母亲与儿子的生命关系建立的。没有这样的生命关系，就没有母子相互认同的自然法依据。文化认同就是这样一种生命关系和人的类本质一致性的社会关系反映。

文化认同是人们对一种生活方式和价值观体系的系统性心理接受，他们把这种生活方式和价值观体系作为自己一切行为的依据和准则并以此为依据把自己同其他的社会群体区别开来。文化认同是在身份认同的基础上形成和建立起来的。人们首先接受自己和父母的关系并且按照父母给定的生活方式生活，接受他们以生活方式为基础提供的价值观，建立自己和周围其他人的身份关系。人们在身份认同的基础上形成和建立起了社会关系，即所谓的社会认同。在这里，家族、族群、邻里、社群、阶层等是形成和建立社会文化认同的文化和文明基础，包含深刻的社会政治内容。政治认同和国家认同是在社会认同的基础上形成和建立起来的。国家认同的本质上是一种政治认同。政治认同是人类社会进入阶级社会之后形成、建立和发展起来的以阶级利益为核心、以意识形态为表征、以一定的价值观为核心并通过一定的组织和制度形态维护和实现自己的核心利益而建立起来的文化认同的特殊形态。国家认同就是以一定的政治认同为基础建立起来的。在所有这些认同形式和形态中，"文化认同是最深层次的认同"[①]，是决定和影响其他方面认同的根本因素。

2. 文化认同维护文化安全的价值

文化认同是国家文化安全身份认知的基础，是构成国家文化安全认知系统的重要基础。文化认同是关于"我是谁""我不是谁"的身份关系的根本认知问题。"如何回答这个问题意味着一种对我们来说是最为重要的东西的理解"[②]。这个问题不仅是对本国、本民族历史和文化的认识与态度问题，也呈现出"我"对世界的认识与态度，影响着"我"与世界交往的姿态。这反过来又塑造了"我是谁"的认知根本。它所建立的是一种确保自身生存安全的自发性保障体系。亨廷顿在《文明的冲突与世界秩序的重建》一书的引言中开宗明义地以"旗帜与文化认同"解释了苏联解体所反映出来的深刻的文化认同问题对于一个国家和重建世界秩序的文化安全意义。[③]

① 习近平在参加内蒙古代表团审议时强调：完整准确全面贯彻新发展理念　铸牢中华民族共同体意识[EB/OL].（2021-03-05）[2022-10-19]. http://www.gov.cn/xinwen/2021-03/05/content_5590762.htm.
② 泰勒. 自我的根源：现代认同的形成[M]. 韩震，王成兵，乔春夏，等译. 北京：译林出版社，2001：39-40.
③ 亨廷顿. 文明的冲突与世界秩序的重建[M]. 周琪，刘绯，王圆，等译. 北京：新华出版社，2018：3-4.

文化认同是构筑文化安全的精神纽带。中国民间社会在长期的历史发展中形成和建立起来的一种"乡规民约"的安全防御体系和"入乡随俗"的行为价值规范设定就是在文化认同基础上建立起来的安全防卫系统。在这里，无论是"规约"还是"乡俗"，都是基于共同的生活方式和利益关系建立起来的共同认识方式、价值规范和情感体系，由此而构成了一种维护集体安全的文化安全治理体系。国家文化安全就是以文化认同为基础形成和建立起来的国家安全治理体系。

文化认同是维护中国国家文化安全的共同精神基础，它在维护和塑造中国国家文化安全方面有两个方面的重要作用：一方面，通过理性认知的发展，构筑起文化安全的共同思想基础，推动全党全社会形成思想共识；另一方面，通过感性认知的发展，构筑起维护和塑造文化安全的情感纽带，进而建立起紧密连接全党、全社会、全国各族人民的精神谱系。坚持增强文化认同这两方面的作用，最终指向中华民族命运共同体的建立。

3. 文化认同是民族团结之根、民族和睦之魂

中国是一个有着五十六个民族的统一的多民族国家。多元一体的中华民族是在漫漫历史长河中形成的。我国辽阔的疆域是各民族共同开拓的，我国悠久的历史是各民族共同书写的，我国灿烂的文化是各民族共同创造的，我国伟大的精神是各民族共同培育的，我国各族人民同呼吸、共命运、心连心的奋斗历程是中华民族强大凝聚力和非凡创造力的重要源泉。一部中国史就是一部各民族交融汇聚成多元一体中华民族的历史，就是各民族共同缔造、发展、巩固统一的伟大祖国的历史。中华民族多元一体是先人留给我们的丰厚遗产，也是我国发展的巨大优势。

树高千尺有根，水流万里有源，灿烂的中华文化是由各民族共同创造的。几千年来，各民族共同生活在祖国的土地上，在漫长的历史进程中，各民族共同发展了祖国的繁荣经济，共同创造了祖国的灿烂文化。自古以来，中原和少数民族人民也是你来我往、频繁互动。在经济发展过程中，各族人民互通有无、交流经验、互相学习、共同发展。在文化方面，从诗经、楚辞、汉赋、唐诗、宋词、元曲、明清小说等伟大作品，到长城、都江堰、大运河、故宫、布达拉宫、坎儿井等伟大工程，无一不凝结着中华民族的智慧和汗水。各民族文化兼收并蓄、交相辉映，使得中华文化历久弥新。正是各民族历史文化的相互融合创造了中华文化，它积淀着中华民族最深沉的精神追求，是中华民族生生不息、发展壮大的丰厚土壤，构建了各族人民共同的精神家园。各族人民亲如一家的文化根基，揭示了中华民族多元一体的精神血脉，更为加强民族团结和睦、维护国家文化安全指明了方向。我们要不断增强各民族群众对中华文化的认同，使各民族人心归聚、精神相依，促进各民族像石榴籽一样紧紧拥抱在一起。

二、增强文化认同的主要内容

中国是一个有着五十六个民族的统一国家，民族团结、国家统一、社会安定是"国之大者"。然而，随着全球化和中国现代化进程的高速发展，境内外反动势力借民族、宗教等问题破坏中华民族共同的思想、道德和文化基础，引发文化认同危机，妄图导致维系民族和国家共同的"价值之轴"混乱，这对中华民族团结、国家统一构成严重安全威胁，触及

国家安全的底线。因此，消除文化认同危机、增强国家文化认同已成为巩固中华民族凝聚力与向心力、维护和塑造国家文化安全、实现中华民族伟大复兴的重中之重。

维护和塑造中国国家文化安全是全体中国人民和全民族的神圣使命与职责，不是哪一个民族的单一责任。共同的文化认同是实现维护和塑造中国国家文化安全的重要基础和保证。中国有着广阔的疆域，有五十六个民族，有着丰富多样的文化形态，有不同民族创造的优秀文化，也有各个民族文化各具特色的丰富习惯和宗教信仰。

没有中华民族的整体安全，就没有各个民族的民族安全。对少数民族是如此，对汉族也是如此。因此，各民族要像石榴籽一样紧紧地抱在一起、团结在一起就成为实现和维护中华民族共同体安全的必然途径。这是被五千余年中华民族发展史和安全史所证明了的。在这里，对中华民族共同体的认同具有特别重要的意义。没有对中华民族、中华民族命运共同体的认同，就没有中华民族和中国的国家安全。

认同是一个随着历史的进步与发展而不断丰富、充实的过程。文化认同与国家文化安全存在着对应性体系与结构的同构关系和一致性。文化认同问题是针对一段时期社会上出现的否定中华民族优秀传统文化、否定中国共产党、否定中华民族和否定社会主义的历史虚无主义思潮提出来的。

"五个认同"是在如何增强和深化文化认同的实践过程中提出来的，具有很强的现实针对性和实践性。它是出于面对错综复杂的国内外国家安全和国家文化安全形势，如何在新的历史条件和基础上不断增强和深化中国国家文化认同、巩固维护和塑造中国国家文化安全共同思想基础的国家安全需要提出来的，因而是具有中国特色的文化认同建设理论，也是中国特色国家文化安全思想理论体系的重要组成部分和维护与塑造中国国家文化安全的重要途径。它既深刻地反映了全球化背景下出现的文化认同面临的威胁和挑战不断发展的趋势，又超越西方思想理论界全球化语境下的文化认同理论，从中国国家安全和国家文化安全面临的新挑战、新问题的实际情况出发而提出中国特色文化认同理论，使之成为总体国家安全观的重要组成部分。

"五个认同"是习近平在全面指导民族工作中提出来的一系列关于民族工作的方针政策、重要理论和概念。实际上，这是就维护与塑造中国国家安全具有战略意义的全局性问题提出来的重要思想和理论，尤其是对于加强国家文化安全建设、增强文化认同具有全面的指导作用。2020年12月21日发布的《中国共产党统一战线工作条例》第二十二条规定："全面深入持久开展马克思主义祖国观、民族观、文化观、历史观宣传教育，开展党的民族理论、政策学习宣传，开展民族团结进步创建，增进各族群众对伟大祖国、中华民族、中华文化、中国共产党、中国特色社会主义的认同。"

第一，增强对伟大祖国的认同是增强文化认同、维护和塑造中国国家文化安全的根本。我国是统一的多民族国家。"多民族是我国的一大特色，也是我国发展的一大有利因素。"但也常常是国内、外敌对势力利用各民族发展不平衡不充分的发展差异挑拨离间和分化瓦解的借口。因此，"牢记我国是统一的多民族国家这一基本国情，坚持把维护民族团结和国家统一作为各民族最高利益，把各族人民智慧和力量最大限度凝聚起来，同心同德为实现'两个一百年'奋斗目标、实现中华民族伟大复兴的中国梦而奋斗"，只有这样，才能在民族团结和国家统一的基础上维护和塑造国家文化安全，在维护和塑造国家文化安全的基础上，维护和塑造多民族的根本文化安全和发展利益。

第二，增强对中华民族的认同是构筑文化认同、维护和塑造中华民族命运共同体安全的关键。"中华民族和各民族的关系，形象地说，就是一个大家庭和家庭成员的关系，各民族的关系是一个大家庭和家庭成员的关系……"[①]"中华民族是一个命运共同体，一荣俱荣、一损俱损。各民族只有把自己的命运同中华民族的命运紧紧连接在一起，才有前途，才有希望。"[②]各民族团结奋斗、共同繁荣，是中华民族的立身之本、生命之依、力量之源，也是中华民族生存与发展的安全之基。没有中华民族命运共同体的安全，就没有各民族的安全。政治上是如此，文化上也是如此。

第三，增强对中华文化的认同，是增强文化认同、维护和塑造国家文化安全的根与魂。"加强中华民族大团结，长远和根本的是增强文化认同，建设各民族共有精神家园，积极培养中华民族共同体意识。"[③]"文化认同是最深层次的认同，是民族团结之根、民族和睦之魂。文化认同问题解决了，对伟大祖国、对中华民族、对中国特色社会主义道路的认同才能巩固。"[④]没有对中华文化的认同，就如同一个人失魂落魄、无所依归，中国国家文化安全就丧失了最根本的自我维护、塑造保障的文化安全能力。我们应秉承团结进步之魂、续写血脉相融之情，做到手足相亲、精神相依，把建设各民族共有精神家园作为战略任务来抓，积极培养中华民族共同体意识。

第四，增强对中国共产党和中国特色社会主义的认同，是增强文化认同的核心。坚持党的领导是做好一切工作的基础和前提。党的十九大报告强调："中国特色社会主义最本质的特征是中国共产党领导，中国特色社会主义制度的最大优势是中国共产党领导，党是最高政治领导力量""党政军民学，东西南北中，党是领导一切的"。在2014年召开的中央民族工作会议上，习近平总书记强调："做好民族工作关键在党、关键在人。只要我们牢牢坚持中国共产党的领导，就没有任何人任何政治势力可以挑拨我们的民族关系，我们的民族团结统一在政治上就是有充分保障的。"

第五，增强对中国特色社会主义的认同，是增强文化认同的现实根基。《中国共产党章程》明确指出："改革开放以来我们取得一切成绩和进步的根本原因，归结起来就是：开辟了中国特色社会主义道路，形成了中国特色社会主义理论体系，确立了中国特色社会主义制度，发展了中国特色社会主义文化。全党同志要倍加珍惜、长期坚持和不断发展党历经艰辛开创的这条道路、这个理论体系、这个制度、这个文化，高举中国特色社会主义伟大旗帜，坚定道路自信、理论自信、制度自信、文化自信，发扬斗争精神，增强斗争本领，贯彻党的基本理论、基本路线、基本方略，为实现推进现代化建设、完成祖国统一、维护世界和平与促进共同发展这三大历史任务，实现第二个奋斗目标、实现中华民族伟大复兴的中国梦而奋斗。"只有增强对中国特色社会主义的认同，增强文化认同才能拥有正确的方向。

"五个认同"的提出既体现了我国的民族政策、宗教政策，也体现了总体国家安全观的内在要求。"五个认同"是国家统一、民族团结、社会稳定的思想基础，是坚定中国特色社会主义道路、弘扬中国精神、凝聚中国力量的源泉。"五个认同"彼此相扣，紧密结合，共

① 王耀宇. 科学把握党的民族工作的主线　铸牢中华民族共同体意识（专题深思）[N]. 人民日报，2022-03-17.

② 郝时远. 紧紧抓住铸牢中华民族共同体意识这条主线[J]. 瞭望. 2022：6-7.

③ 增强中华民族共同体意识　实现中华民族伟大复兴[N]. 光明日报，2020-06-12.

④ 习近平在参加内蒙古代表团审议时强调：完整准确全面贯彻新发展理念　铸牢中华民族共同体意识[EB/OL]. （2021-03-05）[2022-10-19]. http://www.gov.cn/xinwen/2021/03/05/content_5590762.htm.

同构成了国家文化安全的思想支撑体系和理论框架。"五个认同"把文化认同上升到与政治认同、对党的认同和对中国特色社会主义的认同、民族认同与国家认同同等的高度，拓展了国家认同的基础。中华文化认同是"五个认同"共同的文化认知基础，是筑牢各族人民共同的思想文化基础的关键力量，也是这"五个认同"紧密联系、彼此依存的情感纽带。文化的共通、共融与共识支撑起"五个认同"的共同认知和情感基础，这也是维护国家文化安全的认知和情感基础。对伟大祖国、中华民族、中国共产党、中国特色社会主义的认同反过来增进文化认同，为国家文化安全提供重要的思想保障。

"五个认同"系统回答了需要从哪几个重点来巩固文化安全的思想基础的根本性问题。要把"五个认同"转化为维护和塑造国家安全的深层次的精神动力和力量源泉，从而使中华民族更加自信、自立、自强，中国人民的积极性、主动性、创造性得到进一步激发，中国人民的志气、骨气、底气空前增强。正如习近平所指出的："当今世界正经历百年未有之大变局，但时与势在我们一边，这是我们定力和底气所在，也是我们的决心和信心所在。"[①]

三、铸牢中华民族共同体意识

增强文化认同是一项国家文化安全建设的系统工程，具有长期性、系统性和发展性，需要建立一个具有全局指导作用的科学的路线图和方法论。铸牢中华民族共同体意识是不断增强文化认同的重要途径，也是我国国家文化安全建设的重点内容。

1. 铸牢中华民族共同体意识是我国文化安全领域的重点任务

世界百年未有之大变局加速演进，我国正处于实现中华民族伟大复兴的关键时期。世界多极化、经济全球化、文化多样化、社会信息化深入发展，人类社会充满希望。同时，世界进入新的动荡变革期，百年变局和世纪疫情交织叠加，国际格局发生深刻、复杂的演变，人类发展同时面临机遇和挑战。面对复杂的国内、外形势，必须坚决遏制和打击境内、外敌对势力利用我国各民族地区发展不平衡不充分问题和民族宗教问题进行的分裂、渗透、破坏活动，确保我国的安全发展。因此，铸牢中华民族共同体意识已成为增强文化认同、巩固中华民族的凝聚力与向心力、维护和塑造国家文化安全的重中之重，显示出强烈的历史必然性和紧迫性。这是维护中华民族各民族根本安全利益的必然要求，是实现中华民族伟大复兴的必然要求，是巩固和发展平等团结互助和谐社会主义民族文化安全关系的必然要求，是构建中国国家文化安全新格局、大格局的重大使命与责任。

中华民族共同体是一个命运共同体，命运共同体必然同时是安全共同体。"铸牢中华民族共同体意识，就是要引导各族人民牢固树立休戚与共、荣辱与共、生死与共、命运与共的共同体理念。"[②]在 2021 年召开的中央民族工作会议上，习近平站在党和国家事业发展全局和国家安全全局的战略高度，深入阐明铸牢中华民族共同体意识的重大意义，强调必须以铸牢中华民族共同体意识为新时代党的民族工作的主线，推动各民族坚定对伟大祖国、中华民族、中华文化、中国共产党、中国特色社会主义的高度认同，不断推进中华民族共

---

① "时与势在我们一边"——以习近平同志为核心的党中央推动增进中国经济发展新优势述评[N]. 人民日报, 2021-11-02.
② 深刻认识铸牢中华民族共同体意识的重大意义——论学习贯彻习近平总书记中央民族工作会议重要讲话[N]. 人民日报, 2021-08-30.

同体建设。这是对总体国家安全的重大发展，丰富、充实了总体国家安全观的内涵，为增强和深化文化认同，为国家文化安全提供更为坚实的文化人类学基础指明了方向。

中华民族共同体意识是国家统一之基、民族团结之本、精神力量之魂。历史和现实充分表明，中华民族是一个命运共同体，一荣俱荣、一损俱损；民族团结是我国各族人民的生命线，各民族共同团结进步、共同繁荣发展是中华民族的生命所在、力量所在、希望所在。

2. 铸牢中华民族共同体意识的必然性与重要意义

铸牢中华民族共同体意识的历史与现实的必然性如何体现？铸牢中华民族共同体意识的重大意义在那里？在2021年8月召开的中央民族工作会议上，习近平从四个方面对此给予了深刻的阐述："铸牢中华民族共同体意识是维护各民族根本利益的必然要求，只有铸牢中华民族共同体意识，构建起维护国家统一和民族团结的坚固思想长城，各民族共同维护好国家安全和社会稳定，才能有效抵御各种极端、分裂思想的渗透颠覆，才能不断实现各族人民对美好生活的向往，才能实现好、维护好、发展好各民族根本利益。铸牢中华民族共同体意识是实现中华民族伟大复兴的必然要求，只有铸牢中华民族共同体意识，才能有效应对实现中华民族伟大复兴过程中民族领域可能发生的风险挑战，才能为党和国家兴旺发达、长治久安提供重要思想保证。铸牢中华民族共同体意识是巩固和发展平等团结互助和谐社会主义民族关系的必然要求，只有铸牢中华民族共同体意识，才能增进各民族对中华民族的自觉认同，夯实我国民族关系发展的思想基础，推动中华民族成为认同度更高、凝聚力更强的命运共同体。铸牢中华民族共同体意识是党的民族工作开创新局面的必然要求，只有顺应时代变化，按照增进共同性的方向改进民族工作，做到共同性和差异性的辩证统一、民族因素和区域因素的有机结合，才能把新时代党的民族工作做好做细做扎实。"[①]从"维护各民族根本利益""实现中华民族伟大复兴""巩固和发展平等团结互助和谐的社会主义民族关系""党的民族工作开创新局面"四个方面，揭示了铸牢中华民族共同体意识在新时代中国特色国家安全与发展事业中的重要性，深刻地阐述了铸牢中华民族共同体意识的重大意义，着重强调"只有铸牢中华民族共同体意识，构建起维护国家统一和民族团结的坚固思想长城，各民族共同维护好国家安全和社会稳定，才能有效抵御各种极端、分裂思想的渗透颠覆，才能不断实现各族人民对美好生活的向往，才能实现好、维护好、发展好各民族根本利益"的根本国家文化安全价值和意义；突出强调"只有铸牢中华民族共同体意识，才能增进各民族对中华民族的自觉认同，夯实我国民族关系发展的思想基础，推动中华民族成为认同度更高、凝聚力更强的命运共同体"，把"铸牢中华民族共同体意识"置于"巩固和发展平等团结互助和谐的社会主义民族关系"这样一个全新的中华民族整体安全利益关系之上。

铸牢中华民族共同体意识，长远和根本的目的就是在文化和文明发展的实践中，根据发展变化了的中国国家安全国情增强文化认同、丰富文化认同内容、扩大文化认同领域、提高文化认同质量、推动国家文化安全高水平发展、构建国家文化安全新发展格局，为实现中华民族伟大复兴提供坚强的文化安全保障。"铸牢中华民族共同体意识"就是要引导各族人民牢固树立休戚与共、荣辱与共、生死与共、命运与共的共同体理念。人心相通相聚，

---

① 习近平在中央民族工作会议上强调：以铸牢中华民族共同体意识为主线　推动新时代党的民族工作高质量发展[N]. 人民日报，2021-08-29.

重在价值观一致、理念相通，其基础就是文化认同。只有真正解决了最深层次的文化认同问题，国家安定团结才有充分的保障。有了文化认同，人们生活在一个文化共同体中，有着相同的文化符号，有着共同的生活理想，有了融入血脉的文化理念，无须提醒也无须强制，中华民族共同体意识得以自然而然、平静稳定地生发。

3. 铸牢中华民族共同体意识重点要把握好四个方面的关系

铸牢中华民族共同体意识是一项系统工程，需要统筹兼顾、科学处理许多矛盾关系。对此，习近平指出：一是要正确把握共同性和差异性的关系，增进共同性、尊重和包容差异性是民族工作的重要原则；二是要正确把握中华民族共同体意识和各民族意识的关系，引导各民族始终把中华民族利益放在首位，本民族意识要服从和服务于中华民族共同体意识，同时要在实现好中华民族共同体整体利益进程中实现好各民族具体利益，大汉族主义和地方民族主义都不利于中华民族共同体建设；三是要正确把握中华文化和各民族文化的关系，各民族优秀传统文化都是中华文化的组成部分，中华文化是主干，各民族文化是枝叶，根深干壮才能枝繁叶茂；四是要正确把握物质和精神的关系，要赋予所有改革发展以彰显中华民族共同体意识的意义，以维护统一、反对分裂的意义，以改善民生、凝聚人心的意义，让中华民族共同体牢不可破。①

以上四个方面的关系既是做好新时代民族工作必须要处理好的重要关系，也是铸牢中华民族共同体意识、不断增强文化认同、维护和塑造国家文化安全、提高国家文化安全工作质量必须要遵循的重要关系，构成了铸牢中华民族共同体意识的重要内容。

在中华民族大家庭中，各民族只有像石榴籽一样紧紧抱在一起，手足相亲、守望相助，民族复兴伟大梦想才能顺利实现，民族团结进步之花才能长盛不衰。深刻认识铸牢中华民族共同体意识的历史必然性、极端重要性和现实针对性，以文化认同为根、为魂，增强"五个认同"，以铸牢中华民族共同体意识为主线，巩固民族团结、国家统一、社会稳定，我们就一定能汇聚起实现民族复兴的磅礴力量，开创中华民族更加灿烂的未来！

中华民族是由五十六个民族组成的大家庭，民族团结是中华民族的最高利益，是各族人民的生命线，也是国家安全的生命线。认同是团结的前提，没有认同就没有团结；认同是团结的根基，没有认同，团结就是无本之木。团结就是力量，没有团结，认同也就失去了灵魂的归宿，失去了力量的形态，成为一种虚无和一盘散沙。铸牢中华民族共同体意识就是要为认同建立强大的团结形态。"五个认同"彼此相扣、紧密结合，体现总体国家安全观的内在要求，既是国家统一、民族团结、社会稳定的思想之基与情感纽带，也是夯实文化安全基础的重要抓手。我们要引导各族群众牢固树立正确的国家观、历史观、民族观、文化观、宗教观，增进各族群众对伟大祖国、中华民族、中华文化、中国共产党、中国特色社会主义的认同，增强做中国人的志气、骨气和底气。

四、增强文化认同的根本保证

坚持党的领导、增强对党的文化领导权的认识与认同是增强文化认同，促进国家统一、

---

① 习近平在中央民族工作会议上强调：以铸牢中华民族共同体意识为主线　推动新时代党的民族工作高质量发展[N]. 人民日报，2021-08-29.

民族团结的根本保证。

坚持党的文化领导权是增强中华文化认同、增强中国特色社会主义文化认同的根本要求。"中国共产党的领导是民族工作成功的根本保证，也是各民族大团结的根本保证。没有坚强有力的政治领导，一个多民族国家要实现团结统一是不可想象的。"①维护党的文化领导权，就是为增强文化认同铸牢核心领导力。文化认同的形成与稳固需要强有力的文化领导力。文化领导能否顺利而有效地实现，取决于是否真正掌握文化领导权。从国家角度而言，没有掌握文化领导权，就无法真正实现有效的文化领导。中国共产党的文化领导权是在历史实践中形成的。"中国共产党从成立之日起，既是中国先进文化的积极引领者和践行者，又是中华优秀传统文化的忠实传承者和弘扬者。"中国共产党的文化意识与文化精神与中华文化一脉相承，它的文化利益与中华民族、中国人民的文化利益高度一致。对中国共产党的认同，就是对党的执政地位和文化领导权的认同。

坚持党对文化的领导，就是维护各族人民的根本利益。中国共产党始终代表中国最广大人民的根本利益，除了最广大人民的根本利益，它没有自己特殊的利益。中国共产党自成立之日起，就庄严宣告自己的初心使命并用实践证明了自己是为民族谋复兴、为人民谋幸福、没有自己私利的政党。中国共产党的利益始终与我们的国家、中华民族与中国人民紧密联系在一起。中国共产党带领中国人民从民族深渊中站了起来，通过革命、建设与改革实现了全面小康，使全体中国人民摆脱了贫困，走向共同富裕。事实充分证明，中国共产党坚守初心使命，兑现了自己对人民、对国家、对民族的庄严承诺。"中国共产党是我们成就伟业最可靠的主心骨。"它用实际行动牢固建立起了自身与民族、与国家、与全体中国人民的精神契约与情感纽带。

毛泽东说："我们共产党人好比种子，人民好比土地。我们到了一个地方，就要同那里的人民结合起来，在人民中间生根、开花。"②"种子与土地"的关系生动形象地描述了中国共产党和人民生死相依、休戚与共的紧密关系，这也是对党和国家、党和民族的紧密关系的生动写照。这种紧密连接、融为一体的关系筑起了情感上的万里长城，形成了文化安全与国家安全的情感纽带。

坚持党的文化领导，我们就一定能够战胜前进道路上的任何艰难险阻，就一定能够办成我们想办的任何事情。我们要忠实宣传党的理论和路线方针政策，让党的主张成为时代最强音，促进筑牢全党全社会团结奋斗的共同思想基础。

第三节　文化软实力

国家文化安全需要维护，更需要塑造。维护是为了抵御侵害，具有抵御性。塑造是把握战略主动性之举，具有建构性，是"更高层次、更具前瞻性的维护"。维护和塑造如同国家文化安全的一体两翼、驱动双轮，只有将两者结合起来，才能共同发挥作用。当前我国

---

① 中共中央文献研究室编. 在第十二届全国人民代表大会第一次会议上的讲话（2013 年 3 月 17 日）[M]//十八大以来重要文献选编：上编. 北京：中央文献出版社，2014：237.
② 出自《关于重庆谈判》（1945 年 10 月 17 日）——这是毛泽东同志从重庆回到延安后，在延安干部会上的报告。

文化建设的战略总目标是 2035 年建成社会主义文化强国，这也是实现社会主义现代化强国战略的重要内容和战略举措。这一目标的确立意味着中国不仅要在百年未有之大变局中应对和抵御更多风险、挑战，也意味着我们必须把握主动，以提高国家文化软实力为核心，有力维护和塑造国家文化安全，为实现中华民族伟大复兴、为全世界文化新秩序的建立，必须进行具有许多新的历史特点的伟大斗争。

一、文化软实力的内涵与特性

1. 文化软实力的内涵

文化软实力也称国家文化软实力，是我国文化建设、文化发展与文化安全的一个重要理论、政策与战略概念和范畴。文化软实力是指文化对于人、社会和国家的影响力、吸引力和塑造力。它通过文学艺术、哲学社会科学、通俗文化、大众传媒等文化的载体形态表现出来，是当今世界国家竞争、社会发展、文明进步和国家安全的重要组成部分。

文化是一种影响人类文明发展和社会进步的精神力量形态，它通过人和人的行为而表现出来。武器作为军事硬实力的体现，常常被看作决定战争胜负的力量形态。然而，正如毛泽东在《论持久战》中指出的：“武器是战争的重要因素，但不是决定的因素，决定的因素是人不是物。”人是决定战争胜负的、最后起作用的因素，而决定人的，恰恰是人的精神、理念和信念。中国古代所谓“兵者，诡道也”和“不战而屈人之兵”的军事思想突出强调的就是战争中的谋略以及精神思想因素在决定战争胜负中的影响力和对人的行为的塑造力。2014 年 3 月 27 日，习近平在日内瓦访问联合国教育、科学及文化组织（简称“教科文组织”）总部并发表重要演讲，引用了法国军事家、政治家拿破仑的名言：“世上有两种力量：利剑和思想；从长而论，利剑总是败在思想手下。”不仅以此表达了对教科文组织推动人类文明交流互鉴所做贡献的敬意，对中国高度重视思想文化传承与交流并积极参与教科文组织各项活动的承诺，更是突出强调了文化在当今世界人类社会面临各种困难和挑战的情况下，对于塑造和促进人类文明进步的重要价值和意义。

文化是综合国力的重要组成部分。19 世纪 80 年代，美国学者克莱因第一次把精神要素纳入衡量国力的重要指标体系，赋予了非物质领域的柔性力量与硬性力量同等重要的地位，推动了国力研究进入一个新的阶段。1990 年，美国学者约瑟夫·奈（Joseph Nye）提出“软实力”（soft power）这个概念并提出将国家实力分为硬实力和软实力两大类的观点。约瑟夫·奈不仅继承了克莱因的国力论，而且在此基础上提出了“软实力”理论。这进一步提升了文化等柔性要素在全球权力格局中的地位，把软实力定义为维持美国霸权不可或缺的重要力量[①]，驱使了全球化时代美国等西方大国国家战略意图的变动与战略重点的转移。克莱因和约瑟夫·奈的理论观点代表了西方资本主义国家对软实力的界定并构成国际格局中软实力话语的霸权。

中国共产党第十六次全国代表大会的报告首次提出了“文化是综合国力的重要组成部分”的重要论述：“当今世界，文化与经济和政治相互交融，在综合国力竞争中的地位和作

[①] 约瑟夫·奈认为“国际政治性质的变化使无形的权力变得更加重要。国家凝聚力、普世文化、国际制度正在被赋予新的意义。权力正在从‘拥有雄厚的资本’转向‘拥有丰富的信息’”。

用越来越突出。文化的力量，深深熔铸在民族的生命力、创造力和凝聚力之中。全党同志要深刻认识文化建设的战略意义，推动社会主义文化的发展繁荣。"党的十七大报告首次提出"国家文化软实力"这一重要概念和命题，指出："当今时代，文化越来越成为民族凝聚力和创造力的重要源泉、越来越成为综合国力竞争的重要因素，丰富精神文化生活越来越成为我国人民的热切愿望。要坚持社会主义先进文化前进方向，兴起社会主义文化建设新高潮，激发全民族文化创造活力，提高国家文化软实力，使人民基本文化权益得到更好保障，使社会文化生活更加丰富多彩，使人民精神风貌更加昂扬向上。"对文化在综合国力竞争中地位和作用认识的不断深化，最终凝练和提出"国家文化软实力"这一重要概念和命题。党的十八大在谋划全面建成小康社会时，文化软实力作为一个重要战略方面被列入其中：经济持续健康发展，人民民主不断提高，文化软实力显著增强，人民生活全面提高，资源节约型、环境友好型社会建设取得明显进展。党的十八大报告把增强国家文化软实力作为对整个文化建设与发展的一个总领性要求提出来了。如果我们不能够增强国家文化软实力，不能使国家文化软实力显著增强，那么就无法实现全面建成小康社会的目标，由此突出了文化软实力在国家整体发展战略中的战略地位。

软实力是约瑟夫·奈站在美国国家利益立场上、基于国家战略竞争的意义提出来的，因而充满了西方立足于国家安全战略博弈的理论色彩和政策与战略特征。文化软实力是中国对这一研究成果的创造性应用，既具有鲜明的中国特色、中国理解、中国定义和中国内容，又揭示了软实力更突出、更具普遍性的特征；既积极借鉴和吸收了"软实力"这一概念在用以分析思想文化等精神力量在国家战略和安全竞争中的重要价值，又超越了"软实力"这一概念特有的突出西方政治价值观的局限性，从中国国家安全与文化发展的实际出发，把中国国家软实力落实在文化上，突出强调"国家文化软实力"在进一步繁荣发展社会主义文化事业在整个国民经济和社会发展中的战略地位和重要作用，从而使这一概念成为表述和阐述中国特色社会主义文化事业建设和国家文化安全建设的重要理论、政策和战略概念。

2. 文化软实力的特性

文化软实力的特性主要表现为以下三个方面。

（1）文化软实力的民族性。所有的文化都是民族文化，都是由一定的民族创造的文化，是一个民族的生活方式和价值观在文化上的系统性表现，因而体现和反映了一个民族独有的在精神文化上的独特性创造。这种创造向人类文明和世界文化体系贡献了一个民族独特的精神文明成果，也正是由于这种精神文化和文明成果对于人类文明和世界文化的独特贡献，吸引了其他国家的民族和人民并作为自己发展的文化榜样而吸收借鉴，作为自己发展的参照。这种民族性既可以是单一民族，也可以是一个集体性民族系统。所谓"越是民族的，就越是世界的"，这种民族性主要表现和积淀为文化的历史性。传统文化，尤其是优秀传统文化往往对人类现实社会有着巨大的响应力、认同性和仿真力。

（2）文化软实力的国家（地区）性。在现代国家体系下，所有文化都是一定国家（地区）条件和形态下的文化，体现和反映了一定国家（地区）形态和条件下的国家文化意志、国家对文化建设与发展的主导权与控制权。由于一定国家（地区）条件下的文化是一个国家（地区）文化传统、意识形态和意志的文化体现，代表了一个国家（地区）的核心价值观和根本文化利益，因此，由此而形成和建立起来的文化软实力就是一个国家（地区）意志和精神的集中体现，都具有一个国家（地区）的文化意识形态和价值观特性，从而使得文化软实力具有一个国家（地区）不同于其他国家（地区）的鲜明的国家性。

（3）文化软实力的现实性。文化软实力是现代国家文化建设与国家战略发展的重要内容，主要服从和服务于现实国际环境条件下国家战略竞争和国家文化安全的需求，因此具有强烈的现实性特征。文化软实力的民族性也是为文化软实力建设的现实性需要服务的。

二、文化软实力的价值和意义

1. 文化软实力集中体现了一个国家的凝聚力和生命力

文化软实力首先表现为一个国家文化对内的凝聚力和生命力。文化是对一个国家和民族精神面貌的最高体现，它反映了在一种文化条件下人们的生活方式和价值观相和谐、相适应的程度，是人们在物质文明基础上形成的精神上的获得感、幸福感和安全感的一种价值尺度。中国人的乡愁、树高千丈叶落归根和关于人心向背的千古阐述都是对中华文化凝聚力和生命力及其重要价值的表述。同样，近代以来曾经对中国社会"一盘散沙"的描述，则是对近代以来中国沦落为半殖民地半封建社会精神文化面貌的沉痛揭示。没有文化凝聚力的国家和民族一定是没有生命力的国家和民族，当然也就没有国家安全可言。正是在这个意义上，五四新文化运动对于重建中华文化和中华文明的凝聚力和生命力就具有特别重要的重建中国国家文化软实力和国家文化安全秩序的价值。而这一使命责任最终由中国共产党完成。中华人民共和国成立，中国人民从此站立起来了。空前的民族自信必然同时形成空前的民族和国家凝聚力，从而使中华民族恢复和重现了强大的生命力。正是这种凝聚力和生命力使得一个积贫积弱的旧中国，在中国共产党缔造和创立的社会主义先进文化的带领下，通过70余年的艰苦奋斗和努力摆脱了贫困，从一穷二白成为世界第二大经济体，成为一个充满生机与活力的现代化大国。

2. 文化软实力关系着我国在世界文化格局中的定位与发展目标

自从人类社会进入现代世界体系之后，"资产阶级，由于开拓了世界市场，使一切国家的生产和消费都成为世界性的了……它们的产品不仅供本国消费，而且同时供世界各地消费。旧的、靠本国产品来满足的需要，被新的、要靠极其遥远的国家和地带的产品来满足的需要所代替了。过去那种地方的和民族的自给自足和闭关自守状态，被各民族的各方面的互相往来和各方面的互相依赖所代替了。物质的生产是如此，精神的生产也是如此。各民族的精神产品成了公共的财产。民族的片面性和局限性日益成为不可能，于是由许多种民族的和地方的文学形成了一种世界的文学。"这是马克思主义在《共产党宣言中》中关于世界文学的经典论述，也是关于在资产阶级开拓了世界市场之后，现代意义上的"文化软实力"的生成及其变迁的重要论述。一切国家的生产与消费都成为世界性的了。各民族的精神产品成了公共的财产。世界文学的形成及世界文化市场体系的形成重建了世界文化体系和世界各国在这个体系中的相互关系。这种关系，在现代世界体系和现代市场体系中，既是合作互利关系，也是竞争博弈关系，包含深刻的国家安全利益和国家文化安全利益。通过文化和文化殖民统治和瓦解一个国家比通过战争占领一个国家的安全成本更低而安全收益更高，因此，通过文化和文化市场展开和进行国家之间的安全利益博弈与竞争已经发展成为21世纪全球最主要的国际战略竞争形态。文化软实力在这样的背景下，正日益被武器化，而国家文化软实力的培育和塑造也在这一背景下成为国际社会国家文化发展与国家文化安全建设的重要政策与战略。

中国是一个拥有五千余年文明发展史的国家，在两千多年的历史中一直是世界文化大国和文化强国，持续地向人类提供文明发展的新形态，曾经拥有强大的文化软实力。盛唐时期，日本曾经派出成千上万名"遣唐使"学习中华民族的优秀文化并视中华民族为自己民族发展学习的榜样。然而，近代，中国落伍了。1840年鸦片战争，西方资本主义列强用现代工业文明剥夺了中华文明的世界话语权，通过各种丧权辱国的条约削弱乃至消解中国文化软实力，致使文明发达、文化繁荣的中国作为第一次世界大战的战胜国却完全丧失了在世界力量格局中的话语权。电视连续剧《觉醒年代》不仅深刻、形象、历史性地演绎了这悲惨的一幕，也振聋发聩地向今天的中华民族揭示了一个真理："国家文化软实力，不仅关系到我国在世界文化格局中的地位，而且关系到我国国际地位和国际影响力，关系'两个一百年'奋斗目标和中华民族伟大复兴中国梦的实现。"[1]

建设社会主义文化强国、实现中华民族伟大复兴是新的历史方位上中国的重大战略目标，文化软实力是实现这一目标的必由之路。当今世界，文化软实力已成为国力的重要构成与重要表现，直接关系一个国家在世界文化格局中的定位。文化软实力是以文化的力量，利用价值观、文化、审美符号等软要素的感召、引领，进而产生的一种无形的力量。这种力量突出表现为对内的凝聚力和对外的吸引力、内在的创造力和外在的竞争力。文化软实力的竞争，争夺的是人心，是从思想、道德、文艺、审美和情感等方面对人的精神和潜意识的深层次的影响和塑造。如果一个国家的文化软实力上不去，那么其制度安全是生硬的，其政治价值观是没有灵魂的，其外交政策是弘扬不出厚度并缺乏其生气和神韵的[2]。一个真正的强国，除了经济、军事、科技实力的强大，也必定是文化上的强国。

中国正日益走近世界舞台的中央，迫切需要形成与之综合国力和国际地位相适应的国家文化软实力。提升我国的文化软实力、参与世界大国之间的软实力较量是顺应时代之变、掌握历史主动的必然，这"不仅关系到我国在世界文化格局中的定位，而且关系到我国国际地位和国际影响力，关系到'两个一百年'奋斗目标和中华民族伟大复兴中国梦的实现"。没有强大的文化软实力，就不可能实现国富民强，就不可能实现中华民族伟大复兴中国梦。

3. 文化软实力是衡量一个文化强国的标志

一个真正的强国，除了经济、军事、科技实力的强大，也必定是文化上的强国，是在世界文化舞台中央占领一席之地的强国。判断一个国家是不是文化强国，就是看它是否在世界文化格局中占据核心地位，是否对世界文化发展走势起主导的核心作用、具有关键性影响。中国要成为世界强国、实现中华民族伟大复兴，就必然要走向世界文化舞台的中央，占据世界文化格局中的主导地位。文化软实力是国力的重要构成与重要表现，直接关系一个国家在世界文化格局中的定位。"古往今来，任何一个大国的发展进程，既是经济总量、

① 中共中央文献研究室编. 习近平在十八届中央政治局第十二次集体学习时的讲话（2013年12月30日）[M]//习近平关于社会主义文化建设论述摘编. 北京：中央文献出版社，2017：198.
② 唐代兴. 文化软实力战略研究[M]. 北京：人民出版社，2008：7.

军事力量等硬实力提高的进程，也是价值观念、思想文化等软实力提高的进程。"①从根本上讲，一个国家的软实力发展有赖于文化软实力的发展与繁荣。在发展和繁荣方面，如果文化软实力上不去，其制度安全是生硬的，其政治价值观是没有灵魂的，其外交政策是弘扬不出厚度并缺乏其生气和神韵的②。

当今世界，文化软实力越来越成为一个国家、一个地区综合实力的重要标识。21 世纪与 19 世纪和 20 世纪的不同之处在于，大国之间竞争的不再只是政治实力、军事、科技这样的硬实力，还有文化软实力。文化软实力区别军事、科技等硬实力的根本在于，它争夺的是人心，是从思想、道德、文艺、审美和情感对人的精神和潜意识的深层次的影响和塑造，是对世界文化、人类文明发展走向的深远影响。

世界百年未有之大变局下，"东升西降"与"力量转移"两大特点和趋势更加凸显了文化软实力在国际竞争中的重要地位。"东升西降"就是以中国为代表的亚洲国家的崛起，"力量转移"就是硬实力到软、硬实力的双重转移。国力比拼、大国博弈由过去单一强调军事力量、经济力量转向既重视物质较量又重视文化、意识形态等非物质领域的软实力较量。因此，我们必须提高国家文化软实力。

4. 文化软实力是国家文化安全的核心力量

国家文化安全不仅需要军事力量、政治力量、社会力量在国家主权地位、政治方向和社会治理方面的保障，更需要以文化软实力建设为核心力量。我国日益走近世界舞台的中央，迫切需要向世界展现真实、立体、全面的中国形象，形成与我国综合国力和国际地位相适应的国家文化软实力。发展文化软实力，就是要用文化的力量来支撑和推动中国从文化自信走向文化自强，用中国特色社会主义文化的繁荣兴盛引领国家发展、文明进步，让人民拥有更为主动的精神力量，让国家因文化软实力强大而更加伟大、强盛。

文化软实力是我们谋求维护和塑造国家文化安全的主动之举，关键在于"立"，重在"切实把我们自身的文化建设搞好"，坚定不移地朝着建设社会主义文化强国的目标不断前进。我们不打无准备之仗、无把握之仗，我们要积极蓄力，把握主动权，以应对未来之变。当前，国内、外形势正在发生深刻、复杂的变化，来自各方面的风险挑战明显增多，全球治理体系和国际秩序变革加速推进，世界大变局的不稳定性、不确定性更加突出，人类面临许多共同挑战。新冠肺炎疫情全球大流行使这个大变局加速变化，保护主义、单边主义上升，世界经济低迷，全球产业链供应链因非经济因素而面临冲击，国际经济、科技、文化、安全、政治等格局都在发生深刻的调整，世界进入动荡变革期。今后一个时期，我们将面对更多逆风逆水的外部环境，必须做好应对一系列新的风险挑战的准备。因此，我们必须把握主动，以提高国家文化软实力为核心，有力维护和塑造国家文化安全，进行具有许多新的历史特点的伟大斗争。

今天的中国是日益走向世界舞台中央、正在崛起的大国，实现中华民族伟大复兴已经进入了不可逆转的历史进程，我们正在经历由大向强的关键时期。我们致力于在发展壮大自身的同时，推进世界文化交流、文明互鉴，构建人类命运共同体，促进全人类的文明进

① 中共中央文献研究室编. 习近平在十八届中央政治局第十二次集体学习时的讲话（2013 年 12 月 30 日）[M]//习近平关于社会主义文化建设论述摘编. 北京：中央文献出版社，2017：198.
② 唐代兴. 文化软实力战略研究[M]. 北京：人民出版社，2008：7.

步。但是，这样的中国崛起被西方视作对西方文明的威胁与挑战。

英国学者马丁·雅克在其著作《当中国统治世界：中国的崛起和西方世界的衰落》中指出："中国是一个伪装成民族国家的文明，表面上看中国的崛起是一个民族国家的崛起，但实质上它是一个文明的崛起，这将深刻地改变由西方文明主导世界的最基本的文明格局。这让向来充满优越感的西方自信不再，而是产生了深深的焦虑与不安，他们无法接受这样一个非西方阵营的国家崛起来取代现有霸主的地位，绝对不允许中国颠覆西方的价值秩序。因为摧毁他们的文化自信与文化认同，包括文化偏见、文化优越感，将从根本上动摇和瓦解西方文明、西方意识形态、西方民主制的价值立场与根本的合法性。因而，西方对中国进行全面的打压，极力遏制中国的崛起。除了以美国为首兴起逆全球化浪潮，从贸易、科技等领域压制中国，他们持之以恒地通过软实力对中国实施'没有硝烟'的文化侵略战，妄图达到釜底抽薪、不战而屈人之兵的效果。"①

我们必须认清当前文化和意识形态领域里斗争与较量的紧迫性和严峻性，对于未来的斗争必须做好足够的心理准备，必须增强主动性、掌握主动权、打好主动仗。

三、我国文化软实力建设的任务与重点

"在全面对外开放的条件下做宣传思想工作，一项重要任务是引导人们更加全面客观地认识当代中国、看待外部世界""讲清楚中国特色社会主义植根于中华文化沃土、反映中国人民意愿、适应中国和时代发展进步要求，有着深厚历史渊源和广泛现实基础""对世界形势发展变化，对世界上出现的新事物新情况，对各国出现的新思想新观点新知识，我们要加强宣传报道，以利于积极借鉴人类文明创造的有益成果"②，因此，融通中外讲好中国故事、加强国际传播能力建设是中国国家文化软实力建设的重要任务。

1. 我国文化软实力面临的国家文化安全形势

中国的崛起已被西方视作严重威胁和挑战，正遭到西方的极力遏制。

国际舆论格局是西强我弱，西方主要媒体左右着世界舆论。由于西方长期掌握着文化霸权、进行宣传鼓动，当代中国价值观念存在太多被扭曲的解释、被屏蔽的真相、被颠倒的事实。同时，我们的阐释技巧、传播力度还不够，当代中国价值观念的国际知晓率和认同度还不高，有时处于有理没处说、说了也传不开的被动境地。"'谎言重复一千遍就会变成真理。'各种敌对势力就是想利用这个逻辑！他们就是要把我们党、我们国家说得一塌糊涂、一无是处，诱使人们跟着他们的魔笛起舞。各种敌对势力绝不会让我们顺顺利利实现中华民族伟大复兴，这就是为什么我们要郑重提醒全党必须准备进行具有许多新的历史特点的伟大斗争的一个原因。这场斗争既包括硬实力的斗争，也包括软实力的较量。"③这就是当前和今后相当长的一段时间内我国国家文化软实力建设面临的国家文化安全形势。正是这样严峻的国家文化安全形势要求我们必须站在维护党和国家安全的高度进行全面的、

① 马丁·雅克. 当中国统治世界：中国的崛起和西方世界的衰落[M]. 张莉，刘曲，译. 北京：中信出版社，2010.

② 中共中央文献研究室编. 在全国宣传思想工作会议上的讲话（2013年8月19日）[M]//习近平关于社会主义文化建设论述摘编. 北京：中央文献出版社，2017：197.

③ 中共中央文献研究室编. 当前工作中需要注意的几个问题（2014年10月23日）[M]//习近平关于社会主义文化建设论述摘编. 北京：中央文献出版社，2017：209.

系统的、具有极端重要意义的国家文化软实力建设。没有强大的国家文化软实力，就无法为国家政治安全提供文化安全保障，而中国特色社会主义文化事业也就无法实现安全发展。我们必须认清当前文化和意识形态领域里斗争与较量的紧迫性和严峻性，对于未来的斗争必须要做好足够的心理准备，必须增强主动性、掌握主动权、打好主动仗。

2. 夯实国家文化软实力的根基

国家文化软实力是一项"形于中"而"发于外"的重大建设工程。建设国家文化软实力存在"从哪里建设""在什么基础上建设"的问题。要建设国家文化软实力，要"切实把我们自身的文化建设好，朝着建设社会主义文化强国的目标不断前进"。因此，所谓"形于中"就是要建设一个强大的文化软实力的内容体系。它包括以马克思主义意识形态为核心的社会主义核心价值观建设、以思想理论和知识体系为核心的哲学社会科学建设、以塑造典型艺术形象和健康审美世界为核心的文学艺术建设。一部国家文化软实力发展史已经告诉人们，这三个方面、三大领域是一个国家文化软实力最主要、最核心的组成部分。没有这三个方面的卓越的世界性贡献，就没有国家文化软实力。

马克思主义是一种思想，是一种文化，是人类文明的精华，对于当代中国来说，它是指导我们思想的理论基础，是在当代中国国家文化软实力建设中居于领导地位、核心地位的思想文化。马克思主义是当代中国建设发展最重要的文化软实力，是当代中国文化软实力的核心。马克思主义是一个发展的科学，不断地把马克思主义同中国的具体实践相结合，把马克思主义基本原理同中华优秀传统文化相结合，推动马克思主义的中国化、现代化、21世纪化是增强中国国家文化软实力的中心工作和根本方向。迷失了这个方向，也就迷失了中国国家文化软实力建设的方向和性质，国家文化安全的维护和塑造就会在根本上遭遇威胁、面临危害，最终甚至威胁国家安全，威胁和危害中国共产党执政安全。"领导我们事业的核心力量是中国共产党，指导我们思想的理论基础是马克思列宁主义。"这是中国革命浴血奋战得出来的结论，所以我们几代党的领导人、我们几代中国共产党人都把马克思主义作为指导思想写入我们的《党章》，作为我们党的指导思想。这个文化软实力是包括中国共产党几代领导人把马克思主义基本原理同中国的具体实践相结合创立的中国的马克思主义，也是必须坚持和在中国现代化建设的实践中不断发展的马克思主义。没有发展，一旦"他"的生命终止了，党的事业、国家的前途、民族复兴的伟大目标也就都没有了。

要不断满足人民对美好生活需要的追求，不断夯实提高人民在国家文化建设中的主体地位，使人民的基本文化权益得到根本保障，坚持文化发展成果由人民共享，把马克思主义的人民性和实践性相统一的原则全面贯彻到国家文化软实力建设中来。文化软实力首先表现为对内的影响力、吸引力和凝聚力。一个对内没有影响力和凝聚力的文化，对外是没有吸引力和感召力的。对内的影响力和凝聚力是夯实国家文化软实力的根本基础。人民的文化获得感、满足感和安全感是国家文化软实力"形于中"而"发于外"的具体表现，也是夯实国家文化软实力根基的关键。没有这一根基，就没有国家文化的影响力、吸引力、凝聚力和感召力，也就没有国家文化安全竞争力。

3. 国家文化软实力建设的重点

紧紧围绕建设社会主义核心价值体系、建设社会主义文化强国，完善文化管理体制和文化生产经营机制，建立健全现代公共文化服务体系、现代文化市场体系来做好工作，以此推动社会主义文化大发展大繁荣，形成强大的国家文化软实力是我国国家文化软实力建设的重点。

（1）社会主义核心价值观建设。价值观是决定文化性质和方向的最深层次的要素。"一个国家的文化软实力，从根本上说，取决于其核心价值观的生命力、凝聚力、感召力。"[①]

（2）大力发展文化产业。文化产业是重要的文化软实力的形态。没有文化产业，一切文化生产与传播就没有载体，一切所谓文化影响力、吸引力和感染力也就无从谈起，当然也就没有文化软实力。文化产业具有双重功能、双重属性：一是它的商品属性，文化产业是现代国民经济发展的支柱产业；二是它的意识形态属性，文化产业是传播思想文化价值观念的最重要的工具。文化产业发展具有两种社会效益：一是经济效益，它可以为社会积累财富、优化经济结构；二是它为思想文化生产和传播提供平台、提供渠道、提供载体。文化产业能不能做大做强、能不能成为国民经济的支柱产业既决定了经济发展规模能不能扩大，也决定了思想文化传播、价值观传播能不能得到更广泛的影响、更扎实的影响。这是夯实文化软实力根基的现实要求。正是在这个意义上，中国必须要大力发展文化产业，以建设一个强大的现代文化产业体系，构筑国家文化软实力的力量体系。

（3）社会主义文化强国建设的基础更加扎实。社会主义文化强国建设是增强文化软实力的具体奋斗目标与战略实现形态。文化软实力建设最终都要落实到国家文化的力量形态。文化强国就是这样一种力量形态。它是当代中国社会主义文化从站起来、富起来到强起来的必然要求和逻辑结果。这是一个同国家整体硬实力建设相适应、相呼应和相一致的历史需求。

四、提高和增强国家文化软实力的途径

1. 把马克思主义基本原理同中华优秀传统文化相结合

中国国家文化软实力最大的优势是中国的马克思主义。提高和增强中国国家文化软实力最根本的途径就是不断地创造性发展中国的马克思主义。把马克思主义基本原理同中国革命具体实践相结合是中国革命建设发展和现代化成功的最基本、最关键的历史经验。在这一历史实践过程中形成的毛泽东思想、中国特色社会主义理论和习近平新时代中国特色社会主义思想是中国马克思主义建设与发展最重要的思想理论成果，也是中国向人类社会贡献的文明新形态的集中体现。它们构成了当代中国最核心的、最富有特色的国家文化软实力，是中国战胜与克服一切困难的力量源泉。

它们是从中国国情出发，一切以中国国情为依据，在中国革命、建设、改革开放和现代化建设的实践中建立和发展起来的。它们是在中国优秀传统文化的基础上，把马克思主义基本原理同中华优秀传统文化相结合，通过创造性发展和创新性转化建立和发展起来的。"中华文化是我们提高国家文化软实力最深厚的源泉，是我们提高国家文化软实力的重要途径。要使中华民族最基本的文化基因与当代文化相适应、与现代社会相协调，以人们喜闻

---

① 中共中央文献研究室编. 在十八届中央政治局第十三次集体学习时的讲话（2014 年 2 月 24 日）[M]//习近平关于社会主义文化建设论述摘编. 北京：中央文献出版社，2017：203-204.

乐见、具有广泛参与性的方式推广开来，把跨越时空、超越国度、富有永恒魅力、具有当代价值的文化精神弘扬起来，把继承传统优秀文化又弘扬时代精神、立足本国又面向世界的当代中国文化创新成果传播出去。要系统梳理传统文化资源，让收藏在禁宫里的文物、陈列在广阔大地上的遗产、书写在古籍里的文字都活起来。"①习近平的这一重要论述既是对中国国家文化软实力形成的重要历史总结，也是对在新的历史条件下如何提高和增强我国国家文化软实力途径的重要阐述和指引。

"文化是沟通心灵的桥梁。以理服人，以文服人，以德服人，是中华文化的生命禀赋和生存耐性。'远人不服，则修文德以来之'，中华民族早就懂得'观乎人文，以化成天下'的力量。"②马克思主义是经过实践证明具有普遍意义的真理。把人类社会发展史上这两大最重要的文明形态有机地结合在一起，创造人类文明新形态，必将在为实现中华民族伟大复兴提供真理性力量的同时，为全球发展和构建人类命运共同体提供全新的文明指引。

2. 加强哲学社会科学建设，繁荣发展文学艺术

哲学社会科学和文学艺术是一个时代的精神文化精华，是国家文化软实力构成的重要形态，是提高和增强国家文化软实力的两大必不可少的途径。哲学社会科学和文学艺术是人类社会发明的两大文明建构体系，它们各自以丰富的知识体系和审美世界的构筑，阐释和揭示人类社会的真善美，塑造人类社会的灵魂世界，赋予人类以改造自我、改造社会和改造世界的力量。中国话语是中国哲学社会科学和中国文学艺术的载体和表达体系，是中华文化软实力建设的重要内容。我们"要用中国理论解释中国实践，用中国实践升华中国理论，更加鲜明地展示中国思想，更加响亮地提出中国主张"③，就必须从发展着的中国和世界实际出发，构建中国话语体系。这个话语体系是哲学社会科学和文学艺术所共同创造和塑造的人类真善美体系的结晶。因此，提高和增强国家文化软实力，离不开哲学社会科学体系的支撑，离不开文学艺术的创造。我们要着力构建以中国自主的知识体系为核心和灵魂的中国特色哲学社会科学，"在指导思想、学科体系、学术体系、话语体系等方面充分体现中国特色、中国风格、中国气派"④。

文艺是人类社会发明创造的最好的交流方式，在国家文化软实力建设中可以发挥不可替代的作用。"一部小说，一篇散文，一首诗，一幅画，一张照片，一部电影，一部电视剧，一曲音乐，都能给外国人了解中国提供一个独特的视角，都能以各自的魅力去吸引人、感染人、打动人。"⑤要以充分的文化自信讲好中国故事。讲好中国故事是文化自信的一种体现和积极表达。讲好中国故事是一种精神气象，本身就是一种中国故事的建构方式、阐释方式和演绎方式。习近平说："我们有本事做好中国的事情，还没有本事讲好中国的故事？

---

① 中共中央文献研究室编. 习近平在十八届中央政治局第十二次集体学习时的讲话（2013 年 12 月 30 日）[M]//习近平关于社会主义文化建设论述摘编. 北京：中央文献出版社，2017：198.

② 同①：203-204.

③ 中共中央文献研究室编. 在党的新闻舆论工作座谈会上的讲话（2016 年 2 月 19 日）[M]//习近平关于社会主义文化建设论述摘编. 北京：中央文献出版社，2017：198.

④ 习近平在哲学社会科学工作座谈会上的讲话（2016 年 5 月 17 日）[N]. 人民日报，2016-05-17.

⑤ 中共中央文献研究室编. 习近平在文艺工作座谈会上的讲话（2014 年 10 月 15 日）[M]//十八大以来重要文献选编：中编. 北京：中央文献出版社，2016：128.

我们应该有这个信心！"①

当今世界，多种文明、多元文化、多样思潮在交流交锋中共存，努力寻求中外价值共识、话语共通、情感共鸣的最大公约数。在此基础上，彰显中国道路、中国制度、中国理论、中国文化的独特价值和突出优势，打造融汇中外、贯通世界的新概念、新范畴、新表述，"讲清楚中国是什么样的文明和什么样的国家，讲清楚中国人的宇宙观、天下观、社会观、道德观，展现中华文明的悠久历史和人文底蕴，促使世界读懂中国、读懂中国人民、读懂中国共产党、读懂中华民族"②，让中国主张成为世界宣言，使中国理念化作国际共识，用中国方案绘就全球蓝图。

3. 加强国际传播能力建设，讲好中国故事

讲好中国故事，让世界更好地了解中国，是提升我国文化软实力的重要途径。

首先，讲好中国故事，必须展现真实、立体、全面的中国。"我们不仅要让世界知道'舌尖上的中国'，还要让世界知道'学术中的中国''理论中的中国''哲学社会科学中的中国'，让世界知道'发展中的中国''开放中的中国''为人类文明做贡献的中国'"③。我们要主动宣介新时代中国特色社会主义思想，主动讲好中国共产党治国理政的故事、中国人民奋斗圆梦的故事、中国坚持和平发展合作共赢的故事。

其次，要以高度的文化自信讲好中国故事。讲好中国故事是文化自信的一种体现和积极表达。讲好中国故事是一种精神气象，本身就是一种中国故事的建构方式、阐释方式和演绎方式。"我们有本事做好中国的事情，还没有本事讲好中国的故事？我们应该有这个信心！"④以高度的文化自信、弘扬中国精神的姿态去讲中国故事才是讲好中国故事的正确方式。

最后，构建中国话语体系，加强国际传播能力建设。讲好中国故事，关键在于加强国际传播能力，提升以国际话语权为代表的文化软实力。话语权决定国际舆论定义权。落后就会挨打，贫穷就会挨饿，失语就会挨骂。"尽管我们在提高国际话语权方面取得了重要进展，但同西方国家相比，我们还有不小差距。应该承认，对国际话语权的掌握和运用，我们总的是生手，在很多场合还是人云亦云，甚至存在舍己芸人现象。"⑤客观存在的"西强我弱"的国际舆论格局与我国信息输出的"逆差"、中国真实形象和西方主观印象的反差、软实力和硬实力的"落差"等问题使我们在国际上往往处在"有理说不出或者说出了传不开"的"失语"被动地位。⑥之所以会造成这样一种国家文化安全困境，"更深层次地看，我们在国际上有理说不清的一个重要原因，是我们的对外传播话语体系没有完全建立起

① 中共中央宣传部. 习近平在党的十八届四中全会第二次全体会议上的讲话（2014年10月23日）[M]//习近平总书记系列重要讲话读本. 北京：学习出版社，人民出版社，2016：209.

② 习近平在十九届中央政治局第三十九次集体学习时的讲话（2022年5月27日）[N]. 人民日报，2022-05-27.

③ 习近平在哲学社会科学工作座谈会上的讲话（2016年5月17日）[M]. 人民日报，2016-05-17.

④ 同①.

⑤ 中共中央文献研究室编. 在十八届中央政治局第十二次集体学习时的讲话（2013年12月30日）[M]//习近平关于社会主义文化建设论述摘编. 北京：中央文献出版社，2017：198.

⑥ 中共中央文献研究室编. 在全国宣传思想工作会议上的讲话（2013年8月19日）[M]//习近平关于社会主义文化建设论述摘编. 北京：中央文献出版社，2017：197.

来。"① "我国发展可以说是风景这边独好。但是，西方仍然在'唱衰'中国。国际舆论格局是西强我弱，西方主要媒体左右着世界舆论"②，这是我国面临的严峻的国家文化安全形势和国家文化软实力挑战。国际话语权是国家文化软实力的重要组成部分。讲好中国故事、提高话语的艺术是全面增强话语权的重要方式。中国道路的选择、中国理论的创新、中国制度的设计、中国文化的发展，还要靠中国的话语来讲述③。切实提高对外话语的创造力、感召力、公信力，创新传播方式，才能让当代中国形象在世界上树立和闪亮起来。

"讲好中国故事"，这是今天中国亟待解决的重大课题，是我们一直想解决却还没有很好解决的难题。新中国成立以来，我们实现了从站起来、富起来到强起来的伟大飞跃，走到了今天"实现中华民族伟大复兴进入不可逆转的历史进程"，我们解决了"挨打""挨饿"的问题，但是"挨骂"的问题一直没有解决好。面对西方媒体制造的种种"中国威胁论"和对中国社会发展和民族进步等的抹黑以及对我国实施的舆论战、文化战、信息战，我们要不断提升中华文化影响力，把握大势、区分对象、精准施策，主动宣介新时代中国特色社会主义思想，主动讲好中国共产党治国理政的故事、中国人民奋斗圆梦的故事、中国坚持和平发展合作共赢的故事，让世界更好地了解中国。因此，"要提高对外文化交流水平，开展深层次、多样化、重实效的思想情感交流，善于用外国民众容易接受的方式，让他们更好了解和体验中华文化。要完善人文交流机制，创新人文交流方式，发挥各地区各部门各方面作用，综合运用大众传播、群体传播、人际传播等多种方式展示中华文化魅力。"④

要解决这些问题，必须加强国际传播能力建设、讲好中国故事，努力提升国际话语权。讲好中国故事、提高话语的艺术是全面增强话语权的重要方式。中国道路的选择、中国理论的创新、中国制度的设计、中国文化的发展，还要靠中国的话语来讲述。"⑤我们要完善国际传播工作格局，创新宣传理念、创新运行机制，从单向度的传播变为双向度的沟通，增强国际传播的主体力量，充分调动各方力量，打造具有较强国际影响力的外宣旗舰媒体，加快推动传统媒体和新兴媒体融合发展，切实提高对外话语的创造力、感召力、公信力，向世界展现真实、立体、全面的中国，让当代中国形象在世界上不断地树立和闪亮起来。

中国和世界的关系正在发生历史性变化，中国需要更好地了解世界，世界也需要更好地了解中国。"如何让世界读懂中国，是一种软实力"，而有效塑造这一软实力的关键是加强国际传播能力建设、讲好中国故事、争取国际话语权。

4. 向世界贡献中国智慧和中国方案

衡量一个国家文化软实力的最重要的标准，就是它是否向人类社会的文明进步、全球发展和全球安全需求贡献了可实践的理论政策、战略倡议和价值观。以文化软实力为核心力量维护与塑造国家文化安全的目标指向不仅是中国实现社会主义现代化强国战略，也是面向世界、面向未来，为构建人类命运共同体、为全人类的发展与文明进步贡献中国智慧

---

① 习近平. 论党的宣传思想工作[M]. 北京：中央文献出版社，2020：364.

② 中共中央文献研究室编. 在全国宣传思想工作会议上的讲话（2013 年 8 月 19 日）[M]//习近平关于社会主义文化建设论述摘编. 北京：中央文献出版社，2017：197.

③ 张国祚，刘存玲. 新时代背景下的文化软实力提升[J]. 马克思主义中国化，2020（9）：89.

④ 同②：201-202.

⑤ 同③.

和中国方案。作为一个负责任的大国，中国注重把自身发展与世界发展联系起来，把中国人民利益同各国人民共同利益结合起来。作为崛起中的大国，我们有责任有义务把中国的成功经验分享出去，把中国标准、规则、理念推出去，以更加积极自信的姿态参与国际事务，与各国人民共同应对全球性挑战，努力为全球发展做出贡献。

现代化是工业文明开辟的人类社会发展的新道路。现代化道路不只有一种模式，中国共产党领导中华民族进行的社会主义实践，为其他国家探索现代化提供了不同于西方的样本。"我们坚持和发展中国特色社会主义，推动了物质文明、政治文明、精神文明、社会文明、生态文明协调发展，创造了中国式现代化新道路，创造了人类文明新形态。"[①]这是当代中国全新的国家文化软实力。中国所进行的土地改革和工业化探索无疑为其他国家提供了追赶资本主义国家、摆脱殖民困境的模板。作为发展中国家中的成功实践者，中国可以为世界上广大发展中国家和地区的民族解放和民族富强提供一条全新的可以参照的道路。作为世界和平的建设者、全球发展的贡献者、国际秩序的维护者，中国始终强调中国的发展绝不只是为了一个国家的特殊利益，而是努力探索人类和平发展、公平发展的新格局。当前，我们探索人类命运共同体实际上就是探索人类的理想在现实中逐步实现的具体方式。建党百年，习近平的"七一"重要讲话在不断构建人类命运共同体时指出："和平、和睦、和谐是中华民族5000多年来一直追求和传承的理念，中华民族的血液中没有侵略他人、称王称霸的基因。"这一文明特点作为文化基因是从历史中来并被中国共产党所继承的，这是我们为世界文明的现实与未来做出的贡献，也是我们为人类文明提供的中国方案。中国的新发展为世界提供新机遇，意味着中国的发展绝不是关起门来的"故步自封"与"孤芳自赏"，而是中国愿意以开放的胸襟学习世界上一切先进的东西，与世界上一切进步力量平等交流，也愿意共享自身的发展成果、发展理念，提供一种理解全球化的新的方案。

向世界贡献中国智慧和中国方案离不开软实力的建设，不能只有中国智慧和中国方案，而没有中国话语。中国话语是中国智慧和中国方案的载体和表达，也是软实力的重要内容，三者共同构成面向世界的中国贡献。只有建构好中国话语体系，才能更好地阐释和传播好中国智慧与中国方案。要善于提炼标识性概念，打造易于为国际社会所理解和接受的新概念、新范畴、新表述，引导国际学术界展开研究和讨论。党的十八大以来，习近平总书记提出了"正确的义利观""命运共同体""新型大国关系"、共建"一带一路"等诸多体现中国智慧的标识性概念、标识性范畴。我们要加大这些标识性概念和范畴的传播力度，使其成为世界表达中国故事的源头、读懂中国的标识。

国际话语权是国家文化软实力的重要组成部分。构建中国话语体系，要更好地阐释中国特色，"要用中国理论解释中国实践，用中国实践升华中国理论，更加鲜明地展示中国思想，更加响亮地提出中国主张"[②]。话语的背后是思想，是"道"。支撑话语体系的基础是哲学社会科学体系。没有自己的哲学社会科学体系，就没有话语权。要按照立足中国、借鉴国外，挖掘历史、把握当代，关怀人类、面向未来的思路，"着力构建中国特色哲学社会

① 习近平在庆祝中国共产党成立100周年大会上的讲话[EB/OL].（2021-07-01）[2022-10-19]. www.gov.cn/xinwen/2021-07-01/content_5621847.htm.

② 中共中央文献研究室编. 习近平在党的新闻舆论工作座谈会上的讲话（2016年2月19日）[M]//习近平关于社会主义文化建设论述摘编. 北京：中央文献出版社，2017：198.

科学，在指导思想、学科体系、学术体系、话语体系等方面充分体现中国特色、中国风格、中国气派"[①]。

我们要在对"世界怎么了，我们怎么办"的"世界之问"中思考中国话语构建。"世界之问"与"国之大者"必然要紧密结合。要围绕人类面临的共同难题和重大问题，着力提出能够体现中国立场、中国智慧、中国价值的理念、主张、方案，着力把我国标准、规则、理念推出去，"逐步形成一套带有中国印记的多边治理规则，扩大以我为主的全球伙伴关系网，提升我国在地区乃至全球治理中的影响力和话语权"，[②]并为全球话语体系重构、为推进全球正义的新秩序的建立做出贡献。

作为一个负责任的大国，中国必然把"世界怎么了，我们怎么办"的"世界之问"与"国之大者""中国之治"紧密结合起来，把自身发展与世界发展联系起来，把中国人民利益同各国人民共同利益结合起来。作为崛起中的大国，我们有责任有义务把中国的成功经验分享出去，把中国标准、规则、理念推出去，以更加积极自信的姿态参与国际事务，与各国人民共同应对全球性挑战，努力为推进全球正义的新秩序的建立做出中国的原创性贡献。

本章小结

文化国力是一个国家、一个民族要真正屹立于世界民族之林的不可或缺的要素，它不仅是国家、民族精神独立性的标识，也是推动国家和民族发展进步的强大动力源泉。本质上，它塑造了一个国家、一个民族之所以是这样而不是那样的根本的身份特征，为国家安全提供了身份安全的保障与精神支柱，这决定了一个国家的性质和它在人类文明格局中的定位。

文化自信、文化认同与文化软实力是文化国力的重要组成部分，是增强人民主动性的精神力量、实现中华民族伟大复兴的重要途径，是维护和塑造中国国家文化安全的关键要件。文化自信是国家文化安全的精神支撑。坚定文化自信就是坚定中国特色社会主义自信，就是坚守中华文化立场、弘扬中国精神，传承中华民族的独特精神标识。文化认同是国家文化安全的认知基础与情感纽带。增强文化认同就是推动全党全社会形成共同的思想共识，并且筑牢紧密连接全党、全社会、全国各族人民的情感纽带，最终指向中华民族命运共同体的建立。文化软实力是维护和塑造国家文化安全的核心力量。提高文化软实力，既要加强对内的社会主义核心价值观的建设，又要加强对外的国际传播能力建设，讲好中国故事，建构好中国话语，向世界阐述和传播好中国智慧与中国方案。

文化认同、文化自信、文化软实力相互作用，共同建构，并深刻影响着国家文化安全的质量。文化认同是文化自信的根基，文化自信是文化认同的精神表现与升华。文化自信、文化认同共同构成了文化软实力的精神内核。而文化软实力既是文化自信、文化认同的显性表达与力量升华，也是坚定文化自信、增强文化认同的途径和手段。只有坚定文化自信、增强文化认同、不断提升文化软实力，才能使文化国力可持续发展，为国家安全提供文化安全的根本保障。

---

① 习近平在哲学社会科学工作座谈会上的讲话（2016 年 5 月 17 日）[N]. 人民日报，2016-05-17.
② 习近平在推进"一带一路"建设工作座谈会上的讲话[EB/OL]. （2016-08-17）[2022-10-19]. theory.people.com.cn/n1/2019/0107/c40531-30507321.html.

思考题

1．为什么说文化自信事关国家文化安全？

2．为什么说铸牢中华民族共同体意识是当前我国文化安全领域的重点任务？

3．文化软实力建设如何助益国家文化安全？

4．从国家文化安全的角度谈谈文化自信、文化认同与文化软实力之间的关系。

第六章

生活方式、核心价值观与传统文化

生活方式与核心价值观是构成国家文化安全最基本的要素。不同国家基于历史和文化的差异，对国家文化安全的理解存在差别，但生活方式和核心价值观始终被纳入其中，作为一国根本利益之体现，成为国家文化安全的两大核心。生活方式与价值观是一个相辅相成的有机整体，生活方式是价值观的基础，价值观是生活方式的指导。[①]两者是传统文化形成的内因，又给予生活方式和核心价值观以巨大影响。探讨我国的国家文化安全，离不开对生活方式和社会主义核心价值观的思考，也绕不开中华优秀传统文化这一国家文化安全的内源性要素。

第一节　生　活　方　式

一个国家赖以存在的生活方式是国家文化安全的两大核心之一，通过了解生活方式的内涵、结构和特征，可以更好地把握其与国家文化安全的关系，理解社会主义生活方式培育对维护国家文化安全的意义。

一、生活方式的内涵、结构、特征

生活是人们基本的活动行为，与社会、国家发展的各个方面紧密相连，成为社会学、哲学、人类学、政治学、经济学等众多学科关注、讨论的交叉点，逐渐总结形成了生活方式这一基本概念并延伸出内涵、结构和特征等基本理论，可作为我们了解、探讨生活方式的基础。

1. 生活方式的内涵

"生活方式"的理论来源于马克思主义理论，马克思、恩格斯在其著作《德意志意识形

---

① 胡惠林. 国家文化安全法制建设：国家政治安全实现的根本保障——关于国家文化安全法制建设若干问题的思考[J]. 思想战线，2016，42（5）：95-106.

态》中提出了"生活方式"与"生产方式"两个相对应的概念并将两者作为历史唯物主义的基本范畴，为后续研究和理解生活方式这一复杂概念提供了理论资源。之后，不同学科逐步将生活方式纳入研究视野，尤以社会学为主，生活方式逐渐成为社会学的一个分支学科。社会学视域下的生活方式强调价值选择和自我建构，认为其是在现实的社会网络关系和生活资源供给条件下，人们通过价值选择建构自己的生活需要，从而获得自己所珍爱的有意义的生活。①经济学视域下则侧重于消费方式，认为生活方式是理解人们消费行为的通俗概念，是人们生活、花费时间和金钱的方式的统称。②虽尚未有完全统一的概念，但在生活方式是回答"怎样生活"的概念这一基本观点上较为一致。③《中国大百科全书·社会卷》将生活方式定义为："不同的个人、群体或社会全体成员在一定的社会条件制约和价值观指导下所形成的满足自身生活需要的全部活动形式与行为特征的体系。"这是比较科学、可以借鉴的概念。

生活方式概括的社会现象复杂多样，其概念有广义与狭义之分：广义上的生活方式涵盖生活的一切面向，包括全部生活活动特征和其所体现的形式，涵盖人们的物质生活、政治生活、精神生活和社会生活等领域的一切生活活动的方式；④狭义的生活方式则聚焦人们"怎样进行日常生活"的问题，仅指向衣、食、住、行等日常生活领域，⑤即指个人及其家庭的衣、食、住、行以及闲暇时间的利用等日常生活的活动方式。⑥另外，生活方式还可从静态和动态两个角度理解：从静态来看，生活方式由生活活动条件、生活活动主体、生活活动形式等相互联系的要素构成；从动态来看，则强调主体与客体之间的互动，生活方式是主、客体相结合和互动生成的过程，主、客体通过互动活动满足自身的生存、享受、发展需要并通过选择性、反思性活动而超越现实生活。

2. 生活方式的结构

要理解生活方式的结构，首先要了解生活方式的构成要素，对此目前主要有三种说法：一是"二要素"说，即生活方式由主体和客体两大基本要素构成，生活方式的主体就是进行生活活动的人，生活方式的客体则是主体活动的手段和对象，即生活活动所需的一切条件和主体活动的内容。⑦二是"三要素"说，即生活方式包括三个相互联系的要素——生活活动条件、生活活动主体和生活活动形式。生活活动条件包括自然、社会、宏观、微观等条件；生活活动主体是个人或群体；生活活动条件和生活活动主体交互作用外显为一定的生活活动状态或样式，即生活活动形式。⑧三是"四要素"说，即生活方式包括生活主体、生活资料、生活时间和生活空间四个相互联系又相互制约的要素。生活主体是在一定社会

① 王雅林. 生活方式研究 40 年：学术历程、学科价值与学科化发展[J]. 西北师范大学学报（社会科学版），2019，56（3）：63-69.

② 陈凯，高歌. 绿色生活方式内涵及其促进机制研究[J]. 中国特色社会主义研究，2019（6）：92-98.

③ 王雅林. 生活方式研究述评[J]. 社会学研究，1995（4）：41-48.

④ 唐钧. 生活方式与整体健康观[J]. 哈尔滨工业大学学报（社会科学版），2020，22（1）：38-44.

⑤ 王帝钧，周长城. 生活方式研究的结构与能动视角——兼论生活方式研究的新进展[J]. 哈尔滨工业大学学报（社会科学版），2021，23（1）：58-65.

⑥ 刘乃刚. 习近平关于绿色生活方式重要论述的理论内涵与现实意义[J]. 宁夏大学学报（人文社会科学版），2021，43（6）：6-12+28.

⑦ 杨桂华. 生活方式是一个动态的立体结构[J]. 天津师范大学学报，1990（4）：6-10.

⑧ 同③.

关系中有需要和能力的人和人的集合体，包括个体、群体、人类整体；生活资料是用于生活活动的物质和精神资料；生活时间是人们从事生活活动的时间和节奏；生活空间是生活的范围和环境。①

要素构成了生活方式的基本结构维度，在其基础上可以延伸出更细层次的结构，使生活方式呈现出立体结构形态。从生活活动主体来看，可按性别分为男性和女性的生活方式，也可按年龄分为青年、中年、老年的生活方式，还可以按群体特征分为不同群体的生活方式。从生活活动内容来看，可以分为劳动方式、消费方式、文化休闲方式、交往方式、婚恋方式、饮食方式、家庭生活方式、社群生活方式②等。从生活时间来看，生活方式是历史的、动态的，根据历史阶段、时代特征可以形成时间轴结构，如按社会形态的时间分为原始社会、奴隶社会、封建社会、资本主义社会、社会主义社会等不同阶段的生活方式。③从生活空间来看，可按居住空间分为城市和乡村的生活方式。

3. 生活方式的特征

虽然生活方式概念复杂，具体的生活方式又因时、因地、因人而有所不同，但还是可以从中抽象出一般性特征。

（1）整体性。生活方式是由多个要素有机联系、相互作用而形成的一个复杂整体，涵盖了多层次、多样化的生活活动形式和内容。各要素相互依赖和制约，缺一不可且存在关联性影响，某一个要素并不能完全决定生活方式的全部，但这种关联性又使得个体的生活方式在不同生活活动领域表现出连贯性，可以通过了解局部而推导整体。

（2）历史性。生活方式在历史演进中变化和传承，历史发展带来的生活方式各要素及其相互关系的变化必然推动生活方式发生相应的改变，但作为历史文明的沉淀，生活方式的改变并非全新再生，而是在扬弃中创新、在传承中演进，彰显出人类文明的积累、延续和发展。

（3）相对稳定性。生活方式在具体社会历史阶段下，通过汲取社会发展所提供的具体条件进行自我调整，以形成与当前社会条件相适应的形态，一旦形成则具有一定的稳定性，在一定程度上排除外界干扰，保持相对稳定的状态。正因如此，有学者认为生活方式是由内在信念驱动与外部环境刺激共同作用产生的一系列较为稳定的行为集合。④

（4）差异性。生活方式在不同生活活动主体、生活时间、生活空间上表现出差异，如性别、年龄、民族、社会阶层、城乡、代际等，因而可以作为区分不同社会群体特征的依据。

二、生活方式与国家文化安全的关系

生活方式是国家文化安全的核心，国家文化安全为生活方式提供保障，二者互促共进。

---

① 王建武. 生活方式的要素和结构[J]. 理论月刊, 1986（11）：37-41.

② 汪业周. 论生活方式的蕴涵与结构[J]. 理论学刊, 2002,（1）：90-93.

③ 杨桂华. 生活方式是一个动态的立体结构[J]. 天津师范大学学报, 1990（4）：6-10.

④ Chian-Son Yu. Construction and validation of an e-lifestyle instrument[J]. Internet Research, 1991, 21(3): 214-235.

1. 生活方式是国家文化安全的核心

基于生活方式的内涵，从国家层面来看，一国人民在长期生产劳动生活过程中基于当前的政治、经济、社会条件对继承的传统生活方式进行更新调整，所形成的满足自身生活需要的全部活动形式与行为特征的体系，可视为一个国家的整体生活方式。这样的生活方式与国家的文化传统相一致，与国家基本制度相匹配，与国家发展目标相适应，是国家主流价值导向下的选择，也是国家核心价值观的集中体现。否定生活方式就是否定了一国的核心价值观，否定了国家的基本制度。鸦片战争打破了我国传统价值观，也冲击了与封建制度和农耕文明相匹配的生活方式，重塑价值观、重建生活方式成为近代以来，特别是中国共产党成立后一直予以奋斗的重要目标，在不断探寻"什么最符合中国人民根本利益""什么是社会主义"的过程中，社会主义核心价值观逐渐凝练，也是在这一价值观的指导下，与中国特色社会主义制度相适应的社会主义生活方式逐渐形成。社会主义生活方式将社会主义核心价值观、中华优秀传统文化融入生产劳动及日常生活，转化为稳定的生活活动逻辑和行为习惯，是中国人民追求美好生活的基础，蕴含了积极的生活目标和理念。否定这样的生活方式，本质上就是否定对美好生活的目标追求，否定社会主义核心价值观，否定中华优秀传统文化，否定中国共产党带领人民百年奋斗的价值。培育和巩固社会主义生活方式就是用融入人们生活方方面面的行动去践行社会主义核心价值观、去传承中华优秀传统文化，在生活体悟中提升道路自信、理论自信、制度自信和文化自信，夯实文化认同，形成对不良文化的辨识力和抵抗力，提升国际文化影响力和话语权，维护国家文化安全。因此，可以说，生活方式是国家文化安全的核心，也是衡量国家文化安全的关键指标。①

2. 国家文化安全为生活方式提供保障

生活方式与国家文化安全是互促共进的，国家文化安全也为生活方式提供坚实保护和有益环境。文化传递着"怎样生活"的钥匙，影响着人们生活中的价值观念和价值取向，只有在不受威胁、干扰的环境下，优秀的、先进的文化才能充分发挥对价值观念的引导，鲜明地指出什么是真善美，抵御不良文化的误导和扭曲，以丰盈的"正能量"坚定社会主义生活方式的选择并赋予不断优化的动力和信心。维护国家文化安全的核心诉求，就是维护我们的传统文化、核心价值观和生活方式。②

三、生活方式面临的挑战

文化对于生活方式的形成和演变有着至关重要的作用，它既构成了历史生活的经验，又建构着未来生活的方向。随着我国改革开放和全球一体化发展，文化多元不仅意味着世界各国的多样文化，也意味着不同价值观、文化品位的杂糅。一些低质文化裹挟着不良价值观混入大众文化、冲进人们的日常生活，扰乱价值标准，拉扯生活品位，使生活方式面临着低俗、庸俗、媚俗的挑战。

所谓低俗，就是低于公众普遍认同的思想道德底线和遵守的行为标准。低俗化渗入生

---

① 胡惠林. 国家文化安全法制建设：国家政治安全实现的根本保障——关于国家文化安全法制建设若干问题的思考[J]. 思想战线，2016，42（5）：95-106.
② 涂成林. 国家文化安全视阈下的传统文化与核心价值[J]. 广东社会科学，2016（6）：47-53.

活方式表现为人们在休闲娱乐中偏好低格调的搞笑、无底线的放纵、博眼球的娱乐；在日常消费中被尽显物欲的奢侈消费所左右，将商品及其消费视为自身权力、财富、声望、身份的象征，而忽略商品本身的价值。庸俗则是在价值观念上奉行机会主义、实用主义，在生活方式上追求个人利益的最大化，在人际交往中用功利、算计取代诚信、良善，对粗制滥造、假冒伪劣予以漠视甚至效仿。媚俗则是曲意迎合某些所谓的"流行""时尚"，缺乏是非判断、枉顾法律规则，对于生活方式缺乏独立思考和选择，为投其所好、彰显个性，刻意跟随低俗、庸俗的生活方式。

党的十九大明确提出我国社会主要矛盾已经转化为人民日益增长的美好生活需要和不平衡不充分的发展之间的矛盾。中国共产党的奋斗目标和一系列重大部署指向的都是满足人民日益增长的美好生活需要。美好生活又以共同富裕为具体指向，即追求物质生活和精神生活都富裕，促使人的全面发展、社会生活积极向上。无论是美好生活还是共同富裕，都要求人们怀揣对生活的美好憧憬，踏实进取，诚信友善，遵纪守法，这恰与社会主义核心价值观相符，与中华优秀传统文化相一致。而无论是低俗、庸俗还是媚俗，均与之相背离，会将人们拖离社会主义核心价值观，拖入享乐奢靡、不思进取的深渊，最终危及共同富裕目标的实现和对社会主义制度的信仰。

四、培育社会主义生活方式维护国家文化安全的路径

社会主义生活方式是与社会主义生产方式相适应的文明、健康、科学的生活方式，是社会主义物质文明和精神文明的统一。培育社会主义生活方式就要以社会主义核心价值观为引领，以一系列中国特色社会主义文化产品和活动为载体，以文化安全法制建设为保障，构筑安全的文化环境和社会主义文化场域。

1. 弘扬社会主义核心价值观，深植社会主义生活方式根基

价值观关系着生活方式的选择和形成，弘扬社会主义核心价值观，将中国特色社会主义共同理想、中国梦弥散于日常生活，将共同富裕作为生活目标和行动导向，为生活方式锚定基本方向；通过强化爱国主义精神、改革创新精神、团结奋斗精神，让人们始终保持民族责任感，自觉把前途命运同国家和民族的前途命运紧紧联系在一起并转化为对生活的热情、积极的行动和高远的目标，为培育社会主义的生活方式根植核心价值观的灵魂。

2. 发展中国特色社会主义文化，丰富社会主义生活活动资源

发展中国特色社会主义文化，就是要创造性转化和创新性发展中华优秀传统文化，继承和发扬革命文化，繁荣社会主义先进文化，让中华民族的精神沉淀、革命先辈身上的优良品质、与时俱进的先进理念，通过丰富多样、层次化、个性化的文化产品、文化元素得以呈现，提升精神生活的富有程度和品质、水平，使中国特色社会主义文化成为人们生活中随时可触及、可感受的高质量文化资源并占主流和主导地位，让人们在衣食住行乐等各个生活场域都能浸润在其中，受其感召，逐渐形成健康、高雅的精神追求，同时提升生活品位和格调，自觉抵制低级、庸俗的文化趣味和生活方式。

3. 加快文化安全的法制建设，筑牢社会主义生活方式保护墙

加速文化安全的相关立法，建构起由基本法、具体法和地方法等共同组成的文化安全

法律制度体系，将危害国家文化安全的言论行为纳入严惩范围。同时，加强文化安全监管、执法和宣传。对文化理论、新闻舆论、文化市场等文化领域实施重点监管，提升全民的文化安全法律意识和辨识力，对可能存在的潜在文化安全加以防范，减少不良文化的趁机潜入和肆意传播，通过净化环境为社会主义的生活方式保驾护航。

第二节　核心价值观

核心价值观是构成国家文化安全的又一核心，通过从价值观、核心价值观到社会主义核心价值观的逻辑推演可以更好地理解社会主义核心价值观的历史必然和现实必要，基于对社会主义核心价值观内涵的了解，可以更深刻地体会社会主义核心价值观对于国家文化安全的重要性，进而自觉弘扬和培育社会主义核心价值观。

一、价值观、核心价值观与社会主义核心价值观

1. 基本概念

价值是主体与客体之间的一种特定关系，[1]即主体根据自身需要对客体及其属性进行掌握、选择、利用和改造，以满足需要。这种特定关系也是一种价值关系，或者说意义关系。客体能满足主体需要就是有意义、有价值，意义的大小也就是价值的大小。[2]把对人与人、人与社会及人与自然之间价值关系的认识进行系统化、理论化，就形成了关于价值关系的观念体系，即人们的价值观，[3]它是人们对价值关系应然状态的理解和期许。

"价值观是人类在认识、改造自然和社会的过程中产生与发挥作用的"[4]，因而必然受到一定的历史背景和政治、经济、文化条件的影响，放在不同历史时期，人们的价值观不同；又因为不同个体有着不同的需要，对客体价值关系的认知、判断必然存在差异，使得个体间价值观也存在多样性。不同的价值观共存使价值冲突在所难免，因生存条件、利益关系、认知水平的不同，个体与个体、个体与群体、群体与群体之间对价值关系理解差异带来分歧和矛盾，继而引发价值失序。因此，一个社会需要探寻和构建反映社会本质和规律的、符合社会整体或大多数人需要的、能得到普遍认同的价值观，即社会的核心价值观，以引导和整合社会意识、减少价值冲突、避免社会失序和内耗、维护社会系统正常运行。"核心价值观，承载着一个民族、一个国家的精神追求，体现着一个社会评判是非曲直的价值标准"[5]，是一个国家价值体系中最本质、最具决定性作用的部分，支撑和影响着所有价值判断[6]。任何国家都会倡导和构建自己的核心价值观，对外因与其本国的经济基础、政治

① 杨耕. 价值、价值观与核心价值观[J]. 北京师范大学学报（社会科学版），2015（1）：16-22.

② 袁贵仁. 价值观的理论与实践：价值观若干问题的思考[M]. 北京：北京师范大学出版社，2006：38.

③ 刘民主，冯颜利. 当代中国价值观的内涵探讨[J]. 探索，2016（1）：154-159.

④ 习近平. 习近平谈治国理政：第一卷[M]. 北京：外文出版社，2014：156.

⑤ 习近平. 青年要自觉践行社会主义核心价值观——在北京大学师生座谈会上的讲话[N]. 人民日报，2014-05-05.

⑥ 顾相伟. 社会主义核心价值观与人的全面发展[J]. 求实，2009（6）：31-33.

制度和文化观念相适应而呈现出特色，对内则消弭社会矛盾、凝聚社会力量，化为人们共同遵守的行为准则和根植内心的价值传统，形成国家发展的精神支持。

任何社会的核心价值观都是对其本质特征的反映。社会主义核心价值观就是反映社会主义社会的本质属性和价值追求，从最深层次科学回答"什么是社会主义"，在社会主义核心价值体系中处于最核心地位的理念。它在汲取中国传统价值观精华的基础上集中体现当代中国精神，凝结着当代中国人民共同的价值追求，对"国民教育、精神文明创建以及各类文化产品的创作生产传播都具有引领作用①"。

2. 社会主义核心价值观的内涵

2006 年 10 月 11 日，党的十六届中央委员会第六次会议通过了《中共中央关于构建社会主义和谐社会若干重大问题的决定》（中发〔2006〕19 号），第一次明确提出了"建设社会主义核心价值体系"这个重大命题和战略任务。2012 年 11 月 8 日，中国共产党第十八次全国代表大会报告中以"三个倡导"的形式正式公开阐释社会主义核心价值观。作为社会主义核心价值体系的高度凝练和集中表达，社会主义核心价值观被凝练为 24 个字：富强、民主、文明、和谐、自由、平等、公正、法治、爱国、敬业、诚信、友善。2013 年 12 月 23 日，中共中央办公厅印发的《关于培育和践行社会主义核心价值观的意见》强调社会主义核心价值观是与中国特色社会主义发展要求相契合、与中华优秀传统文化和人类文明优秀成果相承接，凝聚全党全社会价值共识的重要论断②，要充分融入经济发展实践、社会治理和国民教育全过程，同时也从促进人的全面发展、引领社会全面进步、实现中华民族伟大复兴中国梦的意义阐释中明确了社会主义核心价值观内涵的三个层面。

1）国家层面：富强、民主、文明、和谐

富强、民主、文明、和谐表明了国家的价值目标，锚定了国家发展的方向，在社会主义核心价值观中居于主导地位。富强是指经济上要国强和民富；民主是指政治上要坚持人民当家做主；文明是指文化上要发展社会主义先进文化，满足人民群众的精神文化需求；和谐是指生态上人与人、人与社会、人与自然的关系要和谐。富强、民主、文明、和谐四者相辅相成，体现了人民的根本利益。我国全面建成小康社会后正是通过经济、政治、文化、生态等方面的建设全面开启迈向社会主义现代化的新阶段，实现第二个百年奋斗目标，从价值追求角度来说就是要达到富强、民主、文明、和谐。

2）社会层面：自由、平等、公正、法治

自由、平等、公正、法治是立足于社会层面对社会主义核心价值观的高度概括，体现了社会主义社会的基本属性，区别于西方的普世价值观念。自由源于《共产党宣言》中未来理想社会的实质特点，"每个人的自由发展是一切人的自由发展的条件"，保护自由是社会主义的根本要求；平等不仅体现在人民政治地位的平等，还体现在经济发展中享有的生活和生存资料的平等，是全社会的、无阶级区分的平等；公正是调节人与人之间关系的价值评价标准，这里的公正是以全体人民为对象的公平正义；法治则是以社会主义法律体系

---

① 习近平. 决胜全面建成小康社会夺取新时代中国特色社会主义伟大胜利——在中国共产党第十九次全国代表大会上的报告[EB/OL].（2017-10-18）[2022-10-19]. www.gov.cn/zhuanti/2017-10/27/content_5234876.htm.

② 关于培育和践行社会主义核心价值观的意见[EB/OL].（2013-12-23）[2022-10-19]. www.gov.cn/jrzg/2013-12/23/content_2553019.htm.

建设为基础的全面依法治国，四者生动地诠释了社会主义美好社会。

3）个人层面：爱国、敬业、诚信、友善

爱国、敬业、诚信、友善着眼于公民的基本行为准则和道德规范。爱国是对公民的基本道德要求，是对国家的真挚热爱和担当精神，是维护国家统一、安全的决心；敬业是对职业岗位的尽责、热爱和奉献，是积极向上的职业进取心，体现了社会主义的职业精神；诚信即诚实守信，它是社会赖以生存和发展的基石，强调真诚诚实、信守承诺；友善则是强调公民相互尊重、关心和帮助，建立和睦友好的社会人际关系。四者从基本道德、职业道德、个人品德等方面凝聚了道德共识。

二、社会主义核心价值观与国家文化安全的关系

弘扬社会主义核心价值观是维护国家文化安全的关键，国家文化安全为巩固社会主义核心价值观提供坚实的后盾，两者相互依存。

1. 社会主义核心价值观是国家文化安全的核心内容

虽然国家文化安全在不同国度、不同历史条件下的内容有所不同，但总体上围绕两个方面展开：一是内部的文化认同，二是外部异质文化的竞争。社会主义核心价值观通过明确国家价值目标、营造社会价值取向、引导公民价值准则在上述两个方面都能起到关键作用，故而成为国家文化安全的核心内容。

（1）社会主义核心价值观能够整合民众多元价值，培育文化和价值认同，增强民族凝聚力。任何社会都存在主流文化和亚文化、先进文化和落后文化，特别是当前正处于世界转型过渡期，也是实现中华民族伟大复兴的关键时期，深层次矛盾凸显，提升了多元文化、多种价值观念碰撞的频率和冲击力，社会主义核心价值观以共同利益协调人们的思想和行动，在人们进行价值选择时提供指引和依靠，在产生矛盾冲突时予以化解和弥合；同时，社会主义核心价值观根植于我国优秀传统文化，是中华民族历尽千帆凝结的宝贵精神，是全社会、各民族的共同追求，这样的文化根脉能强化文化认同。社会主义核心价值观在共同利益和文化认同的黏合下，提升民族向心力和凝聚力，从根本上为国家文化安全注入内力。

（2）社会主义核心价值观能够树立文化自信，抵御异质价值观的渗透。意识形态之争使得西方长期向我国推行文化侵袭，试图通过灌输西方社会的价值观念来颠覆社会主义制度。社会主义核心价值观旗帜鲜明地彰显了社会主义的本质和价值追求，通过道路自信、理论自信、制度自信夯实文化自信，让人们有了明辨是非的基础，有了对外发声的底气，也就有了抵御外来落后文化、异质价值观冲击的武器，进而变被动防御为主动防御，通过增强在国际社会的文化话语权来提升国家文化安全的防御力。

2. 国家文化安全是巩固社会主义核心价值观的坚实后盾

弘扬社会主义核心价值观对于维护国家文化安全意义重大，但两者不完全是单向的关系，而是相辅相成的，维护国家文化安全对社会主义核心价值观的深入人心也具有积极作用。国家文化安全建设的着力点之一便是弘扬社会主义核心价值观，多渠道开展国家文化安全建设的过程实际上也是多形式地宣传和解读社会主义核心价值观的过程，可实现抽象

到具象的转化、理论与实际的结合，会让更多的人从了解、理解到认同社会主义核心价值观，深刻领会其深层含义和对个人、社会、国家的重大价值，使其真正实现根植社会、深入人心。同时，国家文化安全防线越牢固，不良价值观渗入的机会越小，社会主义核心价值观所受冲击越小，也就为巩固社会主义核心价值观起到了保障作用。

三、弘扬社会主义核心价值观维护国家文化安全的路径

"历史和现实都表明，核心价值观是一个国家的重要稳定器，能否构建具有强大感召力的核心价值观，关系社会和谐稳定，关系国家长治久安。"[①]中共中央《关于培育和践行社会主义核心价值观的意见》中明确要求把社会主义核心价值观融入国民教育全过程，落实到经济发展实践和社会治理中，加强宣传教育和实践涵养；通过多措并举，培育价值认同、树立文化自信，以维护我国文化安全。

1. 将社会主义核心价值注入全方面教育体系，增强国家文化安全的自身防御力

教育是培育正确价值观的基础性途径，"培育和弘扬社会主义核心价值观必须从小抓起、从学校抓起。"[②]一方面，将社会主义核心价值观的内容融入国民教育，嵌入学校日常管理，通过进教材、进课堂、进实践，通过高素质教师的示范引导，久久为功的熏陶，最终进头脑；另一方面，从家庭教育和社会教育入手，将社会主义核心价值观与优良家风、社风相结合，借助各种民俗活动进乡村、进社区，达到"少成若天性，习惯之为常"，通过从小植入血脉和灵魂的价值标准，建立起基于文化自信的文化免疫力，增强对不良文化的防御力。

2. 将社会主义核心价值观融入日常生活，建立国家文化安全的常态化防护

"一种价值观要真正发挥作用，必须融入社会生活，让人们在实践中感知它、领悟它。要注意把我们所提倡的与人们日常生活紧密联系起来，在落细、落小、落实上下功夫。"[③]弘扬社会主义核心价值观不能是机械地灌输，需要渗透到衣食住行、言谈举止的各个方面，将市民活动广场、文化公园、公共文化服务中心等建成社会主义核心价值观宣传阵地，完善市民公约、乡规民约等各类行为准则，达到"百姓日用而不知"；通过重大节日、庆典仪式、文化宣讲等对公众"感而化之"，增强其认同感；深化精神文明创建活动，"形成有利于培育社会主义核心价值观的生活情景和社会氛围，使核心价值观的影响像空气一样无所不在、无时不有"[④]。如此，其实就建立起了国家文化安全的常态化、全方位防护。

3. 以现代化手段加强社会主义核心价值观宣传，占据国家文化安全的制高点

"在全面对外开放的条件下做宣传思想工作，一项重要任务是引导人们更加全面客观地

---

① 中共中央文献研究室编. 习近平在十八届中央政治局第十三次集体学习时的讲话（2014年2月24日）[M]//关于社会主义文化建设论述摘编. 北京：中央文献出版社，2017：106.

② 同①：109.

③ 习近平. 把培育和弘扬社会主义核心价值观作为凝魂聚气强基固本的基础工程[EB/OL].（2014-02-25）[2022-10-19]. cpc.people.com.cn/n/2014/0225/c64094-24463023.html.

④ 同①：111.

认识当代中国、看待外部世界"①，社会主义核心价值观就是认识当代中国社会本质和价值追求的重要窗口，不仅是让国外认识中国，也是让国民认同，这需要我们"主动发声……让正确的声音先入为主"②，发挥新闻媒体传播社会主义核心价值观的主渠道作用，广泛运用微信、微博、短视频等互联网时代下的新兴传媒建立网上阵地并以高品质的文化产品、文化活动为主流宣传提供核心支撑，以形式与内容双优的、符合现代气息的宣传击退谣言怪论，树立育人化人的旗帜，占据国家文化安全的制高点。

4. 推进社会主义核心价值观制度化建设，夯实国家文化安全的法治保障

"培育和弘扬社会主义核心价值观，不仅要靠思想教育、实践养成，而且要用体制机制来保障。"③要将社会主义核心价值观融入我国的政治、经济、文化等各方面的发展规划和制度建设中，践行于社会治理的各领域、各层面，彰显社会主流价值标准。同时，发挥法律的刚性约束作用，将社会主义核心价值观与全面依法治国相结合，用法律推动全社会培育社会主义核心价值观的责任意识和自觉性；严格执法，对鼓吹、传播不良价值观、违背核心价值观的行为予以追究，以夯实国家文化安全的法治堡垒。

第三节　传 统 文 化

文化是更基本、更深层、更持久的力量，传统文化是一个民族的血脉和精神家园，引导着生活方式和核心价值观的生成。中华优秀传统文化包含深刻的世界观、人生观、价值观，是中华民族文化自信的底气，是社会主义生活方式和社会主义核心价值观的文化根基。传承发展中华优秀传统文化，辐射社会主义的生活方式的培育和社会主义核心价值观的弘扬是从文化根源上对国家文化安全的维护。

一、传统文化与中华优秀传统文化

1. 基本概念

文化是人类社会的生存方式以及建立在此基础上的价值体系，是人类在社会历史发展过程中所创造的物质财富和精神财富的总和。④"文化是一个国家、一个民族的灵魂"⑤，是民族延续的精神命脉、民族团结的精神纽带，更是发展的精神动力。在人类文化漫长的

---

① 中共中央文献研究室编. 习近平在全国宣传思想工作会议上的讲话（2013 年 8 月 19 日）[M]//关于社会主义文化建设论述摘编. 北京：中央文献出版社，2017：197.

② 中共中央文献研究室编. 当前工作中需要注意的几个问题（2014 年 10 月 23 日）[M]//关于社会主义文化建设论述摘编. 北京：中央文献出版社，2017：209.

③ 中共中央文献研究室编. 习近平在十八届中央政治局第十三次集体学习时的讲话（2014 年 2 月 24 日）[M]//关于社会主义文化建设论述摘编. 北京：中央文献出版社，2017：111.

④ 陈至立. 辞海（第七版）[EB/OL].（2019-12-01）[2023-04-04]. https://www.cihai.com.cn/baike/detail/72/5587347?q=%E6%96%87%E5%8C%96.

⑤ 习近平. 决胜全面建成小康社会夺取新时代中国特色社会主义伟大胜利——在中国共产党第十九次全国代表大会上的报告[EB/OL].（2017-10-18）[2022-10-19]. www.gov.cn/zhuanti/2017-10/27/content_5234876.htm.

发展历史中，以文化产生的时间为基准可以对文化加以分类。传统文化就是与现代文化或当代文化相区别的、产生于过去但对现在及未来的社会发展产生影响的文化总和。站在"现在"的角度来看，它是社会中原来就有的一种文化，反映了社会发展历史中的思想、观念、民族特质和风貌等。传统文化由本国、本民族人民在自己生长的土地上创造出来，广泛影响着本国、本民族人民的社会生活和精神世界，同时向外产生辐射并在文化传播中吸收外来文化进行本土化融合转化，是内涵丰富的多元文化的统一体。

中华传统文化是中华文明演化而汇集成的反映中华民族特质和风貌的各种思想文化、观念形态的总体表征。中华优秀传统文化则是指中华传统文化中的精华部分，是既有着积极的历史作用又至今具有重要价值的思想文化[1]，能够提供精神力量、促进社会发展和推动文明互动。[2]

2．中华优秀传统文化的内容

学界对中华优秀传统文化的内容讨论众多，虽未完全统一，但基本遵循上述概念的基本指向。2017年1月25日，中共中央办公厅和国务院办公厅共同发布了《关于实施中华优秀传统文化传承发展工程的意见》，该意见对中华优秀传统文化主要内容的明确成为我们把握的蓝本。

1）核心思想理念

中华民族长期历史发展中培育和形成的基本思想理念，如天人合一、与时俱进、实事求是、安民富民等，作为基本的、一般性理念，有着普遍的指导价值，为人们认识和改造世界提供有益启迪，为治国理政提供有益借鉴。从这些基本思想理念中可以提炼出讲仁爱、重民本、守诚信、崇正义、尚和合、求大同等核心思想理念，作为中华优秀传统文化的内容。

2）中华传统美德

中华优秀传统文化中蕴含丰富的道德理念和规范，涉及担当意识、爱国情怀、社会风尚、荣辱观念等各方面，体现着评判是非曲直的价值标准，潜移默化地影响着中国人的行为方式，如自强不息、敬业乐群、扶危济困、见义勇为、孝老爱亲等中华传统美德。

3）中华人文精神

中华优秀传统文化在处世方法、思想教化、美学追求、生活理念等方面积淀了多样而珍贵的精神财富，可谓之中华人文精神，是中国人民思想观念、风俗习惯、生活方式、情感样式的集中表达，有利于促进社会和谐、鼓励人们向上向善，如求同存异、和而不同、以文化人、俭约自守、中和泰和等。

二、中华优秀传统文化与生活方式、社会主义核心价值观的关系

五千多年文明发展孕育的中华优秀传统文化积淀着中华民族最深沉的精神追求，代表着中华民族独特的精神标识，是中国特色社会主义植根的文化沃土，它深刻影响着人们关于生活的思维、认知和实践，涵养着社会主义核心价值观，社会主义核心价值观作为一种

① 李宗桂. 试论中国优秀传统文化的内涵[J]. 学术研究，2013（11）：35-39.
② 邵佳德. 新时代的中华优秀传统文化：历史定位、理论内涵及价值维度[J]. 江西社会科学，2018，38（6）：11-17+254.

价值导向又进一步指导生活方式的建构，三者以中华文化基因为内核，形成相辅相成的统一体，同为国家文化安全的核心。

1. 中华优秀传统文化塑造生活方式，生活方式传承中华优秀传统文化

文化是完整的生活方式，崇尚哪种文化、信仰哪种文化就是选择了哪种生活方式。中华人文精神影响生活理念，引导人们拥有积极向上的生活态度，保持对美好生活的向往，形成社会主义生活方式的内生动力和自我需要。中华传统美德影响生活的价值判断。生活应该追求什么、应该怎样过、何为生活中的"真善美"等一系列时常困扰人们的问题，归根结底是对生活所持的价值标准的探寻，而中华优秀传统文化已对此给出了可资借鉴的回答。中华优秀传统文化影响生活的内容。经济因素决定了生活的物质基础，文化则决定了生活的核心内容，中华优秀传统文化丰富了人们优质生活内容的选择，提高了生活内容的品质，用厚重历史和民族特质树立起生活的精神归宿。遵从中华优秀传统文化，就会自然地选择社会主义生活方式。

生活方式是生活主体按自我认同或偏好的生活活动形式对生活要素的选择和组合。融入生活方式的中华优秀传统文化会随着生活方式的承袭得以传承，如当阅读中华典籍、欣赏传统艺术、学习传统乐器、遵循传统节日成为日常、成为一种生活方式，那么蕴含于其中的人文精神、传统美德就会自然地被传颂、认同。

2. 中华优秀传统文化是社会主义核心价值观的文化渊源

博大精深、源远流长的中华优秀传统文化为社会主义核心价值观的孕育提供了丰厚的文化土壤，是社会主义核心价值观汲取营养的源泉。中华优秀传统文化中所蕴含的"道法自然、天人合一"的人与自然相处之道，"天下为公、大同社会"的社会理想，"以民为本""为政以德"的治世思想以及"自强不息、厚德载物""脚踏实地、实事求是""知行合一"的处世准则，彰显了"讲仁爱、重民本、守诚信、崇正义、尚和合、求大同"的思想理念，使社会主义核心价值观的不同层面都能找到根脉所在，如国家层面的"民主"要求继承了"以民为本""为政以德"等治世之道，社会层面的"和谐"要求传承了人与自然和谐共生的朴素和谐观，个人层面的"诚信""友善"源于"厚德载物""实事求是"的处世原则和"仁者爱人""与人为善"的传统美德。中华优秀传统文化用鲜活的历史人物和故事、世代传颂的哲理诠释社会主义核心价值观的经典。

3. 社会主义核心价值观指导生活方式，生活方式践行社会主义核心价值观

生活方式是在一定价值观指导下形成的，没有价值观就无所谓生活方式。社会主义核心价值观从国家、社会和个人三个层面倡导的思维方式、行为习惯、观念意识正好可以给予生活方式以全面的启示。社会主义核心价值观中的"和谐"指导着家庭生活方式，"爱国"指导着精神文化满足方式，"敬业"指导着劳动方式，"平等"指导着婚恋方式，"诚信""友善"指导着人际交往方式、社群生活方式等。可以说，社会主义核心价值观决定了生活方式的方向，影响着生活方式的判断选择标准，为建构社会主义生活方式提供价值引领。

社会主义核心价值观需要生活方式来实践。生活方式是人们最日常的吃穿住行乐的集合，在这些日常行为中自觉遵循公平、和谐、诚信等要求，"随心所欲不逾矩"恰好反映出人们对社会主义核心价值观的认同和内化，是对社会主义核心价值观最好的践行和落实，也是弘扬社会主义核心价值观的重要目的。因而，生活方式不仅能彰显社会主义核心价值

观，更是衡量其践行程度和效果的重要标准。

三、中华优秀传统文化传承发展面临的问题

随着我国经济社会的深刻变革，对外开放的日益扩大以及网络、传播技术的快速发展，多元思想文化频繁交锋，中华优秀传统文化在新的时代环境下面临着传承发展的诸多问题。

1. 对中华优秀传统文化的否定和贬低

文化的世界交融，特别是互联网技术的发展，给西方文化霸权渗透之机，其凭借经济、科技上的优势，用电影、综艺、饮食、游戏等看似"无害"的文化产品和公益环保、交流合作项目，包装其价值文化，别有用心地抹黑中国历史，将晚清以来中国落后挨打的原因归结于文化不济，过度起底传统文化中的糟粕思想，大行历史虚无主义，"贬低中华文化，否定中华民族的历史贡献"①，摧毁国人的信仰，打击国人的文化自信，错误地认为西方的文化都是先进的、优秀的，从心理和认知上淡化甚至排斥中华优秀传统文化。

2. 对中华优秀传统文化时代重要性的认识有待提升

在以往较长一段时间中，中华优秀传统文化主要被视作个人素养、家风/民风培养的内容，更多地以家庭、社会中的自然流传方式加以传承，并未鲜明地将其上升到文化软实力、国家文化安全等与国家民族命运相关联的高度，对其现实价值和紧迫性认识不充分，投入的人、财、物资源有限，使中华优秀传统文化在系统嵌入国民教育体系上着力不足，现代文化作品忽视了对优秀传统文化的挖掘和彰显，日常生活元素中的优秀传统文化不够鲜明，缺乏全社会齐抓共建的氛围，也就难以唤起全国上下的高度重视。

3. 对中华优秀传统文化内涵的挖掘不够深入

五千多年文明积淀下的中华优秀传统文化博大精深，但由于还没有形成一套完整的理论体系，缺乏广泛深入的挖掘、阐释，尚未形成一大批具有生命力和感召力的文化精品以及多样的阐释、解读活动，中华优秀传统文化的内容、内涵、价值等尚未被人们充分认知和理解，呈碎片化、零散化、表面化，"背诵诗词却不解其中意蕴，过节却不知其中内涵"，甚至出现曲解和误读，加之泛娱乐化带来的大量无营养文化产品的挤占，实用主义、功利主义等与中华优秀传统文化背道而驰的价值理念的冲击，严重干扰了民众对中华优秀传统文化的理解和接受。

4. 中华优秀传统文化传承发展的政策支持有待加强

传承发展中华优秀传统文化是一项全社会共同参与的、持久的事业，需要构建可持续性传承发展体系。当前，政策的系统性还有待完善，各部门政策的衔接配合有待提高，激励各类社会力量投身于中华优秀传统文化"双创"转化的政策有限，对肆意诋毁、歪曲中华优秀文化，传播不良文化的行为缺乏系统监管和强有力的惩戒措施，亟待政策支持和制度健全。

---

① 中共中央文献研究室编. 在十八届中央政治局第十二次集体学习时的讲话（2013年12月30日）[M]//关于社会主义文化建设论述摘编. 北京：中央文献出版社，2017：34.

四、传承发展中华优秀传统文化维护国家文化安全的路径

国家文化安全依赖生活方式和核心价值观的建构，社会主义生活方式需要从中华优秀传统文化中获取文化基因，培育和弘扬社会主义核心价值观必须立足中华优秀传统文化[①]，因而，通过创造性转化和创新性发展中华优秀传统文化，作用于社会主义生活方式的培育和社会主义核心价值观建设，"更好构筑中国精神、中国价值、中国力量"[②]，是维护国家文化安全的必然之路。

1. 深入发掘阐释优秀传统文化资源

中华优秀传统文化是储存着中华千年文化积累的巨大宝库，以不同形式蕴藏在形形色色的载体中，需要整合多方力量，加强文明探源、文化传承和深入阐释，特别是挖掘治国理政思想、传承中华古文字、保护国家古籍等，让更多中华优秀传统文化从浩瀚文物史料中脱颖而出、再现灵魂，构建起中国文化基因的理念体系。有了足够数量和质量的优秀传统文化供给，社会主义核心价值观的内涵才能更具历史厚重感和形象感，才能为不同文化需求提供广阔的选择空间，提升生活活动的丰富度，以强大的优秀文化资源夯实国家文化安全的基底。

2. 提速优秀传统文化的现代转化

通过创造性转化和创新性发展，让中华优秀传统文化的精神精华褪去"过时"的形式或"生涩"的表达，以现代的文化承载形式（如数字化、云平台、文创产品、互动性强的文化综艺活动等）、表现技术（如互联网新媒体技术、VR技术等）、表达偏好（自媒体、新艺术形式等）让其再现光芒，以大众化的方式融入日常生活，自然地理解和阐释社会主义核心价值观，拉近历史与现代的距离、抽象概念与现实生活的距离，引起思想情感上的更多共鸣，通过提升文化认知和认同，促进社会主义核心价值观的深入普及，培育社会主义生活方式。

3. 推进优秀传统文化的全方位嵌入

让中华优秀传统文化作为国民教育的基础工程，贯穿于整个国民教育体系中，悄然进书本、进课堂、进头脑，形成长期的文化熏陶；通过打造中华文明展览精品、出版中华典籍、振兴戏曲传承等，为大众化传播提供优质素材；促进中华优秀文化嵌入人们吃穿住行游和工作、学习的各个具体环境，用无所不在的优秀传统文化包裹生活方式的各要素、社会主义核心价值观的各层面，形成循循善诱的自然落地。

综上，国家文化安全需要生活方式和核心价值观两大核心共同作用，抓住文化体系中的这一根本要素，就抓住了国家文化安全的关键。而在思考生活方式和核心价值观的生成和演变过程中，都指向了传统文化这一内在动因，于是形成了传承发展中华优秀传统文化，促进社会主义生活方式和社会主义核心价值观培育，进而维护国家文化安全的理论逻辑和

① 习近平. 把培育和弘扬社会主义核心价值观作为凝魂聚气、强基固本的基础工程[N]. 人民日报, 2014-02-26（1）.

② 习近平. 决胜全面建成小康社会　夺取新时代中国特色社会主义伟大胜利——在中国共产党第十九次全国代表大会上的报告[EB/OL].（2017-10-18）[2022-10-19]. www.gov.cn/zhuanti/2017/10/27/content_5234876.htm.

实践路径。我国当前的一系列文化发展战略要求正好与之相契合，说明国家文化安全建设已经被置于国家整体战略布局并有计划地展开。但也要看到，中华优秀传统文化面临着历史虚无主义的否定、重要性认识不深、内涵挖掘不够、传承发展的政策支持不足等问题；生活方式受到西方价值标准的干扰，面临着低俗、庸俗、媚俗的挑战；社会主义核心价值观还需在落细落小落实中持续深化，如何传承中华优秀传统文化、培育社会主义生活方式、弘扬社会主义核心价值观以维护和夯实国家文化安全是一个未完待续且紧迫的讨论课题，不仅需要国家的顶层设计、专家学者的理论探究，更需要最广大人民发挥主动性、创造性，聚全民族智慧共同守护我们的精神家园。

 思考题

1. 为什么说生活方式是国家文化安全的核心？
2. 怎样通过培育社会主义生活方式来维护国家文化安全？
3. 结合社会主义核心价值观的内涵，谈谈如何理解核心价值观是国家文化安全的核心内容。
4. 怎样通过弘扬社会主义核心价值观来维护国家文化安全？
5. 中华优秀传统文化与生活方式、社会主义核心价值观是什么关系？

第七章

文化发展、文化改革与文化强国

文化安全是文化发展的前提,忽视安全的发展是存在隐患、不可持续的;文化发展是文化安全的保障,忽视发展的安全是基础薄弱、不能长久的。只有坚持统筹文化发展与文化安全,深化文化体制改革,建设社会主义文化强国,才能实现文化的高质量发展和高水平文化安全良性互动。

建设社会主义文化强国是全面建设社会主义现代化国家的重大战略任务,是把我国建成富强、民主、文明、和谐、美丽的社会主义现代化强国的重要内容。要坚持社会主义先进文化前进方向,坚持以人民为中心的发展思想,以文化改革发展为动力,不断满足人民群众日益增长的精神文化需求,建设社会主义文化强国,为文化安全提供更加坚实的保障。

第一节 文 化 发 展

"文化是民族的血脉,是人民的精神家园、政党的精神旗帜。"[1]中国特色社会主义文化简称"社会主义文化",源于中华民族五千多年文明历史所孕育的中华优秀传统文化,熔铸于党领导人民在革命、建设、改革中创造的革命文化和社会主义先进文化,植根于中国特色社会主义伟大实践。"中国特色社会主义文化积淀着中华民族最深层的精神追求,代表着中华民族独特的精神标识,是激励全党全国各族人民奋勇前进的强大精神力量。"[2]推动文化发展就是推动中国特色社会主义文化的发展。中国特色社会主义文化是中国国家安全事业的重要组成部分和文化条件。有了社会主义文化的繁荣兴盛,文化安全才有充分的保障。

一、文化安全视域下的文化发展

文化是一个国家、一个民族的灵魂。一个国家、一个民族的强盛总是以文化繁荣兴盛

---

① 确保文化改革发展的正确方向——三论认真学习贯彻党的十七届六中全会精神[N]. 人民日报,2011-10-31.
② 本书编写组. 国家文化安全知识百问[M]. 北京:人民出版社,2022:25.

为支撑的。没有先进文化的积极引领，没有人民精神世界的极大丰富，没有民族精神力量的不断增强，一个国家、一个民族不可能屹立于世界民族之林，中国特色社会主义事业就不可能顺利前进。党的十五大报告首次提出"有中国特色社会主义的文化建设"，党的十六大报告提出"推动社会主义文化的发展繁荣"，党的十七大报告强调"推动社会主义文化大发展大繁荣"，党的十七届六中全会通过的《中共中央关于深化文化体制改革推动社会主义文化大发展大繁荣若干重大问题的决定》和党的十八大报告都提出"坚持中国特色社会主义文化发展道路，努力建设社会主义文化强国"，党的十九大报告提出"坚定文化自信，推动社会主义文化繁荣兴盛"。从党的十五大提出中国特色社会主义文化以来，我们党坚持对文化工作的领导，高度重视中国特色社会主义文化建设，取得了文化安全和文化发展相互促进、协调并进的显著成效，社会主义文化强国建设不断推进。从中国特色社会主义文化发展历程来看，它与文化安全是相互促进、相辅相成的。

1. 发展中国特色社会主义文化，为文化安全创造坚实基础

五千多年的中华文明史赋予了中华文化生生不息的强大生命力。只有不断发展创新的文化，才是有生命力的文化，才能维护好自身的文化安全。在社会主义制度下，发展中国特色社会文化可为文化安全创造坚实基础。

（1）中国特色社会主义文化为文化安全提供思想基础。牢固的思想基础是推进事业的思想保证，只有巩固马克思主义在意识形态领域的指导地位，巩固全党全国人民团结奋斗的共同思想基础，才能凝聚起各方面的智慧和力量，奋力把中国特色社会主义伟大事业推向前进。中国特色社会主义事业是中国共产党团结全国人民克服各种困难不断探索出来的伟大道路，是一项全新的事业，在前进的道路上必然会遇到这样那样的新情况、新课题，需要应对各种可以预料和难以预料的困难和风险。马克思主义是我们党立党立国的根本指导思想，习近平新时代中国特色社会主义思想是当代中国马克思主义、二十一世纪马克思主义，是中华文化和中国精神的时代精神。只有高举中国特色社会主义伟大旗帜，不断巩固马克思主义在意识形态领域的指导地位，巩固全党全国人民团结奋斗的共同思想基础，才能确保中国特色社会主义伟大事业始终沿着正确方向前进。中国特色社会主义文化是坚持以马克思主义及其中国化的最新成果为指导的社会主义先进文化，代表了中华文化的前进方向，代表了广大人民群众在精神文化领域的根本利益，这是中国特色社会主义文化的内在特质，赋予了中国特色社会主义文化先进性特征。发展中国特色社会主义文化，有利于坚持正确发展道路、实现国家长治久安，有利于筑牢全体人民共同思想基础、凝聚团结奋进的强大精神力量，有利于保证我国文化建设正确方向、更好担负起新时代使命任务。

（2）中国特色社会主义文化为文化安全提供精神纽带。中国特色社会主义文化源于五千多年中华文明史，悠久的历史文化传统为中国特色社会主义文化提供了丰厚的历史文化资源。同时，中国特色社会主义文化又熔铸于共产党领导人民在革命、建设、改革中创造的革命文化和社会主义先进文化，植根于中国特色社会主义的伟大实践，是凝聚和激励全国各族人民的精神力量。中国文化具有极强的包容性和整合力，不仅能够使许多外来文化同中华文化有机融合，而且将 14 亿中华儿女紧密团结在党中央周围，不断坚定历史自信和文化自信，建设像石榴籽一样紧紧抱在一起的中华民族共同体。正如习近平在党的二十大报告中指出的："中国人民的前进动力更加强大、奋斗精神更加昂扬、必胜信念更加坚定，

焕发出更为强烈的历史自觉和主动精神，中国共产党和中国人民正信心百倍推进中华民族从站起来、富起来到强起来的伟大飞跃。"

（3）中国特色社会主义文化为文化安全提供文化条件。中国特色社会主义文化发展伴随着党领导人民从站起来、富起来到强起来的伟大飞跃，始终与中国特色社会主义建设实践紧密结合在一起。中国特色社会主义文化的发展是全面、可持续的发展，不仅繁荣发展公益性文化事业，而且积极发展文化产业；不仅创作生产文化产品，而且积极发展文化服务。中国特色社会主义文化的发展坚持走高质量的发展道路，不仅推动文化资源在保护中利用、在利用中保护，而且不断稳定延伸文化产业链创新链，提高文化生产力。改革开放特别是党的十八大以来，我国经济建设、政治建设、社会建设、生态文明建设取得的历史性成就都与中国特色社会主义文化建设息息相关。同时，中国特色社会主义伟大实践为发展中国特色社会主义文化、增强文化自觉和文化自信提供了坚实的基础和丰厚的土壤。改革开放特别是党的十八大以来，我国不断深化文化体制改革，不断丰富人民群众精神文化生活，不断壮大文化实力和竞争力，使中国特色社会主义文化成为综合国力的重要标志，为文化安全提供了坚实的物质文化条件。

2. 发展中国特色社会主义文化，离不开稳定的国内安全环境

（1）没有稳定的国内国际环境，什么事也搞不成。在中国近代史上，中华民族屡遭西方列强侵略，被迫签订一系列割地赔款、丧权辱国的不平等条约，以致内乱不已、生灵涂炭、民不聊生，爱国人士曾感叹"世无平权只强权，话到兴亡眦欲裂"。据统计，从鸦片战争到八国联军入侵的 60 年间，清政府的赔款，包括利息，约计 13 亿两白银；割让包括香港、澳门、台湾、澎湖列岛和东北、西北的大片领土。[①]近代中国堕入半殖民地半封建社会的深渊，文化上受到西方侵略，正常的文化发展进程被中断。例如，1860 年英法联军发动第二次鸦片战争，"侵略军铁蹄所至，烧杀劫掠，无恶不作。珍藏中国历代图书典籍、文物书画和金珠珍宝的圆明园，是举世罕见的，经过侵略军十天的破坏和焚掠，只剩下败瓦颓垣"[②]。1900 年，八国联军攻入北京后，联军总指挥瓦德西曾特许军队公开抢劫三日，众公使、将军直到传教士、士兵，都参加了这一暴行。"日军从户部抢去三百万两银子后，立即烧房毁灭罪证。英军、美军还把抢来的东西造册，在使馆当众拍卖，卖的钱按官阶高低分赃。法国主教樊国梁从户部尚书立山家里一次就抢走价值一百万两银子的财物。瓦德西则从钦天监里把十七世纪设制的古天文仪器掠送柏林。大量珍贵的历史文物，也惨遭毁坏或抢劫。翰林院所藏著名的《永乐大典》，几乎丧失净尽；其他经史子集等珍本图书，共损毁四万六千册。有人说，经过这次洗劫，中国'自元、明以来之积蓄，上自典章文物，下至国宝奇珍，扫地遂尽'。"[③]历史教训表明，失去国家安全保障，中华民族就无法掌握自己的命运，中华文化的繁荣发展就成为镜中花、水中月。

（2）稳定的环境为文化发展提供良好的土壤。只有保障好国家安全，中华民族才能更加顺利地走上复兴之路；只有维护好文化安全，中国特色社会主义文化才能不断繁荣发展。中华人民共和国诞生以来，国家的政治、经济、文化、社会建设等各方面大踏步前进，充

① 全国干部培训教材编审指导委员会. 全面践行总体国家安全观[M]. 北京：党建读物出版社，人民出版社，2019：10.

② 《中国近代史》编写组. 中国近代史[M]. 北京：中华书局，1983：86.

③ 同②：316-317.

分展现了社会主义制度的优越性。特别是党的十八大以来，我们党高度重视文化安全，把文化安全作为国家安全的重要保障纳入总体国家安全观的五大要素中，强调文化安全是确保一个民族、一个国家独立和尊严的重要精神支撑。同时，我们党把文化建设提升到一个新的历史高度，把文化自信和道路自信、理论自信、制度自信并列为中国特色社会主义"四个自信"，把坚持马克思主义在意识形态领域指导地位的制度确立为中国特色社会主义制度这一根本制度，把坚持社会主义核心价值体系纳入新时代坚持和发展中国特色社会主义的基本方略。"这几年，我国文化正本清源、守正创新中取得历史性成就、发生历史性变革，为新时代坚持和发展中国特色社会主义、开创党和国家事业全新局面提供了强大正能量。"①2012 年以来，我国文化事业和文化产业繁荣发展，不断满足人民群众日益增长的精神文化需要：艺术创作持续繁荣，推动满足人民文化需求和增强人民精神力量相统一；以创作为核心任务、以演出为中心环节的工作机制不断健全，国家舞台艺术精品创作扶持工程、新时代系列艺术创作工程等实施，构建新时代艺术创作体系；各类文艺评奖和展演展览活动不断发挥引领作用，线上线下融合、演出演播并举，优秀作品不断涌现；现代公共文化服务体系日趋完善，促进人民精神生活走向共同富裕；《公共文化服务保障法》《公共图书馆法》《博物馆条例》以及《国家基本公共服务标准（2021 年版）》等出台，有力保障群众基本文化权益，从国家到村（社区）的六级公共文化服务网络构建。"截至 2021 年年底，全国共有公共图书馆 3215 个、文化馆 3316 个、文化站 4.02 万个、村级综合性文化服务中心 57.54 万个。所有公共图书馆、文化馆（站）、美术馆和 91%的博物馆实行免费开放。从"云端"到"指尖"，公共文化服务更便捷。"②

二、坚持中国特色社会主义文化发展道路

中国特色社会主义文化发展道路是我们党长期领导文化建设实践经验的集中体现，是对我国文化发展规律的深刻揭示，是维护和塑造国家文化安全的重要条件，符合我国基本国情，顺应时代发展潮流，反映了新形势下党和国家事业发展对文化建设的新要求。

1. 坚持中国特色社会主义文化发展道路的决定因素

一是由我国社会制度、发展道路和党的性质宗旨决定的。坚持中国特色社会主义文化发展道路，才能确保文化建设沿着正确方向前进，更好地推动文化大发展大繁荣，为坚持和发展中国特色社会主义提供坚强思想保证、强大精神动力、有力舆论支持、良好文化条件。二是由中华民族的优秀历史文化传统决定的。坚持中国特色社会主义文化发展道路，才能把坚持和发展、继承和创新统一起来，使优秀传统文化成为发展先进文化的深厚基础，努力发展具有中国特色、中国风格、中国气派的社会主义文化，在新的时代条件下焕发中华文化蓬勃生机，迎来全面复兴的光明前景。三是由我国文化发展规律和人民群众根本意愿决定的。坚持中国特色社会主义文化发展道路，才能科学把握我国文化发展规律，尊重人民群众的文化选择，以更加开阔的视野、更具前瞻性的思路、更加有力的举措推进文化改革发展，开创全面社会主义文化建设新局面。四是由增强国家文化软实力的现实需要决

---

① 习近平. 把文化建设摆在更加突出位置[M]//习近平谈治国理政：第四卷. 北京：外文出版社，2022：309.
② 满足人民文化需求　增强人民精神力量[N]. 人民日报，2022-08-25（2）.

定的。坚持中国特色社会主义文化发展道路，才能更加坚定文化自信，极大地焕发文化创新创造的活力，把我国丰富的文化资源转化为强大的文化竞争力，切实提高国家文化软实力，维护国家文化安全，拓展我国的战略力和发展空间。

2. 中国特色社会主义文化发展道路是实现中华文化繁荣兴盛的唯一正确道路

一是建设先进文化之路。我们党从走上中国历史舞台的那天起，就始终高扬自己的文化理想，代表中国先进文化前进方向，自觉承担发展先进文化的历史使命。中国特色社会主义文化发展道路就是在探索建设先进文化实践中取得的最重要成果，从根本上说就是发展社会主义先进文化之路，也就是以马克思主义为指导，发展面向现代化、面向世界、面向未来的，民族的科学的大众的社会主义文化。二是强基固本之路。文化的力量在很大程度上取决于凝结其中的核心价值体系的力量。先进价值理念是中国特色社会主义文化之本。[1]以社会主义核心价值体系为内核，用社会主义核心价值体系凝魂聚气、强基固本是中国特色社会主义文化发展道路的根本标识。积极探索用社会主义核心价值体系引领社会思潮的有效途径能够有力地抵制各种错误和腐朽思想的影响，提高主流思想文化的主导力、整合力，最大程度地扩大社会思想认同、维护文化安全。三是以人民为中心之路。人民是文化创造的主体力量，是文化发展最深厚的力量源泉。要坚持文化发展为了人民、文化发展依靠人民、文化发展成果由人民共享，建设社会主义文化，更好地激发群众投身文化建设的热情。四是改革创新之路。改革创新是坚持和发展中国特色社会主义的强大动力，也是推动文化繁荣发展的强大动力。中国特色社会主义文化发展道路本身就是改革创新的成果，以改革创新为动力是坚持这条道路的必然要求。推动文化大发展大繁荣，必须坚持解放思想、实事求是、与时俱进，坚持百花齐放、百家争鸣，把改革创新精神贯穿文化建设全过程，不断激发文化创造活力，解放和发展文化生产力。五是文化自信之路。中国特色社会主义道路自信、理论自信、制度自信、文化自信说到底是文化自信。文化自信是更基础、更广泛、更深厚的自信，是更基本、更深沉、更持久的力量，在实践创造中进行文化创造，在历史进步中实现文化进步，就能更好地构筑中国精神、中国价值、中国力量来推动中华民族的伟大复兴，进而为世界文明贡献中国方案、中国智慧。归结起来，中国特色社会主义文化发展道路就是建设社会主义文化强国之路。

三、文化发展的主要内容

中国特色社会主义的文化，就其主要内容来说，同改革开放以来我国一贯倡导的社会主义精神文明是一致的。文化相对于经济、政治而言，精神文明相对于物质文明而言。"只有经济、政治、文化协调发展，只有两个文明都搞好，才是有中国特色社会主义。"[2]发展中国特色社会主义文化，就是以马克思主义为指导，坚守中华文化立场，立足当代中国现实，结合当今时代条件，发展面向现代化、面向世界、面向未来的，民族的科学的大众的社会主义文化，推动社会主义精神文明和物质文明协调发展。要坚持为人民服务、为社会

---

① 孙乔婧，刘德中. 从整体上理解中国特色社会主义文化[J]. 思想教育研究，2019（4）：114.

② 高举邓小平理论伟大旗帜，把建设有中国特色社会主义事业全面推向二十一世纪——江泽民在中国共产党第十五次全国代表大会上的报告[EB/OL].（1997-09-12）[2022-10-19]. https://fuwu.12371.cn/2012/09/27/ARTI1348726215537612.shtml.

主义服务，坚持百花齐放、百家争鸣，坚持创造性转化、创新性发展，不断铸就中华文化新辉煌。

1. 建设社会主义意识形态

意识形态决定文化前进方向和发展道路。必须推进马克思主义中国化、时代化、大众化，建设具有强大凝聚力和引领力的社会主义意识形态，使全体人民在理想信念、价值理念、道德观念上紧紧团结在一起；加强理论武装，推动新时代中国特色社会主义思想深入人心；深化马克思主义理论研究和建设，加快构建中国特色哲学社会科学，加强中国特色新型智库建设；高度重视传播手段建设和创新，提高新闻舆论传播力、引导力、影响力、公信力；加强互联网内容建设，建立网络综合治理体系，营造清朗的网络空间；落实意识形态工作责任制，加强阵地建设和管理，注意区分政治原则问题、思想认识问题、学术观点问题，旗帜鲜明地反对和抵制各种错误观点。

2. 培育和践行社会主义核心价值观

社会主义核心价值观是当代中国精神的集中体现，凝结着全体人民共同的价值追求。以培养担当民族复兴大任的时代新人为着眼点，强化教育引导、实践养成、制度保障，发挥社会主义核心价值观对国民教育、精神文明创建、精神文化产品创作生产传播的引领作用，把社会主义核心价值观融入社会发展各方面，转化为人们的情感认同和行为习惯；坚持全民行动、干部带头，从家庭做起，从娃娃抓起；深入挖掘中华优秀传统文化蕴含的思想观念、人文精神、道德规范，结合时代要求继承创新，让中华文化展现出永久魅力和时代风采。

3. 加强思想道德建设

提高人民思想觉悟、道德水准、文明素养，提高全社会文明程度；广泛开展理想信念教育，深化中国特色社会主义和中国梦宣传教育，弘扬民族精神和时代精神，加强爱国主义、集体主义、社会主义教育，引导人们树立正确的历史观、民族观、国家观、文化观；深入实施公民道德建设工程，推进社会公德、职业道德、家庭美德、个人品德建设，激励人们向上向善、孝老爱亲，忠于祖国、忠于人民；加强和改进思想政治工作，深化群众性精神文明创建活动；弘扬科学精神，普及科学知识，开展移风易俗、弘扬时代新风行动，抵制腐朽落后文化侵蚀；推进诚信建设和志愿服务制度化，强化社会责任意识、规则意识、奉献意识。

4. 繁荣发展社会主义文艺

坚持以人民为中心的创作导向，在深入生活、扎根人民中进行无愧于时代的文艺创造；繁荣文艺创作，坚持思想精深、艺术精湛、制作精良相统一，加强现实题材创作，不断推出讴歌党、讴歌祖国、讴歌人民、讴歌英雄的精品力作；发扬学术民主、艺术民主，提升文艺原创力，推动文艺创新；倡导讲品位、讲格调、讲责任，抵制低俗、庸俗、媚俗；加强文艺队伍建设，造就一大批德艺双馨的名家大师，培育一大批高水平创作人才。

5. 推动文化事业和文化产业发展

深化文化体制改革，完善文化管理体制，加快构建把社会效益放在首位、社会效益和经济效益相统一的体制机制；完善公共文化服务体系，深入实施文化惠民工程，丰富群众性文化活动；加强文物保护利用和文化遗产保护传承；健全现代文化产业体系和市场体系，创新生产经营机制，完善文化经济政策，培育新型文化业态；加强中外人文交流，以我为主、兼收并蓄。推进国际传播能力建设，讲好中国故事，展现真实、立体、全面的中国，提高国家文化软实力。

第二节 深化文化体制改革

改革开放是当代中国发展进步的活力之源，是决定当代中国命运的关键一招，是坚持和发展中国特色社会主义的必由之路，是增强和提高中国国家文化安全效能的重要制度性革命。坚持系统集成、协同高效，加快形成系统完备、科学规范、运行有效、充满活力的文化制度体系，不断发挥和增强中国特色社会主义文化制度优势，可为文化安全提供更加成熟、更加稳固的中国特色社会主义文化制度保障。

一、文化安全视域下的文化体制改革

国家安全既要维护，也要塑造，塑造是更高层次、更具前瞻性的维护①。穷则变，变则通，通则久。深化文化体制改革、攻克文化体制机制上的难点、打通影响文化发展的堵点、促进文化的持久繁荣发展是更高层次、更具前瞻性地塑造文化安全。

1. 改革为文化安全提供体制机制保障

2003年以来，在党中央的正确领导下，国家把进一步发挥市场在文化资源配置中的积极作用与更好地发挥政府作用结合起来，不断完善有利于激发文化创新创造活力的文化管理体制和文化生产经营机制，坚持和完善繁荣发展社会主义先进文化的制度，不断提升文化治理效能，搭建起文化领域改革主体框架的"四梁八柱"，为文化安全提供了体制机制保障。

（1）文化宏观管理体制日益科学。文化宏观管理体制是党和国家管理文化的系列重要基础性制度安排②。科学的宏观管理体制为文化安全和文化发展提供制度性保障，确保文化安全方向不跑偏、不变质。虽然文化改革发展的阶段不同，改革的重点有所不同，但文化管理体制不断调整适应社会主义市场经济体制，总体上是日益科学的。经过近二十年的改革，文化行政管理职能加快转变，从"办文化"向"管文化"转变，从"管微观"向"管宏观"转变，职能转向规划引导、政策调节、市场监管、社会管理、公共服务等方面。文化行政管理方式善于综合运用法律、行政、经济、科技等多种管理手段，做到依法管理、科学管理、有效管理。建立党委和政府监管有机结合、宣传部门有效主导的管理模式，推动实行管人、管事、管资产、管导向相统一，健全国有文化资产管理体制，既保证了国有文化资产保值增值，又保证了文化企业导向正确。

---

① 全国干部培训教材编审指导委员会. 全面践行总体国家安全观[M]. 北京：人民出版社，党建读物出版社，2019：8.

② 中共中央宣传部干部局. 新时代宣传思想工作[M]. 北京：学习出版社，2020：208.

（2）文化市场体系日益规范。构建现代文化市场体系有利于进一步发挥市场在文化资源配置中的积极作用，最大程度地激发各类文化市场主体创业创新活力，鼓励和促进文化生产流通和文化消费。经过多年建设，统一开放、竞争有序的现代文化市场体系已初步建立。文化产业与制造、建筑、信息、旅游、农业、体育、健康等相关产业的融合蓬勃发展，"文化+"触角延伸到了经济社会众多领域和行业，呈现出多向交互融合的态势，推动文化产业高质量发展；文化领域行业组织建设一手抓积极引导发展、一手抓严格依法管理，文化艺术、新闻出版、广播影视、网络文化等领域行业组织管理不断规范；文化市场综合执法改革基本完成了以城市为主体的文化市场综合执法的组建，基本解决了文化市场多头多层重复执法和效能不高的问题。

（3）文化企业经营机制日益灵活。坚持社会效益优先，实现"双效"统一，发挥经营机制的灵活性，有利于文化企业在文化的交流交融交锋中壮大实力、增强竞争力，更好地维护文化安全。党的十八大以来，分类推进国有文化企业改革，在出版发行、影视制作、电影院线、有线电视网络、文艺演出领域基本完成经营性文化单位转企改制的基础上，国有文化加快公司制、股份制改革，适应市场竞争形势的公司经营机制日益灵活、资本运营能力日益增强。很多国有文化企业通过创新机制建立了科学的内部绩效考核体系，实现差异化考核，把社会效益与经济效益相统一的要求制度化、规范化。

2. 改革为文化安全提供实力支撑

改革是动力，发展是目的，安全是前提。文化的改革促进文化产业高质量发展，进一步巩固文化领域公有制的主体地位和民族文化的主体地位，形成以公有制为主体、多种所有制共同发展的文化产业格局和以民族文化为主体、吸收外来有益文化的文化市场格局，增强我国文化的整体实力和竞争力，有效抵制外来不良文化的冲击，切实维护国家利益和文化安全。

（1）增强文化产业整体规模和实力。当今世界，文化产业在社会生活和国民经济中的地位正在迅速提升，在许多国家已经成为重要的支柱产业和新的经济增长点。发达国家一些实力雄厚的文化产业不仅是国民经济支柱性产业，而且借着全球化环境向发展中国家扩张，抢占发展中国家的文化市场，给发展中国家带来不安全因素。我国加快文化体制改革步伐以来，文化产业已进入我国经济建设主战场，对经济社会发展的贡献不断增大，文化及相关产业增加值从 2012 年的约 1.8 万亿元增长到 2020 年的 4.49 万亿元，占同期 GDP 的比重从 3.48% 上升到 4.43%，涌现出了一批实力雄厚、竞争力强的文化企业集团，巩固了社会主义先进文化阵地，增强了国有文化资本的市场控制力、影响力和带动力。

（2）促进文化与科技融合。科技是第一生产力，科技创新是文化持久发展和繁荣的不竭动力。随着第四次科技革命浪潮的兴起，文化与科技融合趋势日益明显，现代科技已渗透到文化产品创作、生产、传播、消费的各个层面和关键环节，不仅改造着传统文化产业，而且催生了新的文化形态和文化业态。在激烈的国际文化竞争中，谁抢占了文化与科技融合发展的制高点，谁就将拥有强大的文化核心竞争力，谁就在文化安全维护和塑造中占有主动权。"迎接新一轮科技革命浪潮，推动发展质量变革、效率变革、动力变革，文化是重要领域，必须加快推进文化和科技深度融合，更好地以先进适用技术建设社会主义先进文化，重塑文化生产传播方式，抢占文化创新发展的制高点。"①随着信息传播技术的革新和

① 中共中央办公厅、国务院办公厅印发《"十四五"文化发展规划》[N]. 人民日报，2022-08-17（1）.

数字经济的发展，我国文化市场主体的科技创新意识越来越强，数字内容生产规模越来越大，文化新业态越来越多，文化产品的"科技范"越来越成为文化市场主流，动漫游戏、数字音乐、数字电影、数字出版、网络出版、网络视频、移动多媒体等新兴文化产业迅速崛起，拓宽了文化产业领域，增强了我国文化产业科技实力。

（3）现代文化人才队伍不断壮大。促进科技与文化的融合、推动文化产业快速发展，最终还是要落实到人才上。国家实施人才强国战略，将文化产业经营人才培养纳入中宣部"五个一批"文化人才工程，促进了包括经营人才在内的各类文化人才队伍的不断壮大，为维护文化安全提供了人才方面的支撑。

3．改革为文化安全提供人民防线

人心是最大的政治，是真正的铜墙铁壁，共产党打江山守江山，守的是人民的心。深化文化体制改革可为文化发展提供安全的人民防线。

（1）满足人民的精神文化需求，充实人民的精神世界。持续推进公共文化服务标准化、均等化，不断完善覆盖城乡的公共文化服务设施风格，实施文化惠民工程，优化产品和服务供给，引导和鼓励社会力量参与公共文化设施运营和服务供给，形成多元化、社会化供给新模式。深化文化供给侧改革，随着文化市场主体的日益增多，文化产品和服务的数量更加丰富且质量不断提升，人民群众多样化、多层次的文化需求进一步得到满足，牢牢掌握了文化市场供给主动权。"2021年，全国公共图书馆实际持证的读者达到了1.03亿人，群众文化机构服务人次8亿多，全国博物馆举办展览36 000场，教育活动32万场，接待观众近8亿人次，相关网站网络的浏览量41亿人次。"[1]

（2）释放了人民群众的文化创造活力。人民群众是文化创造的主体，文化体制改革的深化和文化产业的快速发展调动了全社会参与文化建设的积极性，打破了计划经济体制下国办文化的单一局面，形成多门类、多层次、多样化的文化生产和服务体系，每个人都可以在参与文化创造中享受文化发展成果，成为维护文化权益、保护文化主体地位、构筑文化安全防线的人民力量。"目前，全国现有群众文化团队的数量达到了45万个，比2012年增加了50%。持续组织开展群众广泛欢迎的像群众歌咏、广场舞的展演，还有乡村的"村晚"，打造专属于群众的文艺舞台，2022年春节期间全国的春晚示范展示活动线上线下累计参与人次达到了1.18亿。"[2]

 典型案例

数字农家书屋送出"致富经"

武汉市新洲区周铁河村40多岁的村民洪利平每个双休日从城里回家，都要去村里的农家书屋借一两本自己喜欢的书，"偷得浮生半日闲"。从几年前在村里养鱼到农家书屋翻看养殖方面的书籍开始，洪利平便养成了到农家书屋看书的习惯。"40多岁的洪利平、70多岁的周尧阶都是农家书屋的常客。"周铁河村农家书屋管理人员介绍道。

----

① 中共中央宣传部举行新时代宣传文化工作举措与成效发布会[EB/OL]．（2022-08-18）[2023-06-14]．www.scio.gov.cn/xwfbh/xwbfbh/wqfbh/47673/48836/index.htm.

② 同①．

在新洲区，"洪利平们"不算少，他们也有便利的阅读条件：全区 667 个村（社区、大队）建成实体农家书屋 659 个，覆盖率达 98.8%；数字农家书屋实现全覆盖，村村湾湾飘书香。

数字农家书屋服务体系由"一云两端三屏"+"百姓点单"构成，是湖北省统一的农家书屋智慧服务平台，实现了功能模块化设计、资源专题化定制、数据可视化统计和后台一体化管理。2021 年 11 月 30 日，在湖北武汉新洲问津书院举办了"书香农户 耕读人家"农民读书用书赶集活动，湖北"万村数字农家书屋建设"项目正式建成上线。

在党史学习教育中，湖北把数字农家书屋建设作为"我为群众办实事"重点项目和公共文化服务创新的重要载体，围绕数字农家书屋建设深入调查研究、科学制定方案，严格遵循招标规定，有序平稳推进全省数字农家书屋建设，力争成为数字农家书屋建设的全国领跑者。截至 2021 年年底，全省建成 16 120 个数字农家书屋，每个数字农家书屋配备电子图书 7 万余册、有声读物 3 万多集，注册用户达 315.07 万人，访问量达 3150 万人次。数字农家书屋建设的做法如下。

一是对接群众需求。提供"百姓点单"服务，加大农民群众自主选书比例，组织出版单位和农家书屋有效对接，开展农家书屋数字化建设，增加数字化阅读产品和服务供给，推出"致富经"等栏目，解决农家书屋出版物更新慢、借阅不便、内容不足等问题；缩小城乡知识鸿沟、提高农民素质，培养适应社会主义新农村建设的新型农民。

二是推动阅读革命。加强与建设单位共建合作，共同开展数字农家书屋使用、维护等方面的培训，各街镇文化站站长、农家书屋管理员参训率达 100%。接入数字农家书屋平台后，帮助群众通过平台获取数字图书、数字报刊、有声读物、影视等海量资源，提高农民的阅读兴趣，改善农家书屋的使用效果，为农民提供多元化阅读方式，使其在田间地头就可享受农家书屋的服务。

三是完善管理体制。把数字农家书屋注册使用工作作为履行意识形态工作责任制、维护文化安全和意识形态安全的重要标准，构建全省统一的农家书屋智慧服务平台，实现功能模块化设计、资源专题化定制、数据可视化统计和后台一体化管理。

资料来源：新洲区几乎村村都有了农家书屋 村民自办书屋 4 万余册书全部免费外借[N]. 长江日报，2021-11-30.（有修改）

二、在维护文化安全的前提下深化文化体制改革

文化产业既具有意识形态属性，又具有产业属性；既具有社会效益，又具有经济效益。推进文化改革发展要把握好意识形态属性和产业属性、社会效益和经济效益的关系，始终坚持社会主义先进文化前进方向，始终把社会效益放在首位。"无论改什么、怎么改，导向不能改，阵地不能丢。"[①]在推进文化体制改革中，要坚决维护好文化安全，不能以牺牲文化安全为代价，这既是底线思维，也是原则要求。

2014 年 2 月，习近平主持召开中央全面深化改革领导小组第二次会议，审议并通过了

---

① 政论专题片《将改革进行到底》解说词（第五集）：延续中华文脉[EB/OL].（2017-07-22）[2022-10-19]. http://cpc.people.com.cn/n1/2017/0722/c64387-29421758.html.

《深化文化体制改革实施方案》。这是中央深改领导小组审议通过的第一个专项小组改革方案。该实施方案明确了改革的指导思想、目标思路、主要任务和政策保障，成为今后一个时期的文化改革发展的行动纲领。

1. 文化体制改革发展要坚持党的全面领导

文化改革发展关系国家文化安全，关系国家意识形态安全和政治安全，无论改什么、怎么改，都要有利于加强和改进党对文化工作的全面领导，有利于巩固和壮大社会主义主流意识形态，有利于坚持正确的舆论导向。坚持和完善党对文化改革发展的领导体制机制，确保党始终总揽全局、协调各方，该改的、能改的坚决改，不该改的、不能改的坚决不改，确保文化改革发展始终沿着正确方向前进。

2. 文化体制改革发展要坚持以人民为中心

人民是文化改革发展的主体，文化改革发展为了人民、依靠人民、由人民评价。应尊重人民主体地位，保障人民文化权益，健全满足人民对美好精神文化生活新期待必备的制度，引导和鼓励人民积极参与文化创新创造、依法参与国家文化事业管理，共享文化改革发展成果。坚持立德树人、以文化人，把坚持和发展文化制度与宣传群众、教育群众、引领群众、服务群众结合起来，把推动文化发展进步与促进人的全面发展结合起来，促进满足人民精神世界和增强人民精神力量相统一，培养能够担当民族复兴大任的时代新人。

3. 文化体制改革发展要坚持新发展理念

新时代新阶段，我国文化发展中的矛盾和问题集中体现在发展质量上。必须把新发展理念贯穿文化发展全过程和各领域，优化文化发展生态，转变文化发展方式，重构文化发展格局，实现更高质量、更有效率、更加公平、更可持续、更加安全的发展。

4. 文化体制改革发展要坚持系统集成、协同高效

制度具有根本性、稳定性，具有管全局、管长远的作用。加强文化领域制度建设是深化文化体制改革的题中应有之义，也是不断发挥和增强中国特色社会主义文化制度优势、推进国家文化治理体系和治理能力现代化的必然要求。应紧紧扭住、持续推进具有四梁八柱性质的重大改革举措，加强系统集成、协同高效，着力制度创新、制度协同、制度优化，破除制约文化繁荣发展的体制机制障碍，加快形成系统完备、科学规范、运行有效、充满活力的文化制度体系。

5. 文化体制改革发展要坚持社会效益优先

在社会主义市场经济条件下，文化既具有意识形态属性，也具有产业属性。文化创作生产传播要面向市场、讲究经济效益，又不能唯利是图、当市场的奴隶，需要始终把社会效益和社会价值放在首位。应着眼出精品、出人才、出效益，培育和践行社会主义核心价值观，坚持社会效益优先的文化改革发展导向，着力建立健全坚持把社会效益放在首位、社会效益和经济效益相统一的体制机制和法规政策，优化文化发展生态，弘扬主旋律、传播正能量，彰显和壮大主流价值、主流舆论、主流文化，引导各类文化主体自觉承担起举旗帜、聚民心、育新人、兴文化、展形象的使命任务。

6. 文化体制改革发展要坚持统筹协调推进

文化体制改革是一个复杂的系统工程，既涉及文化宏观管理体制改革，又涉及微观运

行机制创新；既要与政治、经济、社会等领域改革相衔接，又要充分体现文化领域改革特殊要求。应坚持辩证唯物主义和历史唯物主义世界观和方法论，坚持目标导向与问题导向、效果导向相统一，试点先行和全面推进相促进，正确处理党委、政府、市场、社会之间的关系，正确处理改革、发展、管理之间的关系，正确处理国有与民营、城市与乡村、对内与对外、阵地与市场、事业与企业等重要关系，推动中华优秀传统文化创造性转化、创新性发展，促进文化事业全面繁荣、文化产业持续健康发展。

三、文化体制改革的重点

总体思路是全面贯彻习近平新时代中国特色社会主义思想，认真落实中央深化改革领导小组会议精神，以维护和塑造文化安全、推进文化繁荣发展为目标，把进一步发挥市场在文化资源配置中的积极作用与更好发挥政府作用结合起来，加快完善有利于激发文化创新创造活力的文化管理体制和生产经营机制，坚持和完善繁荣发展社会主义先进文化的制度，提升文化治理效能。

1. 完善文化宏观管理体制

创新文化宏观管理体制，坚持和加强党对宣传思想文化工作的全面领导，把党的领导落实到国家文化治理各领域各方面各环节；深化文化领域行政体制改革，推进"放管服"改革，转变政府职能；完善党委和政府监管有机结合、宣传部门有效主导的国有文化资产管理体制机制，推进管人、管事、管资产、管导向相统一；建立健全传统媒体和新兴媒体一体化管理的工作机制，进一步加强网络综合治理体系建设；建立健全社科学术社团工作协调机制，加强文化领域行业组织建设；研究制定加强宣传文化领域法制建设的意见，加快文化立法进程，全面推进依法行政；完善文化市场综合执法体制；完善文化产业统计制度。

2. 深化文化事业单位改革

进一步深化文化事业单位人事、收入分配等制度改革；稳步推进公共文化机构法人治理结构改革和内部运行机制创新，探索开展国有博物馆资产所有权、藏品归属权、开放运营权分离改革试点；深化主流媒体体制机制改革，建立适应全媒体生产传播的一体化组织架构，构建新型采编流程，形成集约高效的内容生产体系和传播链条；以演出为中心环节深化国有文艺院团改革，加强分类指导，激发院团生机活力。

3. 深化国有文化企业改革

实施国有文化企业深化改革加快发展行动，加强国有文化企业党的建设，发挥党委（党组）把方向、管大局、保落实的领导作用，主动服务国家重大战略，推进布局优化和结构调整，提升控制力影响力，加快培育一批主业突出、核心竞争力强、市场占有率高的综合性文化企业集团；完善公司治理机制，将党建工作要求写入公司章程，明确党组织研究讨论企业重大经营管理事项是董事会、经理层决策重大问题的前置程序，落实党组织在公司治理结构中的法定地位；稳妥推进混合所有制改革，推行职业经理人制度，开展多种方式的中长期激励，激发基层改革创新动力；完善国有文化企业社会效益评价考核办法，健全把社会效益放在首位、社会效益和经济效益相统一的评价考核体系。

第三节　建设社会主义文化强国

"文化兴国运兴，文化强民族强。"[①]文化强弱直接关系到国家文化安全实现的程度。"实现中华民族从站起来、富起来到强起来的伟大飞跃，必然伴随着中华文化大发展大繁荣，必然召唤着建设社会主义文化强国。"[②]"世界历史经验表明，任何一个大国的崛起最终意义上都是文化的崛起"[③]，文化的崛起和复兴将赢得广泛的国际认同和世界人民的尊重。中国崛起在最终意义上是文化的崛起，是中华文明的复兴与新的文明跃升的引领者，因此，中国文化强国建设意味着将走出一条有别于既成大国崛起的文明型崛起之路，是一种文明国家理念和文明形态的创新者，创造了人类文明的新形态。推进文化强国建设有利于坚持和贯彻落实总体国家安全观、维护和塑造国家文化安全、走出一条中国特色国家安全道路。

一、文化强国的基本含义

文化强国是指具有中国特色的社会主义文化强国。目前，无论学界还是官方，对文化强国都没有统一的定义。有学者把中国特色社会主义文化强国的内涵概括为三个方面：从文化内蕴上看，坚持马克思主义，以之作为中国特色社会主义文化强国建设的根本；继承中国传统文化精髓，以之作为中国社会主义文化强国建设的母体；吸纳西方优秀文化成果，以之作为中国特色社会主义文化强国的外部资源。从国家作为功能整体来看，"向内的"着力点，即具有强大的民族创造力和凝聚力；"向外的"着力点，即具有强大的世界吸引力和影响力。从性质和方向来看，中国特色社会主义文化强国就是以社会主义核心价值观为精神核心的社会主义核心价值体系。[④]有的学者认为衡量一个名副其实的"文化强国"，主要看五个方面：全社会的文化创新潜力充分激活，在继承中华优秀文化传统的基础上，文化发展和创新能力显著提高，哲学社会科学和文化艺术高度发展繁荣，涌现出一批有国际影响力、吸引力和传播力的文化艺术作品和精品节目；文化产业的规模大幅提升，竞争力显著提高，占到 GDP 比重的 8%至 10%；文化人才辈出、济济一堂，拥有一支规模庞大、结构合理、具有强烈创新意识和创新能力的宏大文化人才队伍，涌现出一批有国际影响力的文化艺术大师和文化产业领军人物，形成有中国风格、国际表达的理论学派、文化艺术流派及其代表人物，以及百家争鸣、百花齐放的文化发展和创新的生动活泼局面；国际文化交流广泛深入、形式多样，文化贸易特别是版权贸易由净进口转变为净出口；国家文化软实力大幅提高，能够提出引领人类文明发展和国际经济社会发展潮流的各项议题，在重建人类普世价值观、改革不合理的国际规则、构建国际经济政治新秩序中发挥积极作用，从

① 习近平．决胜全面建成小康社会　夺取新时代中国特色社会主义伟大胜利——在中国共产党第十九次全国代表大会上的报告[EB/OL]．（2017-10-27）[2022-10-19]．http://www.gov.cn/xinwen/2017/10/27/content_5234876.htm.
② 黄坤明．推进社会主义文化强国建设[EB/OL]．（2020-11-23）[2023-03-14]．http://cpc.people.com.cn/GB/http/cpc.people.com.cn/n1/2020/1123/c64094-31939961.html.
③ 范玉刚．当代文化强国的内涵阐释[J]．江苏行政学院学报，2022（3）：34.
④ 刘文艺．中国特色社会主义文化强国之内涵探析[J]．兰州学刊，2013（6）：179-183.

而改变目前国际议题主要由西方发达国家提出，中国及发展中国家处于边缘状态的不利地位。[1]有学者提出，所谓文化强国一定是有灵魂的国家，当代中国所诉求的文化强国的灵魂是有广泛共识的社会主义核心价值观及其把马克思主义基本原理同中国具体实际相结合、同中国优秀传统文化相结合所形成的马克思主义中国化最新成果。新时代的文化强国展示的是当代中国形象和文化气象，是中华民族昂扬奋发精神风采的展示，并有着强大的道义力量和广泛的社会认同，在世界舞台上树起社会主义旗帜。[2]

文化强国是指建设具有强大凝聚力和引领力的社会主义意识形态、建设具有强大生命力和创造力的社会主义精神文明、建设具有强大感召力和影响力的中华文化软实力的总称。社会主义文化强国之"强"就是文化引领力、文化凝聚力、文化生命力、文化创造力、文化感召力、文化影响力之强。社会主义文化强国建设是要通过文化为社会发展提供强大的智力支持和精神保障，形成经济、政治、文化协调发展的综合效应，在全世界面前树立一种全新的社会主义国家形象。因此，社会主义文化强国之"强"包括效能、管理、价值和实践之强，包括量化、质态、创新、综合之强，包括科学性、前瞻性、针对性、原创性之强，要自觉承担起举旗帜、聚民心、育新人、兴文化、展形象的使命任务，努力在实践创造中进行文化创造、在历史进步中实现文化进步。

二、建设文化强国的意义

文化越来越成为综合国力竞争的重要因素，建设文化强国对于维护和塑造国家文化安全具有重要意义。

1. 只有建设文化强国，才能有效抵制西方文化入侵和渗透

长达数个世纪的西方殖民活动，不断挤压侵略乃至消灭其他文明，许多国家和民族陷入文化危机中。即使冷战结束后，仍有一部分人奉行"文明冲突论"，热衷于对发展中国家进行文化渗透。当今世界正经历百年未有之大变局，特别是随着单边主义、保护主义、孤立主义抬头蔓延，文明冲突、文明优越等论调不时沉渣泛起。文昌才能国安，我们要统筹好发展与安全的关系，加快推进文化强国建设，为文化安全积蓄文化引领力、文化凝聚力、文化生命力、文化创造力、文化感召力、文化影响力，才能在国与国之间的文化竞争中处于有利地位，才能有效抵御西方文化入侵和文化渗透。

2. 只有建设文化强国，才能有效防范文化分裂

主权国家内部信仰不同宗教、拥有不同文化的各民族之间的矛盾集中爆发，特别是与境外其他民族拥有共同的文化和语言、受到境外势力的怂恿支持时，极容易催生民族分裂主义，危害国家安全和文化安全。据不完全统计，1990—2007 年，民族分裂主义催生了 25 个被国际社会承认的新国家，造成世界版图的重大改变[3]。即使是非苏东地区的欧洲国家，像英国、比利时、西班牙，也面临国内不同文化族群的分裂诉求。我国是一个多民族的国家，不同的民族具有不同的文化性格和风俗习惯。随着经济社会的转型不断加速和深化，

---

① 范玉刚. 当代文化强国的内涵阐释[J]. 江苏行政学院学报，2022（3）：31.
② 齐勇锋. 建设文化强国促进文化大发展大繁荣的内涵和途径[J]. 中国党政干部论坛，2011（11）：11.
③ 中国现代国际关系研究院. 文化与国家安全[M]. 北京：时事出版社，2021：40.

我国社会日益原子化和碎片化，原来的工农和知识分子两阶级一阶层日益分化为多个不同社会群体，阶层的分化势必带来文化上的分层，形成各种各样的亚文化。在互联网传播格局下，我国不同地区不同群体的文化差异性很容易被境外势力加以炒作，煽动民族地区和不同群体提出民族自决的诉求，影响国家安全和文化安全。只有加快建设文化强国，用社会主义核心价值观引领和整合多样化社会思想文化、增加凝聚力和向心力，才能维护好文化安全。

3. 只有建设文化强国，才能在赢得文化尊重中平等交往

地理大发现后，人类社会历史从分散走向整体，不同文明之间的接触交流和碰撞不断增多。"（文化）只有姹紫嫣红之别，而无高低优劣之分，每个国家、每个民族不分强弱，不分大小，其思想文化都应该得到承认和尊重。"①但由于经济发展社会水平不一致、文化软实力不一样，总有一部分人认为自己的人种和文明高人一等，歧视甚至敌视其他文明，执意改造甚至取代其他文明，使经济上落后的国家和民族文化得不到应有的尊重和保护。只有加快文化强国建设，为中华民族伟大复兴提供文化强国支撑，才能让中华民族始终屹立于世界民族之林，赢得其他国家和民族在文化上的尊重，有效维护国家文化安全。

三、推进文化强国建设

1. 文化强国建设的正确方向

1）坚持马克思主义在意识形态领域的指导地位

任何一种意识形态，任何一种文化，都有一个占据统摄地位的旗帜和灵魂。对于社会主义意识形态、社会主义文化来说，其旗帜和灵魂就是马克思主义。中国共产党是马克思主义政党，中国是共产党领导的社会主义国家，建设的文化是社会主义文化，这就从根本上决定了任何时候都必须毫不动摇地坚持马克思主义，要坚持马克思主义在意识形态领域指导地位的根本制度，努力建设具有强大凝聚力和引领力的社会主义意识形态，促进全体人民在思想上、精神上紧紧团结在一起。

2）坚定文化自信

历史和现实表明，一个国家和民族要自立自强，首先要在文化上自觉自信。可以说，有没有高度的文化自信不仅决定着文化自身能否繁荣发展，而且关系到国运兴衰、民族浮沉。建设社会主义文化强国，文化自信既是思想基础和先决条件，也是根本标志和最终目的。

3）坚持以社会主义核心价值观引领文化建设

核心价值观是决定文化性质和方向的最深层要素。一种文化能不能立起来、强起来，关键取决于贯穿其中的核心价值观。社会主义核心价值观既凝结着全体人民共同的价值追求，又蕴含着社会主义现代化的价值目标，是当代中国精神的集中体现，是凝聚民心、汇聚民力的强大力量。推动社会主义文化建设，应抓住社会主义核心价值观建设这个根本，充分发挥其主导和引领作用，使之融入经济社会发展和人们生产生活的方方面面，更好构筑中国精神、中国价值、中国力量。

---

① 习近平. 深化文明交流互鉴，共建亚洲命运共同体[M]//习近平谈治国理政（第三卷）. 北京：外文出版社，2020：468.

4）始终围绕举旗帜、聚民心、育新人、兴文化、展形象的使命任务

一个时代有一个时代的文化使命任务。举旗帜、聚民心、育新人、兴文化、展形象是以习近平总书记为核心的党中央立足中国特色社会主义进入新时代这个新的历史方位，着眼充分发挥文化在推进伟大斗争、伟大工程、伟大事业、伟大梦想中的重要作用提出来的。这五个方面紧密联系、相互贯通、有机统一，标定了文化建设在党和国家事业全局中的新坐标，是开创文化发展新局面、推进文化强国建设的根本要求。坚持把为人民服务、为社会主义服务作为根本方向，把围绕中心、服务大局作为基本职责，把统一思想、凝聚力量作为中心环节，在时代和实践发展中展现文化新作为、新气象。

2. 文化强国建设的重要内容

总体思路是坚持习近平新时代中国特色社会主义思想，统筹改革发展与安全，统筹国际、国内两个大局，把文化强国建设放在建设社会主义现代化强国目标下整体推进，推进文化自信自强，铸就社会主义文化辉煌。

（1）增强全党全社会的文化自信。文化自信是最深入、最持久的精神力量，要坚持以习近平新时代中国特色社会主义思想为指导，积极建设社会主义先进文化，深入开展习近平新时代中国特色社会主义思想学习教育，引导全社会坚定主心骨，推动党史学习教育常态化、长效化，增强干部群众的历史自信、文化自信，实现人民在精神上更加主动，让新时代中国发展进步的精神动力更加充沛。

（2）提高社会文明程度。文明是现代化国家的显著标志。提高社会文明程度是建设文化强国的重大任务，坚持重在建设、以立为本，坚持久久为功、持之以恒，努力推动形成适应新时代要求的思想观念、精神面貌、文明风尚、行为规范。提高社会文明程度，首先要抓住理想信念这个根本，增强坚守共同理想、实现共同梦想的信心和决心；其次是不断弘扬和践行社会主义核心价值观，推动社会主义核心价值观像空气一样无时不在、无时不有；再次，要抓住推进公民道德建设这个重点，加强社会公德、职业道德、家庭美德、个人品德建设，深化文明城市、文明行业、文明村镇、文明校园、文明家庭创建，共建网上精神家园，提高社会文明程度和公民文明素质，推动人民思想道德素质、科学文化素质和身心健康素质的明显提高；最后，要进一步深厚中华民族的家国情怀、进一步增强中华民族的凝聚力。

（3）繁荣发展社会主义文艺。坚持文艺的"二为"方向、"双百"方针和以人民为中心的创作导向，在文艺产品创作质量上下功夫，创作生产更多思想精湛、艺术精深、制作精良的文艺产品，促进文艺既有高原更有高峰，展示中国文艺新气象。

（4）提升公共文化服务水平。推动文化发展、建设文化强国，从根本上说就是为了更好地满足人民日益增长的精神文化生活需要，不断丰富人民的精神世界、增强人民的精神力量。要加快建立覆盖全社会的公共文化服务体系，加强公共文化产品和服务供给，提升公共文化服务效能，积极探索适应社会主义市场经济要求、保障社会公平正义的公共文化服务方式，进一步推动公共文化服务均等化，推进公共文化服务与科技融合发展，提升现代传播能力。要坚持文化发展为了人民、文化发展依靠人民、文化发展成果由人民共享，全面繁荣新闻出版、广播影视、文学艺术、哲学社会科学事业，切实把公共文化服务提高到一个新水平，着力增强人民的文化获得感、幸福感，促进人的全面发展。

（5）健全现代文化产业体系。这是满足人民多样化、高品位文化需求的重要基础，也是激发文化创造活力、推进文化强国建设的必然要求。近几年，我国文化产业持续健康发展，"2019 年，文化及相关产业增加值达 44 363 亿元，旅游及相关产业增加值达 44 989 亿元，占 GDP 比重分别达 4.50%、4.56%。"①当然，发展文化产业，最重要的不是看经济效益，而是看是否符合高质量发展要求，能不能提供更多既能满足人民文化需求又能增强人民精神力量的文化产品。文化产业和旅游产业密不可分，坚持以文塑旅、以旅彰文，推动文化和旅游融合发展，建设一批富有文化底蕴的世界级旅游景区和度假区，打造一批文化特色鲜明的国家级旅游休闲城市和街区，发展红色旅游和乡村旅游，让人们在领略自然之美中感悟文化之美、陶冶心灵之美。

（6）加强对外文化交流和多层次文明对话。建设文化强国的过程既是传承弘扬中华文化、增强其生命力和影响力的过程，又是吸纳外来文化文明精华、推动中华文化不断丰富的过程。应大力弘扬中华优秀传统文化，实现创造性转化、创新性发展，进一步提升中华文化影响力。应秉持开放包容、互学互鉴的理念，以更自信的心态、更宽广的胸怀，深入开展同各国的文化交流合作，广泛参与世界文明对话，促进对彼此文化文明的理解、欣赏和借鉴，让各国人民更好地了解中国，让中国人民更好地了解世界。以讲好中国故事为着力点，介绍阐释中国理念、中国道路、中国主张，展现真实、立体、全面的中国，不断增进理解、扩大认同。特别是讲好中国共产党治国理政的故事、中国人民奋斗圆梦的故事、中国共产党和中国人民血肉联系的故事、中国坚持和平发展合作共赢的故事，帮助国际社会加深对中国共产党为什么能、马克思主义为什么行、中国特色社会主义为什么好的认识。要创新推进国际传播，坚持贴近中国实际、贴近国际关切、贴近国外受众，搭建起中国人民同各国人民有效互动交流的桥梁，让世界更好读懂中国②。

（7）进一步提升文化治理效能。不断完善中国特色社会主义文化制度，不断健全文化法律法规体系和政策体系。进一步深化网络生态治理，以时代新风塑造和净化网络空间，共建网上美好精神家园。进一步加强文艺行风建设，引导广大文艺文化人才坚守艺术理想，追求德艺双馨，弘扬行风艺德，树立文艺界良好社会形象，营造自尊自爱、互学互鉴、天朗气清的行业风气。

本章小结

本章从文化发展、文化体制改革、建设文化强国三个方面讲解了维护和塑造国家文化安全的重要意义，分析了以文化安全为前提推动文化发展、深化文化体制改革、建设文化强国的原则要求以及方向路径。学习本章内容需要重点把握中国特色社会主义文化、文化强国的概念，新时代十年来文化强国建设取得的历史性成就、发生的历史性变革以及"十四五"时期文化改革发展的重点等。通过学习，牢牢把握文化改革发展的正确方向，进一步增强建设文化强国、维护国家文化安全的责任感使命感。

---

① 满足人民文化需求　增强人民精神力量[N]. 人民日报，2022-08-25（2）.
② 黄坤明. 推进社会主义文化强国建设[EB/OL].（2020-11-23）[2023-03-14]. http://cpc.people.com.cn/GB/http://cpc.people.com.cn/n1/2020/1123/c64094-31939961.html.

 **思考题**

1．简述中国特色社会主义文化的内涵及其与国家文化安全的关系。
2．简述文化体制改革对于维护和塑造国家文化安全的重要意义。
3．如何以维护和塑造国家文化安全为前提深化文化体制改革？
4．简述文化强国的内涵及建设文化强国对于维护和塑造国家文化安全的意义。
5．如何推进文化强国建设？

第八章

文化交流、文明互鉴与全球共同安全

在经济全球化背景下维护和塑造中国的国家文化安全，必须按照整体国家安全观的要求，"既重视自身安全，又重视共同安全"[①]，对内以人民为中心，创设人民认同、共同维护的自身文化安全，对外以天下为己任，塑造不同文化和平共生、同舟共济的共同文化安全。共同文化安全是全球范围内共同安全的重要内容，是践行"共同、综合、合作、可持续的全球安全观"[②]而构建的"普遍安全的人类命运共同体"[③]。在文化领域的应有状态，它以不同文化的平等交流为基础、以不同文明的互学互鉴为途径、以全球共同安全的实现为保障。基于此，本章从文化交流、文明互鉴、全球共同安全三个方面对维护和塑造中国的国家文化安全进行初步讨论。

第一节　文　化　交　流

文化交流是指"具有不同文化背景的、不同国家、不同地区或不同社会的人们通过思想、行为、制度或物质等各种形式的相互交往而产生的人类思想的相互了解和相互影响"[④]。世界上不同民族、国家、地区之间能够也必须进行文化交流，不同文化的广泛、深入、持久交流是维护和塑造国家文化安全特别是文化共同安全的前提与基础。

一、文化交流的本质和意义

文化是人类对客观世界感性上的知识与经验的升华，如思维方式、价值观念、生活方式、行为规范、艺术文化、科学技术等。作为一种社会现象，文化是人类长期创造形成的

① 习近平. 习近平谈治国理政[M]. 北京：外文出版社，2014：201.

② 习近平. 习近平谈治国理政：第四卷[M]. 北京：外文出版社，2022：451.

③ 同②：391.

④ 黎德化. 中国文化的现代化[M]. 呼和浩特：内蒙古人民出版社，1999：214.

产物，作为一种历史现象，文化又是人类社会与历史的积淀物。文化既凝结在物质之中，又游离于物质之外，能够被传承和传播，是人类相互进行交流的普遍认可的一种能够传承的意识形态。传承、传播、交流是不同民族和国家的文化间的相互作用，只要具备了如下几个基本要件，这种相互作用就能够发生并且可能成为常态。

1. 文化源差异显著

唯物史观认为，物质生产实践在人类文明形成和发展中起决定性作用。从历史上看，世界上不同民族形成的先后、生存环境的差异使得生产力水平参差不齐、生产方式各有所异，特定的生产方式决定了特定的生活方式和思维方式，进而在不同地区、不同民族及其不同发展阶段形成了在内容、形式、发展程度上各具特点的文化体系。不同的文化之所以不同，首先就在于文化源的差异，其外在表现是不同的民族、国家和地区的语言文字、宗教信仰、思想理论、文学艺术、民居建筑、风俗习惯等方面的多样性。

不同文化的文化源存在差异，不同文化就有了相互吸引的特质、相互借鉴的需要、相互交融的空间。文化源差异越显著，相互吸引的特质就越明确，相互借鉴的需要就越强烈，相互交融的空间就越广阔。当今世界有 70 亿人口、200 多个国家和地区、2500 多个民族、5000 多种语言，不同民族、不同文明多姿多彩、各有千秋，不同民族、不同文明的文化源差异显著，从而使不同文化之间的交流具备了第一个基本要件。

2. 文化主体地位明确

没有文化源差异，不会有文化交流；有文化源差异但没有文化主体地位，不会有很好的文化交流。文化交流一般只会发生在各自尊重对方的前提条件下，诸如文化入侵、强势文化压制弱势文化等现象都不是文化交流的表现，利诱、勉强、乞求、顺从等都不是文化交流的本义。文化交流应该也必须有其起始点和机会的平等，这就是不同的文化有其明确的主体地位。当今世界，不同民族、国家和地区的文化"各有千秋，没有高低优劣之分，关键在于是否符合本国国情，能否获得人民拥护和支持，能否带来政治稳定、社会进步、民生改善，能否为人类进步事业做出贡献"[①]，只要满足如上条件，任何类型的文化都应该得到尊重，都应该拥有明确的文化主体地位，唯有如此，不同的文化才有交流的可能。

3. 文化交往条件便利

文化交流作为人类社会的一种交往活动，需要人员的流动、物资的流转、信息的流通。流动、流转和流通都需要一定的外部条件支持，要么是物理空间的顺畅，要么是虚拟空间的通畅，否则交往就不容易甚至不可能发生，也就更谈不上文化交流了。当今世界，交通条件不断改善、海陆空运输能力持续增长、人和物的交往越来越便利，同时互联网日益普及，信息的流通只需操控一下鼠标，"各国相互联系、相互依存的程度空前加深，人类生活在同一个地球村里，生活在历史和现实交汇的同一个时空里，越来越成为你中有我、我中有你的命运共同体"[②]，文化交往条件的便利从客观上有助于文化交流。

---

① 习近平. 习近平谈治国理政：第四卷[M]. 北京：外文出版社，2022：460.
② 习近平. 习近平谈治国理政[M]. 北京：外文出版社，2014：272.

二、文化安全与文化交流

"国家文化安全是指一个国家文化主权、人民文化福祉和国家其他重大文化利益相对处于没有危险和不受内外威胁的状态，以及保障、维护和塑造持续安全状态的能力"[1]，其所指向的状态和能力是一种相对的状态和能力，当某种文化因绝对封闭而不与其他文化发生任何关系时，这种文化看似安全，但从封闭必然引发逐步耗散并最终导致消亡的角度讲，这种文化其实不安全；当某种文化因开放而与其他文化发生关系时，不论这种开放是被迫的还是主动的，这种文化就会有不安全的可能，就需要维护和塑造安全。由此可见，国家文化安全一定是建立在与其他文化发生关系中的动态的安全，实现这种动态安全离不开文化交流。

文化安全需要的文化交流必须是健康、全面、有效的交流，那些病态的、片面的、无效的交流不仅无助于文化安全，甚至会危害文化的安全。具体说来，有助于维护和塑造文化安全的文化交流应该具备如下特征。

1. 基础坚实

这里的基础，指的是参与文化交流的各文化主体所具有的独特文化、所拥有的文化自主权以及基于前两者的不断增长的文化生产力。如果没有这种基础，就不会很好甚至不可能与其他文化产生关系、发生交流。以中国为例，基础坚实表现为"推动中华优秀传统文化创造性转化、创新性发展，继承革命文化，发展社会主义先进文化"，同时"不忘本来、吸收外来、面向未来"，不断"构筑中国精神、中国价值、中国力量"[2]，为中华文化走向世界、参与世界文化交流固本培元，夯实交流交往的文化基础。

2. 平等包容

任何样态的文化都同时具有民族性和世界性，世界文化的繁荣发展就在于多元文化的交流互鉴、交融共存。当今世界，激流涌荡着的各种文化以多样性表现出差异性，"多样性是世界的基本特征，也是人类文明的魅力所在"[3]，民族没有优等和低劣之分，不同民族的文化没有先进和落后之别，世界文化的魅力在于丰富多彩，因此，在文化交流的过程中"尊重各种文明，平等相待，互学互鉴，兼收并蓄"[4]，秉持兼容并包的态度，对不同的文化充分尊重、平等相待，通过文化交流发现人类文明发展史中的经验和智慧，为解决当下的现实困境提供解决方案，运用世界各种优秀文化成果解决社会发展难题，共同促进人类文明繁荣进步。

3. 美人之美

不同的历史传统和地域环境孕育了不同的文化，不同文化的交流与融合驱动着人类社会向前发展，不同文化的和谐共存构成了丰富多彩的世界。"每一种文明都扎根于自己的生

---

① 本书编写组. 国家文化安全知识百问[M]. 北京：人民出版社，2022：3.

② 本书编写组. 中国共产党第十九次全国代表大会文件汇编[M]. 北京：人民出版社，2018：18-19.

③ 习近平在博鳌亚洲论坛 2021 年年会开幕式上的视频主旨演讲[N]. 人民日报，2021-04-21（2）.

④ 习近平在亚洲文明对话大会开幕式上的主旨演讲[N]. 人民日报，2019-05-16（2）.

存土壤，凝聚着一个国家、一个民族的非凡智慧和精神追求，都有自己存在的价值"①，任何一种样态的文化都有自己的特色和优点，都应该得到尊重、受到珍惜。在文化交流的过程中，对待其他文化，应该秉持尊重和欣赏的态度，突破文化差异的壁垒，摒弃文化偏见，理解不同文化的奥妙、汲取不同文化的智慧，为认识和改造世界、为治国理政提供有益的参考。

4. 开放发展

在经济全球化的背景下，人类所面临的全球性问题越来越多，也越来越严峻，文化冲突就是其中一个重要问题，"应对共同挑战、迈向美好未来，既需要经济科技力量，也需要文化文明力量"②，文化有民族和地域之别，但无国界之分，任何一种文化要想获得长久的发展，都是在同其他文化的交流互动、吸收借鉴中实现的。通过文化交流，不同文化互相尊重、取长补短、共同繁荣，共同谱写世界各国文化和谐相处的新篇章，通过文化交流，促进多元文化的交融互补，不断发掘推动人类社会发展的智慧，进而使不同文化消除隔阂、和合共生。

三、文化交流助益文化安全

文化是有力量的，当文化成为一种共识、一种传统，便会像一条无形的纽带，潜移默化地影响人们的心态、或隐或显地左右人们的行为。健康、全面、有效的文化交流能够促进不同文化之间的相互学习、相互借鉴、相互补充，从而使不同文化将其本身所蕴含的力量进一步整合，放大甚至增强正向力量，减少甚至消解负向力量，这样既有助于维护和塑造自身文化安全，也有助于维护和塑造共同文化安全。

1. 文化交流可以减少文化冲突，从而助益文化安全

如前所述，文化源差异是文化交流得以发生的前提条件，但随着文化交流的深入，文化间的差异可能转化为矛盾，差距悬殊的文化甚至会发生冲突，即使是在差异相对较小的文化之间，当与生俱来的差异在积累到一定量的时候，也会衍生冲突。文化间的差异、矛盾甚至冲突会影响到生活在各种文化之中的人的存在、关系和行为方式以及物的存在方式，于是处于文化交流中的人会在交流的期望、过程和结果上表现出一种不和谐、不相容的状态，这就使得文化差异通过人际冲突的形式表现出来。

文化交流的过程中发生文化冲突是一种可能，甚至是一种必然，这不是问题，也并不可怕，问题在于发生了冲突却不去解决，可怕的是为避免冲突而不进行文化交流。现实情况是，不同文化之间不进行交流可能会发生文化冲突，进行交流也可能会引发文化冲突，但无论是因不交流而发生的文化冲突，还是因交流而引发的冲突，又都是经由更加深入与全面的文化交流而消除的。

发生了文化冲突，就必然要寻求弥合冲突的路径，以求得文化的"和谐共生、相得益彰，共同为人类发展提供精神力量"③。实现文化的共生是弥合文化冲突的目标，也就是既

---

① 深化文明交流互鉴　共建亚洲命运共同体. 习近平在亚洲文明对话大会开幕式上的主旨演讲[N]. 人民日报，2019-05-16(2).
② 同①.
③ 习近平. 习近平谈治国理政：第三卷[M]. 北京：外文出版社，2020：434.

有本土文化的特殊基因，又能够与其他文化和谐共处，从而达成文化的多元并存。健康、全面、有效的文化交流能够催生出具有包容性的多元文化主体，这种多元文化主体心胸开阔、游走于不同文化的边界，既对差异甚至冲突的文化兼收并蓄，又通过调节与合作，调和文化间的冲突、建立文化间交流与合作的平台，推动文化间的和谐共生，从而助益文化安全的维护和塑造。

2. 文化交流可以促进文化适应，从而助益文化安全

不同文化之间存在差异，在健康、全面、有效的文化交流中，作为交流主体的人会自觉地做出调整，主动适应这种差异，这就是文化适应。通常情况下，文化适应是一个循序渐进的过程，其基本逻辑是"了解—欣赏—分析—承认—接受—探索"。

"了解"指的是文化交流的主体对于新的文化有相对深入的接触，并且已经对新的文化形成了自己的认知；"欣赏"指的是新的文化中的某些元素对交流主体具有吸引力，新的文化对交流主体所处的本土文化有着巨大的借鉴意义，有了欣赏，交流主体就有可能继续关注乃至研究新的文化；"分析"包括对比与判断，对比能够使交流主体发现本土文化与新的文化之间的共性与差异，知晓本土文化存在的缺陷以及新文化所需要的元素，判断是对比之后的工作，也就是交流主体基于对比而确定新的文化中有哪些元素值得吸收借鉴、如何更加有效地交流文化；"承认"指的是交流主体通过对比研判，认同了新的文化的存在与价值，这是比"欣赏"更加深刻的一个层次；"接受"指的是交流主体彻底认同了新的文化，认为新的文化存在着极大的借鉴价值；"探索"指的是交流主体不再只谋求了解新的文化，而是寻求交流、沟通、合作的渠道。

经过如上六个阶段而达成的文化适应，能够加强文化交流的主体对于新的文化的认知与认同，同时促进新的文化对交流主体的认可，这样一来，文化交流的效果就有了保证，有助于不同的文化增进理解、消除误解、促进谅解、实现和解，"在平等相待基础上开展合作，在相互尊重基础上化解分歧"[①]，从而助益文化安全的维护和塑造。

3. 文化交流可以推进文化整合，从而助益文化安全

文化交流的内容丰富而又具体，涵盖了人类生活的方方面面，大到世界观、价值观，中到习惯、风俗，小到言语、行为；文化交流的时间明确而又不固定，既有长周期的历时性时间，又有即时性的共时性时间。内容上的宏观与微观并存、时间上的历时与共时同在折射出的是文化交流的头绪众多、错综复杂。

对于十分复杂的文化交流，如果在实践中处理不当，就可能出现交流形式较零散、应景意味较浓重、涉及层面日常化等问题，这就不可能真正实现文化交流的意义、体现文化交流的价值。文化交流应该是系统性意义层面的交流，应该具备有序、系统的性质。这种系统性意义层面上的交流越多越充分，不同文化内部的整合、由不同文化所构成的世界文化的整合就会越快越全面。

健康、全面、有效的文化交流能够推进文化整合，其中的关键在于构建一种具有系统性和有序性、体现包容性的共性文化框架。这种共性文化框架是一种富有弹性、多变的结构，具有调适性，能够适应不同文化的架构，它容纳文化与文化之间的差异性，追求人类

---

① 习近平. 习近平谈治国理政：第四卷[M]. 北京：外文出版社，2022：420.

文明的普遍性真理。也就是说，共性文化框架以其包容性的特质和富有弹性的结构，循着文化发展的脉络寻找到不同文化间的共性，吸收乃至消解不同文化的冲突所释放的能量，有益于多种相异文化和谐有序地共存、共处和共生。更为重要的是，在这个过程中，培育起有系统理念、讲求有序的多元文化主体，这样就能够保证文化交流的水平从整体上不断得到提升。

第二节　文 明 互 鉴

所谓文明，指的"是具有历史维度的价值体系和社会生活的总和，它是人类共同体历史发展的结果，又从各方面影响人类生活"[1]。文明产生于文化，其中就包括文化的基本构成；文化是一定文明的具体存在模式，是文明形态的实践方式。从文化与文明的关系的角度看，更好地维护和塑造国家文化安全特别是文化的共同安全，需要不同文化之间的健康、全面、有效交流，但这仅仅只是第一步，以此为基础，推动世界上不同文明互学互鉴是维护和塑造国家文化安全更高层级的举措。

一、文明互鉴与文化安全的关系

人类文明的发展史同时也是人类文明交流互鉴的历史，"文明因交流而多彩，文明因互鉴而丰富。文明交流互鉴，是推动人类文明进步和世界和平发展的重要动力"[2]。习近平总书记提及的文明互鉴，是指"不同民族在交往中能吸收其他文明成果并运用到实践之中，使之成为自身价值体系或社会生活的一部分"[3]。基于这个定义可以看出，文明互鉴是人类历史上不同民族互动的结果。互动是包含着交往、交流、交锋和交融的漫长过程，在这个过程中，对于不同文明而言，其所承载的特定文化必然面临着安全问题。因此，有必要从文化安全特别是国家文化安全的角度来考察文明互鉴，以回答"文化安全是否需要文明互鉴""文明互鉴是否能够助益文化安全"等关键问题。

1. 文明互鉴折射出一种态度，文化交流时，态度正则安全有

不同文明的交流，核心是文明所承载的文化的交流，在不同文化的交流中，文明互鉴首先是一种态度，即一种文明对其他文明所承载的文化的尊重、认可和接纳，不同文明相互交往时，"要了解各种文明的真谛，必须秉持平等、谦虚的态度……傲慢和偏见是文明交流互鉴的最大障碍"[4]。

傲慢和偏见之所以会产生，根源在于"我族中心主义"，也就是"将自己民族的文化和价值观特别是语言、行为、风俗或宗教作为参照系来衡量或评判其他民族的态度和行为……将自己群体作为一切事物的中心，总是根据自己群体的观点和标准作为参照来衡量其他群

① 李安山. 释"文明互鉴"[J]. 西北工业大学学报（社会科学版），2018（4）：44.
② 习近平. 习近平谈治国理政[M]. 北京：外文出版社，2014：258.
③ 同①.
④ 同②：259.

体；其特征是对自己的群体表现出骄傲和虚荣，相信自己群体的优越性，对其他群体表示蔑视"①。特别需要指出的是，对其他文明的傲慢和偏见一旦受到政治的操纵，不同文明之间的竞争就会转化成冲突，随之而来的是征服，最后导致一种文明对另一种文明的伤害、剿灭或同化，这就根本谈不上什么文化安全。

"各种文明本没有冲突，只是要有欣赏所有文明之美的眼睛"②，要有谦虚的态度，文明互鉴体现的就是这种谦虚的态度。满招损、谦受益，个人是如此，一个国家或民族亦是如此。静下心来、放下架子、虚心向其他民族学习，才会有文明互鉴；如果自以为了不起，以宣传方式替代交流，不同的文明都可能受损，更谈不上文明互鉴。

2. 文明互鉴体现出一种方法，文化交流时，方法对则安全好

要实现特定的活动目的，就需要有特定的方法，也就是主体依据对客体发展规律的认识而为自己规定的活动方式和行为准则。通过文化交流以维护和塑造文化安全，自然就需要有正确的方法，而文明互鉴本身就具有方法论意蕴，它可以提高文化交流的规范、原则、程序，最终影响甚至决定文化交流的广度、深度和正确程度。

文明互鉴"应该是对等的、平等的，应该是多元的、多向的，而不应该是强制的、强迫的，不应该是单一的、单向的"③，这其中的对等、平等、多元、多向就是文明互鉴所体现出的最重要的方法。"文明是平等的，人类文明因平等才有交流互鉴的前提。各种人类文明在价值上是平等的，都各有千秋，也各有不足"④，正因为如此，文明之间真正的互学互鉴就应该是一种互动和平等交流的过程，而绝不是为了体现一种"实力"，也没有优越感和自卑感；文明互鉴是双向的，只有双方地位平等，双方在互相理解的基础上才能学习对方文化的精华。

运用文明互鉴体现出的对等、平等、多元、多向的方法，"摒弃傲慢和偏见，加深对自身文明和其他文明差异性的认知，推动不同文明交流对话、和谐共生"⑤，文化安全就会更好地得到维护和塑造。

3. 文明互鉴彰显出一种能力，文化交流时，能力强则更安全

文明互鉴有两种情况：一是不同文化的相通性，二是不同文化的互补性。要找到相通性和互补性，做到相通和互补，彰显出文化交流主体的特定能力——文化自信、相互包容、学以致用。有这些关键而重要的能力做保障，就会有更好的文化安全局面出现。

文化自信是一种能力——"文化自信是一个国家、一个民族发展中最基本、最深沉、最持久的力量"⑥，一个国家或民族只有具备对自身文化的自信，只有相信自身文化能够在吸收他种文化精华后更有凝聚力和吸引力，才会有引进、学习和借鉴外来文化的勇气。相互包容也是一种能力——包容是了解之后的大度，是理解之后的体谅，是给对方留下空间和

---

① 李安山. 释"文明互鉴"[J]. 西北工业大学学报（社会科学版），2018（4）：44.

② 习近平. 习近平谈治国理政：第三卷[M]. 北京：外文出版社，2020：469.

③ 同②：469-470.

④ 习近平. 习近平谈治国理政[M]. 北京：外文出版社，2014：259.

⑤ 同②：468-469.

⑥ 习近平. 习近平谈治国理政：第四卷[M]. 北京：外文出版社，2022：103.

余地，是发自内心的体贴和不争，在文化交流时，不"相互隔膜、相互排斥、相互取代"①，"秉持包容精神，就不存在什么'文明冲突'，就可以实现文明和谐"②。学以致用更是一种能力——文明互鉴内在地要求吸收其他文明成果并运用到实践中，使之成为自身价值体系或社会生活的一部分，其实质就是学以致用，所以在文化交流时，任何文明都应该相互学习借鉴，吸纳其他文明中的有益成分，"使人类创造的一切文明中的优秀文化基因与当代文化相适应，与现代社会相协调"③"从不同文明中寻求智慧、汲取营养，为人们提供精神支撑和心灵慰藉，携手解决人类共同面临的各种挑战"④。

二、文明互鉴对文化安全的作用

当今世界挑战频发，全球和平赤字、安全赤字、信任赤字、治理赤字有增无减，"是摆在全人类面前的严峻挑战"⑤。"四大赤字"产生的深层原因在于人类文明演进中呈现出自我反驳、自我对抗和自我摧毁的失序状态，这种失序是传统的"一元、等级、霸权"文明交往秩序弊端的反映。文明失序交往必然带来文化安全问题，因此在世界百年未有之大变局之下维护和塑造文化安全，关键在秩序的重构。文明互鉴能够使世界上的不同文明跳出小圈子和零和博弈思维，树立大家庭和合作共赢理念，摒弃意识形态争论，跨越文明冲突陷阱，相互尊重各国自主选择的发展道路和模式，从而建构起新的世界文明交往秩序。从一定意义上讲，新的世界文明交往秩序的建构就是文明互鉴对于国家文化安全的作用之所在。

1. 文明互鉴为新的世界文明交往秩序的建构提供价值前提

多样性是世界文明的基本特征，西方文明、儒家文明、日本文明、伊斯兰文明、印度文明、斯拉夫东正教文明和非洲文明等文明样态共存于世界历史的长河之中，说明了"文明具有多样性，就如同自然界物种的多样性一样，一同构成我们这个星球的生命本源"⑥，同时也说明了世界上既不存在完美无缺的文明，也不存在毫无是处的文明，文明各有千秋、各有不足，"文明没有高低、优劣之分"⑦。

当今世界有 200 多个国家和地区、2500 多个民族，因为自然、历史和现实经济社会文化的差异，事实上存在着不同国家和民族的文明发展不同步、不平衡。但是，发展不平衡并不意味着价值的不平等，更不意味着文明程度较高的国家、民族有权力肆意改造、同化、消灭其他发展相对缓慢的文明。如果客观存在的丰富多彩的文明形态都趋于西方化，全球普遍性趋附、追随和认同某一种文明，世界必然是毫无生机的同质化世界，这将是整个人

① 习近平. 在纪念孔子诞辰 2565 周年国际学术研讨会暨国际儒学联合会第五届会员大会开幕会上的讲话[N]. 人民日报，2014-09-25（1）.

② 习近平. 习近平谈治国理政[M]. 北京：外文出版社，2014：259-260.

③ 同①.

④ 同②：259-262.

⑤ 习近平. 习近平谈治国理政：第二卷[M]. 北京：外文出版社，2017：509.

⑥ 同⑤：464.

⑦ 同②：259.

类文明面临的巨大生态灾难。

正因为如此，文明互鉴主张"树立平等、互鉴、对话、包容的文明观，以文明交流超越文明隔阂，以文明互鉴超越文明冲突，以文明共存超越文明优越"①，能够使不同文明遵从"多样平等"的价值原则，从而助益共同文化安全。

2. 文明互鉴为新的世界文明交往秩序的建构夯实价值基础

不同的文明在交往的过程中，其所承载的文化或多或少地出现一些冲突，是在所难免的事情。文明互鉴并不否认和回避这种情况，而是通过践行"开放包容"的价值理念，引导不同的文明相互理解、相互谅解而缓解乃至消除冲突。

从历史发展的大视野看，世界不同文明形态在开放包容、互学互鉴中共同发展始终是文明交往的主旋律和主流发展方向，冲突和纷争只是插曲和支流。面对所谓的文明冲突、文明威胁等论调，文明互鉴论立足文明和谐立场，强调"任何一种文明，不管它产生于哪个国家、哪个民族的社会土壤之中，都是流动的、开放的。文明发展决不能搞自我封闭，唯我独尊"②，同时也强调文明是包容的，只要秉持包容精神，就不存在"文明冲突"，就能够实现文明和谐。只是人为地企图将自身特殊文明发展道路普遍化，蛮横地凌驾于其他文明之上，霸道地强加于他者，抑或孤立地陶醉于自我文明成就，反对正常的文明交流和沟通，拒斥一切审视和批评并过激反应于他人的审视和评价，才可能引发相互冲突。

正因为如此，文明互鉴认为"一个更加开放包容的世界，能给各国带来更广阔的发展空间，给人类带来更繁荣的未来"③，能够使不同文明树立"开放包容"的价值理念，从而助益共同文化安全。

3. 文明互鉴为新的世界文明交往秩序的建构明确价值目标

马克思认为，凡是有某种关系存在的地方，这种关系都是为我而存在的。文明交往是不同文明之间发生的关系，因此处于交往过程中的任何一种文明都会为自己谋取利益。为己谋利不是问题，问题在于如何为自己谋利，"以独尊某一种文明或者贬损某一种文明为前提"④的谋利不会长久，最终也谋不到利，文明互鉴主张处于交往中的每一文明"树立双赢、多赢、共赢的新理念，摒弃你输我赢、赢者通吃的旧思维"⑤，互惠互利。

社会性存在的人类的任何行为"都无法脱离互惠的行动逻辑去构建自身，甚至可以说，人类互惠关系的存在和持续保障了文明成果的积累"⑥，若失去互惠关系作为纽带，世界不同文明的交往和对话充其量只是局部性和表面的。从这个意义上讲，互惠在世界文明发展进程中的重要性在于，能够促进异质文明突破地域与空间的限制而开展交往实践并在实践中建立和巩固彼此的共同性意识，推动文明主体通力合作，共同谋划利益和福祉，共同应

① 习近平. 习近平谈治国理政：第三卷[M]. 北京：外文出版社，2020：441.

② 习近平. 在纪念孔子诞辰 2565 周年国际学术研讨会暨国际儒学联合会第五届会员大会开幕会上的讲话[N]. 人民日报，2014-9-25（1）.

③ 习近平. 把握时代潮流 缔造光明未来——在金砖国家工商论坛开幕式上的主旨演讲[EB/OL].（2022-6-22）[2022-10-19]. https://baijiahao.baidu.com/s?id=1736382613198234948&wfr=spider&for=pc.

④ 习近平. 习近平谈治国理政：第二卷[M]. 北京：外文出版社，2017：259.

⑤ 习近平. 要积极树立双赢、多赢、共赢的新理念[EB/OL].（2014-6-28）[2022-10-19]. http://www.xinhuanet.com//politics/2014-06/28/c_1111364067.htm.

⑥ 赵旭东. 互惠人类学再发现[J]. 中国社会科学，2018（7）：109.

对威胁和挑战，以确保人类文明能互相受益，实现共赢发展。

正因为如此，文明互鉴坚持认为并大力弘扬"包容普惠、互利共赢才是人间正道"①，能够使不同文明遵从"互惠共赢"的价值导向，从而助益共同文化安全。

三、文化安全视域下的文明互鉴

"这个世界，各国相互联系、相互依存的程度空前加深，人类生活在同一个地球村里，生活在历史和现实交汇的同一个时空里，越来越成为你中有我、我中有你的命运共同体。"②在不同文明休戚与共、命运相连的现实境遇下，维护和塑造国家文化安全"不能从所谓'实力地位'出发，推行霸权、霸道、霸凌，应该以联合国宪章宗旨和原则为遵循，坚持共商共建共享"③。文化安全视域下的文明互鉴应该是一种共商、共建、共享的文明互鉴，这种互鉴将有助于塑造和建构一种不同文明互动互助、深度融合、共进共演的和谐秩序，从而助益国家文化安全。

1. 通过"共商"凝聚不同文明的价值共识，更好地维护和塑造共同文化安全

共识是主体间共同行动的基础，国家文化安全的获得不是一个纯自然的过程，而是人为主导下的全球性行为。由于不同的人在客观上存在着思想认识和价值观念的差异，因此通过文明互鉴维护和塑造文化安全需要文明主体广泛共商、凝聚价值共识。

文明互鉴时的共商指的是"集思广益，强调在和合共生理念的涵化下，通过多种方式全面推进文化对话和文明磋商，以积极的态度建立起自由、平等、开放和包容的人类文明新秩序"④。"共商"是中华文明"和而不同"智慧的集中表现，强调的是一种参与主体间相互平等的承认关系。彼此承认是奠定有效文明秩序的心态基础，能"共商"就意味着彼此承认，就能够加速破除资本扩张逻辑和自由主体精神塑造而成的某种文明对人类其他文明的长期主宰和统治，消除长期以来文明交往中存在的"文化欺凌"和"文明歧视"现象，承认人类社会发展中不同文明主体的平等地位和话语权，承认和尊重不同文明平等的发展权力和自主选择的发展道路，从而确立不同文明体系完全能够在相互尊重与理解的协商对话中实现和谐相处的价值共识。

有了价值共识，不同文明体在文化安全问题上就能够更好地"坚持互信、互利、平等、协作的新安全观，倡导全面安全、共同安全、合作安全理念"⑤，更好地维护和塑造共同文化安全。

2. 通过"共建"促进不同文明的共同发展，更好地维护和塑造共同文化安全

在"文明因多样而交流，因交流而互鉴，因互鉴而发展"⑥这样一个逻辑链条中，发展

---

① 习近平. 在纪念孔子诞辰 2565 周年国际学术研讨会暨国际儒学联合会第五届会员大会开幕会上的讲话[N]. 人民日报，2014-09-25（1）.

② 习近平. 习近平谈治国理政[M]. 北京：外文出版社，2014：272.

③ 习近平. 习近平谈治国理政：第四卷[M]. 北京：外文出版社，2022：434.

④ 詹小美. "一带一路"文明互鉴的关系共演[J]. 内蒙古社会科学（汉文版），2016，37（6）：3.

⑤ 同②：298.

⑥ 习近平. 习近平谈治国理政：第三卷[M]. 北京：外文出版社，2020：468.

特别是共同发展是逻辑终点。也就是说，共同发展是文明互鉴的终极目标。这个终极目标绝对不是某一文明主体可以单独完成的，任何国家或国家集团都无法单独主宰世界事务，"世界的命运必须由各国人民共同掌握，世界上的事情应该由各国政府和人民共同商量来办"①。

"世界历史的发展正在产生新的趋势，数百年来列强通过战争、殖民、划分势力范围等方式争夺利益和霸权逐步向各国以制度规则协调关系和利益的方式演进。"②这种变化源于共商之后的共建，也就是在世界文明交往秩序变革进程中，文明主体坚持以全球化的眼光、心怀天下的包容和惠及世界的责任，各施所长、各尽所能，在构建客观公正的舆论环境、公正合理的秩序规则、沟通对话的合作平台等方面发挥各自优势和潜能通力合作，推动人类文明整体发展和进步。

有了共建这样一种价值共识之后共同行动，不同文明主体将在文化安全问题上步调一致地"坚持互信、互利、平等、协作的新安全观，倡导全面安全、共同安全、合作安全理念"③，全方位、多层次、宽领域地协同联动，更好地维护和塑造共同文化安全。

3. 通过"共享"实现文明之间的秩序正义，更好地维护和塑造共同文化安全

文明互鉴通过"共商"达成价值共识、通过"共建"形成共同行动，最终促进不同文明主体的共同发展。对于发展取得的成果如何分配这个问题，文明互鉴以"共享"作为回答。

共享作为一种分配正义逻辑，意味着世界文明交往秩序变革中更加公正地反映大多数文明主体的意愿和利益，让世界文明的发展成果更多更公平地惠及最大多数人群。利益也是文明交往的生机之源，利益分配不好就会在文明主体之间引发矛盾和冲突，世界文明交往的秩序就会出现问题。当前，某些文明主体坚持将自我利益和权力优先于正义视为处理不同文明关系的基本准则，某种文明主宰的世界文明交往秩序造成的发展不均衡和利益分配不公的现象侵害着世界文明交往秩序的正义。与此相反，文明互鉴主张和促进文明的整体性发展和共同繁荣，更主张和促进文明建设成果的利益共享，实现文明之间的秩序正义。

通过"共享"实现了文明之间的秩序正义，不同文明主体将越发"成为你中有我、我中有你的利益共同体"④，在文化安全领域会拥有更好的共同满足感、获得感，国家文化安全会得到更好的维护和塑造。

第三节　全球共同安全

不同的文化交相流动加深文化之间的了解，不同的文明相互借鉴促进文明之间的融合，了解和融合使文化、文明之间相互通达，从而助益文化共存、文明共生。能够共存、共生

---

① 习近平. 弘扬和平共处五项原则　建设合作共赢美好世界[N]. 人民日报，2014-06-29（2）.

② 姜萍萍，程宏毅. 习近平：推动全球治理体制更加公正更加合理　为我国发展和世界和平创造有利条件[N]. 人民日报，2015-10-14（2）.

③ 习近平. 习近平谈治国理政[M]. 北京：外文出版社，2014：298.

④ 习近平. 中英成为你中有我我中有你利益共同体[EB/OL].（2015-10-21）[2022-10-19]. http://china.cnr.cn/yaowen/20151021/t20151021_520215029.shtml.

既意味着不同文化或文明之间可能存在着的冲突可以调解、缓和而不对立、不对抗，也意味着全球共同安全能够得以实现。而当今世界的现实也证明，在中国"更加积极有为地维护世界和平，倡导共同、综合、合作、可持续的安全观"[①]的引领下，国际社会已经开始沿着通过共建、共享、共赢而构建全球共同安全的方向前行。

共同、综合、合作、可持续的安全观是习近平总书记代表中国向世界提出的"全球安全倡议"的核心理念。"全球安全倡议"希冀的长远目标是"把我们生于斯、长于斯的这个星球建成一个和睦的大家庭"[②]，构建全球安全共同体。从文化安全的角度看，全球安全共同体最为核心的无疑是文化的全球共同安全，限于本书的主题，这一节只对全球共同安全中的全球共同文化安全进行讨论。

一、国家文化安全视域下的全球共同安全

响应"全球安全倡议""推动构建新型国际关系，推动构建人类命运共同体，共同创造世界更加美好的未来"[③]，维护和塑造全球共同安全，其中必然包含国家文化安全的要素。从国家文化安全的角度考察全球共同安全，厘清二者之间的关系，有助于从国际视角、全球视野更好地维护和塑造国家文化安全。

1. 国家文化安全是全球共同安全的基础要件

"文化是一个民族、一个国家的灵魂"[④]，没有了"魂"，"形"即使存在，也不会持续，因此任何民族、任何国家维护自己的安全，首先要维护的一定是自己的文化安全。一个国家的文化安全了，这个国家才可能长久地存在和发展，一个国家的文化如果处于不安全状态，特别是受到严重威胁而遭遇重大危机时，一定会对造成这种不安全的势力有所行动，以维护自己的利益，从而引发文化方面甚至其他方面的冲突。世界历史上类似的冲突比比皆是。由此可见，如果没有国家文化安全，就谈不上和平，更加谈不上全球共同安全。

 典型案例

---◆

深化中俄人文交流合作——让中俄两国人民的心靠得更近

最近，包括 100 集广播剧、100 期电子有声书在内的多媒体文化项目《三国演义（俄文版）》正在俄罗斯红星电台等多家媒体平台播出。作为该项目的一部分，《三国演义（儿童版）》图书近日也在俄罗斯出版，上架后迅速登上俄罗斯最大网络书店畅销榜单。

红星电台副台长艾德尔曼表示，俄罗斯民众对中国文化的兴趣日益浓厚，两国人文交流合作日益密切，有助于增进两国民众的理解。俄罗斯科学出版社主编、语言学家安尼科耶娃说："中国文学作品在俄罗斯翻译出版有很大的空间和潜力。中国文学经典通过多

① 习近平. 习近平谈治国理政：第四卷[M]. 北京：外文出版社，2022：451.
② 携手建设更加美好的世界——习近平在中国共产党与世界政党高层对话会上的主旨讲话[N]. 人民日报，2017-12-02（2）.
③ 习近平在第七十五届联合国大会一般性辩论上的讲话[N]. 人民日报，2020-09-23（2）.
④ 习近平. 习近平谈治国理政：第二卷[M]. 北京：外文出版社，2017：349.

媒体形式呈现给俄罗斯民众，增强了年轻人对中国文化的兴趣，将助力深化中俄人文交流合作。"

"中国图书在俄罗斯市场日益走俏。"俄罗斯尚斯国际出版传媒集团总裁穆平表示，集团正以每年约 30%的幅度增加中文儿童读物的翻译出版量。截至 2022 年 1 月，该集团已在俄罗斯上架 100 余种俄译版中国童书，其中既有《神笔马良》《女娲补天》等中国经典故事，也有《黑猫警长》《大头儿子和小头爸爸》等现当代儿童文学作品。2021 年，该集团翻译出版的《老鼠嫁女》等中国少儿图画故事丛书获得俄罗斯出版商协会主办的"2020 年度最佳图书评选"——"儿童文学最佳出版物奖"。

近年来，越来越多的俄罗斯民众开始学习中文，中国图书在俄翻译出版受到欢迎。俄罗斯图书商会的数据显示，2012 年从中文翻译成俄文并在俄罗斯出版销售的书籍为 31 种，而 2020 年这一数字增加到 128 种，目前俄罗斯出版市场共有从中文翻译成俄文的书籍 600 余种（不含中文教辅类书籍）。

与中国图书相关的阅读、研讨等活动也精彩纷呈。2021 年 11 月，在叶卡捷琳堡举办的"我的中国书插画"决赛上，选手们根据 100 多部中国文学作品进行插图创作；在俄罗斯最大的社交媒体平台 VK 上，许多中国文学爱好者加入兴趣小组"中国文学读书会"，交流分享阅读心得；在圣彼得堡的一家电台"中国文学"栏目下，俄罗斯汉学家通过讲解《西游记》《百家姓》《中国美食辞典》等书籍，吸引了大批粉丝。

2021 年，4 部中国当代小说入围俄罗斯重要文学奖项"亚斯纳亚·波利亚纳奖"。俄罗斯汉学家罗季奥诺夫表示，通过阅读更多中国图书，俄罗斯民众能够感受中国文化艺术的独特魅力，从而加深相互理解和友谊，让两国人民的心靠得更近。

资料来源：荣翌. 中俄人文交流合作持续深化[N]. 人民日报，2020-02-08.

2. 国家文化安全是全球共同安全的重要内容

全球一体是经济全球化背景下的一种趋势，其显著表征是世界范围内日常生活方式的趋同；文化多元是世界文明的特征与现实，多元必然体现出差异，差异就可能导致冲突，出现了冲突就需要加以缓和乃至消解。不可否认的是，全球一体具有强大的同质化力量，能够抹平现代社会中的大量差异，文化多元导致的文化差异也是其中的一种；同样不可否认的是，一个健康的世界，文明必须各样、文化应该多元，"如果人类文明变得只有一个色调、一个模式了，那这个世界就太单调了，也太无趣了"[①]。基于如上逻辑可知，当今世界现实存在着全球一体与文化多元的矛盾，文化安全是每一个民族、每一个国家都可能遇到的问题，文化安全特别是全球共同文化安全是全球共同安全的题中应有之义。

3. 全球共同安全有助于国家文化安全的实现

人类的实践活动因为有着共同的现实基础和价值追求而具有现实的相通性，同时，在全球交往越来越密切的今天，不同的文化面临并且需要解决诸如"跨越特定政治需要的壁垒""超越本国文化传统的局限"等共同问题，再加上不同的文化因为相同的实践基础而具有相同的价值目标。因此，维护和塑造国家文化安全，不能抗拒全球一体的趋势而搞文化封闭、文明固守，缓和乃至消解多元文化因差异而生的冲突才是正确选择。维护和塑造国

---

① 习近平. 习近平谈治国理政：第三卷[M]. 北京：外文出版社，2020：468.

家文化安全"必须超越现有的一些思路,在一个更高的层次上重新构建自我文明和他人文明的认识,只有当不同族群、民族、国家以及各种不同文明,达到了某些新的共识"①,不把本国安全建立在他国不安全的基础之上,着力"消除疑虑和隔阂,把世界多样性和各国差异性转化为发展活力和动力"②,构建起全球共同文化安全的良好局面,有助于更好地维护和塑造国家文化安全。

二、以全人类共同价值引领全球共同文化安全

世界上不同的文化或文明能够共存共生,它们之间的交流和互鉴只是必要条件,经由交流互鉴而达成价值认同则是充分条件。就维护和塑造国家文化安全而言,文化交流为其提供了基本前提,文明互鉴为其提供了重要方法,而价值认同则是其得以永续的根本保证。

一般情况下,价值认同是一个生成性过程,会经过部分认同、基本认同等多种形态、多个阶段最终达成普遍认同;在多个可能达成价值认同的主体中,通常会由一个或多个主体基于交流互鉴的实践而形成的基本共识凝练出一些特定表述的价值原则作为倡导,再经过一系列复杂的交互,最终形成所有主体普遍认可的价值体系。"和平、发展、公平、正义、民主、自由,是全人类共同价值"③,这是中华文明在当今世界不同文明价值认同过程中的价值倡导,必将成为人类普遍认可的价值体系。

习近平总书记提出的全人类共同价值是以马克思主义哲学为指导的理论创造。由马克思主义哲学所坚持的"新唯物主义的立脚点则是人类社会或社会的人类"④所决定,全人类共同价值必然是属于全人类价值的理论证明,能够最大程度地凝聚全人类共识,最大程度地发挥对世界各民族、各国家的引领作用。这种基于共识而生发引领力,体现在维护和塑造国家文化安全特别是全球共同文化安全上,表现为如下三个方面。

1. 凝聚共识,促进良性互动的文化合作以助益文化安全

维护和塑造国家文化安全,既需要不同文化的广泛、深入、持久交流,更需要不同文化良性互动的合作。这种文化合作应该是以现实性超越抽象性、以包容性超越排他性、以公正性超越霸权性、以真实性超越虚伪性的合作,是"对话而不对抗、包容而不排他……扩大利益汇合点,画出最大同心圆"⑤、开放共赢的合作。

以全人类共同价值为共识,按照"和平、发展、公平、正义、民主、自由"的要求,不同的文化就能够跳出自身利益的局限,站在全人类发展的高度开展文化交往,既坚持和发展自己、不断增强文化自信,又把自身和其他文化紧密联系在一起,互学互鉴且兼收并蓄。不单打独斗,更不迷信武力,而是"坚持协同联动,打造开放共赢的合作模式"⑥,开

---

① 费孝通. 全球化与文化自觉:费孝通晚年文选[M]. 北京:外语教学与研究出版社,2013:31.

② 习近平. 习近平谈治国理政[M]. 北京:外文出版社,2014:331.

③ 习近平. 习近平谈治国理政:第二卷[M]. 北京:外文出版社,2017:522.

④ 马克思,恩格斯. 马克思恩格斯文集:第1卷[M]. 中共中央马克思恩格斯列宁斯大林著作编译局,译. 北京:人民出版社,2009:502.

⑤ 习近平. 习近平谈治国理政:第四卷[M]. 北京:外文出版社,2022:470.

⑥ 同③:481.

展良性互动的文化合作，实现文化领域的"合作安全、集体安全，共同安全"①。

2. 凝聚共识，推动多元、一体的文化发展以助益文化安全

"发展是人类社会永恒的主题"②，是解决所有问题的关键，维护和塑造国家文化安全不能是消极的被动应对，而应该是积极的主动作为、持续推动文化多元、一体发展。多元，既是人类社会文化生态的现实，也是维护和塑造国家文化安全时必须达成的目标；一体，不是在文化建设上"要求有着不同文化传统、历史遭遇、现实国情的国家都采用一种发展模式"③都长成一个样子，而是基于共同的价值追求融合发展；多元、一体的文化发展就是尊重和保有文化多样基础上的互学互鉴。

全人类共同价值基于"全人类共同利益"而定向，以全人类共同价值为共识推动的多元、一体的文化发展，目标之一就是"全人类共同文化利益"。在这个目标的指引下，世界上不同文化彼此尊重、互相理解、互相关心，构建起不同文化之间"相互尊重、公平正义、合作共赢"④的新型关系，在充分体现各个主权国家的文化赓续、文明传承、价值主张的同时，通过凸显人类文化的价值共识引领不同文化的共同发展。

3. 凝聚共识，实现利害一致的文化共生以助益文化安全

人类应该是休戚与共的命运共同体，在经济全球化不断推进的当下，任何一种文化都不可能置身于国际社会之外，世界上的不同文化应该是"一荣俱荣、一损俱损的命运共同体"⑤。全人类共同价值超越了意识形态、社会制度和发展水平差异，找到了各国发展的最大公约数，揭示了人类命运共同体的深刻价值内涵，为推动构建人类命运共同体奠定了价值基础、提供了价值规范、凝聚了价值共识，助力构建人类命运共同体进一步走深、走实。

文化交往领域的命运共同体由应然转换为实然，重要的表现之一就是实现利害一致的文化共生。全人类共同价值通过凝聚不同文化样态的共识，引导不同文化做到"'交而通'，而不是'交而恶'"⑥"以开放包容心态看待对方，用对话交流代替冲突对抗"⑦"倡导共同、综合、合作、可持续的安全观，通过协商和谈判化解分歧"⑧，经由此而实现的文化共生，国家文化安全必然会得到很好的维护和塑造。

三、促进全球共同文化安全的中国理念与行动

习近平总书记在博鳌亚洲论坛 2022 年年会开幕式上发表的主旨演讲首次提出了全球安全倡议——"坚持共同、综合、合作、可持续的安全观，共同维护世界和平和安全；坚持尊重各国主权、领土完整，不干涉别国内政，尊重各国人民自主选择的发展道路和社会制度；坚持遵守联合国宪章宗旨和原则，摒弃冷战思维，反对单边主义，不搞集团政治和

---

① 习近平. 习近平谈治国理政[M]. 北京：外文出版社，2014：274.

② 习近平致"纪念《发展权利宣言》通过 30 周年国际研讨会"的贺信[N]. 人民日报，2016-12-05（2）.

③ 同①：315.

④ 习近平. 习近平谈治国理政：第四卷[M]. 北京：外文出版社，2022：470.

⑤ 同①：354.

⑥ 习近平. 习近平谈治国理政：第二卷[M]. 北京：外文出版社，2017：461.

⑦ 同①：315.

⑧ 同④：456.

阵营对抗；坚持重视各国合理安全关切，秉持安全不可分割原则，构建均衡、有效、可持续的安全架构，反对把本国安全建立在他国不安全的基础之上；坚持通过对话协商以和平方式解决国家间的分歧和争端，支持一切有利于和平解决危机的努力，不能搞双重标准，反对滥用单边制裁和'长臂管辖'；坚持统筹维护传统领域和非传统领域安全，共同应对地区争端和恐怖主义、气候变化、网络安全、生物安全等全球性问题"①。

以"六个坚持"为核心要义的全球安全倡议全面地阐释了中国的全球安全观，深刻地探寻了应对国际安全挑战的解决之道，为构建普遍安全的人类命运共同体贡献出了中国智慧。从维护和塑造国家文化安全的角度讲，全球安全倡议也就是促进全球文化共同安全的中国理念。

响应全球安全倡议以更好地维护和塑造国家文化安全，首先要构建文化的共同安全，要尊重和保障每一个国家的文化安全，只顾一个国家的文化安全而罔顾其他国家的文化安全、牺牲别国安全谋求自身所谓绝对安全不仅不可取，而且最终会贻害自己。其次，要构建文化的综合安全，要通盘考虑文化安全问题的历史经纬和现实状况，只有多管齐下、综合施策，才能有效应对挑战。再次，要构建文化的合作安全，要通过对话合作促进各国安全和全球安全，超越你输我赢的零和思维，以合作谋和平、以合作促安全。最后，要构建文化的可持续安全，要视发展和安全并重以实现持久的文化安全，聚焦发展主题，以文化的可持续发展促进文化的可持续安全。

如果从价值论层面看全球安全倡议，其所体现的正是对"全人类共同价值"的倡导，可以说，全球安全倡议就是全人类共同价值倡导的实现路径。全人类共同价值不能只是停留于一般意义上的理论言说、悬置于口头表述的价值倡导，必须使它介入并且影响人类现实，成为构建人类命运共同体的实践智慧，成为人类政治、经济、文化等领域的感性活动，也就是要"把全人类共同价值具体地、现实地体现到实现本国人民利益的实践中去"②。体现人民利益的实践有许多种，维护和塑造国家文化安全特别是全球共同文化安全当然包含于其中。在推进文化安全时按照全人类共同价值的要求去行事，以全人类共同价值的要求作为目的、动力和方式是作为全球安全倡议提出者的中国维护和塑造全球共同文化安全的必须行动。

1. 以"和平、发展、公平、正义、民主、自由"为目的维护和塑造全球共同文化安全

人类的任何一种实践活动都有其特定的目的，维护和塑造国家文化安全也不例外。维护和塑造国家文化安全"应该坚持人类优先的理念，而不应把一己之利凌驾于人类利益之上"③，必须以全人类共同价值的实现为目的。全人类共同价值是一种价值预设，也是一种理想图景，可以为维护和塑造国家文化安全提供明确的目的。

一是和平与发展的目的。和平与发展是解决当今世界各种全球性挑战的根本出路，和平可以保障发展，发展必然促进和平。维护和塑造国家文化安全的目的之一就是不同文化的和平共处、和谐发展。二是公平与正义的目的。公平与正义是人类普遍追求的崇高目标，

① 习近平. 携手迎接挑战，合作开创未来——在博鳌亚洲论坛 2022 年年会开幕式上的主旨演讲[N]. 人民日报，2022-04-22（1）.
② 习近平. 习近平谈治国理政：第四卷[M]. 北京：外文出版社，2022：425.
③ 习近平. 习近平谈治国理政：第三卷[M]. 北京：外文出版社，2020：209.

是国际关系的道义基础。维护和塑造国家文化安全的目的之一就是不同文化国际地位的平等、交流参与权的平等、发展权与发展机会的平等、被认同权的平等。三是民主与自由的目的。民主与自由不仅是人类在长期奋斗中共同创造的文明成果，而且是现代文明的重要内容。维护和塑造国家文化安全的目的之一就是通过安全持续的文化建设促进人民的物质自由和精神自由，形成更发达的民生事业、更充分的保障机制、更完善的教育体系、更有效的国家治理。

2. 以"和平、发展、公平、正义、民主、自由"为动力维护和塑造全球共同文化安全

人类共同价值既是关于人类未来理想图景的价值目标，也是关于人类社会发展动力理论的价值理念，是人的"类意识"的彰显和"共同体"的文明自觉，在回答"世界怎么了""我们怎么办"等关涉人类发展的哲学之问时展现出强大的价值力量，可以为维护和塑造国家文化安全提供强大的不竭动力。

一是和平与发展的动力。全人类共同价值坚持以多彩、平等、包容的态度和原则对待不同文明，主张不同文化在价值上的平等，为解决当文明"不和平"的现实问题、实现不同文化共同发展注入了源源不断的精神动力。二是公平与正义的动力。公平与正义反映了社会主体对社会关系的一种整体价值判断，当文化交往中的主体因为文化安全而有了这种价值判断，就会有更好维护和塑造国家文化安全的动力；全人类共同价值将人的自由而全面的发展作为人类社会发展的目标，这当然也是维护和塑造国家文化安全的目标；以人的发展促进文化安全是在文化交往中内实现公平与正义，也是把公平与正义作为文化安全的动力的体现。三是民主与自由的动力。人类对民主与自由的追求和向往是人类社会发展和进步的动力；全人类共同价值主张的民主与自由是历史的、具体的、发展的，是"人本"的而不是"资本"的；以全人类共同价值引领国家文化安全的维护和塑造可以不断地充实文化安全领域的民主与自由的内涵、丰富文化安全领域民主与自由的实践，为通过文化建设助力解决民主贫困、自由困境的问题提供动力。

3. 以"和平、发展、公平、正义、民主、自由"为方式维护和塑造全球共同文化安全

社会中的人是"现实的人"，在世界交往日益普遍的当下，人类成为你中有我、我中有你的命运共同体，文化交流、文明互鉴条件下的国家文化安全不会是单方面的事情；由人的活动构成的人类社会是一个有机体，人类政治、经济、文化等活动相互联系、相互制约，国家文化安全不再是纯文化的事情；当今世界上诸多问题的背后是全球动能增长不足、社会治理滞后、全球发展失衡等人类社会发展方式的问题，旧的、不合时宜的发展方式必须变更。同样的道理，维护和塑造文化安全，首先需要在具体方式上进行革新。全人类共同价值既是一种价值观，也是一种方法论，能够为维护和塑造国家文化安全提供全新的方式。

一是和平与发展的方式。全人类共同价值主张和平与斗争的辩证统一、发展与安全的辩证统一，提倡创新、协调、绿色、开放、共享的发展理念，实现不同文化的协同进步。二是公平与正义的方式。全人类共同价值反对由一种或少数文明制定文化交往的国际规则，主张构建相互尊重、公平正义、合作共赢的新型国际文化关系，使不同文化能够共定规则、共同治理、共同发展、共享成果。三是民主与自由的方式。不同文化相互交往中的民主与

自由既包括不同文化样态的民主与自由，也包括处于文化交往中的人的民主与自由，这两类自由都不只是西方的、资本主义的、单一民族的民主与自由，而是一种所有文化样态、所有文化主体的民主与自由。实现这种民主与自由的价值方式，就只能是全人类共同价值主张的民主与自由，这样"就一定能够迎来人类和平与发展的美好未来"①。

 ## 本章小结

维护和塑造我国的国家文化安全必须按照整体国家安全观的要求统筹自身文化安全和共同文化安全。在经济全球化的时代背景下，无论是考察自身文化安全还是考察共同文化安全，都需要有人类情怀、全球格局和国际视野。基于此，本章选取了"文化交流、文明互鉴、全球共同安全"三个关键点进行论述，其逻辑是：文化交往的基础层级是不同文化之间的交相流动，中间层级是不同文明的互学互鉴，最高层级是经由对全人类共同价值的认同而实现的全球共同安全。对于维护和塑造国家文化安全而言，文化交流为其提供了基本前提，文明互鉴为其提供了重要方法，全球共同安全则是其追求的终极目标。

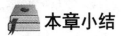 ## 思考题

1. 怎样认识文化交流与国家文化安全的关系？
2. 文明互鉴如何助益国家文化安全？
3. 简述国家文化安全与全球共同安全的关系。
4. 怎样认识全球共同文化安全？
5. 全人类共同价值在维护和塑造国家文化安全特别是全球共同文化安全能够起到哪些作用？

---

① 习近平. 论中国共产党历史[M]. 北京：中央文献出版社，2021：300-301.

中国国家文化安全概论

下篇

第九章

网络文化安全

网络文化安全是具有中国特色的国家文化安全概念与范畴，是国家文化安全的重要内容和组成部分，是新型国家文化安全的重点领域之一。谁掌握了互联网，谁就把握住了时代的主动权。互联网在当代人类社会发展的重要性引出了网络文化安全的重大命题。培育健康向上的网络文化、维护和塑造网络文化安全、推动互联网健康有序发展是建设中国特色网络文化强国的内在要求，也是构建中国特色国家文化安全体系的重要内容。

第一节　网络文化安全的含义和意义

网络文化安全是因网络文化的生成而形成的一种国家文化安全形态，属于非传统文化安全范畴，是数字时代国家文化安全的重要形态。网络文化安全是国家文化安全在网络空间的延伸和表现，具有国家主权和国家文化主权性。

一、网络文化与网络文化安全

网络是一种由互联网技术建构起来的特殊的社会和国家空间形态。它既是现实社会的一种空间延伸，同时也是现代国家主权的一种空间延伸。互联网虽然就其空间形态而言是无形的、无边无沿的，但是，互联网只有落地才能从事生产、表达与传播，产生和发挥其功能和价值。任何一种现代科学技术，不能落地、不能服务于人类社会并且为人类文明所用的，都是没有价值的。而正是互联网的落地性，赋予了互联网空间的社会性和国家性以及世界性。互联网的落地性是生成和形成互联网文化，即网络文化起源的根本原因和结果。没有落地性，就没有网络文化；不同的落地性生成了不同的网络文化。如同人类社会的现实世界一样，有多少人类社会的构成，就会有多少人类文化和国家文化的形态。

文化是人们的一种生存方式和价值观表现。国家是最后决定人们的生存方式和价值存在的集中表现形态。由于现代人类文明是由国家体系构成的，国家文化构成了人类文明体系构成的最主要形态。互联网是以现代国家体系中的相互关系落地的。国家有国家主权，互联网落地于某一个具体的国家和地区，就意味着它同时必须接受所在地国家和地区享有的国家主权和地区管治权的国际契约，从而形成网络空间主权和网络空间文化主权。从这个意义上说，所有的所谓"在线性"都具有"在地性"，不存在没有"在地性"的"在线性"。因此，网络文化因互联网本身的跨国性和交互性具有超越国家文化属性和文化生成的地域性特征；同时，由于网络文化的落地性和网络落地必须同时遵守所在地法律的国际契约性，因此网络文化又有着受约性。这既构成了网络文化的开放性，也构成了网络文化的制度性。开放性构成了网络文化的个体性、私人性和网络文化生产与表达的多样性、自由性；制度性构成了网络文化生产、表达与传播的法律契约性。前者集中表现为网络文化的社会性，后者集中表现为网络文化的国家性。网络文化安全主要是由它的国家性决定的。"网络空间同现实社会一样，既要提倡自由，也要保持秩序。自由是秩序的目的，秩序是自由的保障。我们既要尊重网民交流思想、表达意愿的权利，也要依法构建良好网络秩序，这有利于保障广大网民合法权益。"[①]这是我们认识与理解中国特色网络文化与网络文化安全的一个基本前提与出发点。因此，网络文化具有多种属性。在国家安全学意义上，国家性即在地性构成了网络文化的根本属性。国家文化属性一般地决定了网络文化属性。在中国，中国特色社会主义文化属性一般地决定了中国网络文化属性。网络文化安全与这一属性密切相关，是我们认识和判断中国网络文化安全的标准。

网络文化是对以互联网为载体形成的一种文化形态的简称，与互联网文化、数字文化为同义语。它是现实文化在互联网领域的一种延伸和表现形式。而网络文化安全，根据我国《国家安全法》对国家安全的定义，则是指在互联网领域国家文化相对处于没有危险和不受内外威胁的状态以及保障持续安全状态的能力。网络文化关乎国家稳固、民族团结、精神传承，是国家安全的重要保障。

网络是一种以现代数字技术构成的特殊的社会空间形态与空间结构。人们借助于网络进行交流与文化信息生产、传播，满足自己的物质生活需求和精神生活需求，已经成为人们现代生活的一种最重要的生存方式和价值呈现形态，即所谓的"数字化生存"。相关调查统计结果显示，截至 2021 年 12 月，我国网民规模为 10.32 亿，互联网普及率为 73%，我国网民人均每周上网时长为 28.5 小时。尤其需要关注的是，手机上网用户的占比达到 99.7%。

网络的普及、手机上网的便捷以及人们参与互联网活动时间的延长为网络文化的深刻变化和发展埋下伏笔。通过手机连接互联网，这一网络链接终端的变化是工具影响文化的一个典型案例。它深刻地影响了互联网用户构成、互联网互动方式、互联网内容。与电脑、平板电脑等传统互联网接入工具以及智能电视、机顶盒等其他类别的互联网接入工具相比，手机具有特殊的性质。它降低了人们进入互联网的门槛，市场上任意价位的智能手机都可以给使用者提供接入互联网所需的所有功能。电信服务商架设的众多信号发射塔可以确保其服务对象不受空间限制，在工作场所，在通勤途中，在酒吧、影院等都可以方便地接入互联网。手机既是信息接收终端，也是信息制造、发送终端，其功能的多样性把讯息制造和传播的权利从少数专业机构和人员手中解放出来，成为群众"随手拍""随手录""随手

---

① 习近平在第二届世界互联网大会开幕式上的讲话 [N/OL]．（2015-12-16）[2022-08-20]．https://www.xuexi.cn/0ab4ef6950f1e0bf7bebe1a83b587e13/e43e220633a65f9b6d8b53712cba9caa.html.

写"的平常举动。互联网通过手机这个终端，占据了 10 亿余中国人人均每天超过 4 个小时的时间。这一改变褪去了互联网信息的"贵族"外衣，将互联网的疆域拓展到了原本无暇顾及的街头巷尾、农家田舍，把互联网的视线引向不曾关注的鸡毛蒜皮，改变了互联网内容的性质和结构。

我们在这里描述手机接入互联网这一事件产生的变化是为了更好地说明现实生活与互联网之间的关系。曾有一段时间，民众和媒体担心越来越多的人沉迷于网络世界，呼吁人们"回归"现实。时至今日，接入互联网的工具成为人们全天携带的物品。人们用网络与亲人、朋友保持沟通，商人通过网络与未曾谋面的合作伙伴做生意，政党在网络上宣扬政治主张，国家把网络作为提升治理能力的重要工具，网络已成为连接现实世界人与人、人与物、人与世界的必要媒介，"拥抱网络"成为多数人的共识。现实世界的多数人成为互联网内容生产者、互联网活动参与者、互联网信息接收者，对这一变化，与其说是互联网侵蚀了现实，不如说是现实在互联网中获得了再现、变化、扩张与拓展。在较短时间里涌入互联网的"新网络人"和人口迁徙大潮中的外来人口一样，带着各自的乡音、饮食习惯、文艺喜好、文化背景，完成了对网络世界的本土化改造，生成了一种具有"在地性"特征的网络文化。"网络带货"是最具有这种"在地性"文化特征的。

无论互联网在诞生之初是什么样的、互联网的缔造者们对互联网的作用曾做过什么样的设计或者说最初的互联网"冲浪者"怀有创造一个有别于现实世界的梦想，可随着互联网不断发展演变，现实已与早期互联网概念大相径庭。这种颠覆最直观地体现在互联网理念之中。早期互联网的"匿名"性质、"开源"精神、"共享"理念，在现实世界的商业活动以及行政、法律力量不可避免地登录互联网后，近乎销声匿迹，像"海盗湾"（全球最大的盗版资源网站）这样极端的资源共享组织的行为甚至成为多国法律和行政监管的打击对象。现实世界通过商业、法律、行政监管对互联网的"改造"如此彻底有效，以至于互联网几乎被现实世界所同化。互联网演变的这个过程，同时实现了现实世界文化对互联网的"文化改造"。伴随着互联网的产生、发展而兴起的、具有鲜明互联网特征的、与现实世界文化截然不同的思想、观念、意识形态，伴随着互联网的演变，逐步被现实世界的文化渗透、同化和取代。

文化作为上层建筑，必然与互联网发展所带来的生产力发展相适应。但这种特殊性是先进生产力发展所带来的文化特性，是一种文化的发展前后的变化，而不是两种文化的区别。互联网文化的演变是人类文明发展到数字文明时代的产物。它源于工业文明，又超越了工业文明。它不是现实文化对互联网文化的简单覆盖，而是社会生产力演变发展的一个必然结果，包含人类文明演化进步发展的内在规律性。互联网文化的演变是人类社会生产力发展产生的文化进步与整体社会文化的融合。

网络文化安全是随着互联网作为一种意识形态的生产与传播工具，日益对人们正常的社会生活和国家文化和意识形态安全秩序产生影响、干扰、威胁和危害而提出来的。随着互联网的快速发展，网络文化蓬勃兴起，极大地丰富了人民群众的精神文化生活，为推动我国文化建设高质量发展发挥了积极作用。同时，一些错误思潮、低俗文化、落后观念等也利用互联网的隐匿性和便捷性，在网上大肆传播，严重干扰网络秩序、污染社会风气、损害人民利益、危害社会主义核心价值观、影响国家政治安全。我们必须厚植文化土壤、弘扬新风正气，让健康向上的文化充盈网络空间。

二、网络文化安全与国家安全

网络文化安全是国家安全的重要组成部分，是国家安全的重要保障。党的十八大以来，以习近平为核心的党中央站在巩固党的长期执政地位的政治高度，强调"过不了互联网这一关就过不了长期执政这一关"。在互联网上守好"文化关"，维护好人民利益，确保国家、政治安全，是"过互联网这一关"的题中之义。网络空间是亿万民众共同的精神家园。网络空间天朗气清、生态良好，符合人民利益；网络空间乌烟瘴气、生态恶化，不符合人民利益。维护和塑造网络文化安全是人民利益、国家安全的重要保证。

网络文化安全坚持以人民安全为宗旨，这是唯物史观和党的性质、宗旨在国家安全领域的必然要求和集中体现。中国共产党始终代表最广大人民的根本利益，坚持以人民安全为宗旨彰显了中国共产党的性质、宗旨和初心使命，凸显了国家安全工作的价值指向和根本要求，指明了做好新时代国家安全工作的前进方向。坚持以人民安全为宗旨是网络文化安全工作的根本出发点和落脚点，网络文化安全以人民安全为最核心部分，与其他方面和领域的安全统一于人民安全，坚持网络文化安全为了人民、网络文化安全依靠人民，保障人民的生命和财产安全，保障人民生存和发展的基本条件，保障人的全面发展，让互联网发展成果惠及人民。

网络文化安全以政治安全为根本。国家安全是一个复杂的多层次、多领域、多类型的巨系统，其中政治安全起着根本和核心作用，决定和影响着其他领域的国家安全。深刻认识政治安全的极端重要性、主动抓好政治安全，是全面贯彻总体国家安全观、维护国家安全稳定的重要前提和可靠保障。政治安全的核心是政权安全和制度安全，最根本的是维护党的领导和执政地位、维护中国特色社会主义制度，最现实的考验是坚决打赢意识形态斗争。维护网络文化安全，必须从政治高度谋划和推进，把维护政治安全作为应对网络文化安全风险挑战的首要任务。在网络意识形态斗争中，必须坚持马克思主义指导地位不动摇，全面学习贯彻习近平新时代中国特色社会主义思想，旗帜鲜明地加强思想舆论引导，坚决抵御西方敌对势力通过网络空间对我国的意识形态渗透，对各种错误思想敢于亮剑和斗争，使全体人民在理想信念、价值理念、道德观念上紧紧团结在一起。

网络文化安全是国家安全的领域新扩展。5G、大数据、云计算、物联网、区块链、人工智能等技术快速发展，移动应用、社交媒体、问答社区、网络直播、聚合类平台、个人账号和公众号等新应用、新业态不断涌现。相关调查显示，截至2021年12月，我国即时通信用户规模10.07亿，网络新闻用户规模7.71亿，网络视频（含短视频）用户规模9.75亿，网络直播用户规模7.03亿，网络游戏用户规模5.54亿[①]。新技术、新应用广泛普及，在更广泛范围内推动着思想、文化、信息传播和共享，媒体格局和舆论生态正在重塑。现在国际国内、线上线下、虚拟现实、体制内体制外等界限愈加模糊，构成了越来越复杂的大舆论场，更具有自发性、突发性、公开性、多元性、冲突性、匿名性、无界性、难控性

---

① 中国互联网络信息中心. 第 49 次《中国互联网络发展状况统计报告》[R/OL]. (2022-02-25). https://www.cnnic.cn/NMediaFile/old_attach/P020220721404263787858.pdf.

等特点，让一些杂音、噪声进入网络空间，甚至还有很多虚假信息误导群众、混淆视听，主流文化主导作用受到极大冲击。网络往往成为负面舆情发酵，错误思想、不良文化产生的策源地和放大器。一次偶然事件可能在网上引起"民意沸腾"，一条网帖评论就能引发"舆论狂欢"。娱乐界"饭圈"乱象不时引发关注，一些人为了自身利益诱导青少年无底线追星，人肉搜索、造谣攻击、网络暴力等行为时有出现。或是抱团排外、互相拉踩，或是发现有损自家偶像的言论动辄人身攻击，或是制造话题、挑动对立、干扰舆论，倡导泛娱乐化等不良倾向和"流量至上"、拜金主义等畸形价值观，[①]对清朗的网络文化生态造成恶劣影响，严重威胁、危害我国网络文化安全和国家文化安全。没有网络安全就没有国家安全，就没有经济社会稳定运行，广大人民群众利益也就难以得到保障。

三、网络文化安全的基本要求

互联网已经深度融入经济社会各领域，成为人民群众生产生活、求知求美、创新创造的重要平台，广大网民普遍期盼权威准确的网络信息内容、丰富多彩的网络文化产品、便捷高效的网络信息服务、风清气正的网络生态环境。人民群众的需求就是维护网络文化安全的基本要求。

1. 要坚持党管互联网

互联网空间是一个国家的领土，世界上不存在"不设防"的领土。国家之间网络空间的竞争是技术的竞争、网络设施安全的竞争，也是文化的竞争，更是意识形态的竞争、核心价值观的竞争。西方反华势力妄图利用互联网"扳倒中国"，个别西方政要甚至公然叫嚣"有了互联网，对付中国就有了办法"。它们有组织地在互联网上贬低我国的文化、割裂我国的历史、否定我国的价值观，系统地进行西方意识形态输出，试图用外国的文化代替我国的文化，在理论上"言必称希腊"，在传统文化领域出现"以倭代华"等乱象。一些别有用心之人以所谓的"重新评价历史"为名，歪曲我国党史、国史、军史。有人借侮辱邱少云烈士进行恶意炒作，有账号发布侮辱抗美援朝志愿军英烈的言论，甚至有青少年穿着侵华日军服装摆拍作秀，历史虚无主义阴魂不散，一次又一次刺痛国人的心、触碰中华民族精神的底线，妄图通过互联网削弱中国人民的文化自信。在互联网这个战场上，我们能否顶得住、打得赢，直接关系到我国意识形态安全和政权安全。只有落实网络意识形态工作责任制，全面加强党对网络意识形态工作的集中统一领导，切实增强维护意识形态安全和国家政治安全的自觉性、坚定性和整体合力，才能在国际网络文化的竞争中立于不败之地。党的十八大以来，以习近平同志为核心的党中央从进行具有许多新的历史特点的伟大斗争出发，打赢网络意识形态领域一系列重大斗争，根本扭转了过去网上乱象丛生、阵地沦陷、被动挨打的状况，网上正能量更加充沛、主旋律更加高昂，社会主义核心价值观深入人心，走出了一条符合中国国情、具有中国特色的治网之道。

2. 要坚持社会主义先进文化前进方向

中国特色社会主义文化是激励全党全国各族人民奋勇前进的强大精神力量，维护网络

---

① 人民时评. 营造风清气正的网络空间[N]. 人民日报，2021-08-17.

文化安全要坚持中国特色社会主义文化发展道路，坚持高举旗帜，以习近平新时代中国特色社会主义思想统领互联网内容建设与管理工作全局。在互联网内容建设与管理工作中把握政治导向，深入宣传阐释习近平新时代中国特色社会主义思想的时代背景、精神实质、丰富内涵和实践要求，在网上推进学习宣传贯彻习近平新时代中国特色社会主义思想，深入开展理想信念教育，巩固马克思主义在网络意识形态领域的指导地位，巩固全党全国人民团结奋斗的共同思想基础。

3. 要继承和弘扬中华民族优秀传统文化

中华优秀传统文化是中华民族的精神命脉，是涵养社会主义核心价值观的重要源泉，也是我们在世界文化激荡中站稳脚跟的坚实根基。增强文化自觉和文化自信是坚定道路自信、理论自信、制度自信的题中应有之义。维护网络文化安全，要结合网络的技术条件和时代条件传承和弘扬中华优秀传统文化，用中华优秀传统文化为网络文化提供丰润的道德滋养。

4. 要培育和践行社会主义核心价值观

"社会主义核心价值观是社会主义核心价值体系的内核，体现社会主义核心价值体系的根本性质和基本特征，反映社会主义核心价值体系的丰富内涵和实践要求，是社会主义核心价值体系的高度凝练和集中表达。"[1]培育和践行社会主义核心价值观是推进中国特色社会主义伟大事业、实现中华民族伟大复兴中国梦的战略任务，是维护国家安全的重要出发点之一。网络是社会主义核心价值观传播的重要阵地，把社会主义核心价值观体现到网络宣传、网络文化、网络服务中，用正面声音和先进文化占领网络阵地，用社会主义核心价值观凝聚网络共识、汇聚力量。

5. 要立足于掌握意识形态领域主导权

网络空间要成为我们党组织群众、宣传群众、引导群众、服务群众的新空间，要主动宣介新时代中国特色社会主义思想，主动讲好中国共产党治国理政的故事、中国人民奋斗圆梦的故事、中国坚持和平发展合作共赢的故事。通过网络生动揭示中国共产党为什么能、马克思主义为什么行、中国特色社会主义为什么好，让党的创新理论通过互联网"飞入寻常百姓家"，有力营造强信心、聚民心、暖人心、筑同心的良好氛围。

第二节 网络文化安全的形势与任务

自1994年全功能接入国际互联网以来，一方面，通过正确处理安全和发展、开放和自主、管理和服务的关系，我国互联网发展取得了令人瞩目的成就，互联网越来越成为人们学习、工作、生活的新空间，越来越成为获取公共服务的新平台；另一方面，互联网日益成为意识形态斗争的主阵地、主战场、最前沿，给网络文化安全带来巨大的挑战。能不能占领网上阵地、能不能赢得网上主导权关系到意识形态工作领导权，关系到人民民主专政

---

① 中共中央办公厅印发《关于培育和践行社会主义核心价值观的意见》[EB/OL].（2013-12-23）[2022-10-19]. www.gov.cn/jrzg/2013-12/23/content_2553019.htm.

的国家政权和中国特色社会主义制度安全，关系到人民的根本利益。

一、网络文化安全形势

互联网是文化繁荣发展的新载体。中国正从网络大国迈向网络强国，互联网的快速发展和广泛应用深刻改变着新闻信息传播格局，网络成为人们获取信息的主要渠道。我国社会主要矛盾发生历史性变化，人民群众对美好生活的需要日益增长，对更丰富的精神文化生活的期待越来越强烈，为加强互联网内容建设与管理带来了新机遇。互联网是亿万民众精神生活的新家园，网络空间天朗气清、生态良好，符合人民利益；网络空间乌烟瘴气、生态恶化，不符合人民利益。依法加强网络空间治理、加强网络内容建设、为广大网民特别是青少年营造一个风清气正的网络空间是互联网文化健康发展的重要保障，是网络更好地造福人民的必然选择。

互联网内容建设与管理面临着新的挑战。特别是网络传播日益呈现移动化、社交化、智能化、个性化、碎片化等趋势，改变了传统的内容生产体系和信息传播格局，新形势下，内容供给不平衡不充分问题日益突出；多样、多元、多变的思想观念以网络内容为载体，传播速度、广度、深度和影响力大幅提升，网络舆论生态日益复杂，舆论斗争更趋激烈，巩固互联网文化阵地、壮大主流思想舆论的任务更加艰巨。信息技术发展日新月异，深刻影响着网络内容表现形态、生产方式、传播途径等方方面面，网络内容的生产、传播日益受到资本逐利特点的影响和渗透，紧密追踪、准确研判，有效应对新问题、化解新风险刻不容缓；网络内容全球化传播特征日趋明显，互联网领域发展不平衡、规则不健全、秩序不合理的矛盾和问题日趋显现，亟待通过互联网内容建设提升国际传播力、影响力和话语权，为参与全球网络治理、构建网络空间命运共同体做出积极贡献。

二、维护网络文化安全的任务

党的十九大报告从牢牢掌握意识形态工作领导权的高度出发，强调"加强互联网内容建设，建立网络综合治理体系，营造清朗的网络空间"。党的十九届四中全会通过的《中共中央关于坚持和完善中国特色社会主义制度，推进国家治理体系和治理能力现代化若干重大问题的决定》，强调"建立健全网络综合治理体系，加强和创新互联网内容建设，落实互联网企业信息管理主体责任，全面提高网络治理能力，营造清朗的网络空间"。做好互联网内容建设与管理工作有利于促进培育积极健康、向上向善的网络文化，有利于用社会主义核心价值观和人类优秀文明成果滋养人心、滋养社会。要加强网上正面宣传，旗帜鲜明地坚持正确政治方向、舆论导向、价值取向，用新时代中国特色社会主义思想和党的十九大精神团结、凝聚亿万网民，深入开展理想信念教育，深化新时代中国特色社会主义和中国梦宣传教育，积极培育和践行社会主义核心价值观，推进网上宣传理念、内容、形式、方法、手段等的创新，把握好时、度、效，构建网上网下同心圆，更好地凝聚社会共识。

1. 建设网络文化安全强国

互联网是一个新型综合科学技术部门，也是一个新媒体体系。在现代信息化时代，具有强大的文化生产与传播能力，是综合文化国力和国家文化软实力的一个重要表现形态。"没有网络安全就没有国家安全，没有信息化就没有现代化"①，同理，在互联网时代的国家安全条件下，没有网络文化安全就没有国家文化安全，没有文化信息化就没有文化现代化。建设社会主义文化强国，必须建设社会主义网络文化强国。当互联网越来越成为现代社会文化建设与文化发展最重要的载体形式和国家安全战略力量的时候，能否建成网络文化强国将直接影响和决定能否建成社会主义文化强国。建设网络强国，"要有丰富全面的信息服务，繁荣发展的网络文化"②。建设网络强国的战略部署要与"两个一百年"奋斗目标同步推进，"向着网络基础设施基本普及、自主创新能力显著增强、信息经济全面发展、网络安全保障有力的目标不断前进。"③这不仅是对建设网络强国的要求，也是对建设网络文化强国的要求，是建设社会主义网络文化强国的重要指导思想。

2. 培育积极健康、向上向善的网络文化

网络文化既是一种新型文化形态，也是现实文化在互联网空间的文化表现。不同的国家有不同的现实文化，因此也有不同的基于现实文化生存方式和理念的网络文化。中国特色的网络文化是社会主义的网络文化，有着自身特色网络文化精神追求。

（1）弘扬主流价值。把社会主义核心价值观体现到互联网信息服务和网络文化产品生产全过程，引导广大网民特别是青少年网民自觉用中华优秀传统文化、革命文化、社会主义先进文化培根铸魂、启智润心。

（2）赓续红色血脉。加强党史、新中国史、改革开放史、社会主义发展史的网上宣传工作，精心打造有创意、接地气的图解、动漫、微视频等融媒体产品，旗帜鲜明地反对历史虚无主义，弘扬伟大建党精神，进一步传承红色基因、凝聚网民力量。

（3）要饱含人民情怀。始终坚持以人民为中心的发展思想，努力创作出更多思想精深、艺术精湛、制作精良的网络文艺精品，不断提高网络公共文化服务供给的普惠性和便捷性，更好地满足人民群众日益增长的精神文化需求。

（4）推进全球互联网治理体系变革。坚持尊重网络主权、维护和平安全、促进开放合作、构建良好秩序的原则，推动构建网络空间命运共同体。

互联网活动参与者要从互联网文化安全的不同方面发挥各自的职能和作用，规范网络秩序，净化网络环境，促进互联网文化繁荣。网信系统要进一步理顺互联网管理领导体制机制，积极发挥统筹协调作用，会同各有关部门推动形成"一张网""一盘棋"工作格局，深入治理、重拳打击网上乱象，整治网络环境。互联网行业协会要积极推进行业自律，发挥桥梁纽带作用，努力营造良好发展环境，推进网络诚信建设，倡导网络文明。网信企业要不断压实主体责任，积极守好网络治理的第一道关口和第一道防线，严格落实法律、法规要求，更好地承担起社会责任和道德责任，努力实现健康有序发展。广大网民要积极参与营造良好网络生态、广泛传播正能量、自觉抵制网络谣言，进一步提升网络素养，有效增强对网络虚假信息、错误行为的鉴别和斗争能力。

---

① 习近平在中央网络安全和信息化领导小组第一次会议上的讲话[N]. 人民日报，2014-02-27（1）.
② 同①.
③ 同①.

第三节　网络文化安全维护

维护国家文化安全是一个多维度的系统工程，需要各层级国家机关、各类社会主体有序统筹多层次、各领域力量。中央国家机关意识形态、文化、网信、安全部门按照职责分工，从意识形态、网络文化阵地、互联网内容治理与队伍建设等方面，贯彻执行国家安全方针政策和法律、法规，管理指导本系统、本领域网络文化安全工作。建立国家层面的工作协调机制，统筹协调各级职能部门推进相关工作。根据维护网络文化安全工作的需要，建立跨部门会商工作机制，就维护网络文化安全工作的重大事项进行会商研判。

一、树立正确的网络文化观

网络文化观包括互联网文化的政治方向、舆论导向、价值取向。树立正确的网络文化观，就是要在互联网上坚持中国特色社会主义文化发展道路，增强文化自信，围绕举旗帜、聚民心、育新人、兴文化、展形象建设社会主义文化强国，发展面向现代化、面向世界、面向未来的，民族的、科学的、大众的社会主义文化。要建设具有强大凝聚力和引领力的社会主义意识形态，广泛践行社会主义核心价值观，提高网络文明程度，繁荣发展文化事业和文化产业，增强中华文明传播影响力。

（1）坚持正确政治方向、舆论导向、价值取向。舆论导向正确，凝聚人心、汇聚力量，推动事业发展；舆论导向错误，动摇人心、瓦解斗志，危害党和人民的事业。要把政治方向摆在第一位，牢牢坚持党性原则，牢牢坚持马克思主义新闻观，体现党的意志、反映党的主张，做到爱党、护党、为党，坚持党性和人民性的统一。要突出思想引领，深化中国特色社会主义和中国梦宣传教育，深入开展理想信念教育，积极培育和践行社会主义核心价值观，弘扬中华优秀传统文化，让社会主流思想价值和道德文化滋养人心、滋润社会。

（2）充盈网上正能量。舆论环境、媒体格局、传播方式的深刻变化对做好网上宣传工作提出了新的更高的要求。主流媒体网站及其新媒体承担着定向、定调的作用，要及时释放权威信息，主动回应社会关切。新技术必须为正面宣传服务，运用全媒体多样化传播形式、移动化智能化融媒体技术、分众化互动式服务方式、大众化生活化话语表达，让宣传产品为网民所喜闻乐见。要充分发挥商业平台的积极作用，扩大正面舆论的覆盖面和影响力。

（3）提高议题设置能力。提高议题设置能力是加强和改进网上正面宣传的重要抓手，对于牢牢把握网上舆论主动权具有重要意义。要对标党和国家中心工作开展议题设置，突出重点、聚焦大事、服务大局。要紧紧围绕党和国家工作大局，结合重大会议活动、重要时间节点展开设计，确保主线清晰、主题鲜明。在网络空间唱响礼赞新中国、奋斗新时代的昂扬旋律，让党的声音成为网络空间最强音。

（4）增强网络舆论引导能力。网上舆论热点是社会重大事件、群众利益诉求和网民思想情绪在网上的集中反映。要聚焦与人民群众切身利益紧密相关、社会广泛关注的网上热点、敏感点，积极探索舆论引导新思路、新举措、新方法。要建立健全网上热点引导工作机制，督促涉事地方和部门提高应急反应能力，强化主动引导和有效引导意识，坚持及时准确、公开透明、有序开放、有效管理，加强权威信息发布，积极回应网民关切，着力解疑释惑、理顺情绪、化解矛盾。要加大专业支持力度，组织专家学者针对舆情热点及时发声。要善于整合运用新媒体资源，充分发挥政府网站公开政府信息的平台作用，提高新闻发布引导能力。

（5）大力提升网络对外传播能力。要针对不同国家和地区网民的特点和需求，积极运用文字、图解、漫画、微视频等多种形式开展网络对外传播，让更多国外受众听得懂、听得进。要深化国际交流合作，让互联网成为中国人民与各国人民增进情感的新桥梁、文化交流的新纽带、信息共享的新空间。

（6）丰富网络文化内容供给。要坚持与时代同步伐、以人民为中心、以精品奉献人民、以明德引领风尚。要推出健康、优质的网络文化作品，加强社会主义核心价值观网上传播，用正面声音占领网络阵地。

二、网络文化内容治理

党的二十大报告提出，要健全网络综合治理体系，推动形成良好网络生态。要在互联网上巩固壮大奋进新时代的主流思想舆论，深入推进网上文化内容治理，坚持正能量是总要求、管得住是硬道理、用得好是真本事。要加强网络内容建设，做强网上正面宣传，坚决打赢网上舆论斗争。

1. 加快建立网络综合治理体系，提升治网管网能力、营造清朗网络空间

"必须提高网络综合治理能力，形成党委领导、政府管理、企业履责、社会监督、网民自律等多主体参与，经济、法律、技术等多种手段相结合的综合治网格局。"[①]坚持系统性谋划、综合性治理、体系化推进，广泛凝聚网络综合治理的工作合力。要深化网络生态治理，对"饭圈"乱象、色情低俗、血腥暴力、网络水军、流量造假、网络"黑公关"等突出问题出重拳、亮利剑，集中清理负面有害信息、违法违规账号与移动应用程序。要压实平台主体责任，认真落实"两个所有"要求，推动将所有从事新闻信息服务、具有媒体属性和舆论动员功能的传播平台都纳入管理范围，对所有新闻信息服务和相关业务从业人员都实行准入管理；督促网站平台完善社区规则、规范内部管理、提升内容质量，构建全流程、全链条监管体系，网络传播秩序更加规范。要推进网络文明建设，大力培育和践行社会主义核心价值观。要加强互联网企业党建工作，走好网上群众路线，引导亿万网民共建网上美好精神家园。

2. 坚持固本强基，加快推进网络空间法治化进程

网络空间不是"法外之地"。它同现实社会一样，既要提倡自由，也要保持秩序。要加强互联网领域立法，完善网络信息服务、网络安全保护、网络社会管理等方面的法律、法规，坚持依法治网、依法办网、依法上网，让互联网在法治轨道上健康运行。要依法治理

---

① 习近平在全国网络安全和信息化工作会议上的讲话[N/OL]. 中华人民共和国中央人民政府网（2018-04-21）[2022-08-20]. http://www.gov.cn/xinwen/2018-04/21/content_5284783.htm.

利用网络鼓吹推翻国家政权、煽动宗教极端主义、宣扬民族分裂思想、教唆暴力恐怖活动等行为。坚决管控利用网络进行欺诈活动、散布色情材料、进行人身攻击、兜售非法物品等行为。要坚持"依法治网、依法办网、依法上网"①，让互联网在法治轨道上健康运行。我国已出台《网络安全法》《电子商务法》《数据安全法》《个人信息保护法》《关键信息基础设施安全保护条例》等法律、法规，《互联网新闻信息服务管理规定》《网络信息内容生态治理规定》《儿童个人信息网络保护规定》《区块链信息服务管理规定》等部门规章以及《网络音视频信息服务管理规定》《互联网用户公众账号信息服务管理规定》等规范性文件，完成了网络法律体系的基本构建。要强化网络执法，发挥执法利剑的震慑作用，通过执法约谈、责令整改、下架、停更、罚款、通报等手段对违法、违规问题予以坚决惩处；加强网络执法统筹指导，优化网络执法工作机制，着力提升网络执法、督查、队伍建设的协同性、整体性。要深化网络普法，加强网络普法形式、内容、手段等的创新，持续推动全国网络普法进机关、进企业、进学校、进社区、进农村、进军营、进网络，着力营造全社会遵法、学法、守法、用法的良好氛围。

 典型案例

网信部门重拳整治网络直播、短视频领域乱象②

2022 年 4 月，中央网信办会同相关部门开展为期三个月的"清朗·整治网络直播、短视频领域乱象"专项行动，集中整治"色、丑、怪、假、俗、赌"等违法违规内容呈现乱象，从严整治功能失范、"网红乱象"、打赏失度、违规营利、恶意营销等突出问题。抖音、淘宝、微信视频号等 16 家重点直播、短视频平台共处置违规直播间 56.3 万个，清理违规短视频 235.1 万条，关闭违规用户账号 12 万个，处置处罚违规主播、短视频账号 21.86 万个，推动网络直播、短视频行业信息内容呈现面貌实现初步改观。各级网信部门根据网民举报、督导检查、网上巡查发现的线索，依法查处存在信息安全管理漏洞、问题整改不及时不彻底的网站平台 134 件次，予以行政处罚 1200 余万元。地方网信部门约谈网站平台、服务机构等经营主体 2 万余家次，督促属地直播、短视频平台依法处置处罚存在违规问题的 10 万粉丝以上账号 3335 个，其中永久关闭 1391 个；依法处置处罚存在违规行为的服务机构 1061 个，其中永久清退 256 个。

三、网络文化阵地与队伍建设

互联网是意识形态斗争的主战场，要推进主力军上主战场，打造精锐传播力量。中央和地方主要媒体应巩固拓展内容优势、平台优势、传播优势，建设各具特色的网络平台，着

---

① 习近平出席第二届世界互联网大会开幕式并发表主旨演讲[N/OL]. 共产党员网（2015-01-16）[2022-08-20]. https://news.12371.cn/2015/12/16/ARTI1450250167782788.shtml.
② 中央网信办. 网信部门重拳整治网络直播、短视频领域乱象[N/OL]. 中国网信网（2022-07-30）[2022-08-20]. http://www.cac.gov.cn/2022-07/30/c_1660803704161344.htm.

力打造新型主流媒体。要扶持重点新闻网站做大做强,加大政策保障、资金投入和业务指导。要实施移动优先战略,推动主流媒体综合运用各类移动互联网平台提供互联网新闻信息等服务,推动信息内容、技术应用、平台终端、人才队伍、管理服务共享融通,向移动端倾斜,打造一批具有强大影响力、竞争力的新型主流媒体,建设载体多样、渠道丰富、覆盖广泛的移动传播矩阵。要积极培育新兴网络媒体,加快网络内容建设与管理体制机制创新,积极引导和动员相关部门、机构等参与优质网络内容生产,入驻各大主要网络传播平台,探索打造新型网络传播矩阵。要严格落实主管主办和属地管理要求,强化企业主体责任,加强传播平台管理,规范网络传播秩序,加大惩戒力度,形成有效震慑。要夯实网络内容阵地基础,强化对重点新闻网站和理论网站的日常管理。加强网络媒体新闻采编规范管理,对可供网站转载名单实行动态管理审核。

加强网上理论传播阵地建设。持续巩固和拓展网上理论传播阵地,使党的理论创新成果得以全方位、立体化、多层次传播。要加强中央重点新闻网站的理论频道建设,推动重点理论网站做好媒体融合,支持有关部门和社科智库机构开设理论网站,关注学术研究团体建设的理论网站发展。要注重在传播手法、传播渠道等方面持续做好创新,充分考虑党员干部、知识分子、青年群体等分众化特点,推动网上理论传播作品的生产做深、做透、做细、做实。要及时回应社会热点反映的不同网民群体的理论需求,有效推动习近平新时代中国特色社会主义思想在网上进一步深入人心、落地生根。

聚焦年轻网民群体,创新传播方式。要根据年轻网民群体的网络使用特征,创新传播方式方法,创新题材选择,以青年人身边事为素材,把握社会热点话题;创新表达方式,增强网上理论宣传吸引力、感召力、亲和力,创新传播策划机制,建设好"理论专家参与策划、理论网站承担制作、商业网站技术支持"相结合的可操作、有实效的运作机制。

加强互联网企业党建工作。探索加强新兴业态和互联网党建工作,扩大党在新兴领域的号召力和凝聚力。加强互联网企业党建工作是全面从严治党的内在要求,是推进网络强国建设的迫切要求,是共筑网上网下同心圆的现实要求。要持续加强互联网企业党建工作,在互联网领域打造一支与党同心同德的党员和员工队伍。要坚决贯彻新时代党的建设总要求,以政治建设为统领,不断增强党组织的组织力,切实提高互联网企业党的组织和工作覆盖质量。进一步发挥互联网企业党组织的战斗堡垒作用和党员的先锋模范作用,强化企业党组织在网络综合治理中的政治把关作用,压实企业主体责任,引导企业坚持社会效益和经济效益并重。牢固树立抓业务就要抓党建的意识,积极探索抓党建、促监管的工作机制和方法途径,将"管事"和"管人"结合起来,切实承担起互联网企业党建工作责任。

本章小结

网络文化安全问题与以互联网为代表的信息技术相伴而生。网络文化安全具有强烈的政治属性,与意识形态安全、国家政权安全、社会主义制度安全息息相关。维护网络文化安全,必须深刻认识互联网领域文化安全问题的复杂性、现实性、严峻性,增强忧患意识、风险意识和使命意识,培育正确的文化安全观念,巩固互联网文化阵地,为维护国家安全提供坚强保障。

 **思考题**

1．什么是"网络文化"？如何认识网络文化是区别于"现实文化"的独立文化形态？

2．怎样认识网络文化安全在国家文化安全工作中的重要地位与作用？

3．政治属性是文化的基本属性，这一论断在网络文化中是如何体现的？互联网的特性对文化的政治属性有何影响？

4．网络的变化与发展无时无刻不在发生，你认为网络文化安全领域是否出现了新的挑战？应该如何应对？

第十章

校园文化安全

校园文化安全既是国家文化安全的重点领域，也是教育安全[①]的重要组成部分；校园文化安全与教育安全在实现途径上有一定区别，但在达成"立德树人"与"培养社会主义建设者和接班人"的根本任务上是一致的。"我们的教育绝不能培养社会主义破坏者和掘墓人，绝不能培养出一些'长着中国脸，不是中国心，没有中国情，缺少中国味'的人！那将是教育的失败。教育的失败是一种根本性失败。我们绝不能犯这种历史性错误！这是推进教育现代化、建设教育强国必须把握的大是大非问题，没有什么可隐晦、可商榷、可含糊的。"[②]

宣传思想工作属于文化工作的范畴。本章讨论校园文化安全，就是立足宣传思想工作领域展开且围绕国家文化安全密切相关的重要问题进行阐述。维护校园文化安全，就是要围绕"立德树人"与"培养社会主义建设者和接班人"的根本任务[③]，主要通过加强学校意识形态管理工作、学校思想政治工作、教材建设和推行使用、校园主流文化建设等重要内容加以实现。当前，校园文化安全面临日益严重的威胁与巨大的挑战。由此，加强校园文化安全工作、切实维护国家文化安全作为新的重要议程被提了出来。

第一节　校园文化安全的内涵与内容

进入新时代，适应新形势，校园文化安全的内涵和外延发生了新的变化。阐述校园文

---

① 从目前我们查阅的文献来看，程方平在《教育研究》（2001年第9期）上发表的《论西部开发中的教育安全问题》一文中较早地提出了教育安全的命题并指出政治安全、军事安全、金融安全、地缘政治安全、社会安全、环境安全、科技安全、通信安全、网络安全等均已引起了有关方面的极大关注，而在以上诸多"安全"中最为关键的因素便是人的问题，包括人的各类需求、思想观念、智能才干、民族特点、宗教习俗等及其相互间的差异与矛盾。这些看似无形的因素与各级各类教育均有紧密关联并可能引发内心或行为的动荡与冲突。本书称这类问题为教育安全问题，而教育安全概念本身即包含所有因各类教育因素和教育问题直接或间接影响和制约国家或地区安全的问题。随后程方平在《教育科学》（2006年第3期）上发表《教育：国家安全的基础——关于"教育安全"的思考》一文再次提出，"教育安全"概念及思想的提出可以帮助人们站在国家前途和民族利益的高度审视各类与教育发展相关的问题，也可以为我国更好地实现"科教兴国"的发展战略提供重要的参考和视角。这些年来，也有一些学者开展了对教育安全的研究。本书认可"教育安全"命题的提法。
② 习近平. 论党的宣传思想工作[M]. 北京：中央文献出版社，2020：343-344.
③ 习近平出席全国教育大会并发表重要讲话[A/OL].（2018-09-10）[2022-08-18]. http://www.gov.cn/xinwen/2018-09/10/content_5320835.htm.

化安全的含义及内容有利于厘清校园文化安全的内容与边界，进一步维护校园文化安全。

一、校园文化与校园文化安全

1. 校园文化的含义和特征

在定义校园文化安全前，有必要对校园文化的含义和特征进行界定，这有助于对校园文化安全的解释。

"校园文化是学校教育的重要组成部分，是全面育人不可或缺的重要环节，是展现校长教育理念、学校特色的重要平台，是规范办学的重要体现，也是德育体系中亟待加强的重要方面。[①]校园文化具有以下特征。

（1）引领性。"价值观念在一定社会的文化中是起中轴作用的，文化的影响力首先是价值观的影响力。"[②]社会主义核心价值观是兴国之魂，是社会主义先进文化的精髓，决定着中国特色社会主义发展方向。社会主义核心价值观深深地扎根于中国特色社会主义建设的生动实践之中，具有强大的生命力、感召力和引领力。校园文化既是我国社会主义文化建设的重要内容，也是学校教育的重要组成部分，必须把培育和弘扬社会主义核心价值观融入教育各领域和全过程。所以，校园文化对于师生形成共同理想信念、强大精神力量、基本道德规范具有思想引领作用，直接推动学校建设成为社会主义精神文明的示范窗口。

（2）育人性。这是校园文化的本质属性。文化具有以文化人、以文育人的功用，"春风化雨，润物无声"。校园文化与教育坚持"立德树人"的根本任务相统一，具有明显的育人作用，能够促进教育"立德树人"根本任务的全面落实，实现为党育人、为国育才。

（3）认同性。校园文化建设通过思想引领、培养和塑造人们正确的政治观念、价值取向和思想意识，通过行为规范、舆论影响和社会实践等方式，树立并践行社会主义核心价值观，从而增强师生的国家认同、民族认同、文化认同及政治认同、思想认同、情感认同，进一步增进师生的道路自信、理论自信、制度自信、文化自信，筑牢实现中华民族伟大复兴的共同思想基础。

（4）传承性。中华优秀传统文化积淀着中华民族最深沉的精神追求，代表着中华民族独特的精神标识，是中华民族生生不息、发展壮大的丰厚滋养，是中国特色社会主义植根的文化沃土，是当代中国发展的突出优势，对延续和发展中华文明、促进人类文明进步具有重要作用。把中华优秀传统文化传承发展贯彻于国民教育始终是党中央、国务院对教育工作提出的明确要求。[③]学校通过开展校园文化建设，一方面能增强师生的历史自信和文化自信，从而增强师生的家国情怀；另一方面，能使学校成为中华优秀传统文化传承发展的重要阵地载体，充分发挥教育在传承中华优秀传统文化中的重要作用。

（5）时代性。任何一种文化形态只有不断被赋予新的时代内涵和现代表达形式，不断得到补充、拓展、完善，与当代文化相适应、与现代社会相协调，才会显示出蓬勃生机。

---

① 教育部. 关于大力加强中小学校园文化建设的通知（教基〔2006〕5号）[A/OL].（2006-04-25）[2022-08-18]. http://www.moe. gov.cn/s78/A06/s7053/201410/t20141021_178233.html.

② 中共中央文献研究室编. 习近平关于总体国家安全观论述摘编[M]. 北京：中央文献出版社，2018：106.

③ 中共中央办公厅、国务院办公厅. 关于实施中华优秀传统文化传承发展工程的意见[A/OL].（2017-01-25）[2022-08-20]. http://www.gov.cn/gongbao/content/2017/content_5171322.htm.

校园文化始终坚持扬弃继承、转化创新、与时俱进，能为培养一代又一代德智体美劳全面发展的社会主义建设者和接班人提供源源不断的文化滋养。

2. 校园文化安全的含义

在阐述校园文化的含义和特征的基础上，参照《国家文化安全知识百问》对国家文化安全的界定，校园文化安全是指校园文化相对处于没有危险和不受内外威胁的状态以及保障、维护和塑造持续安全状态的能力。

二、校园文化安全的内容

1. 校园文化建设的内容

校园文化建设是一个系统的工程，也是一个不断推进、长期积累、不断创新的过程。在厘析校园文化安全的内容前，有必要对校园文化建设内容的发展进行梳理，这有助于对校园文化安全内容的阐述。

1）从传统的视角来看

从广义上讲，校园文化包括物质文化、制度文化、行为文化和精神文化四个层面。[①]从狭义上讲，校园文化包括行为文化和精神文化两个方面。本章对校园文化的讨论主要是从广义上进行的，校园文化在这四个层面上全方位地影响着师生。

物质文化是校园文化的外在表现，包括教学科研设施、工作生活场所以及校园绿化、美化的环境等，体现着学校的理想和人文精神，对师生都起着"润物细无声"的教化作用。制度文化是一种规范和习俗文化，包括教学科研的规章制度、组织管理的规范条例、学生的行为准则和要求，另外还有习惯、礼仪、校风、学风和班风等，反映学校的文化准则，对师生发挥着规范约束的作用。行为文化是校园文化的动态层面，包括教学科研活动、组织管理工作、课外文化活动等，体现着校园文化的独特风貌，直接促成学生的思想观念、价值体系的形成，也会对师生产生积极影响。精神文化主要包括学校的文化传统、学风教风、人际关系、心理氛围以及校园群体的世界观、价值观、道德观等因素，它集中反映了一个学校的特殊本质、个性及精神面貌，体现一个学校的办学宗旨、培养目标及人文风格，是文化的最深层次的东西。

上述文化中，物质文化是校园文化外在的表现和标志，它映照着整个校园文化的历史积淀水平和样式，是其他文化形态存在和发展的基础。制度文化是校园师生的活动准则，是学校各项工作得以正常有序进行的重要保证，作为规范人们的手段，它具有强制性和重要的教育感化功能。行为文化是校园文化中最活跃的动态层面，是师生根据一定的教育目的而采取的行动，是师生价值观的外在反映。精神文化是校园文化的核心和灵魂，体现学校的办学宗旨、培养目标以及精神风貌，是文化最深层的东西，它深刻、稳定地体现了校园群体的共同价值、理想、信念和情操，也最能在师生心灵上刻上烙印，让师生有归属感、自尊感和使命感。

具象化来说，传统意义上的校园文化建设主要包括"全面开展校风、教风、学风建设；

---

① 史洁，冀伦文，朱先奇. 校园文化的内涵及其结构[J]. 中国高教研究，2005（5）：85.

组织开展形式多样的校园文化活动；重视校园绿化、美化和人文环境建设"。[1]

2）从发展的视角来看

结合 2015 年修订的《中华人民共和国教育法》的规定以及 2018 年习近平在全国教育大会上的讲话精神、习近平关于教育的系列重要论述，立足宣传思想工作，适应新时代"立德树人"和"培养德智体美劳全面发展的社会主义建设者和接班人"根本任务的新要求，校园文化建设的内容已从"校风、教风、学风建设""形式多样的校园文化活动""人文环境建设"等方面拓展到学校意识形态管理工作、学校思想政治工作、教材建设和推行使用、主流文化建设等方面。这进一步丰富发展了校园文化建设的内涵、扩展了校园文化建设的外延，使校园文化建设出现了新的变化，校园文化建设更加符合新时代推进教育现代化、建设教育强国的需要。

2. 校园文化安全的内容

校园文化安全是随着我国教育形势任务的变化动态发展的。在阐述校园文化建设内容的基础上，参照《国家文化安全知识百问》对国家文化安全主要涉及内容的划分，从学校工作内容来看，主要包括学校意识形态管理工作、思想政治工作、教材建设和推广使用、校园主流文化等方面的安全；从学校纵向类型来看，主要包括小学校园文化、中学校园文化、大学校园文化等方面的安全，而且各层级学校的校园文化安全内容还呈现出不同的侧重点。

第二节 校园文化安全的价值作用及其面临的风险与挑战

校园文化建设是教育工作的重要组成部分，健康向上的校园文化以鲜明正确的导向引导、鼓舞师生，以内在的力量凝聚、激励师生，以独特的氛围影响、规范师生，潜移默化地对师生产生深刻、积极的影响，这对于维护校园文化安全、促进教育工作根本任务的圆满完成、教育现代化方向目标的胜利实现意义重大。

校园文化建设是实现教育立德树人与培养社会主义建设者和接班人任务的重要途径，其服务对象是师生，重点是学生。校园文化建设是做人的工作，人在哪里，校园文化建设重点就在哪里。然而，"长期以来，各种敌对势力从来没有停止对我国实施西化、分化战略，从来没有停止对中国共产党领导和我国社会主义制度进行颠覆破坏活动，始终企图在我国策划'颜色革命'，他们下功夫最大的一个领域就是争夺我们的青少年。我们必须深刻地认识到争夺青少年的斗争是长期的、严峻的，我们不能输，也输不起。"[2]与此同时，国内非主流文化也影响着学校。可以说，无论是大学校园文化，还是中小学校园文化，都面临日益严重的威胁与巨大的挑战，成为摆在我们面前必须破解的难题。

---

[1] 教育部. 关于大力加强中小学校园文化建设的通知（教基〔2006〕5 号）[A/OL].（2006-04-25）[2022-08-18]. http://www.moe.gov.cn/s78/A06/s7053/201410/t20141021_178233.html.

[2] 骆乾. 必须抓好后继有人这个根本大计——读习近平总书记《培养德智体美劳全面发展的社会主义建设者和接班人》[N]. 学习时报，2022-08-10.

一、校园文化安全的价值作用

1. 增强学校党组织的政治性

维护校园文化安全,对于坚持党对教育的领导,促进各级各类学校的党组织增强"四个意识"、坚定"四个自信"、坚定不移维护党中央权威和集中统一领导,自觉在政治立场、政治方向、政治原则、政治道路上同党中央保持高度一致具有重要的现实意义。

2. 推动学校精神文明建设

维护校园文化安全,有利于促进学校大力培育社会主义核心价值观、弘扬全体师生的共同理想、凝聚精神力量、建设道德风尚,使学校成为精神文明的示范窗口,培育和形成健康向上的生活方式。

3. 引导学生坚定理想信念

维护校园文化安全,有利于真正做到以文化人、以文育人,给学生的心灵埋下真善美的种子,引导学生扣好人生第一粒扣子,不断提高学生的思想水平、政治觉悟、道德品质、文化素养,树立正确的世界观、人生观、价值观,坚定青少年理想信念。"如果不加以正确引导和长期教育,难以树立正确理想信念,甚至可能走偏。"[1]

4. 促进良好师德师风的形成

维护校园文化安全,有利于培养有理想信念、有道德情操、有扎实学识、有仁爱之心的政治素质过硬、业务能力精湛、育人水平高超的高素质教师队伍,引导教师把教书育人和自我修养结合起来,充分发挥课堂主渠道作用,引导广大教师守好讲台主阵地,将"立德树人"放在首要位置,融入渗透到教育教学全过程,以心育心、以德育德、以人格育人格,树立良好的师德师风。

5. 传承发展中华优秀传统文化

维护校园文化安全,有利于传承发展中华优秀传统文化,让师生了解中华民族历史,传承中华文化基因,筑牢中华民族共同体意识,增强民族自豪感和文化自信心。"学校具有集中式、系统化、持续性进行中华优秀传统文化教育的独特优势,要把中华优秀传统文化教育作为固本铸魂的基础工程,贯彻人才培养全过程。"[2] "要在提炼、转化、融合上下功夫,让收藏在馆所里的文物、陈列在大地上的遗产、书写在古籍里的文字成为教书育人的丰厚资源,让学生在底蕴深厚的课程教材中、在参观名胜古迹的亲身体验中,了解中华文化变迁,触摸中华文化脉络,感受中华文化魅力,吸取中华文化精髓,让中华优秀传统文化基因一代代传承下去。"[3]

---

[1] 习近平. 论党的宣传思想工作[M]. 北京:中央文献出版社,2020:346.

[2] 出自《培养德智体美劳全面发展的社会主义建设者和接班人》,该文是 2018 年 9 月 10 日习近平同志在全国教育大会上讲话的一部分。

[3] 同[1]:347.

二、校园文化安全面临的风险与挑战

校园文化安全面临日益巨大的风险与挑战，主要表现如下。

1. 从国内来看

改革开放以来，我国经济发展得很快，人民生活水平提高得也很快。同时，我国社会正处在思想大活跃、观念大碰撞、文化大交融的时代，特别是近年来，互联网文化的兴起给校园文化带来了不少问题。学生群体正处于成长阶段，文化辨别能力较弱，对国家文化安全现状不甚了解，对主流文化的认同度不够高，因此容易被非主流文化误导。校园文化安全最关键的是主流文化的安全。非主流文化大多通过娱乐性、简单性形式表现出来，更能够张扬个性，因此非主流文化在学校中拥有一定的消费群体。如实用主义、极端个人主义、拜金主义、享乐主义等，世俗、低级、功利等思潮出现；学生崇洋媚外过圣诞节，而不热衷于中华传统节日；学生比穿好吃好，而不比勤俭节约好；学生拼爹拼妈走捷径，而不拼自己；学生盲目追星，饭圈文化在校园出现；有的学生经常通宵达旦泡网吧，过度娱乐，甚至沉迷于赌博、色情、暴力；有的大学生突破道德底线，热衷于当"网红"，如此种种非主流文化，尽管只吸引了少数学生群体，但危害性极大，不断侵蚀校园文化应有的文化氛围，导致少部分学生丧失理想、唯利是图、追求享乐，甚至走上犯罪的道路。[①]这对于学生形成正确的世界观、价值观、人生观将产生不可估量的负面影响。近年曝光的教师发表损害国家声誉的言论、违规有偿补课、虐待幼儿、性骚扰学生、学术不端、虚假同行评议、文章抄袭等问题也反映出教师师德、师风存在的不容忽视的问题。与此同时，教材建设中也存在一些应当重视的问题。如此种种，不利于落实"立德树人"与"培养社会主义建设者和接班人"的根本任务，校园文化安全面临严峻挑战。

2. 从国外来看

长期以来，美国等西方国家把它们自己的价值观鼓吹为所谓的"普世价值"，巧加包装，在全球推销，迷惑了不少人。"普世价值"是西方对付非西方社会的意识形态，企图诱导人们"以西为美""唯西是从"，淡化乃至放弃对本民族精神文化的认同。"敌对势力在那里极力宣传所谓的'普世价值'。这些人是真的要说什么'普世价值'吗？根本不是，他们是挂羊头卖狗肉，目的就是要同我们争夺阵地、争夺人心、争夺群众，最终推翻中国共产党领导和中国社会主义制度。"[②]"项庄舞剑，意在沛公。"从目前来看，西方所谓的"普世价值"等错误思想在少数学校尤其是高校师生中不是完全没有市场。西方所谓的"普世价值"对校园文化安全带来严峻威胁和挑战。与此同时，文化帝国主义[③]的政治目的更加隐蔽，侵略性和腐蚀性更加持久。在文化帝国主义的冲击下，我国少数学校出现了文化精神困惑和危机，固有的文化传统、道德观念和价值体系面临被消解的危险。无论是中小学生，还是大学生，思想尚未完全成熟，热衷追求外来新鲜事物，极易受到文化帝国主义的渗透，导致

---

① 梁书杰. 校园"糟粕文化"的表象、成因及治理[J]. 教学与管理，2017（15）：49.

② 中共中央文献研究室编. 习近平关于社会主义文化建设论述摘编[M]. 北京：中央文献出版社，2017：102.

③ 文化帝国主义是指西方资本主义国家凭借政治、经济、文化、科技等方面的优势，不遗余力地向其他国家输出思想观念、道德要求、消费主张、生活态度、政治文化、宗教意识等，以损害、同化其他国家的文化达到控制其他国家的目的。

理想信念淡薄，世界观、人生观、价值观模糊，思想道德水平滑坡，对社会主义先进文化、中华优秀传统文化产生认同危机①，少部分教师也会受到影响。文化帝国主义对我国校园文化安全产生了冲击，校园文化安全面临外部风险。

第三节　校园文化建设与校园文化安全的维护、塑造

"从历史和现实的角度看，任何国家、任何社会，其维护政治统治、维系社会稳定的基本途径无一不是通过教育。"②校园文化建设是教育工作的重要组成部分，加强校园文化建设对于维护校园文化安全至关重要，有利于维护国家文化安全、保障国家安全。

一、校园文化建设与意识形态的维护与塑造

学校是知识生产与传播的重要机构，也是意识形态价值观培育与传播的重要领域。在当今世界上，没有一个国家是不重视学校在培育和塑造学生价值观的意识形态功能的。维护和塑造国家意识形态是我国校园文化建设最重要的内容。

1. 社会主义意识形态的定义和功能

在界定社会主义意识形态的内涵前，首先要对意识形态进行定义。自 18 世纪末 19 世纪初法国启蒙思想家、哲学家特拉西首次提出"意识形态"概念以来，古今中外学者从不同的角度对意识形态下过很多定义，然而还是没有统一的说法。意识形态是耸立在社会生存条件之上的观念上层建筑，是社会意识形态中为一定的经济基础服务的思想体系，包括政治思想、法律思想、道德、文学、艺术、哲学、宗教等，具有鲜明的阶级性。在阶级社会里，统治阶级的思想占据着思想领域的统治地位。社会主义意识形态是指在社会主义中占统治地位、反映社会主义生产关系的无产阶级思想体系。③社会主义意识形态具有以下功能。

（1）政治功能。政治功能主要包括政治建设功能、政治动员功能和政治整合功能。政治建设功能具有巩固马克思主义指导地位和中国共产党执政地位的作用；政治动员功能是指通过确定宏伟目标、勾画美好蓝图，团结动员全党全国人民为之长期奋斗；政治整合功能是指以社会主义核心价值观引领多样化社会思潮，把社会上的各种思想意识统摄起来，批驳错误观念，以消除错误观念的社会影响。

（2）经济功能。经济功能体现为不断推进实践基础上的理论创新，为充分解放和发展社会生产力、推动经济高质量发展提供强有力的支撑和保障。

（3）社会功能。社会主义意识形态具有统一思想、统一行动、凝聚人心、稳定人心的重要作用。意识形态中的核心价值观、思想道德还具有规范社会成员言行的作用。"历史和现实都表明，核心价值观是一个国家的重要稳定器，能够构建具有强大感召力的核心价值

---

① 张俊杰. 当前高校文化安全的挑战与对策[J]. 教育评论，2015（8）：96.
② 习近平. 论党的宣传思想工作[M]. 北京：中央文献出版社，2020：343.
③ 中共中央宣传部干部局. 新时代宣传思想工作[M]. 北京：学习出版社，2020：251-252.

观，关系社会和谐稳定，关系国家长治久安。"①

（4）文化功能。社会主义意识形态为全体人民提供精神支柱和精神动力，能坚定中国特色社会主义道路自信、理论自信、制度自信、文化自信，教育人民为实现共同理想而努力奋斗。

2. 学校意识形态的管理

"学校是意识形态工作的前沿阵地，可不是一个象牙之塔，也不是一个桃花源。"②"意识形态关乎旗帜、关乎道路、关乎国家政治安全。各级党委和宣传思想部门、组织部门、教育部门要加强领导和管理，要强化政治意识、责任意识，在重大问题上与党中央保持高度一致，绝不容许与中央唱反调，绝不容许吃共产党的饭、砸共产党的锅。"③学校意识形态管理的主要方法如下。

（1）课堂教学的管理。充分发挥课堂"立德树人"的主渠道作用，将社会主义核心价值观融入教育教学，弘扬主旋律、传播正能量。自觉抵制并坚决批判西方"宪政民主""普世价值观"、新自由主义、历史虚无主义等错误社会思潮，引导广大师生站稳政治立场、分清是非、增强政治警觉性和政治鉴别力，坚决抵制错误思想的侵蚀。同时，严格教学管理、严肃课堂纪律，决不允许任何人利用课堂公开散布各种错误思想和错误观点。注意区分政治原则问题、思想认识问题、学术观点问题，旗帜鲜明地反对和抵制各种错误观点。

（2）各类阵地平台的管理。严格落实学校意识形态工作责任制，完善学校宣传思想阵地管理制度，强化对校园网站、微博、公众号、新闻网页、报纸杂志、广播电视、图书音像电子出版物等各种媒体媒介的建设和管理，加强对各种讲座论坛、研讨会、报告会、读书会、学术沙龙、社团组织等的引导和管理工作，管理好大中小学各类意识形态阵地和载体，高度重视苗头性、倾向性问题，打好主动仗，未雨绸缪，如履薄冰，管控好意识形态。

（3）新时代马克思主义学院建设。党的十九大把深化马克思主义理论研究和建设纳入牢牢掌握意识形态工作领导权的重要内容。"马克思主义学院是学习研究宣传马克思主义的主阵地，思想政治理论课是马克思主义学院坚持用习近平新时代中国特色社会主义思想铸魂育人的主渠道。加强马克思主义学院建设，是深化马克思主义理论研究和建设的重要举措，是培养担当民族复兴大任时代新人的内在要求，对于构建以马克思主义为指导的中国特色哲学社会科学，建设具有强大凝聚力和引领力的社会主义意识形态，进一步丰富和发展当代中国马克思主义、21世纪马克思主义，对于彰显中国大学社会主义底色，引导青年学生牢固树立共产主义远大理想和中国特色社会主义共同理想，培养一代又一代社会主义建设者和接班人，具有重要意义。"④所以，必须适应新形势新任务的迫切需要，立足党和国家事业全局，把加强马克思主义学院建设作为基础性、战略性工程，推动其实现高质量发展。

---

① 中共中央文献研究室编. 习近平关于社会主义文化建设论述摘编[M]. 北京：中央文献出版社，2017：106.

② 习近平. 论党的宣传思想工作[M]. 北京：中央文献出版社，2020：375-376.

③ 中共中央党史和文献研究院编. 习近平关于总体国家安全观论述摘编[M]. 北京：中央文献出版社，2018：111.

④ 中共中央办公厅. 关于加强新时代马克思主义学院建设的意见[EB/OL]. （2021-09-21）[2022-08-25]. http://www.gov.cn/zhengce/2021-09/21/content_5638584.htm.

二、学校思想政治工作与校园文化安全

学校思想政治工作是校园文化建设与校园文化安全的重要组成部分，是党的教育方针的重要体现。思想政治工作是思想政治教育工作的简称。"思想政治工作是党的优良传统、鲜明特色和突出政治优势，是一切工作的生命线。加强和改进思想政治工作，事关党的前途命运，事关国家长治久安，事关民族凝聚力和向心力。"[①]学校思想政治工作是我国新时代加强和改进思想政治工作的重要组成部分，是党加强对学校思想领导的重要途径，是推进学校治理体系和治理能力现代化的重要方式。

1. 学校思想政治工作的含义和功能

学校思想政治工作就是为了实现教育"立德树人"与"培养社会主义建设者和接班人"的根本任务，采取符合学校实际的方式方法，有组织、有计划、有目的地对师生施加政治影响和思想教育引导的实践活动。学校思想政治工作从根本上说是做人的工作，既要坚持教育人、引导人、鼓舞人、鞭策人，又要做到尊重人、理解人、关心人、帮助人。学校思想政治工作的主要目的是改造师生的主观世界，提高师生的思想、政治、道德、法纪等素质，最大程度地调动师生的积极性、发挥人的创造性，凝聚人心，为"立德树人"与"培养社会主义建设者和接班人"提供思想政治保障。学校思想政治工作的功能主要体现在以下三个方面。

（1）从学校方面来看，教育是国之大计、党之大计，是民族振兴、社会进步的重要基石，承担着"立德树人"的根本任务。加强学校思想政治工作有利于学校全面贯彻党的教育方针，坚持社会主义办学方向，以"立德树人"为根本，坚持全员、全程、全方位育人，培养社会主义建设者和接班人。

（2）从学生方面来看，青少年是国家的未来和民族的希望。思想政治工作从根本上说是做人的工作，必须围绕学生、关照学生、服务学生，不断提高学生的思想水平、政治觉悟、道德品质、文化素养，让学生成为德才兼备、全面发展的人才。加强学校思想政治工作有利于用新时代中国特色社会主义思想铸魂育人，教育引导学生树立共产主义远大理想和中国特色社会主义共同理想，引导学生增强中国特色社会主义道路自信、理论自信、制度自信、文化自信，厚植爱国主义情怀，把爱国情、强国志、报国行自觉融入坚持和发展中国特色社会主义事业、建设社会主义现代化强国、实现中华民族伟大复兴的奋斗。

（3）从教师方面来看，教师是人类灵魂的工程师，是人类文明的传承者，承载着传播知识、传播思想、传播真理，塑造灵魂、塑造生命、塑造新人的时代重任。加强学校思想政治工作有利于加强师德师风建设，促进教师坚持教书和育人相统一、坚持言传和身教相统一、坚持潜心问道和关注社会相统一、坚持学术自由和学术规范相统一，引导广大教师以德立身、以德立学、以德施教，做有理想信念、有道德情操、有扎实学识、有仁爱之心的好老师，做学生锤炼品格、学习知识、创新思维、奉献祖国的引路人。

---

① 中共中央，国务院．关于新时代加强和改进思想政治工作的意见[EB/OL]．（2021-07-12）[2022-08-25]．http://www.news.cn/politics/zywj/2021-07/12/c_1127647536.htm.

2. 学校思想政治工作的内容

（1）加快构建学校思想政治工作体系。聚焦培养什么样的人、如何培养人以及为谁培养人这个根本问题，全面贯彻党的教育方针，坚持社会主义办学方向，以"立德树人"为根本，坚持全员、全程、全方位育人，加快构建学校思想政治工作体系，统筹办学治校、教育教学、人才培养等育人资源和力量，培养德智体美劳全面发展的社会主义建设者和接班人。"要坚持把立德树人作为中心环节，把思想政治工作贯穿教育教学全过程，实现全程育人、全方位育人，努力开创我国高等教育事业发展新局面。"①

（2）实施时代新人培育工程。发挥课堂教学主渠道作用，推动思想政治理论课改革创新，深入挖掘各学科专业课程的育人功能，推动党的创新理论和革命传统进教材、进课堂、进头脑。"思想政治理论课"（简称"思政课"）是实施时代新人培育工程的关键。"办好思政课，是我非常关心的一件事。我对教育工作在这方面强调最多，教育工作别的方面我也强调，但思政课建设我必须更多强调。"②"思政课"是落实"立德树人"根本任务的关键课程。在大中小学循序渐进、螺旋上升地开设"思想政治理论课"非常必要，是培养一代又一代社会主义建设者和接班人的重要保障。"思政课作用不可替代。"③办好"思政课"，全面贯彻党的教育方针，解决好培养什么人、怎样培养人、为谁培养人这个根本问题是关键，其具体措施主要包括理直气壮开好"思政课"，全面推进所有学科课程思政建设；建设一支政治强、情怀深、思维新、视野广、自律严、人格正的"思政课"教师队伍，充分发挥他们的积极性、主动性、创造性；推动"思政课"改革创新，坚持政治性和学理性相统一，以透彻的学理分析回应学生，以彻底的思想理论说服学生，用真理的强大力量引导学生；全面推进"大思政课"建设，开门办"思政课"，建好用好"大思政课"实践教学基地；强化党对"思政课"建设的领导，建立党委统一领导、党政齐抓共管、有关部门各负其责、全社会协同配合的工作格局。

（3）加强对青少年理想信念和思想道德教育。青少年是祖国的未来、民族的希望。"我们党立志于中华民族千秋伟业，必须培养一代又一代拥护中国共产党领导和我国社会主义制度、立志为中国特色社会主义事业奋斗终生的有用人才。这就要求我们把下一代教育好、培养好，从学校抓起、从娃娃抓起。"④构建日常教育体系，发挥科研、管理、服务和社会实践的协同育人效应，引导青少年扣好人生第一粒扣子。加强青少年理想信念教育，主要包括引导青少年树立共产主义远大理想和中国特色社会主义共同理想、培养学生的爱国情怀、学生的品德教育和法治教育。

（4）加强教师师德师风建设。"国家繁荣、民族振兴、教育发展，需要我们大力培养造就一支师德高尚、业务精湛、结构合理、充满活力的高素质专业化教师队伍，需要涌现一大批好老师。"⑤加强教师师德师风建设，应坚持正确方向、遵循教育、聚焦重点、继承创

① 习近平. 把思想政治工作贯穿教育教学全过程[EB/OL]. （2016-12-08）[2022-08-25]. http://edu.people.com.cn/n1/2016/1208/c1053-28935842.html.

② 习近平. 论党的宣传思想工作[M]. 北京：中央文献出版社，2020：374.

③ 习近平出席全国教育大会并发表重要讲话[A/OL]. （2019-03-18）[2022-08-25]. http://www.gov.cn/xinwen/2019-03/18/content_5374831.htm.

④ 同②：375.

⑤ 习近平同北京师范大学师生代表座谈时的讲话[A/OL]. （2014-09-10）[2022-08-25]. http://politics.people.com.cn/n/2014/0910/c70731-25629093.html.

新，把师德师风作为评价教师队伍素质第一标准，引导广大教师以德立身、以德立学、以德施教，做党和人民满意的"四有"好老师。[①]

教师师德师风建设的主要任务包括：① 全面加强教师队伍思想政治工作，即坚持思想铸魂，用习近平新时代中国特色社会主义思想武装教师头脑；坚持价值导向，引导教师带头践行社会主义核心价值观；坚持党建引领，充分发挥教师党支部和党员教师作用。② 大力提升教师职业道德素养，即突出课堂育德，在教育教学中提升师德素养；突出典型树德，持续开展优秀教师选树宣传；突出规则立德，强化教师的法治和纪律教育。③ 将师德师风建设要求贯穿教师管理全过程，即严格招聘引进，把好教师队伍入口；严格考核评价，落实师德第一标准；严格师德督导，建立多元监督体系；严格违规惩处，治理师德突出问题。④ 着力营造全社会尊师重教氛围，即强化地位提升，激发教师工作热情；强化权利保护，维护教师职业尊严；强化尊师教育，厚植校园师道文化；强化各方联动，营造尊师重教氛围。⑤ 推进师德师风建设任务落到实处，即加强工作保障，强化责任落实。[②]

 典型案例

教育部公开曝光的部分违反教师职业行为十项准则典型案例[③]

1. 三峡大学教师郎某某使用低俗不雅方式授课问题

2020 年 9 月，郎某某使用低俗不雅的图文在校讲授日语课程，影响恶劣。郎某某的行为违反了《新时代高校教师职业行为十项准则》第三项规定。根据《教育部关于高校教师师德失范行为处理的指导意见》等相关规定，给予郎某某停课、调离教学工作岗位处理，并对其进行通报批评、取消年度评优资格、扣罚绩效工资；对该教师所在的二级学院进行通报批评。

2. 重庆师范大学教师唐某发表错误言论问题

2019 年 2 月，唐某在课程教学中发表损害国家声誉的言论。唐某的行为违反了《新时代高校教师职业行为十项准则》第一项、第三项规定。根据《事业单位工作人员处分暂行规定》《教育部关于高校教师师德失范行为处理的指导意见》等相关规定，给予唐某撤销教师资格、调离教师岗位、降低岗位等级的处理。学校对其所在学院党政负责人进行约谈并责令做出深刻检查。

三、教材建设和推行使用与维护文化安全

教材建设是国家事权、国家意志的集中体现，是育人育才的重要依托，是国家教育主权和文化主权的重要叙事载体。"教材是传播知识的主要载体，体现着一个国家、一个民族

----

① 使新时代思想政治工作始终保持生机活力——中央宣传部负责人就《关于新时代加强和改进思想政治工作的意见》答记者问[A/OL].（2021-07-26）[2022-08-25]. https://www.12371.cn/2021/07/26/ARTI1627304873905159.shtml.

② 教育部. 关于加强和改进新时代师德师风建设的意见（教师〔2019〕10 号）[A/OL].（2019-12-06）[2022-08-30]. https://www.moe.gov.cn/srcsite/A10/s7002/201912/t20191213_411946.html.

③ 来源于教育部公开曝光的第五批、第七批违反教师职业行为十项准则典型案例。

的价值观念体系，是老师教学、学生学习的重要工具。教材要坚持马克思主义指导地位，体现马克思主义中国化要求，体现中国和中华民族风格，体现党和国家对教育的基本要求，体现国家和民族基本价值观，体现人类文化知识积累和创新成果。教材建设要把好政治观。政治上把握不对、不到位的教材，要一票否决。"①统编教材是国家教材制度建设的核心内容和重要基石，是落实"立德树人"根本任务、引导学生树立正确的世界观人生观价值观的核心教材，要全面推广使用国家统编教材。

1. 教材的含义和功能

1）教材的含义

根据教育部的规定，教材分为中小学教材、职业院校教材与普通高等学校教材三类。中小学教材是指根据国家课程方案编写的、供义务教育学校和普通高中学校使用的教学用书，以及作为教材内容组成部分的教学材料（主要包括教材配套的音视频、图册和活动手册等）。职业院校教材是指供中等职业学校和高等职业学校课堂和实习实训使用的教学用书，以及作为教材内容组成部分的教学材料（如教材的配套音视频资源、图册等）。普通高等学校教材亦称"高校教材"，是指供普通高等学校使用的教学用书，以及作为教材内容组成部分的教学材料（如教材的配套音视频资源、图册等）。②

此外，还有特定的中小学少数民族文字教材和境外教材、中小学教辅资料。中小学少数民族文字教材是指根据国家课程教材建设规划及有关管理规定要求编写修订、翻译（编译），供义务教育学校和普通高中学校使用的少数民族语言文字教学用书，以及作为教材内容组成部分的教学材料（配套视频、图册和活动手册等）。③境外教材包括境外出版的原版教材、国内出版社引进版权的中文翻译版教材、影印版教材。《学校选用境外教材管理办法》规定，对于选用境外教材，坚持"按需选用、为我所用"，严格把关。同时，《中小学教材管理办法》规定，义务教育学校不得使用境外教材。"中小学教辅材料是指与教科书配套，供中小学生使用的各种学习辅导、考试辅导等出版物，包括：教科书同步练习类出版物，寒暑假作业类出版物，中小学习题、试卷类出版物，省级以上新闻出版行政主管部门认定的其他供中小学生使用的学习、考试辅导类出版物。其产品形态包括图书、报纸、期刊、音像制品、电子出版物等。"④

2）教材的功能

教材的功能主要表现在以下两个方面。

（1）必须体现党和国家意志。教材体现国家意志，教科书不是学术专著，其中只有编写者对国家政策方针、教育思想的理解，绝不允许有私人的非政府观点。⑤教材要坚持马克思主义指导地位，体现马克思主义中国化要求，体现中国和中华民族风格，体现党和国

---

① 习近平. 论党的宣传思想工作[M]. 北京：中央文献出版社，2020：351-352.

② 教育部. 关于印发《中小学教材管理办法》《职业院校教材管理办法》和《普通高等学校教材管理办法》的通知（教材〔2019〕3号）[A/OL].（2019-12-16）[2022-08-30]. http://www.moe.gov.cn/srcsite/A26/moe_714/202001/t20200107_414578.html.

③ 教育部. 关于印发《中小学少数民族文字教材管理办法》的通知（教材〔2021〕4号）[A/OL].（2021-08-30）[2022-08-30]. http://www.moe.gov.cn/srcsite/A26/moe_714/202110/t20211015_572561.html.

④ 国家新闻出版广电总局，教育部，国家发展改革委. 关于印发中小学教辅材料管理办法的通知（新广出发〔2015〕45号）[A/OL].（2015-08-03）[2022-08-31]. http://www.moe.gov.cn/jyb_xxgk/moe_1777/moe_1779/201509/t20150928_211121.html.

⑤ 陈琦，杨文轩，郑俊武，等. 现代体育课程及其发展趋势[J]. 体育科学，1998（5）：1-4.

家对教育的基本要求，体现国家和民族基本价值观，体现人类文化知识积累和创新成果。因此，教材必须体现国家意志。

（2）要全面贯彻党的教育方针，落实"立德树人"根本任务，扎根中国大地，站稳中国立场，充分体现社会主义核心价值观，加强爱国主义、集体主义、社会主义教育，引导学生坚定道路自信、理论自信、制度自信、文化自信，成为担当中华民族复兴大任的时代新人。总之，教材必须充分体现党和国家的政治思想、意识形态和核心价值，是解决为谁培养人、培养什么样的人、如何培养人这一根本问题的重要载体，教材作为国家事权具有重要性和必要性。

2. 统编教材的含义、类型及范围、特点、推广使用

按照教材编写的组织方式，教材分为国家统编教材和国家非统编教材。国家统编教材是落实"立德树人"根本任务，引导学生树立正确的世界观、人生观、价值观的核心教材，具有国家级、高水平、权威性等特征。

1）国家统编教材的含义和类型

国家统编教材也称"部编教材""通用教材"，是指在一个课程标准或教学大纲指导下，由国家和政府统一组织编写和审定、全国统一出版和使用的教材。[①]国家统编教材分为中小学统编教材、职业院校统编教材、普通高等学校统编教材。

2）国家统编教材的主要范围

根据教育部 2019 年 12 月颁布的《中小学教材管理办法》《职业院校教材管理办法》和《普通高等学校教材管理办法》的相关规定，无论是中小学教材、职业院校教材，还是普通高等学校教材，并不是所有教材都由国家进行统编。国家统编教材的主要范围如下。

《中小学教材管理办法》规定，中小学思想政治（道德与法治）、语文、历史课程教材（简称"三科"教材）以及其他意识形态属性较强的教材和涉及国家主权、安全、民族、宗教等内容的教材，实行国家统一编写、统一审核、统一使用。

《职业院校教材管理办法》规定，中等职业学校思想政治、语文、历史课程教材和高等职业学校思想政治理论课教材以及其他意识形态属性较强的教材和涉及国家主权、安全、民族、宗教等内容的教材，实行国家统一编写、统一审核、统一使用。

《普通高等学校教材管理办法》规定，普通高等学校马克思主义理论研究和建设工程重点教材（简称"马工程重点教材"）实行国家统一编写、统一审核、统一使用。

3）统编教材的特点

（1）义务教育阶段"三科"统编教材的特点。道德与法治教材：按照由近及远、由浅入深、螺旋上升原则，从家庭—学校—社区—国家—世界生活场域逐步拓展，选取学习素材，突出德法兼修，强化实践体验，全面系统落实社会主义核心价值观。同时，道德与法治教材注重法治教育。语文教材：采取"语文素养"和"人文精神"两条线索相结合的方式编排教材内容。"语文素养"重在听、说、读、写基本知识和能力，"人文精神"重在选文的思想性，发挥语文学科独特的育人价值，以文化人。同时，语文教材还注重国家主权教育。历史教材：按照"点""线"结合的方式编排教学内容，"点"是具体生动的重大历

---

① 郭戈. 统编教材是新时代的必然要求[N]. 中国教育报，2019-12-26（6）.

史事实，"线"是社会发展演变的基本规律，通过历史学习培养学生唯物史观，了解和热爱祖国的历史和文化，增强爱国主义情感，坚定社会主义信念。同时，历史教材注重加强民族团结教育、国家主权和海洋意识教育、国际理解教育。"针对义务教育阶段中的道德与法治、语文、历史三科教材建设，我提出要从维护国家意识形态安全、培养社会主义建设者和接班人的高度来抓好。"①

（2）普通高中"三科"统编教材的特点。思想政治教材：坚持正确政治方向，符合课程标准要求，落实学科核心素养，内容科学，结构合理，难易适宜。采用集中与分散相结合的融入方式、显性和隐性相结合的呈现方式、引导和灌输相结合的教育方式，契合青少年"拔节孕穗期"成长特点，有利于引导学生在自主学习中爱党、爱国、爱社会主义，提高其思想政治水平。语文教材：政治方向和价值导向正确，体现课程改革的基本理念，选文丰富厚重，具有经典性、时代性、代表性，古今中外比例合理，突出中华优秀传统文化和革命文化，创造性地设计学习任务群，实现继承传统与改革创新的统一。历史教材：围绕课程标准、学科核心素养设计栏目，形式活泼、内容丰富，知识覆盖面广；坚持正确的历史观、国家观、民族观、文化观，反对历史虚无主义、文化虚无主义和民族虚无主义，将正确的价值判断融入历史叙述与阐释，做到思想性和科学性的统一；生动展现中国共产党领导中国人民进行革命、建设和改革的波澜壮阔的历史画卷。

（3）"马工程重点教材"的特点。"马工程重点教材"是党的思想理论建设的基础工程，是为党育人、为国育才的铸魂工程，是高校哲学社会科学教材建设的示范工程。"马工程重点教材"的重点任务包括深入推进习近平新时代中国特色社会主义思想进教材，系统推进马克思主义理论学科专业课程教材建设，着力建设适应新时代新要求、体现中国特色的高水平原创性教材，启动建设一批意识形态属性强的高等职业学校专科教材，加快完善对哲学社会科学具有支撑作用的本科相关学科专业课程教材，探索建设一批指导性、示范性强的研究生核心课程教材，重点建设一批体现价值引领作用的公共课程教材。②"马工程重点教材"的建设方式包括：① 教材编写，采取国家直接编写、高校等单位申报编写和从现有教材中遴选修订等多种方式；② 教材审核，把高校等单位审读与国家教材委员会审核相结合，强化编写单位和修订单位主体责任，加强审核把关，所有教材均须经国家教材委员会审核认定；③ 教材出版，加强管理，实行出版准入和备案；④ 教材使用，坚持统一使用，同时健全"马工程重点教材"使用目录。③"马工程重点教材"是巩固马克思主义在意识形态领域指导地位的基础工程，"马工程重点教材"是重大的理论创新工程，"马工程重点教材"是筑魂工程、追梦工程、政治工程；"马工程重点教材"建设是为民族立魂、为人民立命、为万世树绝学、为国家开太平的大事。④"马工程重点教材"根据分工由中宣部、教育部统一组织编写。

---

① 习近平. 论党的宣传思想工作[M]. 北京：中央文献出版社，2020：345.

② 教育部. 关于印发《新时代马克思主义理论研究和建设工程教育部重点教材建设推进方案》的通知（教材〔2022〕1 号）[A/OL].（2022-02-19）[2022-09-01]. http://www.gov.cn/zhengce/zhengceku/2022-03/10/content_5678231.htm.

③ 如何进一步推进新时代教育部马工程重点教材建设？教育部详解[A/OL].（2022-03-14）[2022-09-01]. http://edu.people.com.cn/n1/2022/0314/c1006-32374102.html.

④ 及时把习近平新时代中国特色社会主义思想落实到教材中　教育部全面修订 96 种马工程重点教材[A/OL].（2018-02-13）[2022-09-01]. http://www.moe.gov.cn/jyb_xwfb/gzdt_gzdt/moe_1485/201802/t20180213_327362.html.

4）统编教材的推广使用

"要认真做好推广普及国家通用语言文字工作，全面推行使用国家统编教材。"[①]统编教材发挥育人作用，关键要推广使用。义务教育阶段"三科"统编教材于 2017 年秋季学期正式投入使用，全国所有地区小学一年级和初中一年级使用统编教材，2018 年覆盖全国小学和初中一、二年级，2019 年秋季学期实现所有年级"全覆盖"。普通高中"三科"统编教材于 2019 年秋季学期正式投入使用，2022 年前实现所有省份"全覆盖"，到 2025 年实现所有年级"全覆盖"。中等职业学校"三科"统编教材于 2022 年 9 月秋季学期开始，在全国中等职业学校起始年级统一使用"三科"统编教材。高等职业学校思想政治理论课和普通高校马克思主义理论研究和建设工程重点教材等统编教材，按照国家有关部门规定使用。

四、校园主流文化建设与文化安全塑造

校园是社会重要组成部分，是社会的缩影和社会文化交流的重要场所。社会上各种文化都会以各种渠道和各种形式渗透和影响校园文化的形成与塑造。校园主流文化建设是国家主流文化在校园文化生态建设中的必然要求，决定和影响校园文化安全塑造的性质和方向。

1. 校园主流文化的概念

党的十九大报告提出："推动中华优秀传统文化创造性转化、创新性发展，继承革命文化，发展社会主义先进文化，不忘本来、吸收外来、面向未来，更好构筑中国精神、中国价值、中国力量，为人民提供精神指引。"《中华人民共和国教育法（2021 修订版）》第七条规定："教育应当继承和弘扬中华优秀传统文化、革命文化、社会主义先进文化，吸收人类文明发展的一切优秀成果。"基于此，校园主流文化是指中华优秀传统文化、革命文化和社会主义先进文化结合学校实际，在校园中反映出的文化现象，代表校园文化发展的趋势和方向，与社会主流意识形态相符合，体现社会、国家和学校发展的基本要求的文化内容。校园主流文化在高校文化育人过程中发挥重要作用，对社会主义先进文化起促进作用。[②]

2. 校园主流文化的构建

中共中央办公厅、国务院办公厅印发《"十四五"文化发展规划》提出要"彰显和壮大主流价值、主流舆论、主流文化"。[③]校园主流文化是我国彰显和壮大主流文化的重要组成部分。校园主流文化的构建过程是一个价值引领过程，具有鲜明的价值取向。校园主流文化担负着培育和弘扬社会主义核心价值观，对学生的理想信念、价值观及行为进行正确引导的使命，在文化育人过程中发挥着主导作用。

（1）从载体上看，从本校自然环境和条件出发，因地制宜、实事求是，发挥校园建筑景观、校史陈列室和共青团、少先队室、校史校训校歌的文化价值，利用好校园空间，建设一批文化传承基地，把校园建成"立德树人"的特殊场所，营造学校"立德树人"的良

---

① 习近平在参加内蒙古代表团审议时强调：完整准确全面贯彻新发展理念　铸牢中华民族共同体意识[A/OL]．（2021-03-05）[2022-09-01]．http://www.gov.cn/xinwen/2021-03/05/content_5590762.htm.

② 卢灿丽．高校校园文化建设：大学生主流意识形态塑造的重要路径[J]．高等农业教育，2015（11）：46.

③ 中共中央办公厅，国务院办公厅．"十四五"文化发展规划[EB/OL]．（2022-08-16）[2022-09-01]．http://www.gov.cn/zhengce/2022-08/16/content_5705612.htm.

好环境和氛围。

（2）从内容上看，校园主流文化的构建要围绕继承和弘扬中华优秀传统文化、革命文化、社会主义先进文化开展。要深入挖掘和阐发中华优秀传统文化中讲仁爱、重民本、守诚信、崇正义、尚和合、求大同的时代价值，转化为学生价值观教育的丰富营养，积淀学生文化底蕴，提升学生文化素养。"要在学生中加强中国历史特别是中国近现代史、中国革命史、中国共产党史、中华人民共和国史、中国改革开放史等的教育，坚持不懈培育和弘扬社会主义核心价值观。""要教育引导学生热爱和拥护中国共产党，立志听党话、跟党走，立志扎根人民、奉献国家。"①

（3）从形式上看，注重以文化人、以文育人，坚持贴近实际、贴近生活、贴近师生，充分调动师生的积极性和主动性，运用科技手段，广泛持续开展文明校园创建活动，开展形式多样、健康向上、格调高雅、师生喜闻乐见的各类校园文化活动，增强师生的文化获得感、幸福感、参与感，促进人的全面发展。

本章小结

校园文化安全是国家文化安全的一个新命题、新领域。立足校园文化安全是国家文化安全的重点领域，从校园文化安全的内涵与内容、校园文化安全的价值作用及其所面临的风险、挑战、校园文化建设与校园文化安全三个方面进行概述，初步构建起校园文化安全的知识体系。

校园文化安全是指校园文化相对处于没有危险和不受内外威胁的状态以及保障、维护和塑造持续安全状态的能力。以发展为视角，立足国家层面的文化安全，从学校工作内容来看，校园文化安全的内容主要包括学校意识形态管理工作、思想政治工作、教材建设和推广使用、校园主流文化等方面的安全。这是对校园文化安全内容的丰富发展，更加符合新时代推进教育现代化、建设教育强国的需要。

面对新时代，阐述校园文化安全的价值作用主要表现为：增强学校党组织的政治性、提升学校精神文明建设水平、引导学生坚定理想信念、树立良好的师德师风、传承发展中华优秀传统文化。同时，从国内、国外两个维度，梳理校园文化安全面临的日益严峻的威胁与挑战，从国内来看，校园文化安全遭受到非主流文化的严峻威胁和挑战；从国外来看，校园文化安全遭受到西方所谓的"普世价值"和西方文化帝国主义的严峻威胁和挑战。

加强校园文化建设对于维护校园文化安全至关重要。校园文化建设是一个系统工程，也是一个不断推进、长期积累的过程。校园文化建设涉及多方面内容，应抓纲带目、突出重点，实现整体推进。以习近平关于文化安全和教育的系列重要论述，立足宣传思想工作，适应新时代"立德树人"和"培养德智体美劳全面发展的社会主义建设者和接班人"根本任务的新要求，阐述加强校园文化建设的重点方面是加强意识形态管理工作、加强学校思想政治工作、加强教材建设和推行使用、加强校园主流文化建设，以此维护校园文化资源安全。

---

① 习近平. 论党的宣传思想工作[M]. 北京：中央文献出版社，2020：345-347.

思考题

1. 校园文化安全的含义是什么？它由哪些内容构成？
2. 怎样认识和理解校园文化安全的价值作用？
3. 联系实际，简述校园文化安全面临的风险与挑战。
4. 教材建设在维护校园文化安全中具有什么作用？
5. 如何维护校园文化安全？

第十一章

国家语言文字安全

语言是社会构成的基础性战略要素，是人类文明世代相传的载体。人类的思维离不开语言，人们之间的交流离不开语言文字。作为推动历史发展的重要力量，语言文字对于激发文化活力、促进认知发展、推动社会进步和经济繁荣具有重要作用。

当今世界，信息化和全球化等各种因素交织，使得语言文字与国家发展全局和战略大局关系更为密切，与国家安全更为息息相关。语言文字安全对于发展中的中国具有特殊的文化安全意义。在世界百年未有之大变局和中华民族伟大复兴的战略全局背景下，进一步贯彻实施《国家通用语言文字法》，推广普及国家通用语言文字，是关系党和国家工作全局的一件大事。

第一节 语言文字事业的地位与作用

我国是世界上语言资源最丰富的国家之一。"文化是一个国家、一个民族的灵魂。"语言文字作为文化的重要载体，已成为国家文化软实力的重要组成部分。一个国家的文化魅力、民族凝聚力主要通过语言表达和传递。语言文字事业对于强化国家认同、塑造国家形象、实施国家治理都具有重要作用。

今天，随着时代发展和技术进步，语言文字的内涵不断丰富，功能不断拓展，价值不断提升。语言文字事业对于国家治理、发展和安全的意义和作用都呈现出许多新的特点。利用好语言文字，可对内凝人心、对外聚人气，促进国家发展；如果忽视它，不仅可能影响国家民族发展，而且容易构成隐患，危及安全。[①]

一、语言文字事业的内容和特点

语言是资源，是软实力，是影响一个国家和社会稳定的最重要的因素之一。语言文字

---

① 赵世举. 语言与国家[M]. 北京：商务印书馆，2015：6.

事业是国家综合实力的重要支撑力量，事关国民素质提高和人的全面发展，事关国家统一和民族团结，事关历史文化传承和经济社会发展，在国家发展战略中具有重要地位和作用。语言文字事业具有基础性、全局性、社会性和全民性的特点。

语言国情是国情的基本内容之一。我国有五十六个民族，是一个多民族、多语言、多方言、多文字的国家。汉语是我国使用人数最多的语言，也是世界上作为第一语言使用人数最多的语言。语言文字是一种重要的、基础性的，关系全局、全社会、全民的关键性资源。

中华人民共和国成立以来，我国语言文字工作始终发挥基础支撑作用，服务国家各项事业发展。"到 2020 年，普通话在全国范围内普及率达到 80.72%，识字人口使用规范汉字的比例超过 95%，文盲率从新中国成立之初的超过 80%下降至 4%以下，各民族各地区交流交往的语言障碍基本消除。"[①]

语言及其方言是文化最重要的载体和重要的组成部分，也是国家不可再生的、珍贵的非物质文化遗产。立足于国家文化安全，促进国家信息化发展和构建国家信息安全体系，开展全面、科学的全国语言普查，建立国家语言和方言的信息库和语料库，具有重要的国家文化安全价值。

语言文字事业的蓬勃发展极大地促进了国家经济建设和教育、科技、文化等社会事业发展，对维护国家统一和民族团结、提高国民素质和社会文明程度具有不可替代的重要作用。

"语言文字因素往往具有内隐性、长期性的特征。相比于其他一些社会问题，语言文字问题往往隐形于经济社会发展的大潮中，不易发现、不易察觉。近年来，随着百年未有之大变局的开启以及新冠肺炎疫情的暴发，中国面临的国际、国内形势急剧变化，不确定因素和复杂情况更加突出。以往内隐的、处于较为边缘状态的一些语言文字问题，在形态和功能上被赋予了新的历史色彩，逐渐开始由隐而显，也成为社会各界的关注点甚至焦点。"[②]

二、语言文字安全与国家文化安全

在国家和民族的发展演变中，语言文字承担着十分重要的任务，具有十分重要的地位。语言文字的兴衰反映了一个国家、民族强弱兴衰的变化，语言霸权和语言殖民则往往反映了国家间的文化关系。法国作家都德的小说名篇《最后一课》就是最为形象的表现。[③]

语言文字安全对于发展中的中国尤其具有特殊的文化安全意义。党和国家历来高度重视语言文字工作。《中华人民共和国宪法》规定："各民族都有使用和发展自己的语言文字的自由""国家推广全国通用的普通话"。国家出台一系列语言文字方针政策和法律、法规，提供全面深入的法律保障，对维护国家统一、民族团结，构建和谐健康的语言生活，促进经济、社会、文化、教育的发展，都具有重要意义。

习近平总书记强调，要铸牢中华民族共同体意识，"要推广普及国家通用语言文字，科

---

① 中华人民共和国教育部. 中国语言文字概况（2021 年版）[EB/OL].（2021-08-27）[2022-10-19]. http://www.moe.gov.cn/jyb_sjzl/wenzi/202108/t20210827_554992.html.

② 王春辉. 语言文字 国之大事[EB/OL].（2021-12-31）[2022-10-19]. https://www.xuexi.cn/lgpage/detail/index.html?id=11884480290414553708&item_id=11884480290414553708.

③ 胡惠林. 国家文化安全学[M]. 北京：清华大学出版社，2016：247.

学保护各民族语言文字，尊重和保障少数民族语言文字学习和使用"。①在世界百年未有之大变局和中华民族伟大复兴的战略全局背景下，进一步贯彻实施《国家通用语言文字法》，推广普及国家通用语言文字，事关党和国家工作全局，事关铸牢中华民族共同体意识，事关国家文化安全。

党的十八大以来，语言文字工作战线以习近平新时代中国特色社会主义思想为指导，深入贯彻落实习近平总书记关于教育的重要论述和对语言文字工作的重要指示批示精神，围绕决胜全面建成小康社会和服务国家发展需求，推动语言文字事业取得重大进展。

我国出台了一系列相关政策文件，实施了一批重大工程，全国语言文字系统充分发挥语言文字事业在培育和践行社会主义核心价值观、全面提高公民科学文化素质、增强文化软实力、增进民族凝聚力等方面的独特作用，扎实推进语言文字事业发展。语言文字事业在铸牢中华民族共同体意识、服务国计民生、坚定文化自信、构建人类命运共同体中的基础性地位和作用更加凸显。

三、我国语言文字事业的发展历程和现状

中华人民共和国成立以来，在党和国家的高度重视下，我国的语言文字事业取得了巨大成就，最广大人民的语言和文化权益得到前所未有的发展。

新中国语言文字事业发展历程大致分为三个阶段，走出了一条适合时代需求和语言国情的发展之路。

第一阶段（1949—1978 年），语言文字事业发展启航期。这一阶段以开展文字改革、推进"三大任务"（简化汉字、推广普通话、制定和推行汉语拼音方案）为主要工作。

第二阶段（1978—2012 年），语言文字事业发展新时期。这一阶段以推广普通话、整理和简化汉字、推行汉语拼音方案以及语言文字工作"四化"建设（规范化建设、标准化建设、信息化建设、法治化建设）为主要工作。

第三阶段（2012 年至今），进入语言文字事业发展新时代。这一阶段的主要任务是推进与我国综合国力相适应的语言文字事业全面发展，"体系+能力"建设是统揽这一阶段语言文字主要工作的总抓手。

新中国语言文字事业在提升国民科学文化素质，促进我国教育事业发展，推动科技进步和经济社会繁荣，维护国家统一和长治久安，提升国家文化软实力方面发挥了不可替代的基础支撑作用。

中国特色社会主义进入新时代，为我国语言文字事业发展提供了时代坐标、理论依据和实践遵循。党的十八大以来，习近平总书记从实现中华民族伟大复兴和推动人类文明发展的战略高度，多次就语言文字工作发表重要论述，做出重要指示批示，深刻揭示了新时代语言文字工作的鲜明特征、丰富内涵、重要意义和实践要求，成为新时代国家语言文字事业发展的定向航标。

党的十八大以来，党中央引领语言文字事业高质量发展，全面推广普及国家通用语言

---

① 习近平. 以铸牢中华民族共同体意识为主线，推动新时代党的民族工作高质量发展[M]//习近平谈治国理政：第四卷. 北京：外文出版社，2022：246.

文字，尊重和保障少数民族语言文字学习和使用，不断满足各族群众对优质语言教育和语言服务的需求，为促进人的全面发展、增进民生福祉、助力全面建成小康社会奠定了坚实的基础。国家通用语言文字在全国范围内基本普及，语言交际障碍基本消除。语言文字法律法规体系、规范标准体系日益完善，语言文字工作依法治理能力明显提升。中华优秀语言文化创新发展，语言文化活动精彩纷呈。语言文字信息化建设迈上新台阶，语言服务能力进一步增强。语言文化交流合作不断深化。

但同时也应看到，我国语言文字事业还存在着不平衡不充分的发展现状，城乡区域之间普及程度不平衡、全社会应用规范化水平不够高等问题仍较为突出，推普攻坚工作任重道远。另外，随着中国经济社会的快速发展和语言状况的急剧变化，许多语言和方言正在急剧萎缩甚至消亡，而大量的历史文化信息和宝贵的历史文化遗产正是在这当中遭遇到前所未有的危机，这些问题也亟待解决。[①]

第二节　国家通用语言文字

历史和现实都已证明，拥有统一的语言文字是一个国家、一个民族加强团结、走向强盛的重要基础和强大动力。

推广普及国家通用语言文字是我国《宪法》规定的责任。习近平总书记强调："要推广普及国家通用语言文字。"认真做好推广普及国家通用语言文字工作是做好民族工作、增进民族团结、维护国家安全和统一的长久之策、固本之举，是关系党和国家工作全局的一件大事，对全面提高国民素质、发展科学文化、提高经济和社会信息化水平、增进各地区各民族之间的交流与沟通、增强中华民族凝聚力均具有重要意义。

一、国家通用语言文字的功能

语言不仅仅是人类的交际工具和思维工具，更是国家认同、文化认同、科技发展、社会进步、人类文明文化传承与发展的重要载体，对于今天的中国来说，国家通用语言文字教育承担着建成社会主义现代化强国、实现中华民族伟大复兴的使命与功能。

推广国家通用语言文字是铸牢中华民族共同体意识的有效途径，正如习近平总书记所强调的："语言相通是人与人相通的重要环节。语言不通就难以沟通，不沟通就难以达成理解，就难以形成认同。"[②]很难想象，一个有着 14 亿人口、陆地面积达 960 万平方公里的大国，没有通用的语言文字会是什么样子。数千年来，中华民族多元一体格局的形成、发展在很大程度上正是得益于各民族能够以通用的汉语言文字进行不断深化的交往交流交融。

党和国家历来高度重视国家通用语言文字普及工作。《中华人民共和国宪法》规定："国家推广全国通用的普通话。"《中华人民共和国教育法》规定："国家通用语言文字为学校及

---

① 胡惠林. 国家文化安全学[M]. 北京：清华大学出版社，2016：247.

② "学习强国"学习平台. 习近平论民族和宗教工作（2014 年）[EB/OL]. （2021-01-20）[2022-10-19]. https://www.xuexi.cn/lgpage/detail/index.html?id=5095514752145351873&item_id=5095514752145351873.

其他教育机构的基本教育教学语言文字，学校及其他教育机构应当使用国家通用语言文字进行教育教学。"

2000 年 10 月，全国人大常委会根据《宪法》规定和精神制定了《中华人民共和国国家通用语言文字法》，自 2001 年 1 月 1 日起施行。这部法律的制定和实施确立了普通话和规范汉字作为国家通用语言文字的法律地位，是推广普及国家通用语言文字的重要法制保障。

中华人民共和国成立后特别是改革开放以来，我国大力推广普通话、推行规范字，这不仅方便了沟通，增强了民族凝聚力，推动了民族地区的发展进步，也使得人口的流动更加频繁，加快全国统一劳动力市场的形成，加速推进工业化、城镇化进程。

实现中华民族伟大复兴，一定要促进各民族的平衡发展，让各民族共享祖国发展荣光，同心共筑中国梦。贯彻实施《国家通用语言文字法》、做好国家通用语言文字工作，一是有利于促进传承中华优秀文化，增强民族文化自信，为实现中华民族伟大复兴凝聚强大的精神动力；二是有利于促进民族交流，加快民族地区发展，维护国家安全和统一；三是有利于落实全面依法治国战略举措，推动宪法实施，推进国家治理体系和治理能力现代化；四是有利于适应信息化时代发展要求，促进我国与国际社会的文明交流互鉴，实现更高水平的对外开放。

二、教育机构与国家通用语言文字教育

党的十九届五中全会提出新的远景目标，国家通用语言文字教育肩负着"为中国人民谋幸福、为中华民族谋复兴"的重任，需要普及和提高并举，特别是通过教育内容、教育手段、教育方式等方面的改革创新实现国家通用语言文字教育的提质增效。

2021 年 3 月 5 日习近平在参加十三届全国人大四次会议内蒙古代表团审议时强调："要认真做好推广普及国家通用语言文字工作，全面推行使用国家统编教材。要在各族干部群众中深入开展中华民族共同体意识教育，特别是要从青少年教育抓起。"[①]《中华人民共和国国家通用语言文字法》规定："学校及其他教育机构以普通话和规范汉字为基本的教育教学用语用字""学校及其他教育机构通过汉语文课程教授普通话和规范汉字。使用的汉语文教材，应当符合国家通用语言文字的规范和标准。"

2020 年 9 月 14 日国务院办公厅印发《关于全面加强新时代语言文字工作的意见》，明确提出"坚持学校作为国家通用语言文字教育基础阵地"。

高质量普及国家通用语言文字，必须坚持把学校作为教育基础阵地，加强学校语言文字工作，全面落实国家通用语言文字作为教育教学基本用语用字的法定要求，坚持把语言文字规范化要求纳入学校、教师、学生管理和教育教学、评估评价等各个环节。

学校教育是系统化教育，国家通用语言文字教育应着力于教师、教材、教法改革并基于丰富的教学资源，建设优质教学资源库。国家通用语言文字教育应紧紧围绕努力培养爱党爱国的社会主义事业建设者和接班人这一育人目标，坚持正确的政治方向，守住政治底

---

① 习近平在参加内蒙古代表团审议时强调　完整准确全面贯彻新发展理念　铸牢中华民族共同体意识[EB/OL]．（2021-03-05）[2022-10-19]．http://politics.people.com.cn/n1/2021/0305/c1024-32043979.html.

线，筑牢意识形态防火墙。应大力弘扬社会主义核心价值观，弘扬爱国主义精神。要以"立德树人"为根本任务，以课程思政为抓手，促进国家通用语言文字教学课与思想政治理论课同向同行、协同育人。

学校要大力提高教师的国家通用语言文字核心素养和教学能力。教材是教学内容的支撑和依据，体现国家事权，要加强教材建设，确保国家通用语言文字规范标准的贯彻落实。建设书香校园，提高学生国家通用语言文字听说读写能力和语文素养。除国家另有规定外，学位论文应当使用国家通用语言文字撰写。

高等学校是我国语言文字工作规范化现代化的重要阵地。长期以来，一直承担着国家语言文字安全工作的重要使命职责，特别是党的十八大以来，高等学校语言文字安全工作取得了长足进展，但也存在着从更高站位推广普及国家通用语言文字发挥作用不够充分、大学生语言文字应用能力不足、语言文字科学研究不能完全适应社会语言生活新发展、学校语言文字工作体制机制不够健全等问题。为贯彻落实党的二十大报告提出的"加大国家通用语言文字推广力度"精神，深入贯彻《国务院办公厅关于全面加强新时代语言文字工作的意见》，进一步加强高等学校语言文字工作，充分发挥高等学校在服务国家通用语言文字高质量推广普及中的作用，教育部、国家语委于 2022 年 11 月印发《关于加强高等学校服务国家通用语言文字高质量推广普及的若干意见》（简称《意见》）。该《意见》是第一个对高等学校国家通用语言文字工作做出系统部署的文件，从人才培养、科学研究、社会服务、文化传承创新、国际交流合作这五大职能入手，对高等学校做好国家通用语言文字高质量推广普及工作做出部署，提出了全面加强国家通用语言文字教育教学、主动融入推普助力乡村振兴和文化强国建设、积极探索推普服务社会应用和人民群众需求新手段三大任务十项举措并提出创新高等学校语言文字工作体制机制等保障措施，对于进一步加强新时代国家语言文字安全工作，具有特别重要的现实指导意义。该《意见》的出台有助于激励高等学校增强责任感、使命感，利用自身资源优势，在高质量推广普及国家通用语言文字中发挥更大的作用，为办好人民满意的教育、培养造就大批德才兼备的高素质人才、更好服务铸牢中华民族共同体意识奠定坚实基础。①

教育贯穿人的一生，家庭教育、社会教育是学校教育的补充或延伸。智能时代的到来改变了教育发展生态，终身学习理念日益深入人心。学习型社会必将给国家通用语言文字教育带来深刻变革，国家通用语言文字学习资源平台建设也将成为重要发展趋势。

三、民族地区与国家通用语言文字教育

我国是统一的多民族国家，在漫漫历史长河中形成了多元一体的中华民族。中华民族多元一体格局的形成发展、中华民族共同体意识的形成和凝聚，都离不开国家通用语言文字所发挥的重要作用。

习近平总书记强调："铸牢中华民族共同体意识是新时代党的民族工作的'纲'，所有

---

① 教育部，国家语言文字工作委员会. 关于加强高等学校服务国家通用语言文字高质量推广普及的若干意见（2022 年 11 月 28 日发布）[EB/OL].（2022-11-28）[2023-3-13]. http://www.moe.gov.cn/srcsite/A18/s7066/202211/t20221128_1006812.html.

工作要向此聚焦。"①铸牢中华民族共同体意识，就需要各民族情相融、心相印，像石榴籽一样紧紧抱在一起。要做到情相融、心相印，首要的前提就是各族人民要语言相通，能随时随地无障碍交流。

通用语言文字是国家认同的纽带和民族团结的基础。特别是在民族地区，确立国家通用语言文字的主体地位、加强国家通用语言文字的教育，这是新时代赋予的历史使命，是当前中国特色社会主义事业的迫切需要，也是社会发展的必然要求。只有自觉顺应历史发展规律，认真学习领会习近平总书记关于民族工作的重要论述，全面贯彻党的民族政策和教育方针，坚定不移普及推广国家通用语言文字，才能促进各民族交往交流交融，不断巩固和发展"中华民族一家亲、同心共筑中国梦"的良好局面。

中华文明之所以能成为世界唯一没有中断的古文明，我国之所以成为超大规模的统一多民族国家，就得益于各民族能够使用通用语言文字，不断深化交往交流交融。从世界范围看也是如此，从罗马帝国到文艺复兴后的英国、法国等都将语言作为国家认同的手段，以国家意志在全国推广通用语言文字。

党的十八大以来，习近平总书记多次强调"搞好民族地区各级各类教育，全面加强国家通用语言文字教育"②。对此，社会各界一致赞同和广泛响应，新疆、西藏已于2017年、2018年使用国家统编教材，进一步把思想和行动统一到党中央决策部署上来，深刻认识到学习使用国家通用语言文字的必要性和重要性，增强了推广普及国家通用语言文字的自觉性和坚定性。

国家通用语言文字在民族地区的政治、经济、文化、教育、交通、信息技术等领域的发展中发挥了重大作用。少数民族学好国家通用语言，对就业、接受现代科学文化知识、融入社会都有利。实际生活中，一些边远偏僻地区（特别是少数民族地区）仍有相当一部分人听不懂普通话、不认识汉字，因而无法外出务工或经商，丧失了脱贫致富的机会，这也使党中央的声音和国家政策难以及时传达到基层和每个人，影响了国家政策在一些地方落地生根。因此，民族地区必须要全面加强国家通用语言文字教育教学，全面推行使用国家统编教材，开展教师教学能力培训，确保各民族青少年掌握和使用好国家通用语言文字。

 典型案例

--◆

"学前学会普通话"试点三年　43.6万名彝族儿童学会普通话

"听不懂、学不会"曾是四川大小凉山彝族儿童进入小学后跟不上的主要原因，这给"防辍保学"带来巨大压力，更让"阻断贫困代际传递"的任务愈发艰巨。

2018年7月，原国务院扶贫办、教育部在凉山州启动"学前学会普通话"行动试点，2019年又扩展到乐山市"两县一区"。三年来，试点共覆盖大小凉山地区20个县（市、区），累计有43.6万名彝族学前儿童受益，试点基本达到"听懂、会说、敢说、会用"普

---

① 习近平. 以铸牢中华民族共同体意识为主线，推动新时代党的民族工作高质量发展[M]//习近平谈治国理政：第四卷. 北京：外文出版社，2022：246.

② 习近平. 铸牢中华民族共同体意识[M]//习近平谈治国理政：第三卷. 北京：外文出版社，2020：301.

通话的预期目标。在孩子们的带动下，家长们也自发地学习普通话。

作为试点启动地的凉山州，把"学前学普"行动作为改变彝族孩子命运的战略之举，探索走出在民族地区推广使用国家通用语言的有效路径，取得显著成效，荣获"全国脱贫攻坚组织创新奖"，写入《人类减贫的中国实践》白皮书。

下一阶段，"学前学会普通话"行动将持续在大小凉山地区实施并将适时拓展到四川其他民族地区，让更多少数民族儿童尽早受益。

资料来源：何勤华. "学前学会普通话"试点三年 43.6 万名彝族儿童学会普通话[N]. 四川日报，2021-10-20.

普及国家通用语言文字与保护少数民族语言文字不是对立的，而是并行不悖的。党和国家十分重视对少数民族语言文字的保护。《宪法》第四条第四款、第一百二十一条和第一百三十九条都涉及民族语言文字的使用，民族区域自治法也对保障少数民族使用民族语言文字权利做出了明确规定。

四、国家通用语言文字的社会应用

目前，国家通用语言文字推广普及仍存在不平衡不充分的状况，迫切需要协调各民族、各地区、各领域、各行业的发展，高质量普及国家通用语言文字，坚持巩固提高、全面发展，以满足人民群众学习使用语言文字和提升科学文化素质的需求，进一步提升国民语言文字应用能力。

《中华人民共和国国家通用语言文字法》规定，学校、机关、新闻出版、广播影视、网络信息、公共服务等系统相关从业人员，国家通用语言文字水平应达到国家规定的等级标准。《国务院办公厅关于全面加强新时代语言文字工作的意见》提出，要开展国家通用语言文字示范培训，提高教师、基层干部等人群的国家通用语言文字应用能力；开发普通话学习资源；推进普通话水平测试，完善国家通用语言文字应用能力测评体系；开展国民语言教育，提升国民语言文化素养，提高国民语言能力。

例如，汉语文出版物应当符合国家通用语言文字的规范和标准。汉语文出版物中需要使用外国语言文字的，应当用国家通用语言文字做必要的注释。广播电台、电视台以普通话为基本的播音用语。需要使用外国语言为播音用语的，须经国务院广播电视部门批准。公共服务行业以规范汉字为基本的服务用字。因公共服务需要，招牌、广告、告示、标志牌等使用外国文字并同时使用中文的，应当使用规范汉字。提倡公共服务行业以普通话为服务用语。以普通话作为工作语言的播音员、节目主持人和影视话剧演员、教师、国家机关工作人员的普通话水平，应当分别达到国家规定的等级标准。

坚定不移推广国家通用语言文字，就要加大民族地区、农村地区国家通用语言文字推广普及力度，提高普及程度，提升普及质量，全面加强民族地区各级各类学校国家通用语言文字教育教学。同时，要提升农村地区国家通用语言文字普及水平，巩固拓展脱贫攻坚成果，实施推普助力乡村振兴计划。在各方协调过程中，彼此之间会互相汲取营养，促使普通话和规范汉字的推广普及与发展具有生机和活力，推动国家通用语言文字事业不断高质量发展，从而满足更高层次的精神文化需求，增强文化认同意识，涵养家国情怀。

第三节　语言文字工作治理体系和治理能力现代化

国家治理的各核心层面都会涉及语言问题，语言既是国家治理的重要工具，也是国家治理的重要内容之一。①

2016 年，《国家语言文字事业"十三五"发展规划》首次将语言文字事业与"推进国家治理体系和治理能力现代化"联系起来。②2019 年党的十九届四中全会擘画了坚持和完善中国特色社会主义制度、推进国家治理体系和治理能力现代化的总蓝图，2020 年召开的全国语言文字会议和配套的大会文件，提出以语言文字工作治理体系和治理能力现代化为党中央的这一重大部署做出贡献。

2020 年 9 月 14 日，国务院办公厅印发《关于全面加强新时代语言文字工作的意见》，明确提出到 2035 年，基本实现语言文字工作治理体系和治理能力现代化。这是新时代国家语言文字事业发展的新目标。

一、语言文字基础能力建设

我们的一切事业都要坚持以人民为中心，语言文字事业当然也是这样。必须清醒地认识到，当前国家通用语言文字推广不平衡不充分的现象仍然存在，语言文字信息技术创新还不完全适应信息化尤其是人工智能发展需求，各类新媒体语言文字使用的规范和管理有待加强。为此，必须加快推进语言文字基础能力建设。

一是加强语言文字规范化标准化建设。例如，加大行业系统语言文字规范化建设力度，强化学校、机关、新闻出版、广播影视、网络信息、公共服务等领域语言文字监督检查。将语言文字规范化要求纳入行业管理、城乡管理和文明城市、文明村镇、文明单位、文明校园创建内容。加强语言文明教育，强化对互联网等各类新媒体语言文字使用的规范和管理，加强地名用字、拼写管理。建立国际中文教育相关标准体系。

二是推动语言文字信息技术创新发展，发挥语言文字信息技术在国家信息化、智能化建设中的基础支撑作用。例如，大力推动语言文字与人工智能、大数据、云计算等信息技术的深度融合，加强语言技术成果转化及推广应用，加强语言文字信息化平台建设，建设好全球中文学习平台，提供优质学习资源和信息服务资源。

三是加强语言文字科学研究。支持语言文字基础研究和应用研究，鼓励学科交叉，完善相关学科体系建设。

二、国家语言文字服务能力

全球化、信息化和智能化的发展促使语言功能空前拓展、语言需求空前旺盛，也对语

① 赵世举. 语言与国家[M]. 北京：商务印书馆，2015：19.
② 教育部，国家语言文字工作委员会. 国家语言文字事业"十三五"发展规划[EB/OL].（2016-08-23）[2021-09-13]. http://www.moe.gov.cn/srcsite/A18/s3127/s7072/201609/t20160913_281022.html.

言文字工作提出了更高的要求。从全局来看，新时代语言文字事业服务中华民族伟大复兴的使命更加艰巨。比如，在"一带一路"建设中，国家和社会的语言服务能力还比较薄弱。[①]

现实和未来的需求，迫切需要语言文字工作增强服务意识，积极回应社会语言需求，切实解决经济发展、科技创新、文化建设、社会治理、国家安全和大众生活中的各种语言问题，为国家发展和人类进步做出更大的贡献。为此，必须切实增强国家语言文字服务能力。

一是研究制定国家语言发展规划，将国家通用语言文字推广普及、语言文字规范化标准化信息化建设、民族语文教育、语言资源保护利用、外语教育、国际中文教育、语言人才培养等统一规划、统一部署。

二是提高服务国家战略的能力，加强粤港澳大湾区、自由贸易试验区、"一带一路"建设等方面的语言服务。

三是满足人民群众多样化语言需求。例如，提高少数民族进城务工经商人员语言文化服务质量；加快手语和盲文规范化、标准化、信息化建设，加快推广国家通用手语和国家通用盲文，加强手语、盲文学科建设和人才培养，为听力、视力残疾人提供无障碍语言文字服务；为来华旅游、留学、工作、居住人员提供语言服务。

三、中华优秀语言文化传承发展

中华文明是人类历史上唯一绵延 5000 多年至今未曾中断的灿烂文明。立足于国家文化安全、积极推进中华优秀语言文化传承发展，有利于促进传承中华优秀文化、增强民族文化自信，为实现中华民族伟大复兴凝聚强大的精神动力。

积极推进中华优秀语言文化传承发展，主要包括以下三个方面的内容。

一是传承弘扬以语言文字为载体的中华优秀文化。例如，实施中华经典诵读工程；实施"经典润乡土"计划；推动以甲骨文为代表的中华优秀传统文化传承发展；推进中华思想文化术语传播；加强地名文化遗产保护；加强中国当代学术和文化的外译工作；等等。

二是深化与港澳台地区的语言文化交流合作，提高港澳地区普通话应用水平，加强台湾地区语言文字政策研究。

三是保护开发语言资源，科学保护方言和少数民族语言文字、加强民族文字教材管理、建设完善国家语言资源数据库等。

近年来，传承传播中华优秀语言文化成为新时代语言文字工作的新抓手，取得了丰硕成果：《中国诗词大会》等语言文化类品牌节目收视超过 30 亿人次；中国语言资源保护工程实施 5 年来，对全国 1700 多个调查点的汉语方言和少数民族语言进行了系统采集和整理；中国语言资源库和采录展示平台，汇聚 123 种语言和超过 1000 万条全国各地方言数据，成为世界上规模最大的语言资源库；2017 年甲骨文入选联合国教科文组织"世界记忆名录"。

四、中文的国际地位和影响力

国家通用语言文字对内承担着铸牢中华民族共同体意识的使命，对外肩负着"讲好中

---

① 赵世举，黄南津. 语言服务与"一带一路"[M]. 北京：社会科学文献出版社，2016：8.

国故事"、提升文化软实力的责任。

2019年4月，习近平总书记复信美国伊利诺伊州北奈尔斯高中学生，勉励同学们为增进中美人民友谊做出贡献。①此前，北奈尔斯高中中文班40多名学生用中文写信给习近平，表示他们正在学习中文，喜爱中国的语言文字、音乐和中餐，希望有机会来中国参观。习近平在回信中表示：学习中文可以更好地了解中国，结识更多中国朋友，也可以结识很多会说中文的世界各国朋友。你们的汉语书写工整、用词规范，"太棒了"！我希望你们继续"加油"，在中文学习上取得更大进步。习近平的复信在北奈尔斯高中引起积极热烈的反响，将激励更多当地学生学习中文、了解中国文化并参与中美友好交流。这是中文国际地位日益提升、影响力日益扩大的一个典型例子。

党的十八大以来，文化自觉、文化自信为实现中华民族伟大复兴中国梦源源不断地提供强大精神动力。习近平总书记强调："中华优秀传统文化是中华文明的智慧结晶和精华所在，是中华民族的根和魂，是我们在世界文化激荡中站稳脚跟的根基。"②新时代我国肩负的国际责任日益增大，这需要我们积极发出中国声音，提出中国方案，贡献中国智慧，大力提升中文国际地位和影响力，更好发挥负责任大国作用，更好地维护国家文化安全。

当今世界，很多国家推出推广本国语言的新目标、新方略。美国政府在小布什执政期间通过了《美国国家语言安全法案》。③2018年，法国总统马克龙在加强推广法语新战略中宣布，法国将加强法语推广，使其于2050年成为全球第三大语言，计划到2050年让全球说法语的人数从2.74亿人增加到超过7亿人。相比之下，中文的国际应用明显不足，中文的国际地位、我国的外语能力以及参与世界语言治理的能力与我国的国际地位和国际贡献并不匹配。

这要求我们必须科学谋划、积极作为，大力提升中文的国际地位和影响力。

一是加强国际中文教育和服务。例如，构建全球普通话水平测试体系，加强中文在海外华文学校的推广应用，大力提升中文在学术领域的影响力，推动提高中文在国际组织、国际会议的使用地位和使用比例，促进汉语拼音的国际应用。

二是拓展语言文字国际交流合作。例如，推动中华经典诵读海外传播，推动将语言文字交流合作纳入政府间人文交流机制、"一带一路"文化交流与合作建设工程。

📖 本章小结

语言文字事业在国家发展战略中具有重要地位和作用，事关国家统一和民族团结、历史文化传承和经济社会发展等大局。国家治理的各核心层面都涉及语言问题，语言文字安全对于发展中的中国具有特殊的文化安全意义。实现语言文字工作治理体系和治理能力现代化是新时代国家语言文字事业发展的新目标。

在世界百年未有之大变局和中华民族伟大复兴的战略全局背景下，立足于国家文化安

---

① 习近平复信美国高中学生[EB/OL]．（2019-04-21）[2022-10-19]．https://www.xuexi.cn/83a33b3bbfdae4e0a9b3803847da63f4/e43e220633a65f9b6d8b53712cba9caa.html.

② 习近平在中共中央政治局第三十九次集体学习时强调　把中国文明历史研究引向深入　推动增强历史自觉坚定文化自信[EB/OL]．（2022-05-28）[2023-03-13]．http://www.qstheory.cn/yaowen/2022/05/28/c_1128692244.htm.

③ 胡惠林．国家文化安全学[M]．北京：清华大学出版社，2016：247.

全，推广普及国家通用语言文字，大力推进语言文字工作治理体系和治理能力现代化，积极推进中华优秀语言文化传承发展，大力提升中文国际地位和影响力，具有重要的国家文化安全价值。

 思考题

1. 语言文字事业的发展水平与国家经济建设和教育、科技、文化等社会事业发展具有什么样的关系？

2. 铸牢中华民族共同体意识，为什么必须大力推广普及国家通用语言文字？

3. 全球化、信息化、智能化的时代发展趋势对语言文字工作提出了更高的要求，请列举当前我国语言文字工作面临的主要挑战。

第十二章

文化市场安全

文化市场是国家主权的重要形态，是国家文化安全的重要组成部分。在我国，推动文化市场繁荣、建设社会主义文化强国是党和国家长期的奋斗目标。不良文化产品和服务时有泛滥等诸多突出问题阻碍了文化市场的有序健康发展，文化市场安全愈发引人关注。"文化和科技融合，既催生了新的文化业态、延伸了文化产业链，又集聚了大量创新人才，是朝阳产业，大有前途。谋划'十四五'时期发展，要高度重视发展文化产业。要坚持把社会效益放在首位，牢牢把握正确导向，守正创新，大力弘扬和培育社会主义核心价值观，努力实现社会效益和经济效益有机统一，确保文化产业持续健康发展。"[①]为此我国明确文化市场综合行政执法要求，加强制度体系建设，依法打击违法活动，不断推动文化执法治理体系和治理能力现代化，实现文化市场社会效益和经济效益相统一的发展理念。

第一节 文化市场安全的范畴与特点

"文运同国运相牵，文脉同国脉相连。"[②]文化市场的发展与安全是建设社会主义文化强国的重要条件，其范畴涵盖文化运行环境和文化发展状况的整体安全，大力发展文化市场是维护国家文化安全的基本战略。文化市场准入机制是推动文化市场繁荣发展的安全屏障之一。"始终坚持社会主义先进文化前进方向，始终把社会效益放在首位"[③]，通过完善文化市场监管激发精神文明建设内生活力，实现有效市场和有为政府更好结合。[④]

一、文化市场与文化市场安全

文化市场是文化商品生产与交换的空间形态。它以"文化商品"生产与交换为核心，

---

① 习近平. 在推动高质量发展上闯出新路子 谱写新时代中国特色社会主义湖南新篇章[N]. 人民日报，2020-09-19（1）.
② 习近平在中国文联十大、中国作协九大开幕式上的讲话[N]. 人民日报，2016-12-01（2）.
③ 中共中央党史和文献研究院编. 习近平关于总体国家安全观论述摘编[N]. 北京：中央文献出版社，2018：105.
④ 中共中央办公厅、国务院办公厅《"十四五"文化发展规划》.

传播文化内容，满足人们的精神文化消费需求。在农业手工业文明占主导地位的古代社会中，文化产品、文化服务行业已然出现，包括民间工艺、古玩器物、戏剧表演等。文化生产力的低下和文化生产关系的低级化导致文化市场在文化资源配置中的作用有限，尚未发挥重要作用。工业革命的完成，一方面转变了生产组织形式、提高了生产效率，另一方面在物质需求逐渐满足之后，人们在消费方面表现为更加注重对无形的、精神领域的追求。为满足人们日益增长的精神文明需要、迎合消费者所需的感官刺激，提供文化产品和服务的场所日渐增多。20世纪后，科技革命和信息革命极大地改变了人类社会的生产及生活方式，广播电视、电信网络、多媒体媒介等相继产生，人们的视听范围得到了突破性拓宽，对文化产品的需求也随之提升。在科技手段的支撑下，文化产品及服务的专业化、产业化、娱乐化趋势越发凸显，文化产品中渗透的经济、商品要素日益增多。在现代市场经济环境下，文化产品与服务可以通过市场交换配置机制实现生产、流通、消费。

在文化产品和市场经济的相互作用下，文化市场逐渐发展壮大，相关概念也日益丰富多元。文化市场在广义上是指文化运行环境和文化发展状况，是现代文明和市场经济的重要组成部分[1]。在狭义上，文化市场是经营精神产品或从事文化娱乐有偿服务活动的场所，是文化产品生产和消费的中介[2]。根据文化产品及相关服务的性质，文化市场可分为文化消费、需求市场，文化要素市场和文化产品市场，包含内容创作生产、创意设计服务、文化投资运营、文化娱乐休闲服务、文化辅助生产和中介服务等，具体的细分行业涵盖出版发行、广播电视、电影、演艺、旅游、艺术品、节庆会展、创意设计、动漫、游戏、体育等。

文化市场在调控文化资源配置、匹配市场的需求和供给、提供文化产品和服务、促进人类文化创新发展、营造良好的社会秩序、引导强化国家意识形态等方面具有重要作用。伴随着文化市场愈发繁荣，其多元价值与作用日益凸显，文化市场安全问题也逐渐成为社会关注的焦点。由于文化产品和服务在满足文化消费者精神文化需要的同时，又通过传播相应的信息内容影响相应消费群体的价值观念和行为方式，其兼具有形和无形、思想性和艺术性、政治性和经济性混杂的复杂特征，因此保证文化产品和相关服务的有序提供存在一定困难，文化市场的发展充满着各类安全风险。盗版假冒等知识产权犯罪、色情暴力等不良信息内容传播以及法律规范和管理体制的滞后都可能会侵蚀文化市场的健康机制。

从静态意义而言，文化市场安全指文化市场发展稳定，各类文化市场主体权益得到保障、各类文化产业相对处于没有危险和不受内外威胁的状态。从动态意义而言，文化市场安全要求政府、市场、社会等部门具备应对文化市场存在的安全风险、推动文化市场持续发展的能力。此外，知识产权安全对于保障文化市场的安全可控至关重要。在全球化的视域下，文化产品和服务在国际贸易中的竞争力度大幅加强，本国文化市场自主性、可靠性和可控性是实现文化产品和服务可持续发展的重要前提，为加强对文化市场的创新、利用和管理，需发挥知识产权制度的作用，保障知识产权安全。"知识产权保护工作关系国家治理体系和治理能力现代化，关系高质量发展，关系人民生活幸福，关系国家对外开放大局。"[3]

---

① 解学芳，申林."智能+"时代现代文化市场体系的制度创新[J].南京社会科学，2021（6）.

② 李康化.文化市场营销学[M].2版.北京：清华大学出版社，2015：6.

③ 习近平.全面加强知识产权保护工作　激发创新活力推动构建新发展格局[N].人民日报，2020-12-2（1）.

二、文化市场安全与国家文化安全

从整体上看,文化安全的指涉对象是国家,文化构成了各民族国家的根本意义。在文化多样性发展的国际格局中,国家既是一种政治共同体,也是一种文化共同体,捍卫一国文化即捍卫国家主权。维护国家文化安全,就是要维护这个国家的文化主权神圣不可侵犯。在冷战后,文化问题与国家主权的联结关系加强,文化主权在维护和巩固主权实体的作用上显得尤其重要。保护本国文化的独立性、民族性、完整性,选择和坚持符合本国根本文化利益的发展道路,实现维护国家文化利益与保护公民文化权利相统一,成为提升国家文化安全能力建设的重点目标。

进入 21 世纪以来,全球文化市场发展迅猛,信息技术革命、人工智能技术以及新互联网技术的更迭,推动着世界经济社会发展迈入信息化、智能化的新阶段。作为市场经济中最具有活力的一部分,多种新形式、新类型的文化产品和服务竞相迸发。文化市场的繁荣提高了文化产品和服务的交换效率、创造了大量的就业机会、促进了国家经济的结构性增长,成为经济增长的重要驱动力。在世界范围内,美国的电影业和传媒业、德国的出版业、日本的动漫产业等都成为国际标志性产业,成为一国综合国力最直观、最具体的反映。大力发展文化市场是塑造和维护国家文化安全不可缺少的基本战略。只有坚持统筹文化市场的发展和安全工作,才能既满足国民经济增长的基本要求,又提升国家软实力,抵抗他国的文化侵略,抵御文化霸权。文化市场安全是文化市场发展的前提,文化市场发展是文化市场安全的保障。塑造和维护国家文化安全既要善于运用文化市场的发展成果助推国家文化的协调、稳定和创新,又要善于塑造有利于文化发展的安全环境。

三、文化市场准入与国家文化安全

文化市场准入是政府对文化市场主体进入市场、提供文化产品及服务依法进行审查和批准,包括主要市场主体资格的实体条件和取得主体资格的程序条件[①]。文化市场准入制度是保护相关文化主体权益、确保其可以履行相应职责的前提,是文化市场监督管理的起点,也是维护国家文化安全不可或缺的重要组成部分。

文化市场准入机制的作用主要有:第一,保证文化市场主体具备从事该领域业务的资质。政府的准入审查机构将依照相关法律、法规将具备提供文化产品和相关服务资质的企业或劳动者纳入文化市场法治轨道,并将不具备相应资质、可能造成文化市场运行紊乱的主体排除在文化市场之外,避免其造成相应的危害。第二,文化市场行为可能具有负的外部性。市场机制本身就客观存在外在效应,并且无法通过调整市场机制自身加以削弱或消除。例如,短视频平台的信息内容推荐可能将不利于未成年人健康成长的信息推送至未成年人用户群体,导致未成年人文化权益受损。又如,虚假信息的传播可能引发恐慌,扰乱社会秩序。第三,市场有趋利性,不会主动维护公共利益。"衡量文化产业发展质量和水平,最重要的不是看经济效益,而是看能不能提供更多既能满足人民文化需求又能增强人民精

---

① 郭冠男,李晓琳. 市场准入负面清单管理制度与路径选择:一个总体框架[J]. 改革,2015(7):28-38.

神力量的文化产品。"①相关市场主体往往以追求利润为目标，难以通过市场机制自发实现对公共利益的维护。对于文化市场而言更是如此，相关文化产品的设计往往以攫取最大的经济效益为基础而忽视公共效益或者社会效益，缺少应有的社会责任感。对文化产品或服务的准入审查应考虑其所具有的社会效益。第四，市场交易过程中存在信息不对称的现象。在文化市场的经济活动中，文化产品的生产者、交换者和消费者等各方掌握的信息并不相同，消费者往往处在劣势地位，此外许多类型的文化产品和服务也缺乏明确的质量标准。因此，出于维护交易秩序和市场安全的考虑，明确市场主体的经营资格，是保障文化市场有序发展的重要路径。文化市场准入机制是保障国家文化安全的重要工具。

第二节　我国文化市场安全的突出问题

我国文化市场规模不断提升②，但也出现了一些新问题。不良文化产品和服务时有泛滥、有害文化不断出现、损害未成年人文化权益、侵犯著作权行为屡禁不止等问题给文化市场的可持续健康发展造成了阻碍，成为威胁我国文化市场安全的突出问题，需要国家文化安全监管部门和全社会加以高度重视，维护文化市场健康发展的良好文化生态环境。在思想大活跃、观念大碰撞、文化大交融的时代，文化发展与建设更须筑牢社会主义核心价值观，不能在市场经济大潮中迷失方向。③

一、不良文化产品和服务时有泛滥

不良文化是指在对外开放、对内改革的背景下，在文化流变的基础上，所形成的与科学性、社会主义先进性和群众性相背离的思想文化④。不良文化是在外部环境、国家组织构成、校园教育等各类社会环境因素作用下形成的，具有消极性、违法性和反社会性特征。这一类型的文化往往呈现出反对社会主流文化的倾向，是人类社会发展和文化建设的不稳定因素。

伴随着改革开放逐步深入，文化市场逐步繁荣，市场经济发展不断衍生出新思想、新观念，西方外来文化也借助对外开放的窗口不断涌入广大人民群众的文化生活，对文化市场发展造成一定的冲击，导致文化市场的价值迷失和道德失范。许多文化产品抛弃了其应有的立场，一味迎合经济效益，生产出一些内容粗俗、思想反智、宣扬虚无、过度娱乐的文化产品和服务，严重影响文化市场的正常秩序。例如，文娱产业出现了一些过度商业化、娱乐化的倾向，流量至上、畸形审美、"邪教式"追星、"饭圈"乱象、"耽改"之风等新情

---

① 习近平在教育文化卫生体育领域专家代表座谈会上的讲话[N]. 人民日报，2020-09-23（2）.

② 国家统计局的数据显示，2021年全国规模以上文化及相关产业企业实现营业收入 119 064 亿元，比 2020 年增长 16.0%；两年平均增长 8.9%，统筹疫情防控和经济社会发展成效显现，文化产品供给质量稳步提升，文化消费市场总体趋向活跃。

③ 中共中央文献研究室编. 在文艺工作座谈会上的谈话（2014 年 10 月 15 日）[M]//十八大以来重要文献选编：中. 北京：中央文献出版社，2016：133-134.

④ 胡弼成，徐跃，蒋婷轶. 和而不同——大学文化培育论[J]. 清华大学教育研究，2008（5）：29-36.

况、新问题迭出，一些从业人员政治素养不高、法律意识淡薄、道德观念滑坡，违法失德言行时有发生[1]。诸如此类的不良文化污染文化市场的发展环境、败坏社会风气、阻碍社会的进步，妨碍广大人民群众特别是青少年群体形成健康的生活方式和正确的价值观、人生观、道德观，并存在进一步引发违法犯罪行为的风险。

二、有害文化信息不断出现

有害文化信息指的是在文化市场领域传播的信息内容在伦理道德、价值观导向、真实性或合法性等方面存在严重错误，其传播结果可能对国家安全、社会秩序以及个人、法人或其他组织的合法权益构成潜在的威胁或造成破坏的信息[2]。进入信息时代，信息传播的速率快速提高，不良信息的传播渠道不断增多，《网络信息内容生态治理规定》列举了多种有害信息的类型，包括反对宪法所确定的基本原则的；危害国家安全，泄露国家秘密，颠覆国家政权，破坏国家统一的；损害国家荣誉和利益的；歪曲、丑化、亵渎、否定英雄烈士事迹和精神，以侮辱、诽谤或者其他方式侵害英雄烈士的姓名、肖像、名誉、荣誉的；宣扬恐怖主义、极端主义或者煽动实施恐怖活动、极端主义活动的；煽动民族仇恨、民族歧视，破坏民族团结的；破坏国家宗教政策，宣扬邪教和封建迷信的；散布谣言，扰乱经济秩序和社会秩序的；散布淫秽、色情、赌博、暴力、凶杀、恐怖或者侮辱或者诽谤他人，侵害他人名誉、隐私和其他合法权益等。

有害文化信息对于文化市场的正常发展秩序、市场各类主体权益具有重大影响，如否定英烈事迹的文艺作品对相关亲属以及国家文化安全造成严重影响，散布淫秽、色情、赌博、暴力、凶杀、恐怖和教唆犯罪的图书、视频和文艺活动对其受众的价值观念和社会的整体稳定带来不良影响，恐怖主义、极端主义或者煽动实施恐怖活动的各类出版物则严重破坏了国家稳定与安全。这些含有有害信息的文化产品不仅是对文化市场的经济秩序的破坏，更对国家文化安全、社会群体思想形成了强烈冲击。

三、损害未成年人文化权益

文化权益指的是人人享有平等的文化活动参与权、法定的文化成果拥有权、自由的文化方式选择权和合理的文化利益分配权[3]。文化权益是衡量现代人类社会是否全面进步的重要指标。未成年人文化权益是国家文化安全构成的重要内容，涉及一个国家和民族发展的未来前途和命运。未成年人心智不成熟，对侵权行为的防御和维权能力较差，往往容易受到不良文化产品和服务、有害文化信息的侵蚀，在参与文化活动的过程中，其难以得到有效保障。

损害未成年人文化权益的主要表现有：第一，未成年人有害出版物日益增多。新疆"毒教材""教材插图不规范"等事件引发社会舆论聚焦，隐藏在少儿读物、教材中的违法、不

---

① 中央宣传部有关部门负责人就文娱领域综合治理工作答记者问[N]. 人民日报，2021-09-03（5）.
② 张新宝，林钟千. 互联网有害信息的依法综合治理[J]. 现代法学，2015（2）：53-66.
③ 王列生. 论公民基本文化权益的意义内置[J]. 学习与探索，2009（6）：54-61.

规范信息内容会潜移默化地对未成年人造成负面影响。第二，随着生活水平的提高，未成年人有了更多的零花钱，加之在中小学校园周围，形成了丰富的校园文化市场，由此引发了相应的安全风险，如售卖各类低俗小说、漫画出版物的商铺，出售盗版教辅资料的书店以及接纳未成年人进入的网吧、酒吧等娱乐场所会对未成年人的文化权益和生理、心理健康造成切实的负面影响。第三，在各类网络信息终端设备逐渐普及的信息时代，未成年人可以通过手机、电脑等设备获得各类信息，一些含有色情、淫秽、暴力、粗俗等不良信息的网络视频、网络漫画、网络社交、网络游戏影响了未成年人心智的健康发育，导致其上瘾沉迷，甚至诱发现实中的犯罪行为。

四、侵犯著作权行为屡禁不止

侵犯著作权行为是指未经著作权人同意，又无法律上的根据，擅自对著作权人的作品进行利用或以其他非法手段行使著作权人专有权的行为[①]。为了保护著作权、促进文化创新，我国先后颁布了《著作权法》《计算机软件保护条例》《著作权集体管理条例》《音像制品管理条例》等法律、法规，但由于侵犯著作权行为收益大、成本低，实践中还存在举证难和维权难的问题，因而盗版的图书、音像制品、教材教辅读物屡禁不止。在文化市场领域中，各类盗版书籍和光盘凭借其低廉的价格攫取了大量的非法利益，影视剧、小说等文艺作品的剽窃、抄袭、擅自使用也时有发生，此类行为侵害了著作权人及相应消费者的合法利益，严重阻碍了相关领域的创新发展。

随着互联网的发展，著作权的侵权成本进一步降低，网络著作权侵权行为日益增多，如有侵权人通过 App 传播盗版影片侵犯著作权人合法权益，非法复制他人游戏代码架设私服侵犯网络游戏著作权，抄袭、搬运短视频内容侵犯原创作者著作权等。在网络环境下，著作权侵权行为增多的同时也更加技术化，有的著作权侵权人通过云存储技术、在境外架设服务器等手段隐藏犯罪行踪，通过非法第四方支付平台收取货款快速转移资金，形成一条隐蔽化、成熟化盗版产业链，侵权者更为分散，追责成本则相应提高。此外，许多侵权人对利用网络信息技术侵犯著作权的行为缺少正确认识，认为"搬运""抄袭"等行为并不严重，缺少对著作权法律制度以及相应行为法律后果的准确理解，相关法律教育的缺乏也是导致侵犯著作权行为屡禁不止的重要原因。

第三节　文化市场综合行政执法

随着我国社会主义市场经济体制的不断完善，为重点应对我国文化市场安全的突出问题、实现文化市场的规范化，我国稳步推进文化市场综合行政执法规范化建设，加强文化市场管理，维护文化市场有序发展。

[①] 吴汉东. 知识产权法[M]. 北京：法律出版社，2021：275.

一、我国文化市场综合执法的形成与总体目标

我国文化市场法治建设先后经历了几个不同的发展阶段。20 世纪 80 年代之前，电视、出版、报社等多以国家计划形式经营，市场化程度不高。随着改革开放的不断深入，商品意识深入人心，文化产品和服务业逐渐被纳入商品经济的范畴，我国文化产业的规模不断扩大，对于文化市场的监督执法工作要求进一步提高，需要文化领域涉及的各业务主管部门加强监管执法合作。

随之，我国开始逐步探索建立文化市场综合执法机制。1989 年，深圳市通过推动文化艺术、新闻出版、广播电视等文化管理部门的合并，实现了文化市场行政执法队伍的整合，成立了文化稽查队，统一负责文化市场综合执法。2002 年 8 月 22 日，国务院发布《国务院关于进一步推进相对集中行政处罚权工作的决定》（国发〔2002〕17 号），授权省、自治区、直辖市人民政府在本行政区域内有计划、有步骤地开展相对集中的行政处罚权工作。为解决文化市场管理长期存在的职能交叉、多层执法等现象，2004 年 7 月，中共中央办公厅、国务院办公厅转发中宣部等七部门《关于在文化体制改革综合性试点地区建立文化市场综合执法机构的意见》，直辖市、县级市和县现有的文化局、广播电视局、新闻出版局合并，设立文化广电新闻出版局，统一履行原文化局、广播影视局、新闻出版局等部门的行政管理职能并正式确定在北京、上海、浙江、广东、重庆、深圳、沈阳、西安、丽江 9 个文化体制改革综合性试点地区开展综合执法改革试点。2009 年，中宣部、中央编办、原文化部等五部门联合下发《关于加快推进文化市场综合执法改革工作的意见》（中宣发〔2009〕25 号），要求推动全国范围内直辖市、副省级及副省级以下城市开展综合执法改革，并明确了时间表和路线图[①]。

2011 年，文化部审议通过《文化市场综合行政执法管理办法》，标志着我国在文化市场领域已经初步形成综合行政执法制度体系，推动国家执法能力建设的完善。《文化市场综合行政执法管理办法》第一条规定，我国文化市场综合行政执法的主要目的在于"加强文化市场管理，维护文化市场秩序，保护公民、法人和其他组织的合法权益，促进文化市场健康发展"；第五条规定，文化市场综合行政执法应"建立统一完善的文化市场综合行政执法工作制度，建设全国文化市场技术监管体系，加强文化市场综合行政执法队伍的专业化、规范化、信息化建设，完善对文化市场综合行政执法工作的绩效考核。"

2016 年，为贯彻落实《中共中央关于全面推进依法治国若干重大问题的决定》《国务院关于促进市场公平竞争维护市场正常秩序的若干意见》，中共中央办公厅、国务院办公厅印发了《关于进一步深化文化市场综合执法改革的意见》，指出文化市场综合执法具有"规范了市场秩序，推动了优秀文化产品的生产和传播，促进了社会效益和经济效益有机统一"的成效，未来需要适应"文化体制改革向纵深拓展、文化开放水平不断提高、各类文化市场主体迅速发展、新型文化业态大量涌现"等新形势与新要求，深化文化市场综合执法改革，革新执法实践。深化文化市场综合执法改革的主要目标为"通过深化改革，建设文化市场综合执法法律法规支撑体系；形成权责明确、监督有效、保障有力的文化市场综合执

---

① 祁述裕，徐春晓. 深化文化市场综合执法改革：演进、挑战与建议[J]. 山东社会科学，2021（2）：52-59.

法管理体制；建设一支政治坚定、行为规范、业务精通、作风过硬的文化市场综合执法队伍；进一步整合文化市场执法权，加快实现跨部门、跨行业综合执法"①。完善文化市场相关法律制度，保障文化市场综合行政执法有法可依，提高执法的科学性和有效性。

二、我国文化市场综合行政执法的基本原则和主要任务

1. 基本原则

《关于进一步深化文化市场综合执法改革的意见》提出了我国文化市场综合行政执法四项基本原则。

（1）坚持党的领导。坚持社会主义先进文化前进方向，弘扬社会主义核心价值观，通过有力有效的文化市场综合执法，加强思想文化阵地建设，向社会传导正确价值取向，维护国家文化安全。党的十八大以来，以习近平总书记为核心的党中央从适应和推进我国现代化建设的战略高度，进一步强调文化强国建设目标及其发展路径，十九大报告提出"要坚持中国特色社会主义文化发展道路，激发全民族文化创新创造活力，建设社会主义文化强国"②。十九届六中全会中通过的《中共中央关于党的百年奋斗重大成就和历史经验的决议》指出："党坚持把社会效益放在首位、社会效益和经济效益相统一，推进文化事业和文化产业全面发展，繁荣文艺创作，完善公共文化服务体系，为人民提供了更多更好的精神食粮。"③只有坚持党的领导，才能实现文化市场的高质量发展，打击各类文化市场的不良风气，切实保障人民群众的文化权益，引领我国文化市场行稳致远。

（2）坚持依法行政。坚持法定职责必须为、法无授权不可为，严格规范公正文明执法。加强执法监督，完善执法责任制，提升执法公信力。依法行政是推动依法治国基本方略的重要内容。在文化市场大发展、大繁荣的背景下，依法行政对于维护文化市场的改革、发展和稳定具有至关重要的作用。一方面，在文化市场里，我国文化市场综合行政执法部门应该依照《宪法》《国家安全法》《著作权法》《电影产业促进法》等相关法律规定，对文化市场各类主体的违法行为予以坚决打击，让市场主体的行为受到法律的规范和约束，维护各方主体利益均衡。另一方面，作为文化市场的管理者，各级文化市场综合执法部门的行为必须更加规范有序，在法定范围内行使权力，不滥用行政执法权力，优化文化市场营商环境，促进文化市场生产力的创新进步。

（3）坚持分类指导。针对不同层级综合执法机构职责，确定工作任务和执法重点；针对不同地区经济文化差异，科学设置综合执法机构；针对不同执法事项的特点，采取有效方式加强监管。面对纷繁复杂的文化市场样态，执法活动不能一刀切，应坚持科学性、合理性、有效性的统一。坚持分类指导对文化市场综合执法也提出了三个要求：其一，不同层级的综合执法机构在工作任务和执法重点上存在明显差异，上级执法机构需要统筹各方执法资源，保证执法任务的高质量完成，基层执法机构则需要直面文化市场领域的违法活动，切实行使执法权力。其二，不同地区存在经济文化方面的差异，语言、民族、宗教信

① 中共中央办公厅、国务院办公厅《关于进一步深化文化市场综合执法改革的意见》。
② 习近平. 决胜全面建成小康社会　夺取新时代中国特色社会主义伟大胜利——在中国共产党第十九次全国代表大会上的报告[N]. 人民日报，2017-10-19（1）.
③ 中共中央关于党的百年奋斗重大成就和历史经验的决议[N]. 人民日报，2021-11-17（1）.

仰的不同会导致较大的文化差异，相应文化产品和服务的表现形式与内容存在较大区别，需要执法部门因地制宜、因势利导，根据区域文化市场发展的情况采取相应的执法措施。其三，对于不同执法事项采取不同措施。例如，对于网络不良文化和虚假信息的传播，执法机构应联系相关网络服务提供者，责令其及时删除相应信息或者利用网络信息技术直接切断其传播路径；对于盗版图书音像制品，则要打击其生产链条，摧毁相应的营销网络。应对和处理不同的文化市场安全问题需要根据其特点采取不同的执法措施。

（4）坚持权责一致。落实市场主体守法经营责任、综合执法机构执法责任、行政主管部门监管责任和属地政府领导责任。厘清综合执法机构和行政主管部门的关系，减少职责交叉，形成监管合力。文化市场属于跨区域、跨部门的综合执法范围，需要网信、公安、文化、出版、广播、电视、电影、文物、旅游等多个职能部门形成有效的联合执法机制。《文化市场综合行政执法管理办法》第六条规定："综合执法机构与各有关行政部门应当建立协作机制。"实现文化市场领域的监督执法目标，需要行政执法权跨区域层次、跨主管部门上的合理配置，集中执法权力用于保障各方主体责任的有效落实。

2. 主要任务

根据《文化市场综合行政执法管理办法》《关于进一步深化文化市场综合执法改革的意见》以及文化和旅游部在 2021 年发布的《文化市场综合行政执法事项指导目录》，文化市场综合行政执法的主要任务有以下六个。

（1）明确综合执法适用范围。依法查处在文化市场中存在的侵害人民群体文化权益的违法行为，包括擅自从事互联网上网服务经营活动；查处文化艺术经营、展览展播活动中的违法行为；查处除制作、播出、传输等机构外的企业、个人和社会组织从事广播、电影、电视活动中的违法行为，查处电影放映单位的违法行为，查处安装和设置卫星电视广播地面接收设施、传送境外卫星电视节目中的违法行为，查处放映未取得《电影片公映许可证》的电影片和走私放映盗版影片等违法活动；查处图书、音像制品、电子出版物等方面的违法出版活动和印刷、复制、出版物发行中的违法经营活动，查处非法出版单位和个人的违法出版活动；查处著作权侵权行为；查处网络文化、网络视听、网络出版等方面的违法经营活动；配合查处生产、销售、使用"伪基站"设备的违法行为；承担"扫黄打非"有关工作任务；依法履行法律法规规章及地方政府赋予的其他职责。

（2）加强综合执法队伍建设。严格实行执法人员持证上岗和资格管理制度，未经执法资格考试合格，不得授予执法资格，不得从事执法活动；探索建立执法人员资格等级考试制度；健全执法人员培训机制，实施业务技能训练考核大纲和中西部地区执法能力提升计划，定期组织开展岗位练兵、技能比武活动；全面落实综合执法责任制，严格确定不同岗位执法人员的执法责任，建立健全责任追究机制，通过落实党内监督、行政监督、社会监督、舆论监督等方式强化文化市场执法监督；落实综合执法标准规范，加强队容风纪管理，严格廉政纪律；使用统一执法标识、执法证件和执法文书，按规定配备综合执法车辆。

（3）健全综合执法制度机制。完善《文化市场综合行政执法事项指导目录》，厘清行政执法权力；完善举报办理、交叉检查、随机抽查、案件督办、应急处置等各项工作流程；严格执行罚缴分离和收支两条线制度，严禁将罚没收入同综合执法机构利益直接或变相挂钩；建立文化市场跨部门、跨区域执法协作联动机制，完善上级与下级之间、部门之间、地区之间线索通报、案件协办、联合执法制度；建立文化市场行政执法和刑事司法衔接机制，坚决防止有案不移、有案难移、以罚代刑现象；推进政务信息公开，向社会公开执法案件主体信息、案由、处罚依据及处罚结果，提高执法透明度和公信力。

（4）推进综合执法信息化建设。加快全国文化市场技术监管与服务平台建设应用，加强与各有关行政部门信息系统的衔接共享，推进行政许可与行政执法在线办理，实现互联互通；通过视频监控、在线监测等远程监管措施，加强非现场监管执法；采用移动执法、电子案卷等手段，提升综合执法效能；推动信息化建设与执法办案监督管理深度融合，运用信息技术对执法流程进行实时监控、在线监察，规范执法行为，强化内外监督，建立开放、透明、便民的执法机制；构建文化市场重点领域风险评估体系，形成来源可查、去向可追的信息链条，切实防范区域性、行业性和系统性风险。

（5）完善文化市场信用体系。对于影响文化市场安全的突出问题，应通过建立信用体系等综合手段加强执法管理的效力；建设文化市场基础数据库，完善市场主体信用信息记录，探索实施文化市场信用分类监管，建立文化市场守信激励和失信惩戒机制；建立健全文化市场警示名单和黑名单制度，对从事违法违规经营、屡查屡犯的经营单位和个人，依法公开其违法违规记录，使失信违规者在市场交易中受到制约和限制；落实市场主体守法经营的主体责任，指导其加强事前防范、事中监管和事后处理工作；推动行业协会、商会等社会组织建立健全行业经营自律规范、自律公约和职业道德准则，引导行业健康发展。

（6）建立健全综合执法运行机制。在执法权力的配置上，文化市场综合执法机构依据法定职责和程序，相对集中行使文化（文物）、新闻出版广电（版权）等部门文化市场领域的行政处罚权以及相关的行政强制权、监督检查权，开展日常巡查、查办案件等执法工作；有关行政部门在各自职责范围内指导、监督综合执法机构开展执法工作，综合执法机构认真落实各有关行政部门的工作部署和任务，及时反馈执法工作有关情况，形成分工负责、相互支持、密切配合的工作格局。

三、我国文化市场综合行政执法的基本制度

1. 领导组织制度

中央文化体制改革和发展工作领导小组统一领导全国深化文化市场综合执法改革工作，领导小组办公室负责组织对改革进展情况进行督促检查。中央宣传部、中央网信办、文旅部、新闻出版广电总局要根据《关于进一步深化文化市场综合执法改革的意见》要求统筹推进改革，涉及互联网信息内容的执法工作由中央网信办统筹协调。各省（自治区、直辖市）党委和政府要高度重视，将深化文化市场综合执法改革工作列入重要议事日程，确保改革各项措施落实到位。

2. 文化市场综合执法管理体制

建立由国务院文化行政部门牵头的全国文化市场管理工作联席会议制度，充分发挥各部门职能作用和资源优势，加强统筹、协调和指导；充实完善省、市、县三级文化市场管理工作领导小组，统一领导本行政区文化市场管理和综合执法工作，推动文化领域跨部门、跨行业综合执法；领导小组由同级党委宣传部部长任组长，同级政府有关负责同志任

副组长。

3. 机构设置、编制、人员和经费制度

各地应根据中央关于深化行政执法体制改革的有关精神，结合本地实际，探索文化市场综合执法机构设置的有效形式。直辖市文化市场综合执法机构可探索对区县文化市场综合执法工作实行直接管理，整合执法资源，提升执法能力。副省级城市、省辖市可整合市区两级文化市场综合执法队伍，组建市级文化市场综合执法机构。县级市和县的文化市场综合执法机构要加强队伍建设，切实履行监管责任。对经济发达、城镇化水平较高的乡镇，县级市和县文化广电新闻出版行政部门可根据需要和条件通过法定程序委托乡镇政府行使部分文化市场执法权。文化市场综合执法机构干部任免参照宣传文化单位干部管理规定办理。综合执法人员依法依规纳入参照《公务员法》管理。在省（自治区、直辖市）范围内，要统一规范综合执法机构名称并结合本辖区地理范围、执法任务等情况，统筹考虑综合执法机构编制安排。综合执法机构的工作经费和能力建设经费列入同级政府财政预算。

4. 执法考核制度

文化市场综合执法工作要纳入社会治安综合治理成效评价体系，推动各级党委和政府履职尽责。健全文化市场综合执法绩效考评制度，加强对依法行政、市场监管、社会服务效能等方面的监督和评估；充分发挥"12318"文化市场举报电话和网络平台作用，畅通公众意见反馈渠道；建立文化市场综合执法工作第三方评价机制和群众评议反馈机制，制定公众满意度指标，增强综合执法工作评价的客观性和科学性。

5. 有效衔接相关法律法规制度

除了《文化市场综合行政执法管理办法》《关于进一步深化文化市场综合执法改革的意见》等重要文件，文化市场综合领域还存在大量现行有效的规范性文件，如《文化市场综合执法行政处罚裁量权适用办法》《关于对文化市场领域严重违法失信市场主体及有关人员开展联合惩戒的合作备忘录》《文化市场政策措施落实情况自查表》《文化市场行政审批规范化建设情况自查表》等。需要做好文化市场综合执法立法与文化市场综合执法改革重大政策的衔接，加强理论研究，积累改革经验，研究制定文化市场综合执法管理规定，加快制定地方文化市场综合执法相关法规，推动综合执法机构依法行政，提高文化市场综合执法工作法治化水平。

第四节　"扫黄打非"

"扫黄打非"是我国一项重要的国家文化市场安全制度，其目的是维护人民群众的根本文化权益，保障国家根本文化利益，维护文化市场健康发展秩序。为避免文化市场经营主体以不当经营活动侵害广大人民群众的文化权益，国家成立了跨地区、跨部门的综合协调机构——全国"扫黄打非"工作小组办公室，聚焦社会公众关切的重点领域，展开了"扫黄打非""净网行动""护苗行动"等多类专项执法活动，严格落实文化市场主体应履行的社会责任，取得了良好的成效。

一、"扫黄打非"与文化市场安全体制机制

"扫黄打非"是我国在文化市场行政常态化监督执法活动，是党领导的净化文化市场的专项斗争。其中，"扫黄"是指扫除网上网下含有宣扬淫秽色情内容的报刊、图书、音像制品、电子出版物、图片、音频、视频、直播表演等危害人们身心健康、污染社会文化环境的不良文化产品和服务；"打非"是指打击非法出版物，查处违反法律、法规规定的破坏社会安定、危害国家安全、煽动民族分裂、宣扬邪教迷信、侵害公民合法权利、危害社会公德等内容的出版物和有害信息[①]。"扫黄打非"有利于清除文化市场中的不良文化产品和服务，起到规范文化市场经营秩序、净化社会文化环境的重要作用，对于推动文化市场法治化、规范化发展具有示范引领的效应。此外，打击非法出版物能够在全社会树立尊重知识、崇尚科学、保护知识产权的意识，推动版权理念深入人心，维护国家知识产权制度，保障知识产权安全，推动文化市场的创新可持续发展。

为有效打击和遏制各类非法出版活动、使文化市场始终保持繁荣健康有序的态势、维护社会政治稳定和文化安全，党中央于 1989 年决定成立"全国整顿清理书报刊和音像市场工作小组"，2000 年 2 月决定改称全国"扫黄打非"工作小组办公室。迄今为止，我国全面开展"扫黄打非"工作已经有 30 余年，为保障文化市场安全发挥了关键性作用。党的十八大首次将"开展'扫黄打非'、抵制低俗现象"写入报告，将其作为推进社会主义文化强国建设的一项重要内容[②]。"扫黄打非"是保护文化市场健康发展的重要执法活动，肩负着监督管理文化市场、保障人民基本文化权益、维护国家文化安全的重大职责。"扫黄打非"主要执法活动包括打击非法报刊专项行动、集中整治淫秽色情出版物、打击盗版电子出版物、整顿娱乐市场、促进网络文化市场向好发展，是文化市场行政执法权的实践运用，在维护社会发挥稳定、保护知识产权、保护青少年健康成长、稳定文化市场秩序等方面具有重要作用。

 典型案例

--◆

通过"网络爬虫"非法采集小说侵犯著作权案[③]

当前，网络文学蓬勃生长，极大地丰富了人民群众的精神生活。但由于其具有易复制、易识别的特性，因而对网络文学作品进行盗版侵权较为便利，各类盗版网络文学网站趁势而起，严重干扰了中国网络文学的健康发展。在盗版网站中，有专人负责使用"网络爬虫"软件获取小说资源，其余人员分别负责网站维护和联系广告植入获利。本案系国家版权局、全国"扫黄打非"工作小组办公室、公安部、最高人民检察院联合挂牌督办案件，为近年来涉案人员最多、侵权作品最多、影响最大的涉电子书侵犯著作权案件。

① 上海市静安区"扫黄打非"工作领导小组. 文化法韵[M]. 北京：中国民主法制出版社，2019：3.

② 坚定不移沿着中国特色社会主义道路前进 为全面建成小康社会而奋斗[N]. 人民日报，2012-11-18（1）.

③ "网络爬虫非法抓取电子书"侵犯著作权罪案[EB/OL].（2021-04-24）[2023-03-13]. https://www.bj148.org/ztk/2021zt/2021qgzscqxcz/ dxal/202104/t20210424_1604857.html.

基本案情：被告单位北京鼎阅文学信息技术有限公司自 2018 年开始，在覃某某等 12 名被告人负责管理或参与运营下，未经掌阅科技股份有限公司、北京幻想纵横网络技术有限公司等权利公司许可，利用网络爬虫技术，爬取正版电子图书后，在其推广运营的"鸿雁传书""TXT 全本免费小说"等 10 余个 App 中展示，供他人访问并下载阅读，通过广告收入、付费阅读等方式牟利。

裁判结果：经公安机关依法提取收集并经勘验、检查、鉴定的涉案侵权作品信息数据、账户交易明细、鉴定结论、广告推广协议等证据，法院查明，涉案作品侵犯掌阅科技股份有限公司、北京幻想纵横网络技术有限公司享有独家信息网络传播权的文字作品共计 4603 部。涉案作品侵犯中文在线数字出版集团股份有限公司享有独家信息网络传播权的文字作品共计 469 部。被告人覃某某等 12 人于 2019 年 3 月被抓获归案。公诉机关于 2020 年 1 月 10 日向一审法院提起公诉。一审法院认为，鼎阅公司、直接负责的主管人员覃某某等 12 名被告人以营利为目的，未经著作权人许可，复制发行他人享有著作权的文字作品，情节特别严重，其行为均已构成侵犯著作权罪，应予惩处。公诉机关指控鼎阅公司及覃某某等 12 名被告人犯有侵犯著作权罪的事实清楚，证据确实充分，指控罪名成立。据此，一审法院判决：鼎阅公司及覃某某等 12 名被告人均犯侵犯著作权罪，判处鼎阅公司罚金 150 万元；判处覃某某等四人有期徒刑三年，罚金 80 万元至 20 万元不等；判处陈某等五人有期徒刑一年十个月，罚金 15 万元；判处陈某某、梁某某二人有期徒刑一年六个月、缓刑二年，罚金分别为 8 万元、5 万元；判处王某某有期徒刑一年三个月、缓刑一年六个月，罚金 3 万元。一审宣判后，各方均服判，未提起上诉。

二、净网行动

随着移动互联网和智能手机的普及，诸如惊悚图片、暴力视频、色情弹窗等不良信息有了更加快捷的传播渠道，网络淫秽色情信息屡禁不止，严重危害未成年人的身心健康，严重败坏社会风气，社会各界纷纷提出阻断网络不良信息传播的建议，人民群众要求严厉整治网络空间的呼声强烈。党的十九大报告指出："加强互联网内容建设，建立网络综合治理体系，营造清朗的网络空间。"[①]在网络技术深度普及、网民数量大幅增加的情况下，应通过网络文化市场的管理实践、执法案例强化教育警示效果，切实增强网络文化市场主体遵规守法、合法经营的意识，保障网络文化市场安全。

为依法严厉打击利用互联网制作、传播淫秽色情等违法信息内容行为，2014 年，全国"扫黄打非"工作小组办公室、国家互联网信息办公室、工业和信息化部、公安部决定在全国范围内统一开展打击网上淫秽色情信息的净网专项行动。主要内容包括：第一，全面清查网上淫秽色情信息。对互联网站、搜索引擎、应用软件商店等互联网信息服务提供者和网络电视棒、机顶盒等设备，进行全面彻底清查。对含有淫秽色情内容的文字、图片、视频、广告等信息，要求相应主体及时删除或者及时关闭网站，阻断其传播途径。第二，依法严惩制作、传播淫秽色情信息的企业和人员。对制作、传播淫秽色情信息问题严重的网站、频道、栏目，坚决依法责令其停业整顿或予以关闭，依法依规吊销相关行政许可。对

---

① 习近平. 决胜全面建成小康社会　夺取新时代中国特色社会主义伟大胜利[N]. 人民日报，2017-10-28（5）.

非法网站，一律依法予以关闭或取消联网资格。根据《刑法》和"两高"的司法解释，对制作、复制、出版、贩卖、传播淫秽电子信息涉嫌构成犯罪的，依法追究刑事责任。对为淫秽色情信息传播提供条件的电信运营服务、网络接入服务、广告服务、代收费服务等经营者，依法追究相关刑事行政责任。第三，严格落实互联网企业主体责任。各互联网网站、基础电信运营企业、网络接入服务提供者立即开展自查自纠，主动清理网上淫秽色情信息或链接，严格落实信息安全管理制度，完善内容审核把关机制，研发应用防范淫秽色情信息传播的技术措施，不得为淫秽色情信息提供传播条件、渠道。第四，严肃追究失职渎职责任。按照相关管理职责，对疏于监管发生制作传播淫秽色情信息事件、造成恶劣社会影响的，依法依纪严肃追究有关行业监管部门、行政许可审批或备案部门责任人失职渎职责任。对违法违规的基础电信运营企业、互联网信息服务企业等，依法严肃追究法定代表人和主管人员责任。

自 2014 年起，净网行动已成为常态化文化市场综合执法活动，成效显著。在"净网2021专项行动"中，重点整治网上涉历史虚无主义、涉黄涉非、涉低俗等有害信息，深度清理有悖社会主义核心价值观的内容，共清理网络有害信息 1000 余万条，封堵、关闭网站11 万余个，查办网络案件 2012 起，有力地推动了网络空间持续清朗、新闻出版传播秩序不断改善，营造了良好"十四五"开局环境氛围[①]。

 典型案例

"萤火直播"平台传播淫秽物品、开设赌场牟利案[②]

近年来，随着互联网的普及率不断提高，一些传统的违法犯罪活动转移至网上，严重影响正常的网络信息内容生态，国家也在逐步加强对相关违法活动的打击力度。在本案中，跨境涉黄涉赌团伙将服务器设在境外，利用直播平台通过色情主播招赌和打赏牟利，企图躲避监管，但最终受到执法机关全链条打击。本案为2021年全国"扫黄打非"工作小组办公室从各地查办的"净网"案件中筛选出的八起典型案例之一。

基本案情：从 2021 年 3 月开始，被告人李某某、刘某某为获取非法利益，经同案人"家族长"介绍，注册成为萤火直播平台赌博直播间主播，在赌博方式为"一分快三"的直播间以直播开赌及预测开赌走势等形式吸引他人赌博。截止至案发，被告人李某某、刘某某所在的萤火直播平台"发姐快三回血专车"直播间收益的总"萤光数"为 710 715，被告人李某某、刘某某从中获利人民币 15 782 元。

经查证，萤火直播平台的业务主要涉及淫秽表演直播及网络赌博直播等非法业务，该平台采取由"家族长"在社会上招揽主播人员并进行管理的模式，吸引包括广州市越秀区等全国各地的用户观看淫秽表演或者参赌，各直播间以总"萤光数"（每 10 个"萤光数"可兑换 1 元人民币）来计算收益并由平台、"家族长"、主播以事先约定的比例进行分成。

裁判结果：法院认为，被告人李某某、刘某某开设赌场，其行为均已构成开设赌场罪。

----

① 张贺. 让主旋律正能量在网络空间更加昂扬——2021 年"净网"集中行动综述[N]. 人民日报，2021-12-28（6）.
② 李某某、刘某某开设赌场案一审刑事判决书（2021）粤 0104 刑初 919 号。

公诉机关指控的事实清楚，证据确实、充分，罪名成立，本院予以支持。李某某、刘某某在共同犯罪中起次要、辅助作用，是从犯，依法应当从轻处罚。李某某、刘某某能如实供述自己的罪行，愿意接受处罚，依法可以从轻处罚。辩护人的相关罪轻辩护意见本院已予考虑。公诉机关的量刑建议适当，本院予以采纳。根据二被告人的犯罪事实、性质、情节和对于社会的危害程度，依照《中华人民共和国刑法》第三百零三条第二款、第二十五条等条款，判决被告人李某某犯开设赌场罪，判处有期徒刑一年，缓刑一年六个月，并处罚金人民币 8000 元。被告人刘某某犯开设赌场罪，判处有期徒刑一年，缓刑一年六个月，并处罚金人民币 8000 元。缴获的作案工具手机 4 部、电脑主机 1 台予以没收。追缴被告人李某某、刘某某的违法所得人民币 15 782 元，予以没收，上缴国库。

三、护苗行动

网络信息技术的发展带来了信息传播的便捷化，未成年人通过手机、电脑等智能终端获取淫秽色情、暴力、恐怖、残酷等信息内容的可能性也随之提高。鉴于未成年人的自控能力和辨别能力有限，思维意识未完善，淫秽色情、血腥暴力、恐怖残酷等信息内容的传播容易对未成年人的身心健康造成重大的负面影响。作为一类特殊群体，未成年人的文化权益需要国家以及其他群体予以特殊保护。党和国家高度重视未成年人网络保护工作，《未成年人保护法》第三条规定，未成年人享有生存权、发展权、受保护权、参与权等权利，国家根据未成年人身心发展特点给予特殊、优先保护，保障未成年人的合法权益不受侵犯；第五条规定："国家、社会、学校和家庭应当对未成年人进行理想教育、道德教育、科学教育、文化教育、法治教育、国家安全教育、健康教育、劳动教育，加强爱国主义、集体主义和中国特色社会主义的教育，培养爱祖国、爱人民、爱劳动、爱科学、爱社会主义的公德，抵制资本主义、封建主义和其他腐朽思想的侵蚀，引导未成年人树立和践行社会主义核心价值观。"维护未成年人群体的合法权益、为少年儿童健康成长营造良好的文化环境是每一个文化市场主体应当履行的社会责任，是实现文化市场可持续发展不可缺少的重要部分。

全国"扫黄打非"工作小组办公室自 2015 年起开启护苗专项行动，旨在保护未成年人的文化权益、促进未成年人的健康成长。护苗专项行动内容共分为五个部分：第一，各地精心部署、大力开展中小学校园周边文化市场环境整治工作。各地"扫黄打非"办公室协调教育、文化等相关部门对辖区内中小学校园周边书店、文化用品商店、电子产品维修店等开展市场检查，取缔无证销售出版物的游商摊点，坚决收缴含有淫秽色情、血腥暴力、校园霸凌、自杀自残等有害内容的图书、报刊、音像制品和电子出版物。第二，针对目前网络不良信息侵害未成年人文化权益风险日益增大的趋势，全国"扫黄打非"工作小组办公室、网信、文化执法等各部门共同深层清理网上对未成年人具有诱导性的不良内容，重点打击"邪典"动漫视频流传、涉未成年人的色情图片和视频传播、色情漫画传播等问题。第三，打击非法少儿类出版物。针对当前许多少儿类出版物含有违法、违规等不利于少年儿童健康成长的内容，各地"扫黄打非"部门对不具备少儿类出版资质的出版物进行清理，对已通过审批的少儿类出版物进行鉴定分析，保证其内容适宜少年儿童浏览。第四，集中整治以未成年人为主要对象传播有害信息的网络社交群组，对少年儿童访问量大、社会影响恶劣的有害网站及相关应用重点打击，及时取缔关闭并严厉追究相关责任人的法律责任。

第五，开展"护苗"系列正面宣传教育活动，打造"护苗"教育基地并做好教育引导工作，加强对未成年人文化素养的教育工作，引导少年儿童多读书、读好书，远离和抵制非法有害出版物和信息。集中学校、家长和社会各界力量，推动学校、家庭等各方主体严格管理学生使用手机等智能终端产品。

2015年起，全国各地积极开展"扫黄打非"办公室"护苗2021"专项行动，为保护未成年人文化权益做出了突出贡献。在"护苗2021"专项行动中，全国共收缴非法有害少儿类出版物和侵权盗版教材教辅380余万件，各地"扫黄打非"办公室积极开展"绿书签行动"，全年累计举办各类宣传活动12万余场，夯实"护苗"基层工作基础，累计新建"护苗"工作站5.3万个并广泛开展宣传和志愿服务，及时发现上报线索，推动"护苗"工作扎根基层、取得实效，为共同"护苗"营造了良好的社会氛围[①]。

 典型案例

"萝莉吧论坛"传播涉儿童淫秽物品牟利案[②]

随着互联网技术的不断发展和普及，为寻找更多盈利点，一些不法网站开始铤而走险，收集、传播儿童色情音视频、读物等，已经形成了产业链。涉儿童色情信息既严重侵害被害人的正当权益，又对公序良俗带来极大破坏和冲击。本案为2017年全国"扫黄打非"七起典型案件之一，对于打击网络儿童色情信息传播、保障青少年身心健康具有较强的指导意义。

基本案情： 2018年5月开始，被告人周某从其他网站下载淫秽视频后上传至其搭建的"萝莉吧论坛"淫秽网站，以会员注册付款30元至88.88元不等的价格非法获利，同时周某还通过他人在多个淫秽导航网站上为其"萝莉吧论坛"网站推广链接。2018年9月，衡水市冀州区陈某以88元在该网站注册会员下载淫秽视频，经鉴定该网站其中168个视频文件是淫秽视频，周某非法获利共6万元。2018年9月，周某为规避风险，通过被告人毕某、单某创建的快城发卡平台为会员收费。毕某负责客服、转账，单某负责技术、维护，二人在明知是违法淫秽网站的情况下，以8%收取服务费，为"萝莉吧论坛"网站提供代收费服务，由该平台向会员发送邀请码，会员缴费后将钱通过支付宝转账给周某，同时毕某辅导周某转换上架产品名称等规避投诉。至案发时，快城发卡平台共收取了455笔费用，共计20 353.76元，转账给周某18 725.46元，二人获利1628.3元。此外，被告人刘某1、刘某2、李某经营的"色小妹""幼女视频"等导航网站为周某的"萝莉吧论坛"及多个淫秽网站提供链接推广服务并非法获利。

裁判结果： 法院认为，被告人周某以牟利为目的，利用互联网传播淫秽物品，情节严重；被告人刘某1、刘某2、李某以牟利为目的，明知是淫秽网站传播淫秽物品，利用各自所有的淫秽导航网站提供链接推广并收取服务费，其行为已构成传播淫秽物品牟利罪；被告人毕某、单某为非法获利，明知他人利用信息网络实施犯罪，为其提供支付结算帮助，

---

① 张贺. 二〇二一年"扫黄打非"十大数据发布[N]. 人民日报，2022-01-11（7）.
② 周某、刘某制作、复制、出版、贩卖、传播淫秽物品牟利一审刑事判决书（2019）冀1181刑初176号.

情节严重，其行为已构成帮助信息网络犯罪活动罪，依法应予惩处。被告人刘某1、刘某2、李某为周某传播淫秽物品牟利的行为起到了辅助作用，系从犯，应对三人从轻处罚；六名被告人到案后如实供述自己的犯罪事实、自愿认罪、主动退缴违法所得，可对其六人从轻处罚。根据被告人周某、刘某1、刘某2、李某、毕某的犯罪情节、悔罪表现、对社会的危害程度，可对该五名被告人适用缓刑。依照《中华人民共和国刑法》第三百六十三条第一款，第二百八十七条之二等相关规定，判决被告人周某犯传播淫秽物品牟利罪，判处有期徒刑三年，缓刑五年，并处罚金人民币6万元。被告人刘某1犯传播淫秽物品牟利罪，判处有期徒刑三年，缓刑三年，并处罚金人民币1200元。被告人刘某2犯传播淫秽物品牟利罪，判处有期徒刑三年，缓刑三年，并处罚金人民币800元。被告人李某犯传播淫秽物品牟利罪，判处有期徒刑三年，缓刑三年，并处罚金人民币800元。被告人毕某犯帮助信息网络犯罪活动罪，判处有期徒刑七个月，缓刑一年，并处罚金人民币2000元。被告人单某犯帮助信息网络犯罪活动罪，判处有期徒刑七个月，并处罚金人民币2000元。追缴各被告人的违法所得，上缴国库。

 **本章小结**

在现代法治环境下，维护文化市场安全的关键是要在法治轨道上推进文化市场机制的现代化、制度化、规范化。首先是维护相关主体的合法权益，在文化市场中，存在文化企业、文化劳动者、文化消费者等多种主体，各方主体存在着相应的利益诉求，对于保障文化市场安全而言，就是要保障各方利益诉求维持在一种均衡的局面。其次，推动各方主体参与文化市场安全体系建设，广泛调动公民个人、社会组织、企业等各方面的力量，加大对各类违法行为的执法监督力度，及时调整应对相应的文化市场发展风险。再次，发挥国家知识产权制度保护、激励、创新的制度功能，保障我国文化市场的自主性、独立性、可控性。最后，形成完备的文化市场安全法律制度体系。"法律是治国之重器，良法是善治之前提。"[①]保障文化市场安全必须完善相应法律治理体系，发挥法律的指引作用，确保各方主体可以依据法律规范行事，从而保证合理预期。

 思考题

1. 什么是文化市场安全？它的主要范畴包括哪些？
2. 简述文化市场安全与国家文化安全的关系。
3. 文化市场准入机制的作用是什么？
4. 文化市场综合行政执法的基本原则和主要任务是什么？
5. 怎样认识和理解"扫黄打非"的重要性？

---

① 《中共中央关于全面推进依法治国若干重大问题的决定》（2014年10月23日中国共产党第十八届中央委员会第四次全体会议通过）。

第十三章

文化遗产安全

文化遗产安全是国家文化安全的重点领域。随着我国城市化的推进及受到经济全球化等多因素的影响，文化遗产安全面临着日益严峻的挑战。维护文化遗产安全，一方面要维护文化遗产本体的安全，另一方面要维护其所承载价值及精神的安全。在维护文化遗产安全中，红色文化资源安全显得十分重要。科学保护和合理利用文化遗产对于促进文化遗产安全、维护国家文化安全具有重要意义。

第一节　文化遗产安全的含义、特点与价值

阐述文化遗产安全的含义、特点与价值有利于把握文化遗产安全的规律，加强文化遗产保护，促进文化遗产发展安全。

一、文化遗产安全的含义

1. 文化遗产的含义

在界定文化遗产安全的含义前，首先要对文化遗产进行定义，这有助于对文化遗产安全的理解。文化遗产包括物质文化遗产和非物质文化遗产。物质文化遗产亦称"文物"，是"具有历史、艺术和科学价值的文物，包括古遗址、古墓葬、古建筑、石窟寺、石刻、壁画、近代现代重要史迹及代表性建筑等不可移动文物，历史上各时代的重要实物、艺术品、文献、手稿、图书资料等可移动文物以及在建筑式样、分布均匀或与环境景色结合方面具有突出普遍价值的历史文化名城（街区、村镇）"。[①]古籍属于可移动文物的范畴。非物质文化遗产亦称"无形文化遗产"，是指各族人民世代相传并视为其文化遗产组成部分的各种传统文化表现形式，以及与传统文化表现形式相关的实物和场所，包括传统口头文学以及作为

---

① 国务院. 关于加强文化遗产保护的通知（国发〔2005〕42 号）[A/OL].（2008-03-28）[2022-09-05]. http://www.gov.cn/zhengce/content/2008-03/28/content_5926.htm.

其载体的语言，传统美术、书法、音乐、舞蹈、戏剧、曲艺和杂技，传统技艺、医药和历法，传统礼仪、节庆等民俗，传统体育和游艺，其他非物质文化遗产。①

文化遗产构成中，还包括世界文化遗产。世界文化遗产是联合国教科文组织从维护人类文化文明安全和可持续发展安全出发，建立的一项全球性遗产保护政策与制度。对于深化文化遗产认识、丰富文化遗产保护实践、推动世界各国文化遗产安全事业具有巨大的促进作用。

2. 文化遗产安全的含义

在梳理文化遗产定义的基础上，参照《国家文化安全知识百问》对国家文化安全的界定②，文化遗产安全作为国家文化安全体系的重要组成部分，是指一个国家的文化遗产相对处于没有危险和不受内外威胁的状态以及保障、维护和塑造持续安全状态的能力。

二、文化遗产安全的特点

1. 双重性

所谓双重性，是指文化遗产安全既包括有形的物质文化遗产安全，又包括无形的非物质文化遗产安全。维护文化遗产安全，这两个方面都不可偏废，必须两手抓、两促进，从而实现文化遗产的整体性安全。

2. 认同性

维护文化遗产安全，本质上是加强文化认同、构建共有的精神家园。具体来说，保护文化遗产不应只局限于本体，还应致力于挖掘其蕴含的文化价值和人文精神，为促进文明养成提供丰富滋养。一个国家、一个民族如果没有文化认同，共有精神家园就失去了文化根基和文化底蕴，更难形成文化优势。"文化认同是最深层次的认同，是民族团结之根、民族和睦之魂。"③认同性是文化遗产安全区别于国家文化安全中其他领域安全的显著特点。

3. 互动性

文化遗产安全的互动性是指文化遗产安全与文化安全中的其他领域具有相互关联和相互作用的关系，主要表现为：一方面，维护文化遗产安全就是为文化事业安全、文化产业安全、文化传播安全、文化交流安全提供有丰富人文特色的文化内容；另一方面，文化事业安全、文化产业安全、文化传播安全、文化交流安全能促进文化遗产安全，使文化遗产得到更好的保护、传承、传播。

4. 发展性

文化遗产安全的发展性是指统筹处理好发展和保护的关系，实现文化遗产"在保护中发展、在发展中保护"④。发展的前提是文化遗产状况良好，发展的目的是更好地保护文化

---

① 中华人民共和国非物质文化遗产法[A/OL].（2011-05-10）[2022-09-05]. http://www.npc.gov.cn/zgrdw/huiyi/lfzt/fwzwhycbhf/2011-05/10/content_1729844.htm.

② 本书编写组. 国家文化安全知识百问[M]. 北京：人民出版社，2022：3.

③ 习近平在参加内蒙古代表团审议时强调：完整准确全面贯彻新发展理念　铸牢中华民族共同体意识[A/OL].（2021-03-05）[2022-09-05]. http://www.gov.cn/xinwen/2021-03/05/content_5590762.htm.

④ 习近平与中国文化遗产保护[A/OL].（2020-05-19）[2022-09-05]. http://cpc.people.com.cn/n1/2020/0519/c64094-31714510.html.

遗产，守护共有的精神家园，传承文化基因，维系人类生存和发展的基础，造福子孙后代。

5. 相对性

安全从来不是绝对的，而是相对的。经济上有边际效益递减之说，安全上也是如此。因此，对安全的追求，如果超过某个限度，成本就会陡然上升，收益也会急剧下降，最终得不偿失。[①]就文化遗产安全来讲，也存在这种情况。以川江号子为例，这个项目生存和传承所需的生产生活方式已经不存在了，客观上讲，它本身是消亡了。如果非要花巨额成本去恢复原貌，其实没有必要，但是可以将其中的音乐发展传承下去，这既节省成本，又实现了维护川江号子这一文化遗产的目的。

三、文化遗产安全的价值

"我国文化遗产蕴含着中华民族特有的精神价值、思维方式、想象力，体现着中华民族的生命力和创造力，是各民族智慧的结晶，也是全人类文明的瑰宝。"[②] "历史文化遗产承载着中华民族的基因和血脉，不仅属于我们这一代人，也属于子孙万代。"[③]文化遗产安全是国家文化安全领域的重要组成方面，维护文化遗产安全有利于全面维护国家文化安全。文化遗产安全对于维护国家文化安全的作用主要表现在以下三个方面。

1. 继承和弘扬中华优秀传统文化

《中华人民共和国国家安全法》将继承和弘扬中华民族优秀传统文化纳入维护国家文化安全主要任务。文化传统安全是国家文化安全的重要方面，这里所说的文化传统安全是指中华民族优秀传统文化的安全。文化传统安全是与继承和弘扬中华民族优秀传统文化相契合的。文化遗产是人类历史文化与文明的优秀结晶，是一个国家和民族历史成就的见证和标志，同时也为其文化和文明的延续发展提供强大的精神动力和物资支持。"中华文化独一无二的理念、智慧、气度、神韵，增添了中国人民和中华民族内心深处的自信和自豪。"[④]文化遗产是从属于中华民族优秀传统文化的种概念，维护文化遗产安全对于继承和弘扬中华民族优秀传统文化、延续和发展中华文明、促进人类文明进步有着重要作用。

2. 涵养核心价值观的重要源泉

培育和践行社会主义核心价值观是《中华人民共和国国家安全法》确立的维护国家文化安全主要任务之一。"价值观在一定社会的文化中是起中轴作用的，文化的影响力首先是价值观念的影响力。世界上各种文化之争，本质上是价值观念之争，也是人心之争、意识形态之争，正所谓'一时之强弱在力，千古之胜负在理'。"[⑤]历史和现实都表明，核心价值观是一个国家的重要稳定器，能够构建具有强大感召力的核心价值观，关系社会和谐稳定，

---

① 贾庆国. 对国家安全特点与治理的思考[J]. 国际安全研究，2022，1：17.

② 国务院. 关于加强文化遗产保护的通知（国发〔2005〕42 号）[A/OL].（2008-03-28）[2022-09-05]. http://www.gov.cn/zhengce/content/2008/03/28/content_5926.htm.

③ 习近平谈历史文化遗产保护[A/OL].（2022-03-23）[2022-09-05]. http://politics.people.com.cn/n1/2022/0323/c1001-32381843.html.

④ 中共中央办公厅，国务院办公厅. 关于实施中华优秀传统文化传承发展工程的意见[A/OL].（2017-01-25）[2022-09-05]. http://www.gov.cn/gongbao/content/2017/content_5171322.htm.

⑤ 中共中央党史和文献研究院编. 习近平关于总体国家安全观论述摘编[M]. 北京：中央文献出版社，2018：106-107.

关系国家长治久安。①我国是历史悠久的文明古国。在漫长的岁月中，中华民族创造了丰富多彩、弥足珍贵的文化遗产。这些文化遗产积淀着中华民族最深沉的精神追求，代表着中华民族独特的精神标识，其蕴含的人文精神成为涵养社会主义核心价值观的重要源泉，能使人们从文化遗产中感悟和增强文化自信。维护文化遗产安全就是在保护社会主义核心价值观的源头活水和发展壮大社会主义核心价值观的丰厚滋养。

3. 保护文化认同的物证依据

文化认同是国家文化安全的重要方面。文化遗产在确认共同的文化归属和提供未来发展的智慧和能力方面，是人类社会不可或缺的宝贵资源。维护文化遗产安全有利于构建一个国家和民族的历史档案，使其成为一个国家、民族身份建构合法性的物证，保存文化认同的依据——"文化遗产"。②文化认同需要物质载体和精神纽带，文化遗产将物质和精神有机统一、融为一体，所以维护文化遗产安全就是在保存人类留下的宝贵物质财富和精神财富，珍藏文化认同的物证，保护文化多样性和创造性，促进人类共同发展。与此同时，维护文化遗产安全是联结民族情感纽带、增进民族团结、增强中华民族共同体意识和维护国家统一及社会稳定的重要文化基础。

第二节　文化遗产保护利用与文化遗产安全

文化遗产是不可再生的珍贵资源。随着经济全球化趋势和现代化进程的加快，我国的文化生态正在发生巨大的变化，文化遗产及其生存环境受到严峻的威胁。文化遗产安全既要维护文化遗产本体的安全，又要维护其所承载价值及精神的安全，可以说，若文化遗产本体不存在了，其所承载的价值及精神也就不复存在了。文化遗产保护利用与文化遗产安全事关统筹发展与安全问题，文化遗产保护利用是维护文化遗产安全的前提，维护文化遗产安全是文化遗产保护利用的保障，二者有机统一、互为条件、相互促进、和合共生。

一、文化遗产安全的主要威胁

党的十八大以来，我国在文化遗产的保护利用方面开展了一系列富有创新、富有成效的工作，增强了中华文化的凝聚力、影响力、创造力，维护了文化遗产安全。尽管如此，我国文化遗产保护利用还面临一些严峻的威胁，主要表现在以下两个方面。

1. 从保护传承方面来看

不少历史文化名城（街区、村镇）、古建筑、古遗址及风景名胜区的整体风貌遭到破坏。文物非法交易、盗窃和盗掘古遗址古墓葬以及走私文物的违法犯罪活动在一些地区还没有得到有效遏制，大量珍贵文物流失境外。由于过度开发和不合理利用，许多重要文化遗产消亡或失传。在文化遗存相对丰富的少数民族聚居地区，由于人们生活环境和条件的变迁，

---

① 中共中央党史和文献研究院编. 习近平关于总体国家安全观论述摘编[M]. 北京：中央文献出版社，2018：109.

② 胡惠林. 文化遗产安全：一个人类文化安全议程[J]. 探索与争鸣，2017，6：83-84.

民族或区域文化特色消失加快。尚未核定公布为文物保护单位的不可移动文物消失加快。古籍老化、破损严重；古籍修复手段落后，保护和修复人才匮乏，尤其是少数民族古籍保护和整理人员极度缺乏，面临失传的危险；大量珍贵古籍流失海外。与此同时，非物质文化遗产样式不断减少，一些依靠口授和行为传承的非物质文化遗产正在不断消失，许多传统技艺濒临消亡，大量有历史、文化价值的非物质文化遗产珍贵实物与资料遭到毁弃或流失境外，随意滥用、过度开发非物质文化遗产的现象时有发生；非物质文化遗产保护"重物轻人"，一些非物质文化遗产项目的传承存在困难，老传承人不断离世，存在后继乏人的问题。加上非物质文化遗产是一种活态存在，如何保护较难把握，非物质文化遗产保护工作难度很大。我国文化遗产保护出现困难的原因主要是在工业化、城镇化背景下，没有处理好与经济社会快速发展的关系，重开发、轻保护。"历史文化遗产承载着中华民族的基因和血脉，不仅属于我们这一代人，也属于子孙万代。要敬畏历史、敬畏文化、敬畏生态，全面保护好历史文化遗产，统筹好旅游发展、特色经营、古城保护，筑牢文物安全底线，守护好前人留给我们的宝贵财富。"[①]

2. 从合理利用方面来看

长期以来，我国文化遗产合理利用存在短板，突出表现为：发挥好文化遗产在促进经济社会发展、助力乡村振兴等方面的积极作用仍需加强，文化遗产与旅游融合发展的广度、深度不够。文物合理利用不足、传播传承不够，让文物活起来的方法途径亟待创新；依托文物资源讲好中国故事的办法不多，中华文化国际传播能力亟待增强；古籍的整理、出版和研究利用不够。随意滥用、过度开发非物质文化遗产的现象时有发生；非物质文化遗产保护中的知识产权问题没有引起足够重视。我国文化遗产合理利用出现困难的原因主要是担心不能处理好保护与利用的关系，始终担心在文化合理利用中文化遗产会遭受破坏，所以，在合理利用方面始终保持审慎和保守态度，"保护"考虑过度、"利用"被弱化。"要系统梳理传统文化资源，让收藏在禁宫里的文物、陈列在广阔大地上的遗产、书写在古籍里的文字都活起来。"[②]

二、文化遗产保护利用与文化遗产安全维护

文化是一个国家、一个民族的灵魂。"我们说要坚定中国特色社会主义道路自信、理论自信、制度自信，说到底是要坚定文化自信。文化自信是更基础、更深沉、更持久的力量。历史和现实都表明，一个抛弃了或者背叛了自己历史文化的民族，不仅不可能发展起来，而且很可能上演一场历史悲剧。"[③]加强文化遗产保护利用有利于维护文化遗产安全，从而维护国家文化安全、为国家安全保驾护航。文化遗产保护利用包括文物保护利用和非物质文化遗产保护利用。

---

① 习近平谈历史文化遗产保护[A/OL].（2022-03-23）[2022-09-05].http://www.xinhuanet.com/politics/leaders/2022/03/23/c_1128495003.htm.
② 建设社会主义文化强国　着力提高国家文化软实力[A/OL].（2013-12-31）[2022-09-05].http://www.gov.cn/ldhd/2013-12/31/content_2558147.htm.
③ 中共中央党史和文献研究院编.习近平关于总体国家安全观论述摘编[M].北京：中央文献出版社，2018：126-127.

1. 文化遗产保护利用的基本要求

（1）坚持正确的方向。文化遗产保护工作具有鲜明的意识形态属性。做好新时代文化遗产保护工作，必须坚持把马克思主义基本原理同中国具体实际相结合、同中华优秀传统文化相结合，牢牢把握正确方向，以社会主义核心价值观为引领，把社会效益放在首位，确保文化遗产各项工作符合国家的价值目标、社会的价值取向和公民的价值准则，保持文化遗产工作方向正确。

（2）坚持以人民为中心。牢固树立"文化遗产保护为了人民、文化遗产保护依靠人民、文化遗产保护成果由人民共享"的理念，切实构建和逐步完善以国家保护为主、全社会共同参与的文化遗产保护发展体制机制。增强当地群众的文化遗产保护意识，发动群众积极参与到文化遗产保护中来并在文化遗产保护中让群众实实在在得到实惠，使文化遗产保护成为推动民生建设的积极力量。"各级党委和政府要增强对历史文物的敬畏之心，树立保护文物也是政绩的科学理念，统筹好文物保护与经济社会发展，全面贯彻'保护为主、抢救第一、合理利用、加强管理'的工作方针，切实加大文物保护力度，推进文物合理适度利用，使文物保护成果更多惠及人民群众。"[①]

（3）始终把保护放在第一位。贯彻物质文化遗产和非物质文化遗产保护的方针，保护文化遗产的真实性和完整性，依法和科学保护，妥善处理好文化遗产保护和发展的关系。修旧如旧，保留原貌，防止建设性破坏，不急功近利，不大拆大建，突出地方特色，注重文明传承、文化延续。"历史文化遗产是不可再生、不可替代的宝贵资源，要始终把保护放在第一位。发展旅游要以保护为前提，不能过度商业化，让旅游成为人们感悟中华文化、增强文化自信的过程。"[②]

在城市文化遗产保护上，处理好城市改造开发和历史文化遗产保护利用的关系，要体现尊重自然、顺应自然、天人合一的理念，依托现有山水脉络等独特风光，让城市融入大自然，让居民望得见山、看得见水、记得住乡愁；要融入现代元素，更要保护和弘扬传统优秀文化，延续城市历史文脉；一个城市的历史遗迹、文化古迹、人文底蕴是城市生命的一部分。文化底蕴毁掉了，城市建得再新再好，也是缺乏生命力的。"历史文化是城市的灵魂，要像爱惜自己的生命一样保护好城市历史文化遗产"[③]；"注重延续城市历史文脉，像对待'老人'一样尊重和善待城市中的老建筑，保留城市历史文化记忆，让人们记得住历史、记得住乡愁，坚定文化自信，增强家国情怀"[④]。

在乡村文化遗产保护上，"要注意保留村庄原始风貌，慎砍树、不填湖、少拆房，尽可能在原有村庄形态上改善居民生活条件"[⑤]；建设社会主义新农村，要规划先行，遵循乡村自身发展规律，补农村短板、扬农村长处，注意乡土味道，保留乡村风貌，留住田园乡愁。搞新农村建设要注意生态环境保护，注意乡土味道，体现农村特点，保留乡村风貌，不能

---

① 习近平谈历史文化遗产保护[A/OL].（2022-03-23）[2022-09-05]. http://politics.people.com.cn/n1/2022/0323/c1001-32381843.html.

② 同①.

③ 习近平在北京考察工作[A/OL].（2014-02-27）[2022-09-05]. http://cpc.people.com.cn/n/2014/0227/c87228-24475937.html.

④ 习近平年度"金句"之二：让城市留住记忆，让人们记住乡愁[A/OL].（2019-12-24）[2022-09-05]. http://www.xinhuanet.com/politics/xxjxs/2019-12/24/c_1125380463.htm.

⑤ 中央城镇化工作会议举行　习近平、李克强做重要讲话[A/OL].（2013-12-14）[2022-09-05]. http://www.gov.cn/ldhd/2013-12/14/content_2547880.htm.

照搬照抄城镇建设那一套，搞得城市不像城市、农村不像农村。

（4）要让文化遗产活起来。就文化遗产而言，保护是利用的前提，利用是保护的途径。既要加强对文化遗产的保护，也要鼓励合理利用。让文物活起来，对一个国家而言，可以唤醒国民触摸历史温度、增进文化认同、坚定文化自信、凝聚发展力量；对一个城市来说，可以找回城市记忆、体现城市精神、展现城市特色、提升城市魅力；对一个村镇来看，可以感受地域风情，让居民望得见山、看得见水、记得住乡愁。文化遗产的活力在于融入生活、回归社会、服务人民。让文化遗产活起来，就是要坚持以人民为中心的工作导向，坚持以社会主义核心价值观为引领，坚持创造性转化、创新性发展，坚守中华文化立场、传承中华文化基因，不断赋予新的时代内涵和现代表达形式，不断补充、拓展、完善，使其文化基因与当代文化相适应、与现代社会相协调，不断增强中华文化的生命力和影响力，维护国家文化安全、增强国家文化软实力。

（5）发挥文化遗产的宣教作用。立足文化遗产的资源优势，通过不断挖掘文化遗产的内涵，大力弘扬中华文化，高扬爱国主义旗帜，筑牢中华民族共同体意识，弘扬中国精神、传播中国价值，共同构建中华民族共有精神家园，为国泰民安和人类文明传承做出文化遗产的积极贡献。

（6）实施依法保护利用。根据文化遗产发展的新形势、新任务，加强文化遗产保护法律、法规建设，不断推进文化遗产保护的法治化、制度化和规范化；探索推进文化遗产法的立法进程，鼓励地方进行立法；加强文化遗产普法教育；开展对文化遗产保护利用的评估。

2. 文物保护利用的主要内容

文物保护利用也是物质文化遗产保护利用。文物保护利用又分为不可移动文物保护利用和可移动文物保护利用。文物是中华文明、中国革命的精神标识和文化标识，传承历史文化，维系民族精神，是国家象征、民族记忆的情感依托和物质载体。保护文物就是保护国家与民族的历史，守护中华民族的根与魂。文物安全是文物保护的红线、底线和生命线，关系国家历史传承和民族团结、关系社会主义核心价值观培育、关系人民群众精神家园建设，是弘扬中华优秀传统文化、建设社会主义文化强国、维护国家文化安全的重要内容，也是促进经济社会发展的优势资源。我国重视文物保护利用，特别是立足新时代，2018 年10 月中共中央办公厅、国务院办公厅印发了《关于加强文物保护利用改革的若干意见》，这是我国第一个专门针对文物保护利用改革出台的政策文件。这个文件是中央全面部署新时代文物保护利用的指导性文件，是切实做好新时代文物工作的总抓手。[①]

1）基本原则

坚持党对文物工作的领导，即树立保护文物也是政绩的科学理念，发挥党在文物工作中总揽全局、协调各方的领导作用，形成党委领导、政府负责、部门协同、社会参与的文物工作格局；坚持依法保护利用，即健全文物保护利用法律制度和标准规范，划定文物保护利用的红线和底线，落实文物保护属地管理要求和地方各级政府主体责任，提升全社会

---

① 国家文物局有关负责人解读《关于加强文物保护利用改革的若干意见》[A/OL].（2018-10-09）[2022-09-05]. http://www. gov.cn/zhengce/2018-10/09/content_5328860.htm.

文物保护法治意识；坚持问题导向，即破解影响文物事业持续发展、制约文物作用更好发挥的体制机制问题，统筹好文物保护与经济社会发展，在保护中发展、在发展中保护；坚持创造性转化、创新性发展，即强化国家站位、主动服务大局，加强文物价值的挖掘阐释和传播利用，让文物活起来，发挥文物资源独特优势，为推动实现中华民族伟大复兴中国梦提供精神力量；坚持整体推进、重点突破，即全面深化文物领域各项改革，突出重点、分类施策，鼓励因地制宜、试点先行，积极探索、勇于创新。

2）主要任务

新时代文物保护利用的主要任务包括 16 项，即构建中华文明标识体系、创新文物价值传播推广体系、完善革命文物保护传承体系、开展国家文物督察试点、建立文物安全长效机制、建立文物资源资产管理机制、建立健全不可移动文物保护机制、大力推进文物合理利用、健全社会参与机制、激发博物馆创新活力、促进文物市场活跃有序发展、深化"一带一路"文物交流合作、加强科技支撑、创新人才机制、加强文物保护管理队伍建设、完善文物保护投入机制。与此同时，提高古籍保护水平，持续推进中华版本传世工程和中华古籍保护计划，提升古籍整理研究和编辑出版能力，加强古籍工作科学化规范化管理。①

在上述主要任务中，针对文物保护利用面临的新形势、新任务，重点突出 4 个任务，即坚持创造性转化、创新性发展，创新文物价值的挖掘阐释和认知传播方式，在构建中华文明标识体系、革命精神谱系和文物价值传播体系上取得新进展，更好构筑中国精神、中国价值、中国力量；健全文物保护机制，在文物资源资产管理、土地储备考古前置、国家文物保护利用示范区建设、国家文物督察制度等方面实现突破，守住文物安全是文物保护的红线、底线和生命线；坚持文物保护利用并重，大力推进文物合理利用，推动文物工作融入现代社会、融入生产生活，在激发博物馆活力、鼓励社会参与、促进文物市场活跃有序发展、引导民间收藏文物保护利用等方面大胆探索、开辟新路，真正让文化活起来；深化"一带一路"文物交流合作，在援外文物保护工程、联合考古项目和文物外展上打造中国品牌、形成中国方案，增强中华文化国际影响力。挖掘古籍时代价值，促进古籍有效利用，推进古籍数字化、做好古籍普及传播。②

3）革命文物保护利用

革命文物属于文物的范畴。"革命文物主要是指见证近代以来中国人民抵御外来侵略、维护国家主权、捍卫民族独立和争取人民自由的英勇斗争，见证中国共产党领导中国人民进行新民主主义革命和社会主义革命的光荣历史，并经认定登记的实物遗存。对社会主义建设和改革时期彰显革命精神、继承革命文化的实物遗存，也纳入革命文物范畴。"③

革命文物是我国文物资源的重要组成部分，革命文物承载党和人民英勇奋斗的光荣历史，展现了近代以来中国人民英勇奋斗的壮丽篇章，记载中国革命的伟大历程和感人事迹，是革命文化的物质载体，是党和国家的红色基因库和宝贵财富，是激发爱国热情、振奋民

---

① 中共中央办公厅，国务院办公厅. 关于推进新时代古籍工作的意见[A/OL].（2018-10-09）[2022-09-05]. http://www.gov.cn/zhengce/2022-04/11/content_5684555.htm.

② 同①.

③ 文物局. 印发关于报送革命文物名录的通知[EB/OL].（2018-10-09）[2022-09-05]. http://www.gov.cn/xinwen/2018-10/19/content_5332523.htm.

族精神的深厚滋养，是中国共产党团结带领中国人民不忘初心、继续前进的力量源泉。革命文物对于弘扬革命传统、传承中华文化，促进党史学习教育、革命传统教育、爱国主义教育和思想道德建设等方面，培育社会主义核心价值观、实现中华民族伟大复兴的中国梦具有重要的作用，因而也是中国国家文化安全的重要内容和组成部分，在中国特色社会主义国家文化安全事业和国家文化安全工作中具有特别重要的地位。

高度重视革命文物的保护利用是我国文化遗产和文物事业的一项重要传统和政策制度。2018 年 7 月，中共中央办公厅、国务院办公厅印发《关于实施革命文物保护利用工程（2018—2022 年）的意见》。这是新中国成立以来首个以中办、国办名义印发的专门针对革命文物的中央政策文件，是我国全面部署新时代革命文物工作的指导性文件。这个文件确立了加强新时代革命文物工作的任务书和路线图，是做好新时期文物工作的总抓手，充分体现了我们党不忘初心、牢记使命的历史责任和政治担当。①概括起来，革命文物保护利用的主要内容如下。

（1）基本原则。坚持全面保护、整体保护，统筹推进抢救性与预防性保护、文物本体与周边环境保护，确保革命文物的历史真实性、风貌完整性和文化延续性；坚持突出社会效益、重在传承，强化教育功能，提升传播能力，让革命文物活起来，把革命文物利用好、革命传统弘扬好、革命文化传承好；坚持创造性转化、创新性发展，大力推进体制机制、方法手段改革创新，推动革命文物保护利用与中小学教育、干部教育相结合，与乡村振兴、文化建设、旅游发展相结合，与经济社会发展、民生福祉改善相结合，不断增强革命文化的生命力和影响力。

（2）主要任务。一是夯实革命文物基础工作，主要包括：加强对革命文物保护利用的制度建设；实行革命文物定期排查制度；做好馆藏革命文物的建档工作；加强革命文物调查征集工作；公布全国革命文物名录；建立革命文物大数据库；鼓励开展革命文物保护利用研究。二是加大革命文物保护力度，主要包括：实施革命旧址维修保护行动计划和馆藏革命文物保护修复计划；及时把新发现的革命文物依法纳入保护范畴；把具有重要价值的革命旧址核定公布为各级文物保护单位，尚未核定公布的采取保护措施；新建、改扩建革命纪念设施应严格履行报批手续。三是拓展革命文物利用途径，主要包括：宣传、文化、文物部门管理使用的革命文物类文物保护单位应全部对外开放、其他部门管理使用的应尽可能对外开放；打造红色旅游品牌，推出一批研学旅行和体验旅游精品线路，促进革命老区振兴发展。四是提升革命文物展示水平，主要包括：着力策划打造主题突出、导向鲜明、内涵丰富的革命文物陈列展览精品；建立展陈内容和解说词研究审查制度，增强革命文物陈列展览的互动性体验性。五是创新革命文物传播方式，主要包括：推动革命传统教育进学校进教材进课堂，编纂出版系列革命文物知识读本，鼓励学校、党校（行政学院）到革命旧址、革命博物馆纪念馆开展现场教学；推进"互联网+"革命文物，传承革命传统，弘扬革命精神。

3. 非物质文化遗产保护利用的主要内容

① 新闻办就《关于实施革命文物保护利用工程（2018—2022）的意见》有关情况举行发布会[A/OL]．（2018-07-30）[2022-09-05]．http://www.gov.cn/xinwen/2018/07/30/content_5310462.htm#1.

非物质文化遗产保护利用也是无形文化遗产保护利用。非物质文化遗产是文化遗产和中华优秀传统文化的重要组成部分，是中华文明绵延传承的生动见证，其所蕴含的中华民族特有的精神价值、思维方式、想象力和文化意识是维护我国文化身份和文化主权的基本依据，是联结民族情感、维系国家统一的重要基础，有利于延续历史文脉、坚定文化自信、推动文明交流互鉴、建设社会主义文化强国。

非物质文化遗产安全与物质文化遗产既有联系也有区别。就联系来说，二者依托的载体都具有实物性。物质文化遗产安全依托的是有形的文化资源，如遗址、古建筑、重要史迹及重要实物、艺术品、文献、手稿、图书资料、代表性实物等；非物质文化遗产安全也依托于一定的实物和场所，但不是主要的。就区别来讲，非物质文化遗产主要依托的是无形的文化资源，如传统口头文学以及作为其载体的语言，传统美术、书法、音乐、舞蹈、戏剧、曲艺和杂技，传统技艺、医药和历法，传统礼仪、节庆等民俗，传统体育和游艺，其他非物质文化遗产。这些非物质文化遗产都是与传承人紧密联系在一起的，可以说，没有传承人，就没有非物质文化遗产的存在，非物质文化遗产重传承才能更好地实现保护。所以，非物质文化遗产保护利用更要注意保护和培养一代又一代的传承人，让传承人在更有保障的条件下将"历史的记忆"传承下去，非物质文化遗产有着"人死艺亡"的独特性，没有后继者，非物质文化遗产遭受破坏不可避免。

我国非常重视非物质文化遗产保护利用工作。进入新时代，党中央、国务院准确把握新时代非物质文化遗产保护的历史方位和重大意义，充分吸纳和体现近年来非物质文化遗产保护形成的一系列行之有效的经验和做法，从坚定文化自信、实现中华民族伟大复兴中国梦的全局和战略高度，于2021年8月由中共中央办公厅、国务院办公厅印发了《关于进一步加强非物质文化遗产保护工作的意见》，该文件成为做好新时代非物质文化遗产保护工作的纲领性文件，该《意见》的出台对于传承弘扬中华优秀传统文化、建设社会主义文化强国具有重要意义。概括起来，非物质文化遗产保护利用的主要内容如下。

1）工作原则

坚持党对非物质文化遗产保护工作的领导，巩固党委领导、政府负责、部门协同、社会参与的工作格局；坚持马克思主义祖国观、民族观、文化观、历史观，铸牢中华民族共同体意识；坚持以人民为中心，着力解决人民群众普遍关心的突出问题，不断增强人民群众的参与感、获得感、认同感；坚持依法保护，全面落实法定职责；坚持守正创新，尊重非物质文化遗产的基本内涵，弘扬其当代价值。

2）重点任务

一是健全非物质文化遗产保护传承体系，即完善调查记录体系、完善代表性项目制度、完善代表性传承人制度、完善区域性整体保护制度、完善传承体验设施体系、完善理论研究体系；二是提高非物质文化遗产保护传承水平，即加强分类保护，融入国家重大战略，促进合理利用，加强革命老区、民族地区、边疆地区、脱贫地区非物质文化遗产保护传承；三是加大非物质文化遗产传播普及力度，即促进广泛传播、融入国民教育体系、加强对外和对港澳台交流合作。

 **典型案例**

福建福州"三坊七巷古建筑群"保护利用[①]

三坊七巷古建筑群位于福州中心城区，是国家级历史文化街区。三坊七巷古建筑群以民居建筑为主，融合有明、清、民国多个时期的建筑特点，具有鲜明的地方传统建筑特色，建筑多数为白墙灰瓦、曲线山墙，内部布局严谨、匠艺奇巧，不少还缀以亭、台、楼、阁、花草、假山，融人文、自然景观于一体。坊巷内有各级文物保护单位28处，全国重点文物保护单位以沈葆桢故居、林觉民故居、严复故居等为代表共15处，省、市、区级文物保护单位13处以及100余处保护建筑。三坊七巷在清末民初曾涌现出一批对中国近代史进程有着重要影响的人物，如林则徐、沈葆桢、林旭、严复、林纾、林觉民以及冰心等人，且街区中涉台人物众多，遂被誉为"近代名人聚居地"和"闽台渊源彰显地"。

从20世纪90年代开始保护，截至2019年，基本完成三坊七巷保护修复工程26处文物保护单位的修复，完成了登记文物点、历史风貌建筑及整治建筑面积约25万平方米。经过20余年的保护、管理与运营，三坊七巷街区活态遗产的真实性与完整性得以延续，休闲、旅游、文化、商业等功能日臻完善，成为集城市中心市民生活居住、文化遗产保护、旅游休闲窗口、文化产业发展的综合性大型社区，成为福州市的"城市会客厅"。

亮点一：工程修缮——依法实施和技术保障

（1）立法保障。先后批准颁布了《福州市三坊七巷、朱紫坊历史文化街区保护管理办法》《三坊七巷保护修复资金管理使用办法》《三坊七巷保护修复工程审核制度》《三坊七巷文物保护管理细则》等一系列管理文件。

（2）专家指导。福州市成立了"三坊七巷保护修复与开发利用领导小组"，聘请全国一批著名文物保护专家为领导小组的专家顾问，对三坊七巷保护修复工作进行指导；同时，聘请国内著名的历史街区保护及古建筑修复专家担任责任规划师和责任建筑师，对三坊七巷的保护修复工程规划设计、古建筑修复设计以及工程质量等进行把关。

（3）规范工艺。针对三坊七巷内独具特色的营造工艺，专门制定了《三坊七巷文物建筑保护修复技术规范》《三坊七巷古建筑修缮导则》，成为保障古建筑修复保持原状的营造依据。

（4）考核工匠。三坊七巷建立工匠考核制度，新进场的工匠班组必须通过严格的考核，方能持证上岗并建立工匠档案。施工过程中组织不定期抽查，淘汰不合格的工匠。

亮点二：活化利用——制定政策制度和多元管理运营

（1）依规利用。2017年福州市人民政府颁布《福州市历史文化街区国有房产租赁管理办法》与《福州市历史文化街区国有文物保护单位使用管理办法》。这两个管理办法明确了历史文化街区准入门槛、退出机制、业态正面清单以及负面清单等内容。

（2）多元管理运行。2008年，成立福州市三坊七巷保护开发有限公司，为福州文投

---

① 国家文物局课题组. 文物建筑开放利用案例指南[M]. 北京：中国建筑工业出版社，2019：135-140.

集团下属国有独资企业，公司主要负责三坊七巷、朱紫坊和上下杭历史文化街区的保护修复与开发利用工作。公司不断探索多方合作的管理运营模式：自主经营，由三坊七巷保护开发有限公司自主经营林觉民·冰心故居、严复故居、水榭戏台等馆，展示相应主题的文化遗产；合作经营，三坊七巷保护开发有限公司与省文化厅合作开辟了福建省非物质文化遗产博览苑，专题展示特色文化遗产；与省文物局、文物总店合作开设福建省民俗博物馆，传承、保护极具地方特色的福建优秀传统民俗文化；民资运营，引入民间资本 3 亿元，相继投资建设南后街宗陶斋名人字画展、林聪彝故居漆艺展、"唯美客"闽台青年文创产业基地、国家级非遗观光体验项目"致道漆器"等项目，极大地提高了游客对三坊七巷整体文化的观感度。

（3）社会服务。2010 年年底，三坊七巷正式启动社区博物馆建设，由 1 个中心展馆、37 个专题馆和 24 个展示点组成，全方位展示三坊七巷的历史渊源、传统建筑和园林、民间文物、民俗文化、传统手工业及居民生活习性等，以开放展览的形式展示三坊七巷的文化特色，让历史文化街区活起来。

第三节　红色文化资源保护利用与红色文化资源安全

红色文化资源安全既是文化遗产安全的重要组成部分，也是资源安全的重要组成部分，但红色文化资源安全有其自己特有的含义，"红色"是鲜明的底色，它是我国特有的且最重要的文化遗产安全形态。"红色资源是我们党艰辛而辉煌奋斗历程的见证，是最宝贵的精神财富。红色血脉是中国共产党政治本色的集中体现，是新时代中国共产党人的精神力量源泉""红色是中国共产党、中华人民共和国最鲜亮的底色，在我国 960 多万平方公里的广袤大地上红色资源星罗棋布，在我们党团结带领中国人民进行百年奋斗的伟大历程中红色血脉代代相传。每一个历史事件、每一位革命英雄、每一种革命精神、每一件革命文物，都代表着我们党走过的光辉历程、取得的重大成就，展现了我们党的梦想和追求、情怀和担当、牺牲和奉献，汇聚成我们党的红色血脉""要用心用情用力保护好、管理好、运用好红色资源"。[①]

一、红色文化资源安全的含义及功能

1. 红色文化资源安全的含义

红色文化资源的概念是习近平于 2020 年 5 月 12 日在山西考察工作结束时的讲话中提出的。[②]在这之前，一般称"红色文化"。在界定红色文化资源安全的含义前，首先对红色

---

① 习近平主持中共中央政治局第三十一次集体学习并发表重要讲话[A/OL].（2021-06-26）[2022-09-10]. http://www.gov.cn/xinwen/2021/06/26/content_5621014.htm?jump=false.

② 用好红色资源，传承好红色基因　把红色江山世世代代传下去[A/OL].（2021-05-15）[2022-09-10]. http://www.gov.cn/xinwen/2021-05/15/content_5606697.htm.

文化资源概念进行界定。红色文化资源是中国共产党领导中国人民在长期的革命和建设实践中积淀、创造、整合形成起来的一种特定的文化资源类型。它蛰伏于近代，形成于"五四"以后，成熟和发展于新民主主义革命和社会主义建设时期，在改革开放新时期不断被赋予新的内容。红色文化资源在形式与内容上有着特定的物质载体与丰富的精神内涵，物质文化资源是红色文化资源的载体，精神文化资源是红色文化的核心与灵魂①，二者有机统一，共同构成了独特丰富的红色文化资源。红色文化资源是中国共产党人继承民族优秀传统文化和汲取人类先进文化的文明成果，是中华民族共有精神家园的"食粮"。

红色文化资源是革命文物的重要组成部分，但是红色文化资源的内涵有其特指，是指中国共产党在领导中国人民进行革命、建设和改革开放过程中形成的以中国化马克思主义为核心的红色遗存和红色精神②。红色文化资源的特征表现为民族性、革命性、先进性、人民性和开放性，是中国共产党人精神气质的独特标识。红色文化资源具有鲜明的时代主题，是一种独特的历史文化资源，是绽放在人类历史文化宝库中的一朵美丽奇葩。③

按照红色文化资源的形式与内容，红色文化资源包括物质文化资源和精神文化资源。物质文化资源一般包括革命斗争遗址、革命会议旧址、革命志士故居和革命烈士陵园及革命标语、传单、书信、红色读物、进步刊物，革命先烈留下的遗物等实物；精神文化资源包括新民主主义革命时期形成的政治制度（如革命理论、纲领、路线、方针、政策）、政治信仰、政治作风、政治道德、革命精神、革命传统及革命先辈的事迹、诗文、红色歌谣、红色剧目等。

在梳理红色文化资源定义的基础上，参照《国家文化安全知识百问》对国家文化安全的界定，红色文化资源安全是指红色文化资源相对处于没有危险和不受内外威胁的状态以及保障、维护和塑造持续安全状态的能力。

2. 红色文化资源安全的功能

面对当今经济全球化、政治多极化、文化多元化、价值多样化的时代，红色文化资源焕发着时代魅力，对于抵御历史虚无主义、增强文化自信、彰显中国特色、强化国家认同具有不可取代的功能、作用，能不断增强社会主义意识形态的凝聚力和引领力，为实现中华民族伟大复兴的中国梦提供强大的精神力量。具体表现为以下方面。

（1）能抵御历史虚无主义。历史虚无主义的根源是唯心史观，主要手法是混淆历史的支流和主流、现象和本质。历史虚无主义主要有三种表现：否定革命和历史发展规律，鼓吹"革命无用论""革命破坏论"等；否定社会主义道路是历史和人民的选择；歪曲党史并企图否定党史的主流和本质。④历史虚无主义的本质是通过虚无历史颠覆价值观念、颠覆政权和社会基础，是一种攻击的武器和斗争的手段。⑤"历史虚无主义的要害，是从根本上否

① 管仕廷. 论红色文化的内涵与特征[J]. 传承, 2012（13）：74.

② 沈成飞，连文妹. 论红色文化的内涵、特征及其当代价值[J]. 教学与研究, 2018（1）：97.

③ 胡继冬. 中国共产党对红色文化资源的保护与开发利用：百年历程、经验总结和趋势展望[J]. 理论月刊, 2021（7）：6-7.

④ 丁晋清. "起底"历史虚无主义[EB/OL]. （2018-08-06）[2022-09-10]. http://theory.people.com.cn/n1/2018/0806/c40531-30210423.html.

⑤ 班永吉. 历史虚无主义透视[EB/OL]. （2020-03-24）[2022-09-10]. http://dangshi.people.com.cn/n1/2020/0324/c85037-31646149.html.

定马克思主义指导地位和中国走向社会主义的历史必然性，否定中国共产党的领导。"①红色文化资源是辩证唯物主义和历史唯物主义的结合，凝聚着中华民族奋发图强的气节和精神，全面诠释着新中国的历史根源、伟大成绩和发展道路，深刻印证着中国共产党执政的历史必然性、政治正当性和现实合法性，所以红色文化资源既能揭露历史虚无主义的虚伪性和反动目的，更能正本清源，破除历史虚无主义之弊。

（2）能坚定文化自信。坚定文化自信是事关国运兴衰、事关文化安全、事关民族精神独立性的大问题。红色文化资源扎根于中华优秀传统文化的深厚沃土，来源于中国共产党人的伟大奋斗实践，积淀着中国共产党不忘初心、牢记使命的精神追求，是在马克思主义指导下中国革命、建设和改革的伟大历史经验的凝结，是中华民族优秀文化的重要组成部分，是坚定文化自信的根本支撑和价值渊源。中国共产党对红色文化资源的保护与开发利用可以振奋中国人民的精神、凸显中国的制度优势、展现出中国的文化软实力，最终实现对西方文化的超越，让世界人民深刻感受到中国文化的魅力和中国精神的伟大，成为中国文化自信的坚固底色，文化自信的本质就是对红色文化的自信。②

（3）能彰显中国特色。红色文化资源之所以能彰显中国特色，是因为它继承并发展了马克思主义的先进思想并与中国革命和建设相结合，逐步展现出中国特色，即中国化马克思主义。在中国革命、建设和改革过程中形成的各种形式的红色文化，如"红船精神""井冈山精神""延安精神""沂蒙精神""西柏坡精神""抗美援朝精神""大庆精神""航天精神""抗洪精神""抗震救灾精神""抗疫精神""改革开放精神"等，都彰显了中国特色的精神文化，这是中国化马克思主义的精神成果和理论概括，它反映了党带领中国人民取得的巨大历史成就和近代以来中国发展进步的历史轨迹。这些不同历史时期形成的红色文化资源彰显出中华民族在追求民族独立和国家富强道路中的精神风貌，凝聚着伟大的中国共产党从新民主主义革命到社会主义建设时期的斗争使命和精神内核，中国共产党把马克思主义与中国实际相结合，开辟了中国特色社会主义道路，建立了中国特色社会主义经济制度、政治制度和文化制度，具有鲜明的时代特征和中国特色。由此造就了中国特色社会主义制度和中国特色社会主义道路，也成功谱写出人类历史文化记忆的独特篇章。③红色文化蕴含的崇高精神信念能够引导人们树立共产主义远大理想、弘扬新时代的伟大斗争精神。

（4）能强化国家认同。红色文化资源记录了中华民族近现代百年的历史沧桑和奋斗历程，展现了自 1921 年以来，中国共产党人坚持马克思主义信仰，不忘初心和使命，带领全国各族人民不屈不挠、浴血奋战、艰苦奋斗，致力于寻求民族独立和人民解放，实现中华民族伟大复兴进程的宏伟画卷；见证了中国共产党历经革命、建设和改革，从领导人民为夺取全国政权而奋斗的党，到掌握全国政权并长期执政的党的光荣历史；彰显着中国共产党领导下的新中国从站起来到富起来，再到迎来强起来的光辉历程。④红色文化资源是党的革命传统和革命精神的综合体现，一方面是当代中国人共同的历史、政治记忆，另一方面具有广泛的群众基础和价值认同基础，红色文化资源成为强化国家认同的精神资源。

---

① 历史不可虚无[A/OL]．（2020-10-22）[2022-09-10]．https://www.dswxyjy.org.cn/n1/2020/1022/c434104-31902609.html.
② 沈成飞，连文妹．论红色文化的内涵、特征及其当代价值[J]．教学与研究，2018（1）：101．
③ 胡继冬．中国共产党对红色文化资源的保护与开发利用：百年历程、经验总结和趋势展望[J]．理论月刊，2021（7）：7．
④ 胡继冬．中国共产党对红色文化资源的保护与开发利用：百年历程、经验总结和趋势展望[J]．理论月刊，2021（7）：7．

二、红色文化资源保护利用与红色文化资源安全维护

统筹红色文化资源保护利用与红色文化资源安全，红色文化资源保护利用是前提，红色文化资源安全是保障，二者互促共进，有着内在的逻辑关联。只有红色文化资源安全，红色文化资源才能得到更好的保护利用，才能实现红色文化发展安全。

红色文化资源是文物和革命文物的重要组成部分，除了坚持文物和革命文物保护利用的主要内容，红色文化资源保护利用还应突出以下主要内容。

1. 基本原则

必须始终用红色资源，教育引导全党始终坚持科学理论指导、始终坚持理想信念、始终坚持初心使命、始终坚持光荣革命传统、始终坚持推进自我革命；[①]必须始终赓续红色血脉，用党的奋斗历程和伟大成就鼓舞斗志、指引方向，用党的光荣传统和优良作风坚定信念、凝聚力量，用党的历史经验和实践创造启迪智慧、砥砺品格，继往开来，开拓前进。[②]

2. 重点任务

围绕用心用情用力保护好、管理好、运用好红色资源，关键是加强红色资源保护和利用，尊重历史事实，准确评价历史，正确学史用史。其重点任务有：深入开展红色资源专项调查，加强科学保护；开展系统研究，准确把握党的历史发展的主题主线、主流本质，旗帜鲜明反对和抵制历史虚无主义；打造精品展陈，坚持政治性、思想性、艺术性相统一，用史实说话，增强表现力、传播力、影响力，生动传播红色文化；强化教育功能，围绕革命、建设、改革各个历史时期的重大事件、重大节点，研究确定一批重要标识地，讲好党的故事、革命的故事、英雄的故事，设计符合青少年认知特点的教育活动，建设富有特色的革命传统教育、爱国主义教育、青少年思想道德教育基地，引导他们从小在心里树立红色理想。[③]

 本章小结

立足文化遗产安全是国家文化安全的重点领域，本章从文化遗产安全的含义、特点及价值，文化遗产保护利用与文化遗产安全两个方面进行概述。同时，对红色文化资源安全这个我国特有的且最重要的文化遗产安全形态进行专门概述。通过上述三个方面的概述，初步构建起文化遗产安全的知识体系。

文化遗产安全是指一个国家的文化遗产相对处于没有危险和不受内外威胁的状态以及保障、维护和塑造持续安全状态的能力。文化遗产安全包括文物安全和非物质文化遗产安全。

文化遗产安全具有双重性、认同性、互动性、发展性、相对性的特点，认同性是文化

① 习近平主持中共中央政治局第三十一次集体学习并发表重要讲话[A/OL]. （2021-06-26）[2022-09-10]. http://www.gov.cn/xinwen/2021/06/26/content_5621014.htm?jump=false.

② 谈"红色资源""红色血脉"，习近平这些话意味深长[A/OL]. （2021-10-03）[2022-09-10]. https://www.chinanews.com.cn/gn/2021/10-03/9579207.shtml.

③ 同①.

遗产安全区别于国家文化安全中其他领域安全的显著特点。文化遗产安全的价值主要表现为：继承和弘扬中华优秀传统文化、涵养核心价值观的重要源泉、保护文化认同的物证依据。

区别于传统的内部环境和外部环境分析视角，本章从保护传承和合理利用的新视角阐述文化遗产安全面临的主要威胁，分析其威胁产生的主要原因是在工业化、城镇化背景下，没有处理好与经济社会快速发展的关系，重开发、轻保护。

本章以习近平关于文化安全的重要论述为指引，围绕新时代新任务新挑战，梳理现行的政策制度，结合中国实际，阐述文化遗产保护利用基本要求是坚持正确的方向、坚持以人民为中心、始终把保护放在第一位、要让文化遗产活起来、实施依法保护利用。在此基础上，分别阐明了文物（含革命文物）和非物质文化遗产保护利用的主要内容，从而维护文化遗产安全。

红色文化资源安全是指红色文化资源相对处于没有危险和不受内外威胁的状态以及保障、维护和塑造持续安全状态的能力。红色文化资源安全鲜明的底色是"红色"。红色文化资源安全的功能表现为能抵御历史虚无主义、能坚定文化自信、能彰显中国特色、能强化国家认同。红色文化资源保护利用的主要内容即用好红色资源、赓续红色血脉，用心用情用力保护好、管理好、运用好红色资源，关键是加强红色资源保护和利用、尊重历史事实、准确评价历史、正确学史用史，以此维护红色文化资源安全。

 思考题

1. 文化遗产安全是什么？它有哪些特点？
2. 怎样认识和理解文化遗产安全的价值作用？
3. 文化遗产安全的主要威胁表现在哪些方面？如何维护文化遗产安全？
4. 怎样认识和理解革命文物在维护文化遗产安全中的重要作用？
5. 红色文化资源安全的功能有哪些？如何维护红色文化资源安全？

第十四章

国家文化安全法制保障

国家文化安全法制保障是国家文化安全制度建设的重要内容。维护国家文化安全是文化安全法制的重要使命，其首要任务在于维护国家文化主权的安全。[①]在现代法治环境下，国家文化主权的建构性力量需要通过文化法律的制定及实践来强化。"法规制度带有根本性、全局性、稳定性、长期性。真正实现社会和谐稳定、国家长治久安，还是要靠制度。"[②]建立健全文化安全法制正在于通过良法善治的"顶层设计"，用法律来践行总体国家安全观。将文化安全纳入国家安全法制体系，从维护国家文化利益的基本立场正确处理好文化安全与文化法制的关系，在法制建设中充分体现文化安全法制的基本精神与原则，形成以《宪法》为根本依据，以《国家安全法》为总体架构，以重点领域和重点区域的文化单行法、行政法规以及各类文化管理规章为整体的文化安全法律制度。我国文化安全法制"坚持系统思维，构建大安全格局"，为国家文化的可持续发展提供了一个安全、稳定、有序的制度化生存空间和常态化保障体系。

第一节　文化安全与文化法制关系的一般原理

国家文化安全的利益主体是国家，任何一种文化安全问题在本质上都属于国家主权问题。文化安全法制是基于捍卫国家文化安全、维护国家文化利益和推进国家文化安全法治体系建设的需要，对国家文化法制进行的体系设计、安排与实施。[③]依循法治思维和法治方式，维护好国家文化主权、安全和发展利益。

一、文化法制立基于国家文化安全

"文化立国"的主体意识集中体现为文化主权，它以国家为文化权行使的主体，是国家

① 韩源. 国家文化安全：全球化背景下的中国战略[M]. 北京：社会科学文献出版社，2013：29.
② 中共中央宣传部干部局. 新时代宣传思想工作[M]. 北京：学习出版社，2020：295.
③ 胡惠林. 国家文化安全法制建设：国家政治安全实现的根本保障——关于国家文化安全法制建设若干问题的思考[J]. 思想战线，2016（5）：95.

主权的有机组成部分。概言之，文化主权是指一个国家所固有的为实现并保护国家文化利益，独立自主行使的最高权力和权威。①文化主权以国家的意识形态选择权和民族文化发展权为中心，这是指任何国家都有权按照自己的意愿，根据本国情况，选择政治意识形态，增进民族文化认同，积极构建国际文化秩序。文化主权是文化法制最基本的理论依据，对内体现为规范和促进文化健康发展的管辖权，对外体现为自主选择和发展国家民族文化的独立权。在现代法治社会，文化主权的问题归根结底是如何以法治价值为引领，与政治主权、经济主权、军事主权及其法律治理机制紧密联系，通过文化法律的制定及实践来强化主权的建构性力量。

二、文化安全法制以维护国家文化利益为要旨

维护国家文化安全的实质是维护国家文化利益安全。首先，保护制度文化安全是所有文化安全保护任务的核心。因为政治方向问题是法治建设的根本性问题，"我们要建设的中国特色社会主义法治体系，本质上是中国特色社会主义制度的法律表现形式。"②政治意识形态是政权合法性的文化根基，巩固政治意识形态的主体地位是国家文化主权最主要的体现。同时，意识形态作为一国文化的核心和灵魂，决定着文化的性质和方向，比其他文化形态更容易受到外部的影响和冲击，也更为脆弱。因此各国宪法普遍将维护国家基本制度作为维护国家文化安全的基础和关键。其次，在观念文化层面，社会核心价值观是一个国家和民族的精神支柱。保持文化的韧性与文化的生生不息有赖于法律、法规对其稳定性提供制度保障。再次，在物质文化层面，文化利益与国家公共文化服务质量、民族文化产业保护相关，它构成了文化安全法制的主体内容，直接影响世界文化秩序的变动和文化力量格局的重组。最后，信息文化是数字化时代文化的新生形态，信息本身是文化的一种外在传输形式，网络科技的更迭使其在传递性和变迁性等方面具有超越其他文化类型的特质。文化安全法制的作用正是通过推动这四个方面国家文化利益的均衡发展、互相促进，体现国家文化的开放和自信，增强塑造国际规则和决定政治议题的制度能力。

三、推进国家文化安全的法治保障

法治是指对法律的普遍服从。"治国理政须臾离不开法治"③，在法治轨道上维护国家文化安全是全面依法治国的内在要求，是中国特色国家安全法治体系的重大理论发展和制度创新。其一，文化安全是文化法治建设的重要导向。总体国家安全观贯穿于文化法治建设的各个方面，是文化法治的逻辑基础，担纲着完善文化法治实施体系的基本指引。其二，文化法治服务于文化安全。文化安全是国家安全的重要保障，需要立法、执法、司法、守法的协同推进，推动我国高效的文化安全法治实施体系的形成。④其三，文化安全需要法治保障。提高防御文化安全风险的能力，需要以法治理性和制度约束对国家文化安全能力进

① 张林. 中国国家文化主权及其战略构建论要[J]. 理论导刊, 2017（9）：91-96.
② 习近平. 坚定不移走中国特色社会主义法治道路　为全面建设社会主义现代化国家提供有力法治保障[J]. 求是, 2021（5）：8.
③ 习近平. 论坚持全面依法治国[M]. 北京：中央文献出版社, 2020：227.
④ 李辰琪. 维护我国文化安全需要加强法治保障[N]. 中国旅游报, 2022-4-15.

行一体化建构，筑牢以文化安全为基底的统合行政法治、民事法治和刑事法治的文化法治矩阵。①

第二节　我国文化安全法制发展历程与基本特征

冷战后世界各国加速推进文化安全领域立法，开始拓展国家安全观的法定界域。新中国成立后，我国以《宪法》作为治国安邦总章程，坚决捍卫国家文化安全毫不动摇，先后经历了社会主义改造和建设时期、改革开放和社会主义现代化建设新时期、中国特色社会主义进入新时代三个重要发展阶段。党的十八大以来，文化安全法制建设深入贯彻落实习近平法治思想，坚持总体安全观重大战略思想。《国家安全法》正式将文化安全纳入国家安全范畴，推动社会主义核心价值观入法入规，加强重点领域、重点区域立法，进一步明确国家保卫文化安全的任务和公民维护国家安全与利益的基本义务。文化安全法律、法规体系愈发体现出鲜明的政治性、本土性和系统性等特征，在国内、国外"两个大局"中的文化安全法治保障能力得到极大增强。

一、依法维护国家文化安全是国际惯例

文化安全法制源于国家文化安全政策的发展成熟。1951年，加拿大政府发布《皇家科学、艺术、教育委员会报告》，首次将"文化安全"写入政府工作报告，指出"我们的军事防卫能力必须确保国家安全，我们的文化防卫能力也要引起高度重视。文化安全与军事安全同等重要，两者不可分割"。②

第一，在方式上，制定《国家安全法》，形成由"国家安全"到"国家文化安全"再到"人类文化多样性可持续发展安全"的制度渐进路线。目前所有主权国家都制定了维护国家安全的法制体系，较早的如美国在1947年制定了《国家安全法》，1987年苏联开始制定《国家安全法》《国家安全委员会条例》等。在此基础上，形成了国家价值观教育、文化艺术、文化产业等各领域文化安全的相关规定。在不同部门法中也有若干具体规定，如1984年苏联制定《关于修改追究国事罪刑事责任的法令》，对煽动破坏和推翻苏维埃国家制度、挑动民族仇恨、制造恐怖或破坏行动者追究刑事责任③；2001年美国制定《爱国者法案》《美国国家安全教育法》等，把爱国教育作为文化安全教育的核心内容纳入全民教育体系。

第二，在主体上，设立国家文化安全机构并以组织法保障。例如，美国在1982年成立总统艺术与人文委员会作为负责文化管理的最高决策机构，它也是白宫文化政策方面的顾问委员会之一。"9·11"事件后，在国土安全部创立文化安全专门机关国土安全文化局，

---

① 杨宗科. 国家安全法治保障述论[M]. 北京：知识产权出版社，2019：1-6.

② Canada Royal Commission on National Development in the Arts, Letters, and Sciences. Report of the Royal Commission on National Development in the Arts, Letters, and Sciences (1949—1951) [R/OL]. (1951)[2022-08-30]. https://www.collectionscanada. gc.ca/massey/h5-400-e.html.

③ 程工. 世界主要国家文化安全政策研究[M]. 北京：社会科学文献出版社，2014：1-15.

"使广大公众和领导人理解文化在促进和威胁国家安全中的作用,通过调整、引导文化生活的格局,达到保护国家利益、维护国家安全的目的"。"通过调查研究,发现和消除国家安全中存在的文化隐患;在国内外开展各种文化活动,培养、提升积极的美国文化形象。"①

第三,在内容上,由制度文化安全向观念文化安全、物质文化安全和信息文化安全等多方渗透。冷战后,文化产品和服务成为文化观念的主要载体,美国发起签署《北美自由贸易协定》等国际协议,通过贸易自由化策略推行其文化和价值观。为控制美国电影和电子音像等文化产业在全球的扩张,加拿大等国将"文化例外"原则纳入法律体系,以便保护、丰富和巩固本国的文化、政治、社会和经济结构,使其"为国家团结做出贡献并始终反映加拿大的现实"②。将维护国家文化安全与提高公民生活质量、公民教育、发展经济等深度联结,这些应对国家文化安全形势的立法都是国际通例。

二、我国依法维护国家文化安全的发展历程

1. 社会主义改造和建设时期

为了确保新生的人民民主政权在全国范围的建立和稳固,国家制定根本法,确立社会主义基本制度。1949 年中国人民政治协商会议第一届全体会议通过的《中国人民政治协商会议共同纲领》,具有临时宪法的作用。《共同纲领》要求以发展为人民服务的思想为主要任务。对于"反革命"以及反对颠覆国家政权的行为,采取"镇压与宽大相结合"的政策依法惩治。

1954 年新中国首部《宪法》颁布,在序言中明确了文化建设任务,并与经济建设置于同等重要地位。1975 年和 1978 年通过的"七五宪法"和"七八宪法"再次肯定了国家保卫文化安全的重要任务,强调坚持马克思主义指导思想、密切联系群众、全心全意为人民服务。"七八宪法"第十四条写入了"百花齐放、百家争鸣"的文艺创作方针,促进艺术发展和科学进步,促进社会主义文化繁荣。国家坚持社会主义民主原则,保障人民参加管理国家各项文化事业。公民应当履行维护国家安全与利益的基本义务,必须爱护和保卫公共财产。

为推动对文化权益的国际保护,我国签订了《经济、社会及文化权利国际公约》《保护文学艺术作品伯尔尼公约》《建立世界知识产权组织公约》《世界版权公约》《关于发生武装冲突时保护文化财产的公约及其议定书》以及《保护世界文化和自然遗产公约》等,积极构建以国际条约为主导的知识产权保护体系。

2. 改革开放和社会主义现代化建设新时期

1982 年,我国第四部《宪法》通过,确立了以社会主义精神文明为核心的国家基本文化制度。根据"八二宪法"提出的促进物质文明与精神文明建设协调发展的根本要求,这一时期文化安全工作从增加数量向提升质量的方向满足人民群众的精神文化需求,先后制定《文物保护法》《档案法》《著作权法》《广告法》《国家通用语言文字法》《非物质遗产法》等法律。文化安全制度建设重心推进到广泛覆盖文化经济安全、文化资源安全和网络文化

---

① 张玉国. 国家利益与文化政策[M]. 广州:广东人民出版社,2005:107.

② 古奈. 反思文化例外论[M]. 李颖,译. 北京:社会科学文献出版社,2010:23.

安全等层面的综合体系与配套措施。

（1）从整体上明确了文化安全重点领域的归口管理部门与管理事项。根据党的十五大确立的"依法治国，建设社会主义法治国家"的治国方略，1999年文化部出台《文化立法纲要》，提出要加快文化立法进程，提高文化立法质量，全面推进中国特色社会主义文化法制建设。建立健全了相关行政法规和部门规章，如《长城保护条例》《出版管理条例》《音像制品管理条例》《印刷业管理条例》《电影管理条例》《广播电视管理条例》《计算机信息系统安全保护条例》《营业性演出管理条例》等，形成了以中共中央宣传部、新闻出版署、广播电影电视部、文化部、文物局等为管理责任主体，与公安部和国家安全部密切配合的综合管理体系。

（2）文化安全能力建设是管理工作的重点方向。以提高文化市场治理能力和文化体制发展能力为主，统筹推进国内舆论导向控制能力和国际意识形态攻防能力，初步形成了以政府为主导、以市场为基础、以资本为纽带的文化产业运行体制。在治理方式上采取内容治理、总量控制、日常稽查等方式，重点对文化场所、文化经营活动和项目、文化从业人员等涉及的重大安全因素实行有效的宏观调控。逐步完善文化市场准入制度，全面实行行政许可证制度，建立质量保障体系，积极探索和建立符合社会主义文化市场发展规律的管理体制和运行机制。

（3）针对文化产品进出口和涉外文化事项健全管理规范。1984年，党的十二届三中全会把实行对外开放定为基本国策。由于国际文化市场处于发育的初始阶段，为改变法制建设相对薄弱的状况，制定了《文物进出境审核管理办法》《进口影片管理办法》《关于引进、播出境外电视节目的管理规定》《涉外文化艺术表演及展览管理规定》《外国记者和外国常驻新闻机构管理条例》等。2001年中国正式加入世界贸易组织，文化安全立法工作深入国际法治理领域，签订了一系列保护知识产权、文化遗产和文化多样性的国际公约，如《世界知识产权组织表演和录音制品条约》《世界知识产权组织版权条约》《与贸易有关的知识产权协议》《保护工业产权巴黎公约》《保护录音制品制作者防止未经许可复制其录音制品公约》《保护世界文化和自然遗产公约》《保护非物质文化遗产公约》《保护和促进文化表现形式多样性公约》等。

3. 中国特色社会主义进入新时代时期

首先，坚持依法治国和以德治国相结合，完善弘扬社会主义核心价值观的政策和法律。面对意识形态和思想观念领域日趋复杂的新形势，《关于培育和践行社会主义核心价值观的意见》要求把社会主义核心价值观融入文化法制建设。为弘扬爱国主义教育，2021年《教育法》进行了修正，规定教育应当坚持立德树人，对受教育者加强社会主义核心价值观教育；教育应当继承和弘扬中华优秀传统文化、革命文化、社会主义先进文化，吸收人类文明发展的一切优秀成果。为加强对在中国特色社会主义建设中做出突出贡献的杰出人士和英雄烈士的保护，制定了《国家勋章和国家荣誉称号法》（2015年）、《英雄烈士保护法》（2018年）。2022年，司法部、中央文明办联合发布《法律援助志愿者管理办法》，在《法律援助法》《志愿服务条例》的基础上建立了法律援助志愿者的激励保障机制，促进志愿服务健康有序发展。

其次，以总体国家安全观为指导，推进文化安全重点领域和重点区域法制体系建设，加快构建新安全格局。在重点领域，制定《网络安全法》《公共文化服务保障法》《电影产业促进法》《公共图书馆法》等法律，将文化安全工作贯穿到维护网络空间主权和国家安全、城乡公共文化服务体系建设、精神文明创建与文化产品创作生产、文化产业的促进与激励、中华优秀传统文化传承等重点领域，健全人民文化权益保障制度。在重点区域，为促进祖国和平统一，在 2005 年颁布《反分裂国家法》后，2020 年通过《香港特别行政区维护国家安全法》，坚定不移并全面准确贯彻"一国两制"、"港人治港"、高度自治的方针，维护国家安全。同时，持续推动城乡公共文化服务均衡化布局，在《公共文化服务保障法》中将促进公共文化服务均衡协调发展作为一项国家文化义务，加大国务院和省、自治区、直辖市人民政府等各级财政对革命老区、民族地区、边疆地区、贫困地区提供财政扶助的投入力度。2021 年《乡村振兴促进法》规定各级人民政府应当采取措施保护农业文化遗产和非物质文化遗产，充分挖掘优秀农业文化深厚内涵，弘扬红色文化，传承和发展优秀传统文化。

最后，着力推进对外文化安全体系和能力建设。我国勇于主导创造文化多样性发展的国际新理念、新秩序、新格局，全国人大常委会先后批准了《视听表演北京条约》《上海合作组织反极端主义公约》，两者是新中国成立以来首次在我国缔结、以我国城市命名的国际公约。前者维护了表演者的七项知识产权；后者申明我国坚决反对一切形式的极端主义意识形态和活动，确保在国际范围内文化执法的安全合作。

三、我国文化安全法制体系的基本特征

第一，在性质上，具有鲜明的政治性。《宪法》规定，我国是中国共产党领导下的人民民主专政的社会主义国家，国家的安全、社会的稳定和政权的巩固是国家的最大利益。社会主义制度代表了历史前进的方向，是中国人民的历史抉择和希望所在。文化安全法制以维护政治安全为根本，坚持中国共产党的领导，维护中国特色社会主义制度，发展社会主义民主政治，确保政治文化秩序的合法性。

第二，在法源上，法律和政策具有高度关联性。法源即法律的来源。我国是典型的成文法国家，法律是国家意志的规范化表现。由国家执政党制定的政策是文化安全法制的重要立法依据，这些政策在经由立法程序予以制度化后转化为法律，成为具有法定效力的正式法律渊源。在一定时期，为适应形势发展需要，国家文化安全战略的贯彻必须依赖于政策的关键指引——这些政策都是经过文化安全实践检验过的重要经验积累。坚持党的基本路线，将执政党的政策法律化，切实保障了党的主张、国家意志、人民意愿相统一。

第三，在方式上，文化安全问题所具有的复杂性、持续性与探索性对立法提出了系统性要求。文化安全法制不同于部门法概念下的法律，围绕国家文化安全保护任务，形成了以《宪法》和《国家安全法》为统领的行政法、民法与刑法等部门法的相互结合。又由于文化安全所包含的内容是动态发展的，目前以文化遗产与文化资源安全法等重点领域和重点区域立法为主，形成了文化安全法的子系统。

第四，在法律责任上，具有综合性。公民、组织、国家机关工作人员有维护国家文化安全的义务，均可构成危害国家文化安全行为的主体，涉及行政责任、民事责任和刑事责

任等责任类型。国家是维护一国文化安全的责任主体，负有实施国家文化安全治理的责任[①]，对内以人民安全为宗旨，统筹文化安全法律责任与政治安全法律责任、经济安全法律责任、网络安全法律责任等的全局关系；对外秉持共同安全原则，坚持互信、互利、平等、协作，履行推动实现国际社会和平发展的义务，营造中国周边文化安全环境。

第三节　我国文化安全法制的基本精神与原则

法律的基本精神和原则是一个国家法律意识和法律意志的集中体现。[②]我国文化安全法制在全面依法治国总目标的引领下，以总体国家安全观为指导，维护政治安全、经济安全、社会安全、网络安全等层面的国家文化利益。立足中国国情，坚持社会主义法治原则，坚持预防为主、标本兼治，促进国际共同安全，坚持权利和义务相统一的原则，统筹推进各项文化安全法制建设。

一、以总体国家安全观为指导

坚持总体国家安全观，关键在"总体"，这要求以《宪法》和《国家安全法》为主要依据，把文化安全贯穿到文化立法的全部议题中。[③]在政治安全层面，文化安全法制必须坚持马克思主义在意识形态领域的指导地位，坚持党对国家安全工作的领导，维护中国特色社会主义制度。在经济安全层面，维护国家基本经济制度和社会主义市场经济秩序，健全防范文化经济领域安全风险的制度机制，保障关系国民经济命脉的文化产业、文化市场、文化资本等重要行业和关键领域以及其他重大文化经济利益的安全。在社会安全层面，维护民族与宗教文化安全，化解外来移民文化与本土传统文化之间的冲突，引导并促进其与社会主义社会相适应。在网络安全层面，维护网络主权，优化网络文明治理生态，确保网络空间国家文化利益和公民文化权利不受侵犯。

二、坚持社会主义法治原则

这是我国《宪法》规定的一项基本原则，也称为依法治国原则。《国家安全法》第七条规定："维护国家安全，应当遵守宪法和法律，坚持社会主义法治原则，尊重和保障人权，依法保护公民的权利和自由。"坚持社会主义法治原则，要求在立法中以《宪法》作为文化安全法制建设的根本法律依据，将《宪法》的有关规定具体化，将中央对国家文化安全工作的方针、政策规范化。在执法中，国家机关要坚持依法行政，用宪法和法律约束公共权力，保护公民的法定权利不受侵犯。在司法中，人民法院依法行使审判权，维护社会主义法制的统一；人民检察院对于涉及严重危及国家文化安全的犯罪行为行使检察权，依法予以惩治，维护国家政权和社会稳定。

---

① 胡惠林，胡霁荣. 国家文化安全治理[M]. 上海：上海人民出版社，2020：470-473.
② 张启江. 历史与逻辑：伦理学视域中的法律精神[J]. 湖南社会科学，2014（3）：94.
③ 习近平在中央国家安全委员会第一次会议上的讲话[N]. 人民日报，2014-04-16.

三、坚持预防为主、标本兼治

《国家安全法》第九条规定："维护国家安全，应当坚持预防为主、标本兼治。"预防为主是指要从尊重文化安全的客观规律出发，立足长远、防患未然，应对各种可以预见和难以预见的因素，将文化安全危机消灭在萌芽状态。标本兼治是指要深入文化安全风险和危机的根本症结，研究其行为深层次的背景、动机和规律，把对文化安全的危害程度降到最低。[①]由于文化领域本身拥有众多重要的国家战略性资源，与国家政治和意识形态安全、市场安全、社会安全等多层次的安全能力建设有深层关系，应从源头上预防和化解相关危害的风险。[②]积极建立国家文化安全预警系统和应急预案，对危害类型和级别进行评估，设定并推行"市场准入文化安全清单"，实行文化市场与文化产业的适度准入原则，建立国家文化安全审查和监管机制，适应文化对外开放和国家安全形势变化的需要。

四、促进国际共同安全

我国秉持"和而不同"的观念促进世界文明新秩序的建立，提倡各美其美、美美与共的人类命运共同体理念。《国家安全法》第三条规定："以促进国际安全为依托，维护各领域国家安全，构建国家安全体系，走中国特色国家安全道路"；第十条规定："维护国家安全，应当坚持互信、互利、平等、协作"，"履行国际安全义务，促进共同安全，维护世界和平"。不同文明之间应当互相尊重、交流互鉴，坚持世界各国的合作安全、集体安全、共同安全，形成解决文化安全问题的最佳方案。

五、权利和义务相统一原则

文化安全法制的基本架构是实现保护公民文化权利与维护国家文化安全义务相统一。文化安全权利是《宪法》规定的公民的一项基本权利，以依法满足公民文化安全需求。国家保障公民更安全地享有基本文化权利，应当为公民充分行使文化权益创造良好的法制环境。每一个中国公民都有维护国家安全的义务，维护国家主权、统一和领土完整是包括港澳台同胞在内的全中国人民的共同义务。任何个人和组织不得有危害国家安全的行为，不得向危害国家安全的个人或组织提供任何资助或者协助。在履行义务时必须要充分考虑到保护公民文化权利的实现，对国家利益的保护不得以对个人文化权利的侵害为手段。

第四节　我国文化安全法制的主要框架和内容

我国文化安全法制是中国特色社会主义法律体系的重要组成部分，其中《宪法》是全

---

① 郑淑娜. 中华人民共和国国家安全法解读[M]. 北京：中国法制出版社，2016：43-45.
② 胡惠林. 在积极的发展中保障中国的国家文化安全[N]. 文艺报，2002-10-10（4）.

面依法治国的根本依据，是文化安全领域立法的基础；①《国家安全法》是总体国家安全体系的顶层设计，为文化安全法制提供了宏观层面的体系架构与方向指引；各文化安全重点领域和重点区域以制定单行法律、法规等方式加强国家文化安全风险防控能力建设，推进实现"依法而治"的总体布局。

一、国家文化安全中的权利、义务和责任体系

1. 保护公民文化安全是国家文化利益所围绕的中心任务

文化安全解决的是人的问题，人民安全是一切国家安全的逻辑起点与价值归宿。维护国家安全要坚持以民为本、以人为本，国家安全一切为了人民，一切依靠人民。文化安全权利是指文化安全作为公民的一项基本权利，即一个国家的公民拥有文化生存和发展的权利不受侵犯。1992年，联合国开发计划署在《人类发展报告》中把"文化安全"列为人类社会应该享有的一项基本权利，包括了公民主体价值观念、生活方式、主流意识形态和文化利益诉求的安全。文化权利安全是从权利的整体性角度保护公民文化权利的安全，是指公民在文化领域所拥有的自主选择和决定参与文化生活、获得文化资源以及享受文化利益的自由。从根本上看，文化权利是一种以文化主体需求的满足为核心的权利。文化安全本身也属于文化权利的一部分，享有文化安全是公民的一项基本文化权利，保障文化权利安全必须推进文化权利的实现。

我国文化安全法制采取了权利导向的制度模式，但公民在行使权利的过程中应当遵守权利不得滥用原则。禁止权利滥用原则是来自于民法学的一项重要原则，随着权利概念的形成而逐渐转化为成文法中的具体规则，是指一切权利的行使不得以损害他人为目的、不得超过其正当界限。我国《宪法》第五十一条规定："中华人民共和国公民在行使自由和权利的时候，不得损害国家的、社会的、集体的利益和其他公民的合法的自由和权利。"以此为立法依据，《民法典》第一百三十二条新增规定："民事主体不得滥用民事权利损害国家利益、社会公共利益或者他人合法权益。"文化权利的行使有不同方式，公民不得恶意或以有害的方式行使文化权利，造成损害国家利益、社会公共利益或者他人合法权益的后果。否则，应承担相应的法律责任。

2. 维护国家的文化安全、荣誉和利益是每一个公民的义务

《宪法》第五十四条规定，公民不得有危害祖国的安全、荣誉和利益的行为。《国家安全法》明确规定了国家维护文化安全的任务，其第十一条规定维护国家安全是全民义务，公民、一切国家机关和武装力量、各政党和各人民团体、企业事业组织和其他社会组织都有维护国家安全的责任和义务。

同时，在文化安全法制建设中，公民维护国家文化安全的义务设定要符合必要性，也要重视法定程序。首先，法律法规所确定的公民义务规范必须基于国家文化安全的边界，以《宪法》中规定的基本义务为根本法依据，对公民义务的内容、范围和界限予以明确化

---

① 习近平. 论坚持全面依法治国[M]. 北京：中央文献出版社，2020：201.

和具体化。①其次，公民义务的设定是以保障公民文化权利的实现为目的，即制定公民义务规范的意义在于维护文化权利赖以存在的国家立法制度、行政制度和司法制度的有序运行，否则整个社会文化权利将因缺少必要的制度支撑和安全保障而难以付诸现实，这是义务存在的价值基础。最后，公民义务的履行需要一系列实体法和程序法的共同规范。当公民不履行或违反了法律义务规定时，通过科学立法、严格行政、公正司法发挥国家权力的权威性与实效性，对受损害的公民权利予以救济。

3. 对不履行维护国家文化安全义务的行为依法追究法律责任

法律责任是法律关系的主体因违反国家法律、法规的规定，应当依法承受的否定性法律后果。国家文化安全法律责任产生于危害国家文化安全行为的发生，为维护国家文化安全秩序，由国家强制力追究和执行法律责任，保证实现法的价值。

在我国，文化安全法律与《国家安全法》以及行政法、民法、刑法等协调发展，形成了较完备的法律责任体系。首先，在主体方面，任何公民和组织都有维护国家文化安全的义务。国家机关工作人员应当严格依法履行维护国家文化安全的法定职责，不得有玩忽职守、徇私舞弊等渎职行为，不得有非法拘禁、刑讯逼供等侵犯公民人身权利的行为。其次，在类型方面，确立了包括行政责任、民事责任和刑事责任在内的文化安全责任制。其中，行政责任是指当行为侵害到国家文化秩序和公共文化安全，违反《国家安全法》或《行政处罚法》《治安管理处罚法》等行政法律时，由国家行政机关对公民和组织实施行政处罚或对国家机关工作人员实施行政处分等。民事责任是一种财产责任，是指行为违反《民法典》或文化法律、法规的相关规定时，侵权人应承担相应的民事赔偿责任。刑事责任是指当违法行为构成犯罪时，必须由国家司法机关依据《国家安全法》或《刑法》等刑事法律中规定的罪名和法定刑追究责任，如实施刑事处罚等。司法机关对于涉及不同领域文化安全方面的案件应当依据法律责任承担类型与方式区分惩治力度，在相同领域统一法律适用标准。最后，在范围方面，国内与国外的文化安全关系互相牵制，前者重点处理与文化安全相关的人民内部矛盾问题，以国内法调整为主；后者主要体现为他国强势文化利用其资本、技术和市场优势，通过"普世价值观"渗透和强行市场准入等手段施以有针对性的文化干预、文化控制和文化侵略等，需要与国际法的调整方式相结合。

总之，文化安全法制应当遵循责任法定的基本前提，按照宽严相济、裁量合理的标准，使法律责任设置根据不同责任主体和违法行为性质进行类型归责，依法追究行为人的责任。②

---

① 韩启德. 厘清科学边界，形成理论体系：国家安全学学科建设任重而道远[EB/OL].（2022-05-26）[2022-08-30]. https://share. gmw.cn/theory/2022/05/26/content_35764934.htm.

② 首先，根据"无义务则无责任"的原则，文化安全法律责任的设定应当与义务履行相衔接，不能增设脱离于义务性规范的法律责任。其次，采用宽严适度原则，对文化安全领域的行政法律责任予以重点规范，发挥行政执法的安全保障功能；对于可以通过具有补偿性和救济性的民事诉讼路径解决的案件，应当落实民事责任，适度减少执法成本；对于构成犯罪的，依据《刑法》的规定追究其刑事责任。在能以行政责任和民事责任等实现法律规范效果的，尽量减少设定刑事责任，更要防止把民事责任转化为刑事责任。最后，裁量合理原则要求法律责任的承担应当与违法行为性质或违法行为造成的损害相均衡。在行政责任所涉及的范围内，还应当规范执法者自由裁量权的行使情形、范围与幅度等。如果违法行为轻微，可以通过警告起到恢复法律秩序和实现社会公正的目的，则不应采取罚款等行政处罚方式。

二、我国文化安全法律制度

1.《中华人民共和国宪法》

《宪法》是国家文化安全法的根本法渊源，它所规定的国家根本制度是文化生活中最重要的原则，保障的是最基本的公民权利与公民义务。

第一，《宪法》是国家文化主权的国内法渊源。《宪法》序言提出："在我国，剥削阶级作为阶级已经消灭，但是阶级斗争还将在一定范围内长期存在。中国人民对敌视和破坏我国社会主义制度的国内外的敌对势力和敌对分子，必须坚决斗争。"第一条规定："中华人民共和国是工人阶级领导的、以工农联盟为基础的人民民主专政的社会主义国家。社会主义制度是中华人民共和国的根本制度""禁止任何组织或者个人破坏社会主义制度"。

第二，维护文化安全应当坚决保卫《宪法》确立的国家基本文化制度。《宪法》第二十二条规定，发展中国特色社会主义文化必须坚持"为人民服务、为社会主义服务"的"二为"方针。《宪法》第二十四条规定，国家通过普及理想教育、道德教育、文化教育、纪律和法制教育，加强社会主义精神文明建设。

第三，国家文化安全法律的制定以《宪法》为根本法依据。《宪法》保护的基本文化权利是国家、政府和社会积极捍卫与实现的一项基本人权。《宪法》第二条、第四条、第十二条、第十三条、第十四条、第四十七条、第四十八条等条款的规定为国家民族文化、社会主义文化公共财产、公民合法的文化私有财产与各项基本权利的获得提供了全面的安全保障。《宪法》第二十八条规定，国家维护社会秩序，镇压叛国和其他危害国家安全的犯罪活动，制裁危害社会治安、破坏社会主义经济和其他犯罪的活动，惩办和改造犯罪分子。第五十三条至第五十五条对公民维护国家安全、荣誉和利益的义务做了规定。保卫祖国、抵抗侵略是每一个公民的神圣职责。

2.《中华人民共和国国家安全法》

《国家安全法》是《宪法》规定的具体体现。依据《宪法》第五十四条的规定，1993年通过了第一部《国家安全法》。2014年该法被全面修订后改名为《反间谍法》，是一部狭义的"国家安全法"。[①]2015年通过新的《国家安全法》，全面覆盖了国家安全的各类型和领域，统合政治安全、军事安全、经济安全、社会安全、文化安全、科技安全、信息安全、生态安全、资源安全、核安全等为一体，是一部落实总体国家安全观的综合性、全局性和基础性的法律。[②]

该法第二条规定："国家安全是指国家政权、主权、统一和领土完整、人民福祉、经济社会可持续发展和国家其他重大利益相对处于没有危险和不受内外威胁的状态，以及保障持续安全状态的能力。"

第一，确立了维护国家文化安全的基本原则。该法以法律形式确定了总体国家安全观在国家安全工作中的指导思想地位，标志着总体国家安全观实现了从战略思想到法律制度

---

① 边和平，潘盘甫. 国家安全法通论[M]. 青岛：中国海洋大学出版社，2004.
② 贾宇，舒洪水. 中国国家安全法教程[M]. 北京：中国政法大学出版社，2021.

的转化。国家文化安全法制应当以《国家安全法》为基本法律指引，建构文化安全领域的一般性原则和制度。

第二，体现了"以人民安全为宗旨"的特点。国家与人民的文化安全利益在根本上是一致的，文化安全法制重在促进两者相统一。在第一条立法宗旨中，强调保护人民的根本利益。第七条规定了尊重和保障人权原则。第二章"维护国家安全的任务"中规定，国家维护和发展最广大人民的根本利益，保卫人民安全，创造良好生存发展条件和安定工作生活环境，保障公民的生命财产安全和其他合法权益。

第三，规定了维护国家文化安全的任务。文化安全任务应对的是解决国家文化发展的全局性问题，是依法维护国家文化安全的总纲。第二十三条规定："国家坚持社会主义先进文化前进方向，继承和弘扬中华民族优秀传统文化，培育和践行社会主义核心价值观，防范和抵制不良文化的影响，掌握意识形态领域主导权，增强文化整体实力和竞争力。"维护国家的文化主权和文化尊严不受侵犯，确保与经济基础和社会政治制度相适应的意识形态占据主导地位。

第四，提供了国家文化安全保障制度与机制。文化安全法制建设是增强文化安全能力的重要实现方式和实现机制。《国家安全法》第五章规定了国家安全保障，就加强国家安全能力建设提出了具体要求。第七十条规定："国家健全国家安全法律制度体系，推动国家安全法治建设。"

3. 国家文化安全重点领域、重点区域立法

文化安全法的基本内容主要集中于文化与核心价值观安全、文化遗产和文化资源安全、文化产权安全、文化传播安全、网络文化安全等重点领域以及重点区域的法律、行政法规、地方性法规、政府规章、部门规章之中，构成了国家文化安全法的主干部分。

1）文化与核心价值观安全

（1）《公共文化服务保障法》。《公共文化服务保障法》是我国公共文化领域的"基本法"，开启了以人民为中心推进政府主导公共文化服务的新时期。享受公共文化服务是公民的基本权利，各级行政机关和公共文化设施管理单位是承担保障公共文化服务的最直接的法律义务主体。主要体现在：一是以社会主义核心价值观引导公共服务，通过以文化人的社会教育增强文化自信、抵制有害文化。二是基于公平公正立法原则，推动实现政府无差别服务，使公民享有同等权利。三是精准扶贫，强化对革命老区、少数民族地区、边疆地区、贫困地区和特殊群体文化权益保障，促进社会公平。四是以公共财政为支撑，完善对公共文化设施的建设与管理。①

（2）《英雄烈士保护法》《国家勋章和国家荣誉称号法》。《英雄烈士保护法》是我国弘扬社会主义核心价值的法律创新，有效筑牢了维护国家和民族历史共识的法治底线，防止历史虚无主义错误思潮对社会文化安全造成危害。为维护英雄烈士尊严和合法权益，该法

---

① 该法是《公共图书馆法》《博物馆条例》的上位法，通过提升行政给付的专业性水平，最大程度地保证文化服务的可获得性。根据功能的不同，公共图书馆以推广全民阅读为首要任务，履行尊重知识产权、信息公开、提供免费服务、接受监督、维护公共安全以及保护读者隐私义务。博物馆主要依事文物征集，国家鼓励社会力量依法设立博物馆，建立和完善藏品保护和管理的公众参与机制，加大对非国有博物馆的扶持程度与监管力度，要求不得从事文物等藏品的商业经营活动或损害观众利益的行为，使文化资源发挥出应有的文明传承与教育作用。

正式建立了对英雄烈士物质权利和精神权利的保护机制和违法惩戒机制。任何组织和个人禁止歪曲、丑化、亵渎、否定英雄烈士事迹和精神，不得侵害英雄烈士的姓名、肖像、名誉、荣誉，不得在英雄烈士纪念设施保护范围内从事有损纪念英雄烈士环境和氛围的活动，不得侵占、破坏、污损英雄烈士纪念设施。[①]

《国家勋章和国家荣誉称号法》与《英雄烈士保护法》在保护民族英雄的精神方面一脉相承，对健在的英雄模范人物设立国家最高奖励制度，奠定了国家荣誉制度的基础，使法律担负起守护历史正义、传承红色基因、提振民族精神的职责。

 典型案例

董存瑞、黄继光英雄烈士名誉权纠纷公益诉讼案[②]

这两起案件是《英雄烈士保护法》实施以来首批适用该法、通过公益诉讼依法保护英雄烈士人格权益的案件，也是我国首次通过互联网审理涉英烈保护民事公益诉讼案件。有力、有效地将弘扬社会主义核心价值观融入文化安全法制建设，指导裁判文书释法说理，以法治力量传承爱国主义精神、捍卫英雄烈士名誉。

基本案情：瞿某某在其经营的网络店铺中出售两款贴画，一款印有"董存瑞舍身炸碉堡"形象及显著文字"连长你骗我！两面都有胶"，另一款印有"黄继光舍身堵机枪口"形象及显著文字"为了妹子，哥愿意往火坑跳"。杭州市某居民在该店购买了上述印有董存瑞、黄继光宣传形象及配文的贴画后，认为案涉网店经营者侵害了董存瑞、黄继光的名誉并伤害了其爱国情感，遂向浙江省杭州市西湖区人民检察院举报。

西湖区检察院发布公告通知董存瑞、黄继光近亲属提起民事诉讼。公告期满后，无符合条件的原告起诉，西湖区检察院遂向杭州互联网法院提起民事公益诉讼。

裁判结果：杭州互联网法院认为，英雄烈士是国家的精神坐标，是民族的不朽脊梁。英雄烈士董存瑞在解放战争中舍身炸碉堡，英雄烈士黄继光在抗美援朝战争中舍身堵枪眼，用鲜血和生命谱写了惊天动地的壮歌，体现了崇高的革命气节和伟大的爱国精神，是社会主义核心价值观的重要体现。任何人都不得歪曲、丑化、亵渎、否定英雄烈士的事迹和精神。被告瞿某某通过网络平台销售亵渎英雄烈士形象贴画的行为已对英雄烈士名誉造成贬损且主观上属明知，构成对董存瑞、黄继光的名誉侵权。同时，被告瞿某某多年从事网店销售活动，应知图片一经发布即可能被不特定人群查看，商品一经上线便可能扩散到全国各地，但其仍然在网络平台发布、销售上述贴画，造成了恶劣的社会影响，损害了社会公共利益，依法应当承担民事法律责任。

依据《英雄烈士保护法》第二十二条、第二十五条、第二十六条以及《最高人民法院关于互联网法院审理案件若干问题的规定》第二条第一款，该院判决瞿某某立即停止侵害

[①] 对于上述损害社会公共利益的行为，依据《民法典》总则编第 185 条的规定承担相应的民事责任；构成违反治安管理行为的，将依情形追究行政法律责任；违法行为构成犯罪的，应当依法承担刑事责任。

[②] 瞿某某侵害英雄烈士董存瑞、黄继光名誉权民事公益诉讼案〔杭州互联网法院（2019）浙 0192 民初 9762、9763 号民事判决书〕，人民法院大力弘扬社会主义核心价值观十大典型民事案例[EB/OL]．（2022-05-13）[2022-08-30]．https://www.court.gov.cn/zixun-xiangqing-229041.html.

英雄烈士董存瑞、黄继光名誉权的行为，即销毁库存、不得再继续销售案涉贴画并于判决生效之日起十日内在国家级媒体公开赔礼道歉、消除影响。

（3）《香港特别行政区维护国家安全法》。《香港特别行政区维护国家安全法》是继《香港特别行政区基本法》之后国家制定的维护涉港国家安全的一部全国性法律。[①]一是明确规定了中央人民政府维护涉港国家安全事项的根本责任以及香港维护国家安全的宪制责任。二是明确规定香港维护国家安全应当遵循法治原则，设立以行政长官为首的特区维护国家安全委员会，依法履行维护国家安全的整体职责。三是对于分裂国家罪、颠覆国家政权罪、恐怖活动罪、勾结外国或者境外势力危害国家安全罪这四类危害国家安全的罪行，任何人无论在香港或是在香港之外实施的，均应当适用该法。四是在案件管辖、法律适用和程序等方面，规定除个别案例外，香港特别行政区对该法规定的犯罪行使管辖权。五是中央人民政府设立驻港维护国家安全公署，严格履行四项法定职责，依法接受监督。

2）文化遗产与文化资源安全

（1）《文物保护法》。《文物保护法》是我国最早制定的一部文化领域专门性法律，明确了文物保护应遵循保护为主、抢救第一、合理利用、加强管理的方针，确认了文物保护单位制度、历史文化名城名镇名村制度、博物馆文物保护制度、考古发掘管理制度、文物市场管理体制以及打击文物犯罪制度六种文物保护制度。[②]首次用列举方式定义了受国家保护的文物范围，规定对属于法律保护范围内的文物禁止交易。国家文化行政部门及地方各级政府负责保护国家所有权、集体所有权和私人所有权三种文物所有权，建立文物保护管理体制。该法第五条和第六条规定，我国境内地下、内水和领海中遗存的一切文物，属于国家所有。国家保护属于集体所有和私人所有的纪念建筑物、古建筑和祖传文物以及依法取得的其他文物的所有权。文物所有者，必须遵守国家有关文物保护的法律法规的规定。保护文物也是一切机关、组织和公民的法定义务，对于为保护文物有与违法犯罪行为做坚决斗争等行为事迹的单位或者个人，应当由国家给予精神鼓励或物质奖励。[③]

（2）《非物质文化遗产法》。《非物质文化遗产法》对非物质文化遗产的抢救、保护、传承、活化和管理发挥了重大作用，从对物件的保护上升到对传承人的保护。根据该法定义，"非物质文化遗产，是指各族人民世代相传并视为其文化遗产组成部分的各种传统文化表现形式，以及与传统文化表现形式相关的实物和场所"。国家对体现中华民族优秀传统文化，具有历史、文学、艺术、科学价值的非物质文化遗产，采取调查、编制代表性项目名录、传承与传播、建立文化生态区这四个方面的措施予以保护，为继承和弘扬中华民族优秀传统文化提供制度动力。

---

① 以《宪法》为依据，1990 年全国人大通过《香港特别行政区基本法》（简称《基本法》），确立了香港特别行政区制度。其中第二十三条授权香港就七种情形自行就国家安全事宜立法，中央保留七种情形之外的涉港国家安全的整体立法权。由于香港自回归以来一直未能完成国家安全立法，维护涉港国家安全的执法机制相对缺失。2019 年党的十九届四中全会提出亟须"建立健全特别行政区维护国家安全的法律制度和执行机制，支持特别行政区强化执法力量"，为全国人大制定涉港国家安全法提供了重要政策依据。根据《宪法》和《基本法》的规定，2020 年全国人大通过《全国人民代表大会关于建立健全香港特别行政区维护国家安全的法律制度和执行机制的决定》，决定授权全国人大常委会就建立健全香港维护国家安全的法律制度和执行机制制定相关法律。2020 年在《香港特别行政区维护国家安全法》通过的当天，全国人大常委会依据《基本法》第十八条，决定将该法列入《基本法》附件三，在香港公布后立即生效。

② 张伟明. 中国文物保护法实施效果研究[M]. 北京：文物出版社，2017：28-41.

③ 徐颖. 文物法规与规范性文件解读[M]. 北京：文物出版社，2019.

（3）《长江保护法》。《长江保护法》是我国首部针对特定流域的全国性法律并将文化保护作为重要调整内容。该法第十五条规定，国务院有关部门和长江流域县级以上地方人民政府及其有关部门应当采取措施，保护长江流域历史文化名城名镇名村，加强长江流域文化遗产保护工作，继承和弘扬长江流域优秀特色文化。通过立法将长江流域作为一种具有自然、社会和人文属性的地理空间，把握系统性原则，促进文化保护与长江源头保护、水生生物保护的多元共治，推进长江流域历史文化名城名镇名村、文化遗产的保护工作，加强对长江流域优秀特色文化的传承利用。探索建立沿江国家文化公园，建设在全国先行示范的多样的生态安全格局，打造形成中华文化的重要标志，永葆母亲河的活力。①

（4）《乡村振兴促进法》。加强农村的社会主义精神文明建设，对促进农村改革的深化、经济的发展和社会的全面进步具有极为重要的作用。该法专设"文化繁荣"章节，规定了各级人民政府在加强农村精神文明建设、不断提高乡村社会文明程度方面的法定职责。重点破除大操大办、铺张浪费等陈规陋习，着力解决城乡公共文化发展不平衡、不充分的问题，防范火灾、洪水、地震等灾害对地方历史文化资源的破坏。

3）文化市场安全

（1）《中华人民共和国著作权法》。《著作权法》确立了国家在公民著作权保护方面的义务以及国务院著作权行政管理部门的相应职责，规定了著作权的定义及其权利归属、保护期和权利的限制，著作权许可使用和转让合同，与著作权有关的权利，著作权和与著作权有关的权利的保护等。2020 年《刑法修正案（十一）》与《著作权法》中有关的权利保护措施相衔接，提高了侵权代价和违法成本，强化了网络信息化时代对著作权的全面保护。

 典型案例

"空竹"杂技作品著作权权属及侵权案②

本案是人民法院加强涉传统文化著作权保护的典型案例。依法保护杂技艺术作品对于守护和传承中华文化遗产有深远意义，有利于激活传统文化资源、推动文化产业繁荣发展。

基本案情： 中国杂技团有限公司（以下简称中国杂技团）认为，吴桥县桑园镇张硕杂技团（以下简称张硕杂技团）等表演、传播《俏花旦》节目的行为侵害其著作权，遂诉至法院。

裁判结果： 一审法院认定，根据合同约定，在无相反证据的情况下，中国杂技团享有《俏花旦——集体空竹》除署名权外的著作权。张硕杂技团的演出行为等构成侵害著作权，故判令其停止侵权、赔偿经济损失及合理支出并刊登声明消除影响。张硕杂技团不服，提起上诉。北京知识产权法院二审认为，《俏花旦——集体空竹》中的形体动作编排设计体现了创作者的个性化选择，属于具备独创性的表达，构成著作权法规定的杂技作品。张硕杂技团表演的《俏花旦》在开场部分的走位、动作衔接安排以及多次出现的标志性集体动

① 本书编写组. 国家文化安全知识百问[M]. 北京：人民出版社，2022：71-73.

② 中国杂技团有限公司与吴桥县桑园镇张硕杂技团等著作权权属及侵害著作权纠纷案〔北京知识产权法院（2019）京 73 民终 2823 号民事判决书〕，2021 年中国法院 10 大知识产权案件和 50 件典型知识产权案例[EB/OL].（2022-04-21）[2022-08-30]. https://www.court.gov.cn/zixun-xiangqing-355881.html.

作等编排设计方面与《俏花旦——集体空竹》的独创性表达部分等构成实质性相似，侵害中国杂技团杂技作品的著作权，遂判决驳回上诉、维持原判。

（2）《电影产业促进法》。《电影产业促进法》是我国在文化产业领域制定的第一部法律，主要规定了电影创作与摄制、电影发行与放映、电影产业支持与保障等。一是明确将弘扬社会主义核心价值观作为立法宗旨，确立以人民为中心的创作导向。国家重点扶持传播中华优秀文化、弘扬社会主义核心价值观的重大题材电影创作摄制，禁止影片含有违反《宪法》确定的基本原则、危害国家安全和社会公德等的内容，抑制、阻止不良、有害作品的制作与传播。首次要求电影中对引起未成年人不适的影片予以提示，电影分级制度成为完善电影审查的重要手段。要求电影行业组织加强电影人"德艺双馨"的道德自律要求。二是完善电影发展的顶层设计，形成国家电影局牵头，财政、税收、公安、文物保护、知识产权执法、工商管理等相关职能部门协同管理的工作格局。三是将电影产权保护作为立法重点，将净化网络内容生态环境作为著作权保护的重要方向。四是规定了贴片广告和票房核算的审核标准与程序，对虚报、瞒报票房收入的行为依法处置。五是开展平等互利的国际合作与交流，规定电影院放映国产影片的比例要求。促进民族电影的蓬勃发展，更好地实现中国文化走出去的国家战略。

4）文化传播安全

（1）《广播电视管理条例》。《广播电视管理条例》确立了广播电视宣传工作、事业建设和行业管理"三位一体"的体制，以立法形式赋予广播电视行政部门在传输覆盖网络建设方面的规划权、组建权、管理权和综合开发权。[①]从事采编、制作、播放、传输广播电视节目等活动均需按照该法规依法进行，履行播审程序，提高节目质量，增加国产优秀节目数量，更好地服务于国家信息基础设施建设。[②]

（2）《出版管理条例》《音像制品管理条例》。《出版管理条例》完善了出版单位的法人准入、产品准入、人员准入、岗位准入等准入制度；《音像制品管理条例》明确了国务院出版行政主管部门负责全国音像制品的出版、制作、复制、进口、批发、零售和出租的监督管理职责。在内容审查方面，二者均规定任何出版物和音像制品不得含有法律、行政法规和国家规定禁止的内容。[③]《出版管理条例》第二十六条和第二十七条特别对未成年人保护和内容真实性、公正性做出基本要求，即以未成年人为对象的出版物不得含有诱发未成年人模仿违反社会公德的行为和违法犯罪的行为的内容，不得含有恐怖、残酷等妨害未成年人身心健康的内容；出版物的内容不真实或者不公正，致使公民、法人或者其他组织的合法权益受到侵害的，其出版单位应当公开更正，消除影响并依法承担其他民事责任。

在数字出版安全方面，重点规范网络出版管理，授权由新闻出版总署据此制定"网络出版审查和管理办法"，通过互联网等信息网络从事出版物发行业务的单位或者个体工商户

---

① 孙家正. 在学习、贯彻《广播电视管理条例》座谈会上的讲话[J]. 中国广播电视学刊，1997（9）：5-8.

② 2021年3月国家广播电视总局发布《广播电视法（征求意见稿）》，拟针对未成年人保护、节目内容审查、规范艺人和节目主创人员酬劳标准，以及国务院广播电视主管部门的执法权限等予以明确规定。

③ 主要有：反对宪法确定的基本原则的；危害国家统一、主权和领土完整的；泄露国家秘密、危害国家安全或者损害国家荣誉和利益的；煽动民族仇恨、民族歧视，破坏民族团结，或者侵害民族风俗、习惯的；宣扬邪教、迷信的；扰乱社会秩序，破坏社会稳定的；宣扬淫秽、赌博、暴力或者教唆犯罪的；侮辱或者诽谤他人，侵害他人合法权益的；危害社会公德或者民族优秀文化传统的。

均应依法取得《出版物经营许可证》，强化网络交易平台经营者的身份验证义务与监督责任。

（3）《艺术品经营管理办法》。《艺术品经营管理办法》是 2015 年由文化部审议通过的部门规章，以切实维护消费者的权益和加强对艺术品经营领域的监管为立法宗旨，促进公开透明交易，繁荣艺术品市场。

该《办法》首次将利用信息网络从事艺术品交易的行为纳入艺术品经营监管，确保艺术品交易安全。一是信用监管。第三条要求建立艺术品市场信用监管体系，强化市场主体责任。二是建立专家委员会，为文化行政部门开展的内容审查、市场监管相关工作提供专业意见。例如，要求所经营的艺术品不得含有蓄意篡改历史、严重歪曲历史的内容。三是明示担保。第九条规定，艺术品经营单位对所经营的艺术品应当标明作者、年代、尺寸、材料、保存状况和销售价格等信息，维护消费者知情权。四是尽职调查。第十条规定艺术品经营单位应买受人要求，应当提供艺术品真实性证明。五是鉴定评估。第十一条规定，艺术品经营单位从事艺术品鉴定、评估等服务，应当履行鉴定评估的义务，对结论的真实性负责，通过完善"保真"与"溯源"机制维护市场交易安全。

5）网络文化安全

《网络安全法》是我国网络安全领域的基础性法律，奠定了我国网络安全保护和网络空间治理的基本框架。国家主权包括网络空间，我国拥有完整的网络主权。依据该法第七十六条"网络安全是指通过采取必要措施，防范对网络的攻击、侵入、干扰、破坏和非法使用以及意外事故，使网络处于稳定可靠运行的状态，以及保障网络数据的完整性、保密性、可用性的能力"。国家制定并不断完善网络空间战略，建立覆盖设施安全、运营安全、数据安全和内容安全的网络和信息安全保障体系，依法惩治网络违法犯罪活动，维护网络空间安全和秩序。[1]

 典型案例

钱某制作、贩卖、传播淫秽物品牟利案[2]

本案明确了"淫秽物品""贩卖、传播行为"的界定标准，依法防范个人隐私被非法收集、买卖，严惩网络背景下传播淫秽物品犯罪。

基本案情：钱某曾因偷拍他人性行为被行政拘留，仍不思悔改，产生通过互联网贩卖偷拍视频文件从中牟利的想法。2017 年 11 月，钱某从网络上购买了多个偷拍设备，分别安装在多家酒店客房内，先后偷拍 51 对入住旅客的性行为并将编辑、加工的偷拍视频文件保存至互联网云盘，通过非法网站、即时通信软件发布贩卖信息。2018 年 5 月 9 日，公安机关将钱某抓获并在上述互联网云盘中检出偷拍视频 114 个。此外，钱某还以"付费包月观看"的方式，先后 182 次为他人通过偷拍设备实时观看入住旅客性行为或者下载偷拍视频提供互联网链接。

---

[1]《互联网信息服务管理办法》和《网络信息内容生态治理规定》是《网络安全法》的配套规定，要求互联网信息服务提供者、监管部门健全网络安全保障制度，依法完善对网络信息内容生产者、平台、使用者等各方主体权利义务的规范。

[2] 钱某制作、贩卖、传播淫秽物品牟利案（检例第 139 号），最高人民检察院第 34 批指导性案例[EB/OL]．（2022-02-21）[2022-08-30]．http://www.jcrb.com/jcjgsfalk/zdxal/xsjc/202202/t20220225_2371163.html.

裁判结果：四川省成都市锦江区人民检察院以钱某涉嫌制作、贩卖、传播淫秽物品牟利罪提起公诉。《全国人民代表大会常务委员会关于维护互联网安全的决定》明确规定，在互联网上建立淫秽网站、网页，提供淫秽站点链接服务或者传播淫秽书刊、影片、音像、图片的，依照刑法有关规定追究刑事责任。依据《中华人民共和国刑法》第三百六十三条、第三百六十七条以及《最高人民法院、最高人民检察院关于办理利用互联网、移动通讯终端、声讯台制作、复制、出版、贩卖、传播淫秽电子信息刑事案件具体应用法律若干问题的解释》第一条、《最高人民法院、最高人民检察院关于办理利用互联网、移动通讯终端、声讯台制作、复制、出版、贩卖、传播淫秽电子信息刑事案件具体应用法律若干问题的解释（二）》第一条的规定，法院认定偷拍的视频文件属于淫秽物品。做出判决，采纳检察机关指控的犯罪事实和意见，以制作、贩卖、传播淫秽物品牟利罪判处钱某有期徒刑三年六个月，并处罚金人民币五千元。

6）其他相关法律

（1）《广告法》。《广告法》从广告内容准则、广告行为规范、监督管理等予以规定，调整以广告形式发布经济信息的活动，即调整对象限于商业广告。要求商业广告主体应当对广告内容的真实性负责并增加对未成年人的保护条款。[①]第三条规定，广告应当真实、合法，以健康的表现形式表达广告内容，符合社会主义精神文明建设和弘扬中华民族优秀文化的要求。第四条真实性原则，要求广告不得含有虚假或者引人误解的内容，不得欺骗、误导消费者。第九条规定了广告内容的一般禁止情形，如广告不得使用或者变相使用国旗、国徽，军旗、军歌、军徽等。广告不得损害未成年人身心健康，第三十九条明确规定对中小学生、幼儿提供特别保护、不允许广告侵扰，第四十条还要求针对未成年人的广告不得含有可能引发其模仿不安全行为等禁止性内容。

（2）《家庭教育促进法》。《家庭教育促进法》是我国为发扬中华民族重视家庭教育的优良传统，引导全社会注重家庭、家教、家风，增进家庭幸福与社会和谐的一部公民教育法律，建立了家庭责任、国家支持和社会协同三位一体的协同育人机制。家庭教育应当以立德树人作为根本任务，父母或者其他监护人对促进未成年人全面健康成长承担主体责任。第十四条至第十六条规定了开展家庭教育的思想、方式和行为引导以及如何以内容为指引，弘扬中华民族家庭美德，共同建设文明、和睦的家庭文化。广播、电视、报刊、互联网等新闻媒体应当宣传正确的家庭教育知识，传播科学的家庭教育理念和方法，营造重视家庭教育的良好社会氛围。

（3）《旅游法》。为适应文旅融合的新形势，《旅游法》在总则中明确旅游业发展应遵循社会效益、经济效益和生态效益相统一的原则；坚持以文塑旅、以旅彰文，与人文资源的保护和利用相衔接；对人文资源进行旅游利用，必须尊重和维护当地传统文化和习俗，维护资源的区域整体性、文化代表性和地域特殊性。第六章"旅游安全"规定，国家建立旅游目的地安全风险提示制度，县级以上人民政府有关部门承担安全监管职责，旅游经营者应当制定旅游者安全保护制度和应急预案，依法保护旅游者在旅游活动中的权利。

7）文化领域党内法规

《中国共产党宣传工作条例》是第一部关于宣传工作的主干性、基础性党内法规。以习

---

① 国家工商行政管理局广告司.《中华人民共和国广告法》宣传提纲[J]. 工商行政管理，1995（Z1）：28-31.

近平新时代中国特色社会主义思想为指导，加强党对宣传思想文化领域安全工作的全面领导。①主要包括理论、新闻舆论和出版、思想道德建设、文化文艺、互联网宣传和信息内容管理、对外宣传、基层宣传工作、意识形态管理等。为推动宣传思想工作法治化建设，还制定了《中国共产党巡视工作条例》《中国共产党党委（党组）理论学习中心组学习规则》《党委（党组）意识形态工作责任制实施办法》《党委（党组）网络意识形态工作责任制实施细则》等，逐步完善做好宣传思想工作的制度规范。

 ## 本章小结

国家文化安全法制是一项综合性制度升级工程，是以维护国家文化利益为核心目的而形成的法律规范体系。依法维护国家文化安全是国际惯例。新中国成立后，我国在《宪法》中确立了国家维护文化安全的重要任务和全民维护国家文化安全的基本义务。党的十八大以来，我国文化安全法制建设不断在实践中完善。特别是在《国家安全法》颁布后，意识形态阵地管理立法不断巩固发展，网络安全立法持续汇聚向上向善力量，文化遗产保护立法得到全面加强，文化安全党内法规建设取得突破性进展，社会主义核心价值观入法入规成绩显著。

我国文化安全法制体系的基本特征是鲜明的政治性、法律和政策具有高度关联性、立法体系的系统性和法律责任的综合性，这些特征是由我国社会主义制度建设和发展的实际需求所决定的，并与新发展阶段的国家安全体系相适应。

以《宪法》精神为引领，文化安全法制的基本精神与原则以总体国家安全为指导，坚持社会主义法治原则，坚持预防为主、标本兼治，促进国际共同安全，权利和义务相统一原则，推动实现人民安全、政治安全、国家利益至上有机统一。

我国文化安全法制是中国特色社会主义法律体系的重要组成部分，以《国家安全法》为统领，形成了以重点领域和重点区域的法律以及行政法规为基础、以部门规章为配套、以规范性文件为补充的全国性文化安全法律规范体系。具体规范内容集中在文化与核心价值观安全、文化遗产和文化资源安全、文化传播安全、文化产业安全、网络文化安全五个方面，构成了国家文化安全法的主干部分。总之，健全文化安全法制重在实行良法之治，发挥法治固根本、稳预期、利长远的保障作用，切实提升我国文化安全法治化水平。②

 ## 思考题

1. 怎样理解文化安全与文化法制关系的一般原理？
2. 简述中国特色社会主义进入新时代后依法维护国家文化安全发展取得的新成就。
3. 我国文化安全法制体系的基本特征是什么？
4. 我国文化安全法制应当遵循哪些基本精神与原则？
5. 我国文化安全重点领域、重点区域的立法有哪些？

---

① 中共中央宣传部干部局. 新时代宣传思想工作[M]. 北京：学习出版社，2021：315-318.
② 齐崇文. 论文化安全的法律治理[J]. 行政管理改革，2019（8）：105-111.

后　记

　　为适应国家安全学学科建设与国家文化安全理论建设及人才培养需要，编写本教材。全书以总体国家安全观为指导，以《中华人民共和国国家安全法》为准绳，以中国特色社会主义国家文化安全实际为对象，建立全书框架结构与内容体系，供国家文化安全教学和研究使用。

　　全书由胡惠林、金山主编，负责提出全书大纲体例，统稿改定。具体分工如下。

导论：金山（中国社会科学院）；

第一、第二章：胡惠林（上海交通大学）；

第三章：韩源（西南财经大学）；

第四章：王元（上海师范大学）；

第五章：胡霁荣（中共上海市委党校、上海行政学院）；

第六章：金莹（西南政法大学）；

第七章：姚廷华（中共湖北省委讲师团）；

第八章：李世黎（中南财经政法大学）；

第九章：周珂（中共宁波市委宣传部）；

第十章、第十三章：彭泽明（西南政法大学）；

第十一章：王峰（五洲出版社）；

第十二章、第十四章：周辉（中国社会科学院）。

　　编写《中国国家文化安全概论》是一项全新的工作，具有很大的挑战性。研究对象内容的丰富复杂性，决定了全书的撰写过程是一个持续不断地学习与研究的过程。同时，本书在内容上第一次比较系统地梳理了新时代中国特色国家文化安全体系的主要内容，建立了中国特色国家文化安全研究分析框架，为进一步深入研究中国国家文化安全学术体系、学科体系和话语体系提供了一个可资参考借鉴的样本。唯其是一项具有创新性的国家文化安全教材建设工作，不免存在这样那样的缺点和不足，希望能够得到阅读和使用本书的专家学者和广大读者的批评指正。

　　本书在撰写过程中参阅了大量有关研究文献，引用借鉴了学界不少研究成果。值此书出版之际，向相关学者表示衷心的感谢。

　　本书出版得到了清华大学出版社的大力支持，责任编辑杜春杰等付出了许多辛勤劳动，特向为本书出版付出辛勤劳动的编校工作者表示衷心感谢。

胡惠林、金山

2022 年 10 月 31 日